ハヤカワ文庫 NF

〈NF504〉

CIAの秘密戦争

変貌する巨大情報機関

マーク・マゼッティ

小谷 賢監訳／池田美紀訳

早川書房

8044

THE WAY OF THE KNIFE
The CIA, a Secret Army, and a War at the Ends of the Earth
by
Mark Mazzetti

Japanese edition supervised by
Ken Kotani
Translated by
Miki Ikeda
Published 2017 in Japan by
HAYAKAWA PUBLISHING, INC.
This book is published in Japan by
direct arrangement with
THE WYLIE AGENCY (UK) LTD.

人物表・地図デザイン：鈴木大輔・仲條世菜（ソウルデザイン）

フランク・チャーチ上院議員が手にしているのは、毒のダーツを発射するためにＣＩＡが製造した拳銃である。彼はＣＩＡの発足初期に行なわれた暗殺作戦の調査を主導した。公聴会ののち、議会はＣＩＡに対する監督を強化し、同庁はその後数十年にわたり暗殺活動を断念する。

ドナルド・ラムズフェルド国防長官（左）は、アメリカ軍によるアフガニスタン侵攻の出足が遅かったことに立腹した。彼はペンタゴンの特殊作戦遂行能力を高め、地球規模で戦争を行なうための法的権限を強化する道を探った。パキスタンのパルヴェーズ・ムシャラフ大統領（右）は、アメリカの地上部隊のパキスタン入国は拒んだが、ＣＩＡのドローン飛行は承認した。

昔気質のスパイであるデュエイン・〝デューイ〟・クラリッジは、レーガン政権時代に中南米におけるＣＩＡの秘密戦争を担当した。その後、ＣＩＡ内のテロ対策センター（ＣＴＣ）を創設した。イラン・コントラ事件の公聴会で偽証した罪に問われて起訴され、1991年に法廷から出たところを撮影された写真（上）。大統領の恩赦を受けて、のちにペンタゴンがパキスタンやアフガニスタンでインテリジェンスを収集する目的でスパイ活動を行なった際は、主要人物のひとりとしてふたたび表舞台に現れた（下）。

武装したドローンを使って暗殺業務を再開すべきかどうかをめぐり、ＣＩＡ内部では激しい闘いが繰り広げられた。その後、プレデター（〝捕食者〟）はアメリカの秘密戦争でもっとも広く使われる武器となった。ＣＩＡもペンタゴンもともに、イラクやアフガニスタン、そしてパキスタンやイエメンへ向けて、何百回もドローン攻撃を実行した。

短剣ジャンビーヤを帯びたイエメンのアリ・アブドゥラ・サレハ大統領（中央）。彼は、ブッシュ、オバマ両大統領の対テロ戦争におけるパートナーとなった。サレハはＣＩＡとペンタゴンの統合特殊作戦コマンドの両方に、イエメン国内での活動を許可した。2002年にＣＩＡのプレデターがイエメンで行なった攻撃は、ＣＩＡがアフガニスタン以外の地で初めて実行したドローン攻撃である。

ホゼ・ロドリゲスは、ＣＩＡの中南米部でキャリアを積んだのち、テロ対策センター（ＣＴＣ）に異動した。テロ対策センター長として、のちにはあらゆる秘密工作の責任者として、ＣＩＡの準軍事組織への変貌を加速させる。

ロス・ニューランドは、1970年代後半にＣＩＡに入庁した。当時のＣＩＡは、チャーチ委員会の調査でたたかれたのち、外国に対するスパイ活動に再注力しようとしていた。ニューランドは中南米の多くの首都に工作担当官として赴任し、共産主義体制が崩壊したときにはルーマニアのブカレストでＣＩＡ支局長を務めていた。九・一一同時多発テロ当時は、マクリーンでプレデター・プログラムを監督する少数の高官のひとりとして名を連ねていた。

元グリーンベレー隊員のジェイムズ・〝ボー〟・グリッツ（右）は、1980年代に民間の出資を受けて、ラオス中央部に囚われていると彼が信じていたアメリカの戦争捕虜の救出部隊を組織した。ペンタゴンの情報支援活動部隊という謎に包まれた情報ユニットは、統合参謀本部に報告せずにグリッツの任務を支援した。一方、統合参謀本部はそれとは別に救出作戦を計画していた。九・一一同時多発テロ以前、ペンタゴンの人的スパイ活動は統制がとれておらず、何度か内部調査が行なわれた。

ネク・ムハンマド・ワジルは、パキスタンの部族地域で民兵組織を率いてパキスタン軍を相手に戦い、停戦に持ち込んだ。2004年にシャカイで行なわれた部族集会（写真）では、ネク・ムハンマド（手前）とパキスタンの将軍が休戦協定を結んだ。しかしネク・ムハンマドがこの協定を守らなかったため、パキスタン政府当局は激怒し、ＣＩＡに彼を殺害する許可を与えた。ＣＩＡのプレデターがパキスタンで初めて殺害したのは彼である。

アシュファク・パルヴェーズ・キアニ大将（右）は、2004年にパキスタンの情報機関である軍統合情報局（ＩＳＩ）の長官に就任した。ムシャラフ大統領と親しい関係にあり、のちにはパキスタン陸軍のトップとして同国でもっとも有力な人物になった。アフマド・シュジャ・パシャ中将（左）は2008年にＩＳＩ長官を引き継いだ。

ブラックウォーターUSAの創業者エリック・プリンスは、複数の戦争に駆り出されて人員不足に陥ったCIAにとって欠かせない存在となった。ブラックウォーターの警備員はイラクやアフガニスタンでCIAの担当官を保護した。プリンス自身が、九・一一同時多発テロ以降に発展したCIAの暗殺プログラムのために雇われた。

2006年に、アート・ケラーは数カ月にわたってパキスタンの部族地域にある2カ所のCIAの基地に赴任した。現地におけるISIとの関係は悩ましいものだった。

マイケル・ファーロングは、ペンタゴンが拡大した「情報作戦」の一部を担当した。彼は中東の世論に影響を与えることを目的としたゲームの開発を支援し、軍がプレイヤーに関するインテリジェンスを収集できるようにした。彼は、デューイ・クラリッジがパキスタンとアフガニスタンで展開した民間スパイ活動を監督したペンタゴンの当局者でもある。

2006年にエチオピアがソマリアに侵攻したのち、以前は無名だったアル・シャバーブ（〝若者たち〟）と名乗る民兵組織が勢力を拡大し、モガディシュを制圧した。写真は2008年に撮影したアル・シャバーブの戦闘員である。彼らは首都モガディシュに厳しいシャリーア体制を敷いた。

ミシェル・〝アミーラ〟・バラリンは裕福な女性相続人で、かつて下院議員候補になったことがあり、馬の飼育で有名なヴァージニア州に住んでいる。彼女はソマリアに夢中になり、アフリカの角に頻繁に通った。2008年に、ペンタゴンはソマリア国内での情報収集のためにバラリンを雇った。ついには、彼女はソマリ人海賊と貨物船オーナーのあいだで行なわれていた身代金交渉の仲介に乗り出した。

2012年6月にサウジアラビアのナーイフ・ビン・アブドゥル・アジズ皇太子の葬儀が執り行なわれ、レオン・パネッタ国防長官（右）を含むアメリカの大使節団が空路サウジアラビアに入国した。サウジアラビア政府当局は、アメリカがイエメンで戦争を行なっているあいだ、終始オバマ政権の密接なパートナーだった。パネッタの左肩ごしには、オバマ政権のテロ対策責任者であり、元ＣＩＡリヤド支局長でもあるジョン・ブレナンが写っている。ブレナンはオバマ政権のイエメンにおける秘密戦争を立案したひとりであり、2013年にオバマ大統領からＣＩＡ長官に指名された。

パネッタ（左端）はＣＩＡ長官時代、デニス・ブレア国家情報長官（パネッタの右）とたびたび衝突した。ブレアは、オバマ政権はＣＩＡと秘密活動に夢中になりすぎていると警告した。就任から15カ月後、ブレアは更迭された。

イブラヒム・アシリは〝アラビア半島のアルカイダ〟の天才爆弾製造者である。アシリが作った爆弾を手術で体内に埋め込んだ弟は、サウジアラビア高官を暗殺するべく自爆テロを実行した。のちには、アシリが作った爆弾を下着に縫いつけた若いナイジェリア人が、ジェット機がデトロイトに向けて降下する際に爆弾を起爆しようとした。

ＣＩＡの契約業者レイモンド・デイヴィス（中央）は、パキスタンのラホールの込み合った交差点でふたりの男が自分に対して盗みを働こうとしたと思い込み、射殺した。デイヴィスが何週間も刑務所に収監されているあいだ、アメリカ政府当局はパキスタン政府に対してデイヴィスがＣＩＡに雇われていたことを否定しつづけた。パキスタン政府当局にとっては、デイヴィスの一件はＣＩＡがＩＳＩに無断でパキスタン国内に大量のスパイを潜入させていたことの証だった。

ハフィズ・ムハンマド・サイード（中央）は、民兵組織ラシュカレ・タイバのカリスマ的指導者である。この組織は政治的なフロント組織を活用してラホール周辺で堂々と活動しており、アメリカ政府当局は彼らがＩＳＩと緊密な関係を維持していると信じていた。2011年初め頃、レイモンド・デイヴィスなどラホールにいたＣＩＡ担当官の一団は、サイードとこの組織に関するインテリジェンスを集めようとしていた。

統合参謀本部議長のマイケル・マレン海軍大将（左端）は、パキスタン政府当局との密接な関係を維持しようと努めたオバマ政権内の数少ない高官のひとりである。彼はイスラマバードに頻繁に出張し、キアニ大将（中央）との友情を深めた。アフガニスタンにおけるハッカニ・ネットワークの襲撃をＩＳＩが支援していたとマレンが確信したのち、その友情は決裂した。

パキスタン人のシャキル・アフリディ医師（左）はＣＩＡに雇われ、アボタバードでワクチン接種キャンペーンを展開した。ＣＩＡは、この計略によりアボタバードの邸宅（右）にウサマ・ビンラディンが潜伏している証拠をつかめるのではないかと期待していた。

アンワル・アウラキはアメリカ生まれの過激なイスラム教聖職者であり、2011年９月にＣＩＡのドローン攻撃によってイエメンで殺害された。その２週間後、別のドローン攻撃による誤爆で、彼の十代の息子も殺害された。

本書への賛辞

「必読のCIA史」――フォーリン・ポリシー誌

「傑作」――ヒンドゥー紙（インド）

「CIAがいかにして暗殺業務を復活させたかをつづった本書は、スパイ小説のように恐ろしく、ドラマチックだ。ただし真実を語っているという点は小説とはちがう。マーク・マゼッティはテロリストを追うスパイを追い、途方もない物語に仕上げた。本書は、これ以上ないほど真実に迫った作品である」

――デクスター・フィルキンス『そして戦争は終わらない：「テロとの戦い」の現場から』著者

「九・一一同時多発テロ後、CIAが情報機関から世界規模の秘密暗殺組織に変貌したことに関して、本書は組織の内部から驚くべき話を引き出した。アメリカでも第一級の国家安全保障担当記者であるマゼッティは、恐るべき必読書を世に送り出したのである」

――ジェイン・メイヤー　ニューヨーカー誌のスタッフライター　*The Dark Side: The Inside Story of How the War on Terror Turned into a War on American Ideals*（『暗黒面：テロとの戦いが、いかにしてアメリカの理想との戦いに変わったかの内幕』）著者

「アメリカは九・一一同時多発テロ後、三つの戦争を戦った。イラク戦争、アフガニスタン戦争、そして影の戦争である。本書はCIAと軍の特殊作戦部隊がイエメン、東アフリカ、そしてなんと言ってもパキスタンで行なった三つめの戦争について記した信頼できる書物である。私たちが住む世界を理解したいなら、ぜひ本書を読むべきである」

――トマス・E・リックス　*Fiasco*（『大失敗』）、*The Generals*（『将軍たち』）著者

「情報機関が準軍事組織のようなものに変化し、その冒険主義が世界中の外交政策に影響をおよぼした時代に、ある意味で回帰した経緯をつづった決定的な記録である。本書は、アメリカが収集してこなかった情報について、驚くべき内容を暴露している。さらに、情報の欠落を埋めようとする努力が、いかにしてパキスタンにおける監視メカニズムと複雑な地政学のために失敗に終わったかが描かれている」

――ウィーク誌

「極めて魅力的で、関心の高い層や専門家をも満足させる内容である。マゼッティは、すでに語り草になっている暗殺ドローン、秘密収容所、〝過酷な尋問〟、そして暗殺部隊を世界中に派遣する作戦についてのホワイトハウス、CIA、ペンタゴンの高官の官僚的なつばぜり合いを生き生きと描き出した」

——サンフランシスコ・クロニクル紙

「アメリカの新たな戦争の方法がここにある。だが、それについての議論は始まったばかりだ。マゼッティ氏は本書において、その議論に大いに貢献している」

——エコノミスト誌

「背景を知るために必読の一冊。……マゼッティが報告している新しい〝軍事・情報複合体〟が米国内外で放置できないほど物議を醸していることが、さまざまな兆候から読み取れる」

——ニュー・リパブリック誌

「マゼッティは、ジグソーパズルの足りないピースを埋めるかのように根気強く情報を集め、一冊にまとめている。……本書には思わず引き込まれるエピソードが満載だ」

——ドーン紙（パキスタン）

「おもしろく、鋭く、ときに悲喜劇的である」

——ニューヨーク・タイムズ・ブックレビュー誌

「フィクションの迫力と事実の説得力が溶け合った、驚くべき物語だ」

——エイジ紙（オーストラリア）

「深層が報じられ、生き生きと物語られている。……本書はアメリカの軍部とインテリジェンス・コミュニティの構造が重要な転換点を迎えたことをくわしく述べつつ、その渦中に現れた変人・奇人についても明かしている」

——ワシントン・ポスト紙

「マゼッティは新しい事実を掘り起こし、兵士とスパイの伝統的な区別が不気味にも霞んできていることや、軍事・情報複合体の急成長ぶり、そしてこれらの変化がもたらす影響についてくわしく追っている。……正規の戦闘地域から遠く離れた場所で、アメリカが暗殺作戦を行なっていることが暴かれつつあるなか、本書はその流れに貴重な一撃を添える」

——ロサンゼルス・タイムズ紙

「みごとな報告。……CIAとペンタゴンとの縄張り争い、CIAとパキスタン情報機関との奇妙な関係、そして同機関が戦闘ではフリーランスや民間契約職員の寄せ集めに頼っている実態について、マゼッティは説得力に満ちた詳細をもとに描き出している」

——フォーリン・アフェアーズ誌

「ピュリッツァー賞を受賞したジャーナリスト、マーク・マゼッティによる本書は、彼が〝影の戦争〟と呼ぶものが世界各地でひそかに行なわれている事実を伝える鋭い案内書として役に立つ。……生き生きした正確な報告とともに、著者はアルカイダによる二〇〇一年の非対称テロ以降に起きた出来事の因果関係を年代順にたどる。そして、破滅的なほど殺伐たる、果てしない侵攻の結果として、アメリカ軍および同国の情報機関にむき出し状態の脆弱性が生まれたことを明らかにしている」

——ポップマターズ

「豊富な調査に基づき、よどみなくつづられた一冊。現代アメリカ軍の実力と、その結果として各地で生まれたアメリカに対する憎しみについて知りたければ、ぜひ読んでほしい」

——カーカス・レビュー誌

リンジーとマックスへ

目次

＊登場人物の肩書・所属・年齢、機関や組織の名称などは原書刊行当時のもの。
＊著者による補足は［　］、訳注は〔　〕で示した。

主な登場人物・組織

中央情報庁（CIA）

チャールズ・アレン　収集担当長官補佐　一九九八－二〇〇五

J・コーファー・ブラック　テロ対策センター（CTC）長　一九九九－二〇〇二

デニス・ブレア　軍事支援担当長官補佐　一九九五－一九九六、国家情報長官　二〇〇九－二〇一〇

リチャード・ブリー　アレック支局長（CTCのビンラディン捜索ユニット）　一九九九－二〇〇一

ウィリアム・ケイシー　長官　一九八一－一九八七

デュエイン・〝デューイ〟・クラリッジ　工作担当官、テロ対策センター創設者

レイモンド・デイヴィス　CIA契約職員　二〇一一年にパキスタンで逮捕される

ポーター・ゴス　長官　二〇〇四－二〇〇六

ロバート・グルニエ　イスラマバード支局長　一九九九－二〇〇二、テロ対策センター長

マイケル・ヘイデン　長官　二〇〇六－二〇〇九

スティーヴン・カップス　副長官　二〇〇六－二〇一〇

アート・ケラー　パキスタンにおける工作担当官　二〇〇六

マイク　テロ対策センター長　二〇〇六－

ロス・ニューランド　中南米および東欧担当の工作担当官。のちにCIA本部の高官となる

レオン・パネッタ　長官　二〇〇九－二〇一一

ジェイムズ・パヴィット　工作担当次長　一九九九－二〇〇四

デイヴィッド・ペトレイアス　長官　二〇一一－二〇一二、アメリカ中央軍司令官　二〇〇八－二〇一〇

エンリケ・プラド　テロ対策センターの工作担当官。のちにブラックウォーターに就職

ホゼ・ロドリゲス　テロ対策センター長　二〇〇二－二〇〇四、工作担当次長　二〇〇四－二〇〇七

ジョージ・テネット　長官　一九九七－二〇〇四

＊　CTCの名称は二〇〇五年にテロリスト対策センターからテロリズム対策センターに変更された。

国防総省（ペンタゴン）

ロバート・アンドルーズ　特殊作戦および低強度紛争担当国防次官補代理　二〇〇一－二〇〇二

スティーヴン・カンボーン　インテリジェンス担当国防次官　二〇〇三－二〇〇七

マイケル・ファーロング　情報活動に関わる国防総省職員。のちに民間のスパイ活動を監督する

ロバート・ゲーツ　国防長官　二〇〇六－二〇一一

スタンリー・マクリスタル陸軍中将　統合特殊作戦コマンド（ＪＳＯＣ）司令官　二〇〇三－二〇〇八

ウィリアム・マクレイヴン海軍大将　ＪＳＯＣ司令官　二〇〇八－二〇一一

マイケル・マレン海軍大将　統合参謀本部議長　二〇〇七－二〇一一

トマス・オコンネル　特殊作戦および低強度紛争担当国防次官補　二〇〇三－二〇〇六

レオン・パネッタ　国防長官　二〇一一－二〇一三

ドナルド・ラムズフェルド　国防長官　二〇〇一－二〇〇六

ホワイトハウス

ジョン・ブレナン 国土安全保障およびテロ対策担当大統領補佐官 二〇〇九‐二〇一三（CIA長官 二〇一三‐二〇一七）

リチャード・クラーク テロ対策調整官 一九九八‐二〇〇一

パキスタン

シャキル・アフリディ CIAのスパイとして雇われたパキスタン人医師

マフムード・アフマド陸軍中将 軍統合情報局（ISI）長官 一九九九‐二〇〇一

アリ・ジャン・アウラクザイ陸軍中将 連邦直轄部族地域（FATA）担当パキスタン軍司令官

レイモンド・デイヴィス CIA契約職員。二〇一一年にラホールで逮捕される

エサン・ウル・ハク陸軍中将 軍統合情報局（ISI）長官 二〇〇一‐二〇〇四

ジャラルディン・ハッカニ パキスタンの部族地域に拠点を置く犯罪ネットワークの指導者。アフガニスタンでアメリカ軍部隊を攻撃

アシュファク・パルヴェーズ・キアニ陸軍大将 軍統合情報局（ISI）長官 二〇〇四‐二〇〇七、陸軍参謀総長 二〇〇七‐二〇一三

ベトゥラ・メスード ネク・ムハンマド・ワジル死後のパキスタン・タリバン運動の指導者

アサド・ムニール陸軍准将 ISIペシャワール支局長 二〇〇一‐二〇〇三

キャメロン・マンター イスラマバード駐在のアメリカ大使 二〇一〇 - 二〇一二
アフマド・シュジャ・パシャ陸軍中将 軍統合情報局（ISI）長官 二〇〇八 - 二〇一二
ハフィズ・ムハンマド・サイード ラシュカレ・タイバ（〝純粋な者たちの軍〟）のトップ
ネク・ムハンマド・ワジル 部族地域におけるパキスタン・タリバン運動の指導者

イエメン

イブラヒム・アシリ アラビア半島のアルカイダ（AQAP）の天才的爆弾製造者
アブドゥルラフマン・アウラキ アンワル・アウラキの息子
アンワル・アウラキ 過激な導師（イマーム）。AQAPのメンバー。アメリカ市民
アリ・アブドゥラ・サレハ 大統領 一九九〇 - 二〇一二

ソマリア

アデン・ハシ・ファラ・アイロ アル・シャバーブ初期の指導者
シェイク・ハッサン・ダヒール・アウェイス イスラム法廷連合の指導者
ミシェル・〝アミーラ〟・バラリン アメリカの女性実業家。アメリカ政府の契約職員
サレハ・アリ・サレハ・ナブハン 東アフリカにおけるアルカイダの下部組織のケニア人メ

ンバー。二〇〇九年に殺害された

平和の回復と対テロリズムのための同盟（ＡＲＰＣＴ）　ＣＩＡが資金提供したソマリアの軍閥連合

アル・シャバーブ（〝若者たち〟）　イスラム法廷連合の武装組織

関連地図
ウズベキスタン
ドゥシャンベ
トルクメニスタン
タジキスタン
ジャララバード
カブール
アボタバード
イスラマバード
アフガニスタン
ペシャワール
カンダハル
ラホール
パキスタン
ニューデリー
イラン
インド
カラチ

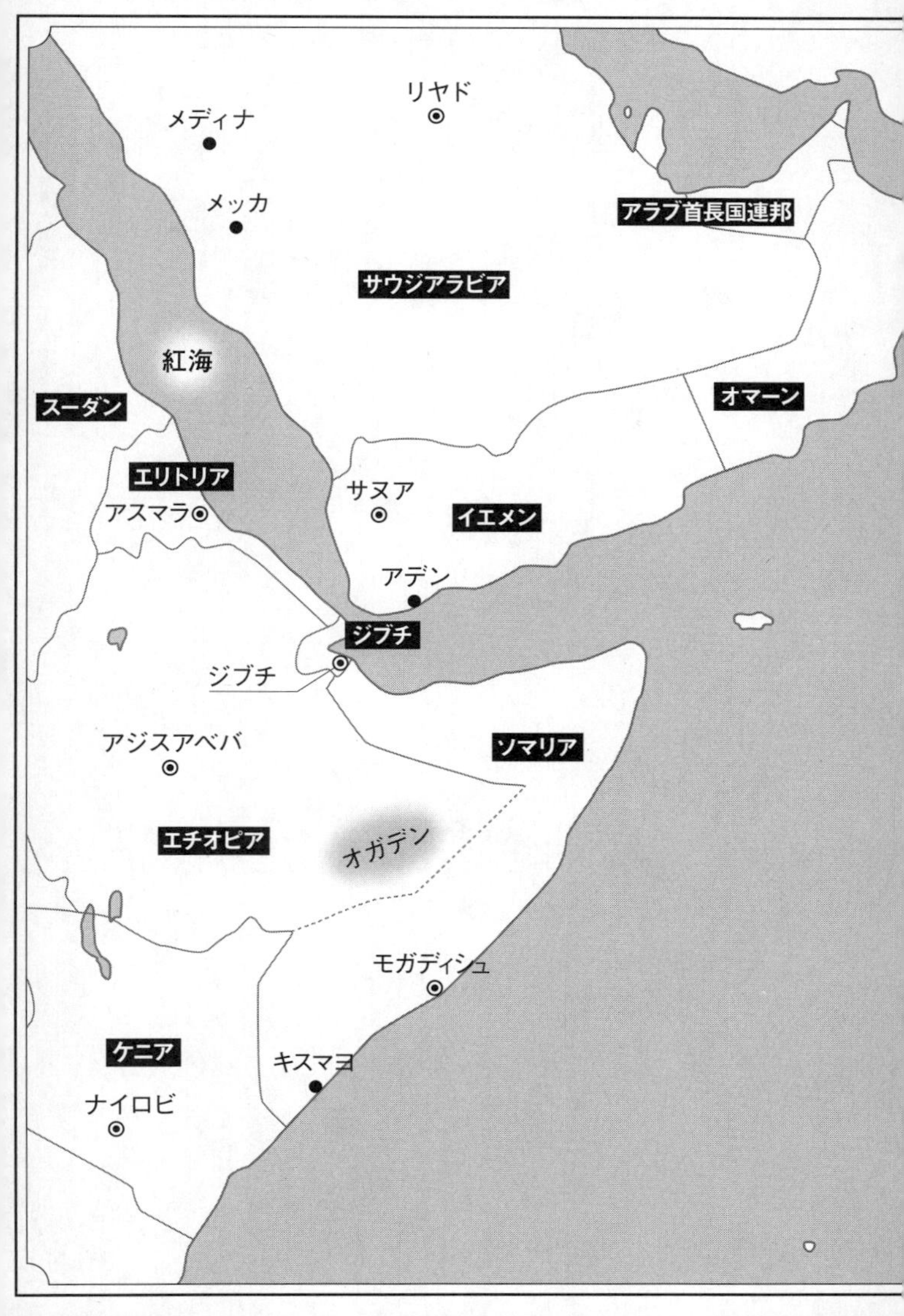
リヤド
メディナ
メッカ
アラブ首長国連邦
サウジアラビア
紅海
スーダン
オマーン
エリトリア
サヌア
イエメン
アスマラ
アデン
ジブチ
ジブチ
アジスアベバ
ソマリア
エチオピア
オガデン
モガディシュ
ケニア
キスマヨ
ナイロビ

ＣＩＡの秘密戦争

変貌する巨大情報機関

プロローグ　彼方の戦争

「すぐれた情報活動は漸進的に進められ、一種の紳士道を根底におくというのが、コントロールが毎度説くところだった。その持論の唯一の例外が首狩り人だった。彼らには漸進性も紳士道もなく……」

——ジョン・ル・カレ『ティンカー、テイラー、ソルジャー、スパイ〔新訳版〕』（村上博基訳　ハヤカワ文庫　二〇一二年）

ラホールの男

数人のパキスタン人警官にともなわれ、たくましい体つきのアメリカ人スパイが騒がしい取調室に連れてこられた。携帯電話があちこちで鳴り、ウルドゥー語、パンジャーブ語、英語が入り混じった会話が警官のあいだで飛び交うなか、取調官が事件の事実関係を明らかにしようとした。

「アメリカから？　アメリカから来たんだな」

「ああ」

「お前はアメリカ人で、アメリカ大使館で働いているのか？」

「ああ」アメリカ人の不安げな声は、周囲のざわめきから浮き上がり、はっきり聞きとれる。

「パスポートは現場で警官に見せた……。どこかにあるはずだ。なくなったんだ」

取り調べのようすを撮影した乱れがちな映像のなかで、アメリカ人は格子縞のフランネル・シャツの内側に手を入れ、首から下げたIDカードの束を取り出した。町なかでの大乱闘のあともなお手放さなかった、数少ない所持品のひとつだ。

「これは昔使っていたIDカード。イスラマバードのものだ」男は机の向こう側に座っている取調官にIDカードを一枚見せてから、ラホールにあるアメリカ総領事館の職員であることを示す最新のIDカードをめくって見せた。

電話が鳴り、騒がしい室内にいた職員のひとりがすぐに受話器をとった。「大使館の男を逮捕した。あとでかけなおす」取り調べが再開された。

「それじゃ、お前はラホールにある総領事館で働いているのか？」

「そうだ」

「担当は？」

「その……ただのコンサルタントだ」

「コンサルタントだと？」取調官は疑わしく思ったようだ。一瞬黙ったのち、ウルドゥー語で同僚に短く尋ねた。「で、こいつの名前は？」

「レイモンド・デイヴィス」同僚が答えた。

「レイモンド・デイヴィスだ」アメリカ人も名乗った。「座ってもいいか？」

「ああ、かまわん。水でも飲むか？」その同僚が尋ねた。

「ボトルはあるか？　ボトル入りの水」デイヴィスが返答した。

すると、その場にいた別の警官が笑い出した。「水がほしいだって？　金を出さなきゃ、水なんて出ないんだよ」

デイヴィスが座った椅子の背後からまた別の警官が入室し、進捗状況を尋ねた。

「こいつは全部わかってるのか？　そのうえで二人を殺したのか？」[1]

レイモンド・アレン・デイヴィスはヴァージニア州西部出身で、高校時代はアメリカン・フットボールとレスリングの花形選手として鳴らした。陸軍特殊部隊グリーンベレーを除隊したのち、一度は民間軍事会社のブラックウォーターUSAで民間兵士として働き、現在はCIAに雇われた秘密工作員としてパキスタンで活動している。数時間前、デイヴィスはホンダの白いシビックの運転席に大きな体を押し込み、ラホールの渋滞のなかを運転していた。ラホールはムガル帝国、シク教徒、そしてイギリス人に支配された歴史をもち、現在はパキスタンの文化・学問の中心地である。また、アメリカがパキスタンで行なってきた秘密戦争においては、一〇年近くにわたって外縁部に位置していた。

ところが二〇一一年には、パキスタン国内におけるイスラム系組織の勢力図は変化しており、それまでほとんど接触がなかった軍閥同士が新たな同盟関係を結び、西部山岳地帯で行なわれているＣＩＡの無人航空機(ドローン)による攻撃から逃れようとしていた。かつてはインドへの猛攻を夢見て力を蓄えてきた諸集団が、アルカイダや地球規模の聖戦(グローバル・ジハード)に熱を上げる組織と手を組みはじめていたのだ。こうした集団の一部はラホールに根を下ろしており、それゆえレイモンド・デイヴィスとＣＩＡの工作チームがラホールに隠れ家(セーフハウス)を作り、ひそかに活動していたのである。

しかし、デイヴィスはいま、ラホールにある警察署の一室にいる。自動車や自転車、人力車でごった返す交差点で、銃を手に黒いオートバイで彼の車に近づいてきた若者ふたりを射殺したからだ。デイヴィスはグロックのセミオートマチックを取り出し、フロントガラス越しに数発発砲してガラスに穴を開け、ひとりの腹部や腕など体のあちこちに銃弾を撃ち込んだ。もうひとりが逃走すると、今度は車から降りて、その男の背中にも銃弾を数発浴びせた。デイヴィスが無線でアメリカ領事館に応援を頼むと、数分のうちに道路を逆走してトヨタのランドクルーザーが現れた。しかし、その車はオートバイに乗った別の若いパキスタン人を撥(は)ね殺し、走り去ってしまう。そのあとには黒いマスク、およそ一〇〇発の銃弾、そしてアメリカの国旗が描かれた小さな布など、異様な小物が散らばっていた。[2] また、デイヴィスが乗っていた車にあったカメラには、パキスタンの軍事施設を盗撮した画像が記録されていた。

この大失態から数日間、ＣＩＡ長官はパキスタンの情報機関トップとの電話や個人的な会合の席で嘘をつき通そうとし、デイヴィスはCIAで働いてなどいないと言い張った。記者会見にのぞんだバラク・オバマ大統領は、パキスタンにおけるデイヴィスの役割には曖昧にしか触れないまま、「パキスタン駐在の外交官」を釈放するよう呼びかけた(3)。銃撃事件の数日前に着任したばかりのCIAイスラマバード支局長は現地駐在のアメリカ大使と公然と対立し、デイヴィスの釈放を実現するにあたり、アメリカは譲歩するべきでも、取引に応じるべきでもないと主張した。パキスタンにおけるゲームはすでに変わった、と彼は述べた。CIAとパキスタンの情報機関が友好関係にあった時代は終わったのだ、と。

今後は「モスクワルール」にしたがって物事が処理されることになるだろう(4)。それは冷戦時代に敵味方のあいだで行なわれたスパイ工作のような、成文化されていない、容赦のないやり方だ。

この血なまぐさい事件により、パキスタンのバザールの雑踏や権力の回廊で陰謀が渦巻いていたことがたちどころに裏付けられたようだった。つまり、アメリカはパキスタンに大量の隠密部隊を送り込み、同国におけるアメリカの秘密戦争の一部として、混乱や暴力の種をまいていたのである。デイヴィスに殺された男の妻は、犯人が法の裁きを受けることは絶対にないと確信し、致死量の殺鼠剤を飲んだ。

しかし、デイヴィスの一件はさらに大きな話を物語ってもいる。グリーンベレーの元隊員で、CIAの契約職員としてパキスタンで人間狩りをするために雇われたこの男は、米諜報機関の顔を体現していたが、この諜報機関は戦闘地域から離れた場所で一〇年にわたって戦ってきた結果、いつの間にか変貌をとげていた。CIAはもはや外国政府の秘密を盗むことに専念する伝統的な諜報機関ではなく、人間狩りに入れ揚げる暗殺マシーンのような存在になったのである。

そして、CIAがスパイに兵士の仕事をさせ、伝統的に軍が果たしてきた任務に参入したように、その逆も起きていた。軍部はアメリカ外交の後ろ暗い領域に散らばり、特殊部隊は九・一一以前であれば政府がまず許可しなかった情報活動にたずさわっている。二〇〇一年九月一一日に攻撃を受ける以前、ペンタゴンは人的スパイ活動をほとんど行なっておらず、CIAは正式に暗殺を認められてはいなかった。ところが数年のあいだに、それぞれがスパイ活動と暗殺の両方をさかんに行なうようになり、軍事・情報複合体が出現してアメリカの新しい戦争を主導していたのだ。

アフガン戦争とイラク戦争の歴史的な概略は、いまではよく知られている。しかし、じつは一〇年以上にわたり、これらとは別の戦争が並行して行なわれてきた。それは、九・一一同時多発テロ後にアメリカが始めた「大きな戦争」の暗い反映とも言える。世界各地で行なわれた影の戦争では、アメリカは暗殺ドローンや特殊作戦部隊を投入して敵を追った。また、民間人を雇って秘密のスパイ網を構築し、移り気な独裁者や信頼できない外国の情報機関、寄せ集めの代理軍に頼った。アメリカが地上部隊を派遣できない場所には非主流派の人物が現れ、分不相応な役割を演じた。たとえばチェイン・スモーカーのペンタゴンの高官は、イラン・コントラ事件〔アメリカがイランへ武器を売却し、その代金をニカラグアの反共ゲリラ、コントラの支援に充てた事件」に関与したＣＩＡ担当官とチームを組み、パキスタンで非公式のスパイ活動を行なった。馬の産地として有名なヴァージニア州の女相続人はソマリアに夢中になり、現地でアルカイダ工作員狩りをするために自分を雇うようペンタゴンを説得した。

影の戦争はいくつもの大陸にまたがって行なわれ、パキスタンの山岳地帯からイエメンや北アフリカの砂漠地帯まで、あるいは部族紛争の真っ只中にあるソマリアからフィリピンの密林にまで広がっている。こうした秘密戦争の土台を築いたのは保守的な共和党の大統領であり、それを受け入れ、利用したのは、引き継いだものに魅せられたリベラルな民主党の大統領だった。バラク・オバマ大統領は、秘密戦争を活用すれば、政府の転覆やアメリカ軍による長期的な占領政策が必要で、泥沼化しやすく、莫大なコストもかかる従来の戦争は不要になると考えるようになった。オバマ大統領の側近のひとりで、のちにオバマからＣＩＡ長官に任命されたジョン・ブレナンの言葉を借りれば、アメリカがいま頼りにしているのは「ハンマー」ではなく「メス」なのだ。

このたとえは、この種の新しい戦争はコストがかからず、大失態を犯すおそれもないことを示唆している。まさに合併症の心配がない手術のようなものだ。だが、現実はそうはいかない。このような刃物の使い方は敵を消す一方で、新たな敵を作り出してきた。混乱のなかに秩序をもたらそうとする努力が、かつての同盟国の内部でアメリカに対する敵意を膨らませ、かえって混乱を招いたこともある。また、アメリカが国家として戦争を遂行するための通常のメカニズムを簡略化し、アメリカ大統領をして、遠方にいる標的の生殺与奪の権を握る裁定者に変えた。新しい戦い方が功を奏した例は多く、ウサマ・ビンラディンとその忠実な側近にとどめを刺したのも秘密戦争の成果である。ところが、これにより戦争の敷居が下がったため、アメリカは歴史上かつてないほど容易に、世界の果てで暗殺作戦を実行できるようになっている。本書は、一〇年以上も続けられたこのような実験と、その結果として実験室から現れたものについての物語である。

MI6長官が目にした未来

サー・リチャード・ディアラヴは、九・一一同時多発テロのわずか数週間後に未来を垣間見た。イギリス秘密情報部（MI6）の長官である彼は、イギリスともっとも緊密な同盟関係にあるアメリカとの結束の固さを示そうと、イギリスの情報機関の高官をともなってアメリカを訪問していた。ヴァージニア州マクリーン〔CIA本部の実際の所在地は。原文にあるラングレーではなくこちら。以下マクリーンに統一〕にあるCIA本部に着くと、イギリスの情報機関が集めた情報を開示し、MI6で保管しているアルカイダのメンバーに関する全ファイルの閲覧を許可するという異例の申し出をじきじきに伝えたのである。

第二次世界大戦中、スパイ活動という闇の技術をアメリカ人に伝授したのはイギリス人である。しかし、その後長きにわたり、両者はスパイゲームに対して異なるアプローチをとってきた。一九四三年、ウィンストン・チャーチル政権の特殊作戦執行部内のある人物は、「イギリス人は一般に長期的な展望をもち、時間をかけてゆっくりと進めていくが、アメリカ人は気質として短期間に派手な成果を出したがる」と不満を漏らした。そしてCIAの前身である戦略諜報局（OSS）の戦略は、武器庫の爆破や電話線の切断、敵の補給線への地雷敷設に頼っているので危険だ、と指摘した。さらには、アメリカ人は頭脳以上に金に恵まれており、OSSのように「カウボーイやインディアンの戦いごっこにあこがれ」ていては同盟諸国に迷惑をかけるだけだ、とも警告した。⑤

ディアラヴはイギリスの古典的なスパイの伝統のなかで育った。昔からイギリスの情報機関員を輩出しているケンブリッジ大学のクイーンズ・カレッジを卒業したのち、アフリカやヨーロッパ、アメリカのワシントンなどで海外ポストを歴任した。MI6長官に就任してからは前任者たちと同様、内部メモにはすべて〝C〟というコードネームで署名している――伝統にのっとって、つねにインクは緑色だ。

ASCOT-1のコールサインをもつ飛行機がワシントンに着陸して間もなく、ディアラヴはCIA本部のテロ対策センターにいた。そこでCIA担当官たちが見つめていたのは、巨大スクリーンに映し出されたアフガニスタンの道路を走る三菱の白いトラックの映像だった。遠隔操作で戦争を遂行できるようアメリカが開発を進めてきたことはディアラヴも知っていたが、無人機プレデターの活動はそれまで見たことがなかった。

ビデオモニターの中央にある十字線が三菱の車を捉えてから数分後、ミサイルが炸裂し、衝撃で画面全体が真っ白になった。数秒後に映像がもとに戻ると、車体がねじれ、炎上しているトラックの残骸が現れた。⑥

ディアラヴはCIA担当官の一団に向き直った。そのなかには数カ月前にプレデター・プログラムを監督するグループに加わったCIAのベテラン担当官、ロス・ニューランドの姿もあった。ディアラヴは苦笑いを浮かべた。

「あまり正々堂々というわけにはいかないですね」

第１章　殺害許可

「あなた方の任務はテロリストを殺害することであり、敵を作ることではない」(1)

——二〇〇一年九月一四日にパキスタン大統領パルヴェーズ・ムシャラフがアメリカ大使ウェンディ・チェンバリンに語った言葉。

仕事にかかれ

ホワイトハウスのシチュエーションルームの照明が落とされ、ＣＩＡ担当官たちがスライドショーを始めた。

あわてて撮った写真は粒子が粗いうえに焦点もぼやけている。車に乗り込む男たちを撮ったものもあれば、通りを歩く男たちを撮ったものもある。薄暗い室内でこんなことが行なわれているようすは、まるでマフィア映画の一場面のようだ。映画ではＦＢＩ捜査官たちがコーヒーをすすりながらマフィアの大物たちの写真をめくっていく。しかし、ここで映し出されているのは、中央情報庁（ＣＩＡ）が暗殺許可を求めている人物だった。テーブルを囲んでいるのは副大統領の側近ばかりで、法律顧問のデイヴィッド・アディントンや、ワシントンの古株で〝スクーター〟と呼ばれる副大統領首席補佐官のＩ・ルイス・リビーの顔もある。ディック・チェイニー副大統領はテーブルの座長席につき、次々と映し出される悪党の顔に見入っていた。それは二〇〇一年晩秋の寒い日のことで、ジョージ・Ｗ・ブッシュ大統領が秘密命令に署名してから数週間しかたっていなかった。一九七〇年代、ＣＩＡによる暗殺計画が陰惨かつときにばかばかしい形で次々と露見したとき、ホワイトハウスはＣＩＡがアメリカの敵を暗殺することを禁じた。一度は取り上げたその権利を、ブッシュ大統領がふたたびＣＩＡに与えたのである。この日、ＣＩＡは、得たばかりの暗殺許可をどう使うかをホワイトハウスに報告しに来ていた[2]。

プレゼンテーションの進行役を務めたＣＩＡのホゼ・ロドリゲスとエンリケ・プラドのふたりは、出席者を前に、テロ対策センターでは機密指定の新規プログラムの要員としてＣＩＡ担当官を採用しているところです、と語った。少人数の暗殺チームを他国に潜入させ、ブッシュ政権が暗殺対象に指定した人物を狩り出し、殺害するプロジェクトだという。映し出された写真のなかにはシリア人のマムン・ダルカザンリもいた。ＣＩＡの推測によると、彼は九・一一同時多発テロの準備を手伝った人物で、いまはドイツで自由に暮らしているという。アブドゥル・カディール・カーン博士の写真もある。原子爆弾を開発した功績からパキスタンでは英雄扱いされているが、イランやリビアなどのならず者国家に核技術を秘密裏に流したために、西側からは悪党扱いされている人物だ。これらの写真を至近距離から撮ることで、CIAはぞっとするような、間違えようのない主張を伝えた。われわれはこんなに近くで写真を撮影できる、だから殺害できる距離まで近づくことも可能だ、と。

しかし、いくら虚勢を張っても答えられていない問題があった。CIAの暗殺部隊は、どうやってドイツやパキスタンなどの他国に潜入するのか？　アメリカの暗殺者集団は本当に外国で監視網を築き、指定された時刻に標的の頭部に銃弾を撃ち込むことができるのか？CIAはこうした後方支援(ロジスティクス)関連の課題は何ひとつ解決していなかったが、ロドリゲスとプラドは作戦に対する細かな質問に答えるためにホワイトハウスを訪れたわけではない。暗殺の許可を求めに来ただけだ。

チェイニーが、仕事にかかるように、と告げた。

CIAの復活

ジョージ・W・ブッシュ大統領は元中央情報長官*の息子であり、マクリーンにあるCIA本部は、改称した際に彼の父の名を冠した。彼が政権をとったとき、CIAは縮小され、士気も下がり、冷戦時代に比べると見る影もないほどに衰えていた。しかし二〇〇一年末にかけての数カ月で、ブッシュはCIAに地球規模の人間狩りという任務を与えた。するとCI

＊二〇〇五年以前、CIA長官の正式な肩書はDCI（中央情報長官）だった。

Aは見事な成果を上げ、司令官の要求にすばやく応じる組織というイメージを作り上げることができた。動きがのろくて官僚的なペンタゴンとは正反対である。

そのCIAがいまやホワイトハウスの指示のもとで秘密戦争を遂行しているのであり、一度は忘れ去られたテロ対策センター（CTC）は、秘密戦争の指揮所として大わらわになっていた。以前のテロ対策センターはCIA内の吹きだまりで、本部の人間の多くは、大きな任務に失敗した者が流れ着いてできあがった狂信的な変人集団だと考えていた。しかし九・一一同時多発テロ後、テロ対策センターは設立以来もっとも劇的な拡張をとげ、その後一〇年のうちにCIAの心臓部となっていく。

CTCはアジアやロシアを担当していた収集担当官や分析担当官(アナリスト)を何百人も引き抜き、CTCの作戦拠点に突貫工事で脈絡なく作られた迷路のようなブースに再配置した。室内のレイアウトは複雑を極め、同僚を探すのにも苦労するありさまだった。そこで「ウサマ・ビン・レーン」や「ザワヒリ・ウェイ」など段ボール製の道路標識が立てられ、訪ねたいブースを探しやすくした(3)。最後に、センターのドアに標語が掲げられた。数日後、いや数分後にはまた別のテロ攻撃が起きるかもしれないことを、つねに重苦しい迫力をもって肝に銘じさせる内容だ。そこには、「今日は二〇〇一年九月一二日」と記されていた。

秘密戦争が始まってすぐの怒濤(どとう)の数カ月の間にセンターを率いたのはJ・コーファー・ブラックである。彼は異彩を放つ担当官で、スーダンの首都ハルツームのCIA支局長だった当時から、スーダンに亡命していたウサマ・ビンラディンを狩ることに執念を燃やしていた。

CIA内では、マッド・サイエンティストと老熱血漢ジョージ・パットン将軍を足して二で割ったような人物という印象を作り上げていた。九月一一日、最後のハイジャック機がマクリーンに向かっているかもしれないとおびえる者がいるなか、ブラックはCTC担当官が他部門の職員とともにCIA本部から退避することを認めなかった。

それから数カ月というもの、ジョージ・テネットCIA長官がブラックをともなわずにホワイトハウスに出向くことはめったになかった。ブラックはアルカイダ工作員を殺せるだけ殺す決意を固めた、という噂までささやかれた。[4] 九・一一同時多発テロの二日後、大統領執務室で開かれた会合でブッシュは、CIAは新たな任務を引き受ける気があるかとブラックに尋ねた。その任務には、アフガニスタンに準軍事チームを派遣し、現地の軍閥と同盟を結んでタリバンと戦うことも含まれているという。ブラックは大げさな表現を使い、CIAがアルカイダを片づけたあかつきにはビンラディンとその一味の「眼球にハエがたかっているでしょう」と答えた。[5] ブッシュはこういう言葉を聞きたがっていたので、大見得を切るブラックにたちまち好感をもった。しかし、戦時政権のメンバーの一部はこうしたマッチョなほら話に辟易し、ブラックを「眼球にハエ男」と呼ぶようになる。[6]

ホワイトハウスの高官たちのあいだでブラックの評価が高まると、CIA内部で軋轢が生じ、ブラックは上司にあたるジェイムズ・パヴィットと、ことあるごとに対立するようになった。ブラックには、パヴィットは弱腰で事務的に見えたのである。パヴィットは国外のスパイ活動や秘密活動全般を統括する工作本部の責任者で、ブラックのことを目立ちたがりの無謀な男だと考えていた。また、ブラックは海外でCIAの功績を挙げようと焦っており、そうした試みはつねにCIAに災いをもたらしてきたと信じていた。九・一一同時多発テロ以前の数年は、アフガニスタンに潜伏しているビンラディンを狩り出して殺害する際に武装プレデターを使うべきかどうかをめぐり、ふたりで激しく議論を闘わせていた。

しかし二〇〇一年末、CIAの初期の戦略がアフガニスタンで成功すると、ブラックとテロ対策センターに軍配が上がった。CIA内部で彼を批判した者たちも、アルカイダのようにとらえどころのない組織を相手にするときは、CIAの少数の幹部が作戦を指揮するのもやむを得ないと納得したようだった。CIA担当官からなる準軍事チームは、のちに陸軍特殊部隊グリーンベレーの協力も得て、荒削りなアフガニスタンの民兵組織を戦闘部隊に仕立てあげた。民兵たちは、ある者は馬の背にまたがり、ある者はソ連侵攻時代の錆びた装甲車に乗り、カブールとカンダハルからタリバンを一掃した。

奇妙で新たな紛争は、アメリカの戦争の進め方にも大きく影響した。伝統的に戦時の指揮系統はホワイトハウスから国防長官、軍の大将へと連なり、数百人からなるスタッフが戦争の計画を立案し、実行に移す。だが、そのルートがいつの間にか回避されていたのだ。いまではCIA長官が軍の指揮官となり、ほとんど監督されることなく、少数の幹部とともに地球規模の秘密戦争を進めていた。テネットは、アフガニスタンに派遣するCIAの準軍事チームを増やすよう、強硬に主張しはじめた。さらには、テロリストを拘束し、秘密の収容所に隠し、ジョージ・オーウェルの小説『一九八四年』ばりの残虐な方法で尋問するプログラムをホワイトハウスに売り込んだ。だれを拘束し、だれを殺害し、だれを泳がせておくかの判断を監督するのは、ブッシュとチェイニー、それにホワイトハウスのごく少数のメンバーだけだった。(7)

テネットにとって、これは急激な変化だった。九・一一同時多発テロ以前には、CIA担当官は政策決定のプロセスに関わるべきではないとホワイトハウスの上司たちに進言していたからだ。マクリーンのスパイは修行僧よろしく黙々と情報の評価報告書を作成し、「対岸」にあるホワイトハウスや議会の人間がそれをもとに政策を決定すればよいと考えていたからだ。のちにジェイムズ・パヴィットは九・一一委員会の調査官に対し、一九八〇年代のイラン・コントラ事件からひとつ教訓を得るとすれば、「［マクリーンにいる］われわれは政策に介入しないということだ……あなた方もそれを望んでいないはずだ」と述べた。(8)

たとえこうした考え方がちょっとした便利な噂話となっていたにせよ、二〇〇一年末には、CIAは戦争と平和をめぐる面倒な政策決定と無関係だとは主張できなくなっていた。テネットが毎日大統領執務室に通い、大統領への毎朝のブリーフィングを行なうよう、ブッシュが求めたからである。下位の分析担当官ではなく長官が毎朝ホワイトハウスでブリーフィングを行なうのは、CIA設立以来のことだ。テネットは歴代のCIA長官と同じく大統領との関係強化を強く望んでいたので、コーファー・ブラックを従えて毎朝ホワイトハウスに現れた。そしてテロリストの陰謀や陰謀画策者のリストを用意し、熱心な聴衆を前に、国を守るためにCIAで進めている案件を報告した。ホワイトハウスはいかなる脅威情報も見逃しトやCIAは欠くことのできない存在となった。

一方で、こうした上層部の注目により、CIAが作成する分析報告がゆがむという影響も現れはじめた。視野狭窄的で、より戦術的な分析をするようになったのである。テロ攻撃により三〇〇〇人近いアメリカ人の命が奪われたのだから、その余波として、数百人のCIA分析担当官がテロ対策に投入されたことは理解できる。しかし、テロ対策を担当し、大統領執務室で行なわれる早朝のブリーフィングで大統領に聞いてもらえる報告書を作成することがCIAでの出世の早道になったことは、分析担当官たちには一目瞭然だった。しかも、ホワイトハウスが何よりも関心を示したのはアルカイダの特定のメンバーの居所につながる手がかりであり、イスラム世界でアルカイダがどのくらい支持されているか、アメリカの軍と情報機関の作戦が若い世代の民兵組織の過激化にどれほどの影響を与えそうかといった大きなテーマではない。CIAは要望に沿って活動の焦点をしぼっていった。

スパイ活動で使う用語も徐々に変化していた。かつてCIAの収集担当官（ケース・オフィサー）や分析担当官は、「標的（ターゲッティング）」という用語を、どこの外国政府当局を標的にして情報を引き出すか、あるいはCIAの情報提供者になりそうな外国人はだれか、などを見定めるときに使った。ところがテロ対策センターに異動した担当官にとっては、「標的」という用語はまったく別の意味となった。それはアメリカの脅威になるとみなされた人物を追跡し、拘束または殺害することを指していたのである。

コーファー・ブラックとジェイムズ・パヴィットの対立は深まり、ブラックは二〇〇二年前半までにはCIAを辞めて国務省で働く決意を固めた。(9) その後任を命じられたホゼ・ロドリゲスはテロ対策センターの高官のひとりで、ブラックとは対照的に偉ぶらない人柄だった。コーファー・ブラックは中東での活動経験があり、ウサマ・ビンラディンが率いるテロリストのネットワークについて詳細な知識をもつ数少ないCIA担当官のひとりでもあった。一方のロドリゲスはイスラム世界を担当した経験がなく、アラビア語も話せない。とはいえパヴィットとは近い関係にあったため、収集担当官のなかには、そもそもロドリゲスはブラックのお目つけ役としてパヴィットがテロ対策センターに引き入れたのではないかと勘ぐる者もいたという。ロドリゲスはプエルトリコ出身で、両親はともに教師である。フロリダ大学ロースクールを卒業後、七〇年代半ばにCIAに入庁した。収集担当官としてのキャリアの大半を過ごしたCIA中南米部は、一九八〇年代にニカラグア、エルサルバドル、ホンジュラスで危険な作戦を展開していた。当時まだ若手だったロドリゲスは、イラン・コントラ事件の大々的な捜査の網にはひっかからずにすんだが、中南米部はその後何年も冷遇されることになる。ロドリゲスは組織内で人気があったものの、CIAの同僚のあいだで優秀な収集担当官だと自負することはなかった。彼はボリビアやメキシコなど中南米のCIA支局を渡り歩き、フィールド・オペレーションにこまごまと口を出したがるマクリーンの官僚に牙をむく一匹狼という印象を根付かせた。また、乗馬好きが高じ、メキシコシティ支局長時代はお気に入りの馬にビジネスと名をつけて、マクリーンにいる上司に自分の居場所を尋ねられたら「ビジネスで出かけています」と答えるよう部下に指示していた。[10]

一九九五年、ロドリゲスが中南米部長に着任した当時、中南米部はまたもや混乱していた。クリントン政権の二代目のCIA長官、ジョン・ドイッチが、CIAの婉曲な表現によれば「外国人と緊密で継続的な関係を構築したこと」を理由に多数の収集担当官を解雇したばかりだったからだ。要するに、中南米に赴任した担当者たちが違法行為に手を染めたことが弱みになり、ゆすられるおそれがあったのである。ロドリゲスもすぐに問題を起こした。幼なじみがドミニカ共和国で麻薬取引容疑により逮捕されたとき、友人が獄中で暴行されないようドミニカ警察に介入したのだ。友人のために外国政府に介入することは、CIAの中南米部長としては明らかに利益に反する。CIAの監察総監は「判断力の著しい欠如」を露呈したとしてロドリゲスを叱責(しっせき)した。ロドリゲスは中南米部長の職を解かれた。[11]

しかし二〇〇一年にはロドリゲスは返り咲き、友人のエンリケ・プラドとともに、CIAの新しい戦争を支える中南米専門家のひとりに名を連ねていた。テネットは毎日午後五時にCIA高官を会議室に集め、アフガニスタンやその他の地域における日々の戦況を報告させていた。ロドリゲスはすぐにその常連に加わった。そしてこの会議の席上で、ブッシュ政権の重大な決定のひとつにつながる即席の提案を行なったのである。

そのときの会議のメンバーは、アメリカ軍部隊やCIA担当官がアフガニスタンで拘束するタリバンの戦闘員全員をどう扱うかという問題に取り組んでいた。どこなら彼らを長期的に拘禁できるだろうか？　会議はやがてブレインストーミングに変わり、さまざまな担当官が被拘禁者を喜んで受け入れてくれそうな国を提案していった。ある者は、アルゼンチンのティエラ・デル・フエゴ島にあるウシュアイア刑務所という南の果ての陰鬱な施設の名を挙げた。ニカラグア沖のカリブ海に浮かぶふたつの小さな点のようなコーン諸島はどうか、という者もいた。しかしこれらの提案は非現実的だとしてどれも却下された。最後に、ロドリゲスが冗談半分で提案した。

「それなら、グアンタナモ湾に連れて行ったらいいじゃないか」

キューバにある米軍基地にアメリカが新しい戦争で捕えた囚人を収容したら、フィデル・カストロがどれほど怒ることか。テーブルを囲んだ一同はその場面を想像し、声を上げて笑った。しかし、吟味すればするほど、グアンタナモはじつは理にかなっているように思えた。ここはアメリカがキューバから永久租借した基地であり、キューバ政府の指導者が交代してアメリカの囚人を国外退去させるよう決定しても、ほかの国の場合とは異なり、収容所の存続が脅かされることはない。しかもグアンタナモ湾の収容所にはアメリカの司法がおよばないはずだ。完璧なロケーションのように思えた。

ＣＩＡはアメリカの新しい収容所の候補地としてキューバをいちばんに推し、すぐにグアンタナモ湾収容施設の一角に、ＣＩＡ用の秘密の収容所を建設した。厳重に警備されたその収容所を、ＣＩＡ担当官たちはストロベリー・フィールズと呼んだ。(12) ビートルズの歌にあるように、収容者はおそらく「永遠に（フォーエバー）」そこに拘禁されるからである。

ワシントンから一万キロ離れた戦場では、混乱が続いていた。二一世紀初の戦争であるアフガン戦争は、当初ＣＩＡ本部内の狭いブースで立案され、あるいはペンタゴンの上層階にある木目調のオフィスでパワーポイントを使って理路整然とプレゼンテーションされたものだったが、そのときの内容よりはるかに泥沼化することが明らかになりつつあった。二〇〇二年初めのアフガニスタンは、日常的に銃弾が飛び交う戦場でもなければ希望に満ちた平和な場所でもなく、兵士とスパイのあいだの競争心や不信感がはびこる混沌とした争いの渦中にあった。アメリカ軍の作戦が、不確かな情報源からの断片的なインテリジェンスに基づいて行なわれることもたびたびあった。たとえばあるとき、アフガニスタン東部のザワル・キリにある洞窟を利用した施設に空爆が行なわれ、その際にウサマ・ビンラディンが死亡した可能性があるというインテリジェンスを得た。そこで海軍特殊部隊ＳＥＡＬｓ（ネイビーシールズ）と海兵隊が、近くの墓地を数十人態勢で八日間も掘り返した。彼らはビンラディンの遺体を掘り出し、三カ月でアフガン戦争を終結させるための根拠にしたいと願っていたのだ。複数の遺体を掘り出したものの、探し物は見つからなかった。[13]

ＣＩＡと軍のコミュニケーション不足が大惨事をもたらしたこともある。一月二三日、陸軍特殊部隊グリーンベレーは、カンダハルの北東一六〇キロにあるハザル・カダムのふたつの施設を、夜陰に紛れて急襲した。施設内では建物が数棟、丘の斜面に張りつくようにして立ち並んでいる。ＡＣ‐１３０ガンシップが頭上を旋回するなか、二チームが同時に施設を襲撃した(14)。部隊が建物の外壁に穴を開けると、内部からAK-47自動小銃の乾いた掃射音が聞こえた。隊員たちは応射し、部屋から部屋へと移動した。タリバンの戦闘員とおぼしき人物と接近戦になった者もいる。任務完了時には、部隊は施設内にいた四〇人以上を殺害し、AC-130は建物を瓦礫の山に変えていた。

ところが基地に戻った兵士たちは、CIAが数日前にその施設の男たちをタリバンから離反させ、こちら側に寝返るよう説得していたことを知る。その夜、建物のひとつには、ハミド・カルザイ率いるアフガニスタン新政府の旗が掲げられていた。CIAは、施設内に住む数十人のアフガニスタン人が味方になったことを、特殊作戦部隊にまったく伝えていなかったのである。

アフガニスタン情勢がここまで混迷を極めた一因は、戦場ではおなじみの混乱にあるが、アメリカの新しい戦争をめぐって覇権を争うペンタゴンとCIAがだまし合いを演じたせいもある。ドナルド・ラムズフェルド国防長官は、CIAの準軍事チームが最初にアフガニスタン入りしたことを苦々しく思っていた。グリーンベレーの部隊が悪天候に見舞われ、アフガニスタン国内の基地へのアクセスに苦労したのは事実だが、単に後方支援の問題ではない。最初からCIAがアフガン侵攻の計画立案と遂行を担当し、軍が補助的な立場に置かれたことのほうが問題だった。ペンタゴンの予算や人員に比べればごく小規模なCIAが軍をしのぐ機動力をもつことに、ラムズフェルドは歯がみした。そこでこうしたことが二度と起きないよう、ペンタゴンの官僚主義をたたき直しはじめた。

ラムズフェルドは、融通がきかず、偏狭にすぎる軍事部門によってきびしく統制され、ご自慢の兵器体系の維持にかまけているように見えた国防総省を改革しようと奮闘してきた。フォード政権下では国防長官を務め、実業界で成功を収めたのちにペンタゴンに戻ってきた。製薬会社のG・D・サールでは人工甘味料ニュートラスウィートや、オレンジ味の下剤メタムシルなどのヒット商品を市場に送り出し、個人資産を膨らませていた。その後、ペンタゴンのトップに就任すると、みずからの意図を明確に打ち出した。それは、傲慢な国防総省に民間部門の法則を持ち込むことだった。

六九歳のラムズフェルドは、じきにアメリカ史上最年長の国防長官になる。国防総省の無駄についてしょっちゅう文句を言うため、大恐慌時代の生活を語り聞かせる老人のような雰囲気もときに醸し出していた。ペンタゴンの改革を目指す彼のやり方は、ケネディ政権とジョンソン政権で国防長官を務めたロバート・マクナマラとすぐに比較された。当時マクナマラはペンタゴンの文化を変えようと決意し、フォード・モーター社から「頭が切れるやつら」を引き連れてやってきた。ラムズフェルドのやり方に辟易した将官のなかには、さまざまな軍事部門を運営させようとラムズフェルドが連れてきた老いたビジネスマンの一群を「息が切れているやつら」と揶揄する者もいたという。アメリカン航空77便がペンタゴンの西面に突入した二〇〇一年九月一一日の朝には、冷戦時代の高額な武器を廃棄しようとするラムズフェルドの野心的な試みの多くが、すでに軍部によって首尾よく妨害されていた。ブッシュ政権の高官で最初に更迭されるのはラムズフェルドにちがいないと、ワシントンでは公然とささやかれていた。ところが翌年にかけて、ラムズフェルドはブッシュ政権の閣僚のなかでもっともメディアへの露出が増え、すぐに大衆の人気を得た。アメリカは二〇〇一年一二月までにアフガニスタンの諸都市からタリバンを一掃した。そして、このとき用いた革新的な戦争計画により、ラムズフェルドは大衆の信用を勝ち取った。そして、不愛想で威圧的な記者向けのブリーフィングを通じて、三〇〇〇人近いアメリカ人を殺害したテロ攻撃に対するブッシュ政権の報復措置を体現する顔となったのである。戦争の目的を語るとき、ラムズフェルドは遠回しな言葉を使ったり、軍事用語に逃れたりはしなかった。彼は「タリバンの殺害」について語ったのである。

ラムズフェルドは戦争の初期段階から、新しい戦争の大半は正式な戦闘地域から遠く離れた世界の薄暗い片隅で行なわれることにも気づいていた。この戦争は、一九世紀のような歩兵隊の小競り合いでもなければ、第一次世界大戦のような塹壕(ざんごう)戦や、第二次世界大戦のような戦車戦でもない。ペンタゴンは、法律や慣習によりスパイしか行くことが許されてこなかった場所に、兵士を送り込む準備を迫られたのだ。たとえば、当時ペンタゴンにはＣＩＡのテロ対策センターのようなテロ対策専任の部署がなかった。しかしラムズフェルドは九・一一同時多発テロから数週間のうちに、国防総省内にも同様の組織を立ち上げるよう提案する。しかもテロ対策センターより大規模な組織だ。彼はテネットＣＩＡ長官に宛てたメモに「ＣＴＣは組織が小さすぎて二四時間態勢の仕事はできないと聞いている」と記し、テロ対策統合情報タスクフォースの設立計画をまとめた提案書を送った。このまったくの新組織を活用すれば、ペンタゴンが新しい戦争の主導権を握れるはずだった[15]。

提案書をテネットに送った四日後、ラムズフェルドは新しい戦争の見通しに関する自説を最高機密指定のメモにまとめ、ブッシュ大統領に提出した。そしてそのなかで、この戦争は世界規模に展開することが予想されるため、アメリカは先頭に立って究極の目標に向かう必要があると述べた。「この戦争によって世界の政治地図が著しく塗り替えられないのであれば、アメリカが所期の目的を果たすことはない」と大統領に訴えたのである[16]。

当時のペンタゴンにはそんな戦争を行なうだけの準備は整っておらず、ラムズフェルドはそのことをだれよりもよくわかっていた。やるべきことは山積していた。

錯綜(さくそう)する情報

二〇〇二年二月初旬のある晴れた晩、アフガニスタン人の男性三人と少年一人が白いトラックから夜の闇のなかに飛び降りた。アメリカ軍のヘリコプターのローターが土ぼこりを空高く巻き上げるなか、一行の衣服がはためいた。特殊部隊の一群が銃口を向けながら近づくと、一行は必死で両手を振った[17]。

現場の六五キロ北方にあるカンダハル国際空港には、爆撃により使えなくなった旅客ターミナルに隣接して仮設の作戦センターが置かれている。そのなかでは特殊作戦部隊のメンバーが、CIAのドローンから送られてくる映像で作戦の経過を見守っていた。特殊部隊の司令官、ロバート・ハワード海軍大佐は保全措置のとられた電話の受話器を取り上げ、クウェートにいる上官たちに被拘束者の状況を報告した。総出で捜索していたタリバンの指導者、ムラー・ハイルラ・ハイルワを確保しました、と。

電話の向こうで長い沈黙が続いた。クウェートにいるポール・ミコラシェク中将がようやく口を開いた。

「人違いだった場合、その者たちをもとの場所に帰せるか？」

作戦センター内のハワードは周囲の士官たちにとまどいの表情を向けた。それから深呼吸をして怒りを抑え、被拘束者一行は手錠をかけてヘリコプターに押し込み、カンダハル基地に送致しているところですが、必要とあれば拘束した現場に帰すことはできます、と言った。

これはミコラシェクが入手したばかりの情報で、ハワードはまだ知らなかったのだが、ヘリコプター内にいるのはムラー・ハイルワと側近の一行ではなかった。タリバン政権の内務相だったハイルワはそのとき、別の白いトラックに乗り、ちょうど国境を越えてパキスタン入りしたところだった。ＣＩＡはそれを把握していたのである。

当時はアフガン戦争開戦から四カ月目に入っており、アフガニスタンにはアメリカ軍部隊が続々と入国していた。カブールでは新政権が樹立されたばかりで、ムラー・ハイルワはアフガニスタンの新大統領の義弟、アフマド・ワリ・カルザイから投降してＣＩＡの情報提供者にならないかと誘われ、何日もかけて交渉を進めていた。アフマド・ワリ自身は、ＣＩＡから資金提供を受けていた――この同盟関係がのちにカブールでＣＩＡと軍の確執を生むことになる。ムラー・ハイルワにはアメリカ人スパイからの伝言の形で、逮捕されてグアンタナモ湾に新設された収容所に長く拘禁されずにすむ方法がある、と伝えられていた。

　しかし数日におよぶ交渉ののちも、ムラー・ハイルワはアメリカ人を信用してよいものかどうか確信がもてなかった。そこでタリバンの司令官に電話をかけ、パキスタンに逃げるつもりだと伝えた。その電話がアメリカ軍のスパイに傍受されたのである。軍のスパイはミコラシェクに警告し、ミコラシェクはタリバンの内務相が国境を越える前に身柄を拘束するようカンダハルのハワード大佐に命じた。ハイルワを拘束すべく南方を目指してヘリコプターが離陸し、先を行くＣＩＡのプレデターが白いトラックを追跡した。

　だが、ＣＩＡには別の計画があった。アフガン戦争において同庁はパキスタンの情報機関、軍統合情報局（ＩＳＩ）と密接な関係を築かざるを得ない。そのため、パキスタン人スパイにムラー・ハイルワを拘束させ、情報提供者になるよう説得させればいい、と考えたのである。それが無理でも、少なくともタリバンの指導者をパキスタン側が逮捕すれば目立つ功績となり、イスラマバードはワシントンに好感をもたれるかもしれない。

　軍のヘリコプターがカンダハルから離陸して間もなく、ハイルワのトラックを追跡していたＣＩＡのドローンが呼び戻された。そのため、ヘリコプター内の軍の部隊は標的を見失う。特殊作戦指揮所の情報担当官たちは、プレデターによる監視を再開するよう電話口に向かって叫んだ。数分後、ＣＩＡの別のプレデターが到着し、まったく別の白いトラックを追跡しはじめた。

CIAがヘリコプター内の特殊部隊を誤った標的に案内しているあいだに、ムラー・ハイルワと側近はスピンボルダックの町で砂漠の国境を越え、パキスタンに入国した。パキスタン治安当局は、ハイルワを情報提供者にしようとさらに数回、実りのない交渉を重ねたものの、数日後にチャマン村にあるハイルワの隠れ家を包囲した。パキスタン人スパイはパキスタンのクエッタにいたCIA担当官に彼を引き渡した。そこからキューバのグアンタナモ湾まで、ムラー・ハイルワの長い旅が始まった。彼はグアンタナモ湾に建てられた収容所の初期の囚人のひとりとなる[18]。

拘束され、カンダハルの拘留施設に連れてこられた三人の男と少年は、ふたたびヘリコプターに乗せられ、六五キロ南の拘束現場まで送られた。一行のトラックはアメリカのヘリコプターに待ち伏せされたときのまま残されていた。アフガニスタン人たちは軍の携行食糧を数箱分もらい、解放された。彼らの信仰を尊重し、豚肉入りの食料は除いてあった。

第2章　スパイ同士の結婚

「パキスタンはこれまでもこうした事態には明確な態度をとってきた」[1]
——パキスタン軍統合情報局長官マフムード・アフマド中将、二〇〇一年九月一二日

ムシャラフの深謀遠慮

ＣＩＡ担当官は、代々ヴァージニア州東部の低地帯にあるＣＩＡの訓練施設「ザ・ファーム」でスパイ工作の基礎をたたき込まれ、卒業していく。情報機関とは本来、非友好的である。他国の情報機関は浸透する対象であり、その職員は自国の情報をアメリカのために収集するよう「転向」させるべき存在だ。共同作戦では外国の情報機関も役立つかもしれないが、相手を全面的に信頼してはいけない。連携先の情報機関に頼れば頼るほど、作戦が失敗する可能性も高まるからである。

冷戦期にはこうした考え方で十分だった。当時のＣＩＡのおもな任務は、ソ連とその衛星

国の秘密を盗み出すという、典型的な国外諜報活動だったからである。マクリーンにあるCIA本部の上層部は、ソ連がまったく同じ行為をアメリカにしていることも、アメリカの秘密情報を入手しやすくするために外国の情報機関にスパイを潜入させていることも知っていた。外国のスパイに近づくのは、おもに防諜（カウンターインテリジェンス）が目的だった。そうして諸外国の情報機関がどれほど深くCIAに浸透しているかを知り、手遅れになる前にモグラを捕まえるのだ。

ところが新しい戦争で出される命令が、スパイゲームのルールをがらりと変えた。CIAが優先すべき任務は、外国の政府や情勢のインテリジェンス収集ではなく、人間狩りになった。何より求められたのは特定個人のくわしいインテリジェンスであり、情報の収集方法はほとんど問われない。その結果CIAは、テロ組織の情報を長年追ってきた外国の情報機関に依存するようになった。次のテロ攻撃の防止につながる情報ほしさに、なりふりかまわずだれとでも手を組んだ。九・一一同時多発テロから数年のうちに、CIAは残虐でよからぬ過去をもつ情報機関との関係を深めた――エジプトの統合情報庁（ムハバラート）、ヨルダンの総合情報部、さらにはならず者国家と名指しされたリビアのムアンマル・カダフィ政権の情報機関などである。

こうした国の指導者のなかには、テロリスト狩りという手荒な仕事をアメリカに教える立場を楽しんだ者もいる。二〇〇一年一〇月初旬、カイロで夕食会が開かれた。その席上、エジプトのホスニ・ムバラク大統領はドナルド・ラムズフェルド国防長官に、アメリカの新しい戦争では爆弾はほとんど役に立たない、アメリカは「アフガニスタンで地元の勢力を買収し、味方につけることに金を注ぎ込むべきだ」と助言した。現代のファラオとも言えるムバラクは、エジプトのイスラム主義運動をねじ伏せながら権力を一手に集めた。新しい対テロ戦略を模索するアメリカとがっちり組めば得るものも大きいと彼が考えたのは言うまでもない。ムバラクは美辞麗句を連ね、テロとの戦いは「世界を救うために」必要だ、とラムズフェルドに述べた。(2)

しかし、戦時体制に入ったCIAにとって何より重視すべき相手はISI(パキスタン軍統合情報局)である。両機関はもう何年も前から、破綻した結婚生活を思わせる最悪の関係にあった。どちらもとっくに相手を信頼しなくなっているのに、別れることなど想像もできなかったのである。

このように、CIAとISIの関係はアメリカとパキスタン両国の関係の縮図だった。一九八〇年代、CIAとISIは固い絆で結ばれ、ともにアフガニスタンに銃を密輸し、ソ連のヘリコプターを撃墜させるべくムジャヒディンを訓練した。ところが、一九九〇年代に入るとその絆はほころびる。ワシントンはソ連撤退後のアフガニスタンへの関心を失い、秘密裏に核開発プログラムを進めた罰としてパキスタンに厳しい制裁を科したのである。パキスタンは、アフガニスタン南部を拠点とし、読み書きができない者も多いパシュトゥーン人が母体のタリバンを支援することで、以前からインドの支援を受けてきた北部同盟に対抗した。ISIはタリバンをパシュトゥーン人の同盟相手とみなした。風変わりで過激ではあるが、組んでおけば、北部同盟がアフガニスタンで政権を奪い、パキスタンの西部国境沿いにイスラマバードが恐れるインドの代理国家を生み出すのを防げると考えたのだ。パキスタン軍当局もまた、アフガニスタンからソ連を撤退させるにあたりあれだけ軍が貢献したのだから、パキスタンにはカブールの新政権の裏で糸を引く権利があるはずだ、と考えていた。

ISIがタリバンの軍事戦略に資金も助言も与えた一方で、ワシントンからイスラマバードへの資金援助はぴたりと止まった。そのため一九九〇年代にイスラマバードに駐在したアメリカ政府当局者は、パキスタンの情報機関に圧力をかけ、ウサマ・ビンラディンを引き渡すようカブールのタリバン政権と交渉させようにも、なんの力もなかった。一九九八年八月、アルカイダがケニアとタンザニアでアメリカ大使館同時爆破テロ事件を起こすと、アメリカはさらに圧力をかけたが、それでもパキスタンの情報機関は動かなかった。パキスタンにいるアメリカ政府当局者は、自分たちのいら立ちをことこまかに記し、ワシントン宛てに外交公電を送った。一九九八年一二月にイスラマバードから発信された国務省のある外交公電には、そっけない表題がつけられていた。「ウサマ・ビンラディン――パキスタンは非協力的な傾向」(3)。アメリカ人のある外交官が、のちにISI長官になるエサン・ウル・ハク中将に会ったときにビンラディンの名前を口にすると、ウル・ハクはかっとなった。

「あなた方アメリカ人がなぜアフガニスタンをそこまで気にするのか、理解できませんね」(4)

と冷たく言い放ったのである。

二〇〇一年九月一一日の朝、ISI長官のマフムード・アフマド中将はたまたまワシントトンを訪問しており、連邦議会議事堂にある下院情報特別委員会の保全措置のとられた一室で、アメリカの議員たちに会っていた。アフマド中将は背が低く、小太りな体つきで、たっぷりした白い口髭がほおの中ほどまで伸びている。一九九九年の軍部によるクーデターでパルヴェーズ・ムシャラフ陸軍大将が大統領に就任したときにISI長官になり、タリバンへの共感を隠さなかった。あるとき、パキスタンはタリバン政策のせいで他国からの評価を落としていると軍の分析担当官がムシャラフ大統領に進言すると、アフマドは分析担当官を叱責したという。「タリバンはアフガニスタンの未来を担う存在だ」と言ったのである。(5)

アフマド中将はその朝、情報特別委員会の委員長を務める共和党のポーター・ゴス下院議員となごやかに談笑し、ゴスに敬意を表して、南北戦争についてのつたない知識を披露していた。ゴスはアフマドへの贈り物として南北戦争関連の本を用意していたが、あいさつはいきなり切り上げられた。委員会のスタッフが室内に駆け込み、二機目の飛行機が世界貿易センタービルに突入したことを議員たちとアフマドに報告したのである。「マフムードは顔面蒼白になったよ」とゴスは当時を振り返る。(6) パキスタンの情報長官は急いでその場を辞すと、待たせてあった大使館の車に飛び乗った。贈られるはずだった本は、包装紙にくるまれたまま室内に残された。

翌朝、アフマド中将はリチャード・アーミテージ国務副長官のオフィスに呼び出された。アーミテージは外交儀礼を気遣う気分ではなかった。その前夜、ブッシュ大統領が、アメリカはテロリストのみならずそれを擁護する者もテロリストとみなすと言明しており、アーミテージはISIのジレンマを二者択一の形で示した。

「パキスタンは、われわれの側につくか、つかないかの厳しい決断を迫られています」アーミテージは、白黒はっきりしてもらいたい、グレーゾーンはない、とパキスタンの情報長官に言い渡したのだ。

アフマドはアーミテージのぶしつけな態度を侮辱と受け止め、パキスタンは長年テロリストと「密接な関係にある」と非難されてきたが、これほど真実からかけ離れたことはない、と反論した。そして、パキスタンは迷わずアメリカを支援すると言い、「パキスタンはこれまでもこうした事態には明確な態度をとってきた」とアーミテージに請け合った。それに対しアーミテージは、アメリカはパキスタンへの要求を記した詳細なリストの準備にかかっている、それを見ればイスラマバードは「深く自省することになる」だろう、と警告した。(7)

翌日には、CIAとISIの協力体制に関する条件が詰められた。アーミテージはアフマド中将に、アメリカはパキスタンの領空で無制限に航空機を飛ばし、パキスタン国内で軍事・諜報作戦を展開したいと申し入れた。パキスタンの港や滑走路、アフガニスタンとの国境に近い山岳地帯の基地を利用したい、とも述べた。さらにはISIがもっているアルカイダ関連のインテリジェンスをすべてCIAに渡してほしい、と主張した。(8)

アフマドは、アメリカからの要求リストをムシャラフに伝えると約束した。しかし、それらの要求を呑むには見返りが必要だ、と言葉を続けた。彼はアルカイダ掃討作戦を支援すれば報酬を与えるとの言質をとりたかった。パキスタンがタリバンを裏切り、西部国境での戦争を容認するには、見返りが必要だったのである。

こうして、九・一一後のアメリカとパキスタンの機能不全に陥った関係を決定づける要素が出そろった。アメリカはパキスタン国内で秘密戦争を行なう権利を主張し、イスラマバードはその見返りにアメリカから資金援助を引き出したのである。ムシャラフ大統領はワシントンが提示した要求の大部分を呑んだが、丸呑みはしなかった。たとえば、アメリカがパキスタンの核施設を監視するために偵察機を飛ばすのではないかと恐れ、パキスタン領空におけるアメリカの航空機の飛行は制限している。また、軍事基地の利用はほとんど認めず、バロチスタン州南西部のシャムシとシンド州北部のジャコババードのふたつの空軍基地しかアメリカ軍に使わせていない(9)。結局、ワシントンとイスラマバードは誓いを新たにしながらも、どちらも自分のほうが、得るものより失うもののほうが多いと考え、相手を非難し、恨みを募らせた。数年後にはこれが限界に達することになる。

ワシントンからの要求は明確であり、ムシャラフもそれはわかっていた。彼は生え抜きの軍人らしく、戦争ゲームでもやるかのように自分のとるべき道を探った。ムシャラフはのちに回想録のなかで、もしタリバンをかばう道を選べば、アメリカはパキスタンをテロ国家とみなし、十中八九パキスタンを攻撃し、軍を骨抜きにし、核施設を掌握しただろうと記している。インドはすでに、アフガン戦争の際には自国の基地を提供するとアメリカに申し出ており、ムシャラフは、インド北西部のアムリットサル基地からアメリカの戦闘部隊が飛び立つのも時間の問題だと考えた。爆撃機はパキスタン上空を通ってアフガニスタンに向かい、弾投下後は同じルートを通って戻るだろう。さらに悪くすると、インドはアメリカを味方に引き入れ、カシミール侵攻の好機をつかむかもしれない。パキスタンは、インドとその同盟相手であるロシアに対抗するために長年アメリカと同盟を組んできたが、この南アジアの戦略的なバランスも永遠に変わるだろう。パキスタンは破壊され、疲弊した除け者になるかもしれなかった[10]。

ムシャラフは九月一九日の夜、ワシントンからの要求にどう答えたかをパキスタン国民に向けて説明した。糊のきいた軍服を着ていたものの、将軍や政治家、宗教指導者、アメリカ人外交官を相手に延々と会合を重ねたその顔は、憔悴（しょうすい）しきっていた。テレビで放映された演説のなかで、ムシャラフがアルカイダやタリバンを非難したり、世界貿易センタービルとペンタゴンへの攻撃をとがめたりすることはなかった。代わりに、限定的で愛国主義的な言葉の枠のなかで、アメリカを支持するに至った経緯を説明した。まず、インドがワシントンに全面的な支援を申し出たことと、ニューデリーが「アフガニスタンの政権が変わるときは、反パキスタン政権にするべきだ」と決意していることを伝えた[11]。次に、パキスタンには国境の防衛、カシミール問題、経済再生、そして最後に「戦略的資産」の保護という四つの優先課題があると訴えた。

四つめの項目は、インドを滅ぼすためにパキスタンが建設した核施設だけを指すのではない。パキスタン軍には考慮すべき「戦略的資産」がもうひとつあった。二〇〇一年当時、アフガニスタンのタリバンや、ムジャヒディンの指導者ジャラルディン・ハッカニが率いる民兵ネットワークは、パキスタンの国防に欠かせない要素とみなされていた。ムシャラフはその晩の演説で、いまだタリバンをインドに対する重要な防波堤だとみなしていることを言明したのである。たしかにビンラディンを引き渡すようムラー・オマルに迫ってはいるが、こうした戦術は「アフガニスタンとタリバンに損失を与えることなく」難局を乗り越えるための手段なのだ、と国民に訴えた。

実際には、明確な態度がとれる状況ではなかった。九・一一同時多発テロから一週間たち、ブッシュ大統領が連邦上下両院合同会議でタリバンが「殺人を支援し、幇助した」ことを非難する前夜にあたるそのとき、ムシャラフはまだ、タリバンが政権の座にとどまれるのではないかと期待していた。ワシントン側は、ムシャラフがポーカーのチップをすべてブッシュ政権に賭けたものと信じ、安心していた。実際は、ムシャラフは予想よりはるかに巧みな戦術を使った。アフガン戦争の開戦から一〇年以上たったいまも、アメリカ政府当局者の多くはその意図をつかみかねているだろう。

ISIは、泥沼のアフガン戦争の再発は防げる、とくに、タリバンから北部同盟のタジク人やウズベク人の手に政権がわたるような戦いは起こらないだろう、とまだ期待していた。アフマド中将はパキスタンに帰国すると、アメリカ大使のウェンディ・チェンバリンに、報復戦は始めないでほしいと訴えた。アフガニスタンで本当の勝利を手にしたければ交渉するしかない。「タリバンが駆逐されたら、アフガニスタンは戦乱の時代に逆戻りします」と彼は伝えた。(12)

その後、アフマド中将はCIAの飛行機を借りてアフガニスタンのカンダハルへ飛び、ビンラディンを引き渡すようタリバンの指導者ムラー・ムハンマド・オマルを説得しようと試みた。ムジャヒディンの元司令官で、対ソ戦で片目を失ったオマルは、パキスタンのアフマド中将をブッシュ政権の使い走りと揶揄し、要望をはねつけた。そして、長年支援してくれたISIのトップに厳しく反駁（はんばく）した。「あなたはアメリカ人を喜ばせたいのであり、私は神を喜ばせたいのです(13)」

パキスタンとアフガニスタン

アフガニスタン戦略は出だしからCIA内部に亀裂をもたらし、マクリーン本部の担当官とイスラマバード支局員のあいだに大きな溝を作った。テロ対策センター長のコーファー・ブラックは、すぐにでも北部同盟を武装させ、首都カブールを目指して南進させるべきだと主張した。ところがCIAイスラマバード支局長のロバート・グルニエはその計画に反対した。そもそもパキスタンとの関係は何年にもおよぶ不信の末に崩れかけているのだから、インドとロシアの支援を受けた北部同盟をアメリカが武装させるような動きをすれば、両国の関係は一気に崩壊する、と警告したのだ(14)。九・一一同時多発テロの三週間後、ワシントン、イスラマバード、そしてフロリダ州タンパにあるアメリカ中央軍司令部をつないで電話会議が開かれたとき、ペンタゴンに出向いたCIA担当官たちは組織内部の対立を幅広い聴衆の前でさらけ出した。

グルニエは電話会議で、北部同盟を利用した地上戦を延期し、ビンラディンを引き渡すようタリバンを説得する時間をISIに与えるべきだ、と主張した。さらに、北部同盟を支援すればアフガニスタンはふたたび血みどろの内戦状態に陥る、タリバンを交渉の場に引きずり出すには当面は空爆で十分だ、と論じた。しかし、アフガニスタンにおけるCIAの戦争の指揮をコーファー・ブラックから任されたテロ対策センターのハンク・クランプトンは、グルニエの考えは甘いと判断した。グルニエはISIの立場を代弁しているだけで、「相手国過信症」の最悪のケースに陥っている、と受け止めたのである。電話会議ののち、クランプトンはラムズフェルドに、グルニエは完全に間違っていると思う、と伝えた[15]。

たしかにグルニエはISI側の懸念を伝えていたのかもしれないが、これはまったく根拠のない懸念ではなかった。ISI当局は何週間も前からCIAイスラマバード支局の担当者に、アフガニスタンで戦争が始まれば制御不能になる可能性がある、とささやいていた。ISIによると、戦争になればこの地域の微妙な均衡が崩れ、アフガニスタン国内でインドとパキスタンによる全面的な代理戦争が始まる事態にもなりかねないという。

交渉が長引き、九月が過ぎて一〇月の声を聞く頃、CIAはひそかに準軍事チームをアフガニスタンに潜入させ、北部同盟傘下の軍閥の司令官たちに接触させた。一方、中東と南アジアのCIA支局からは、脅威情報が続々とテロ対策センターにもたらされた。アメリカが爆弾の第一陣をアフガニスタンに投下する二日前の一〇月五日、アーミテージ国務副長官は機密扱い(アイズ・オンリー)の公電をチェンバリン大使に送り、大至急アフマド中将と会うよう指示した。アフマドを使者に立て、ムラー・オマルに短いメッセージを届けたいと考えたのだ。今度またテロ攻撃があり、アフガニスタンが関与していることがわかったら、アメリカは容赦しない、とアーミテージはそこに記した。

「タリバン政権を支える柱はすべて破壊されるだろう[16]」

アメリカがアフガニスタンで開戦した翌日、ムシャラフはISI長官のアフマド中将を交代させた。ワシントンのCIA上層部がアフマド中将を更迭するよう圧力をかけたこともあり、後任は文句の出ない人選となった。垢抜けた司令官のエサン・ウル・ハク中将である。当時はペシャワールに駐屯する陸軍を率いており、一九九九年にムシャラフを権力の座に押し上げた軍の指導者のひとりでもあった。しかもアフマドとちがい、明らかにタリバンに傾倒しているわけでもない。数週間後、ムシャラフとブッシュが九・一一同時多発テロ後、初めて国連で顔を合わせ、アメリカのアフガニスタンにおける計画について論じたとき、ムシャラフの隣にはウル・ハクが座っていた。

ムシャラフとの会談に備えて、コリン・パウエル国務長官は大統領宛てにメモを用意し、そのなかでムシャラフをたたえ、パキスタン政府は「タリバンに見切りをつけた」と言明した。メモの冒頭には「九・一一同時多発テロを機に、ムシャラフ大統領が相当の政治的リスクを冒しながらも、アメリカに全面的に協力すると決意したおかげで、行き詰まっていた両国の関係が改善に向けて急速に動き出した」と記されている[17]。いま振り返ってみると、パウエルの読みは甘い――これはアメリカ政府当局者が信じたかったことであり、聞きたかった話にすぎない。ムシャラフはパキスタンの外交政策を根底から覆したわけではなく、一九八〇年代にパキスタンの当時の大統領ムハンマド・ジア・ウル・ハク大将がアメリカと取引した際の前例にならっただけである。ムシャラフとしては、アメリカがアフガニスタンで望みをかなえるのを手伝う代わりに、その見返りをたっぷりパキスタンへ落としてもらうつもりだった。

ムシャラフは戦争を防ぐことはできなかったものの、戦争が短期間で終わり、アメリカができるだけ早く隣国アフガニスタンから去ればいいと願っていた。国連ではブッシュに次のように伝えた。アフガニスタンからウサマ・ビンラディン一味を追放するために必要なことは好きにやればいい、ただしアフガニスタンに何年もとどまることだけはやめてほしい、と。[18]のちにわかることだが、アメリカ人がパキスタン人の思惑を読み違えたように、パキスタン人もアメリカ人の思惑を大きく読み違えていた。九・一一同時多発テロから数カ月後、ISI本部からワシントンなど各地のパキスタン大使館に宛てて、インテリジェンス関係の公電が発信された。[19]そのなかでISIの分析担当官は、アメリカはアフガニスタン国内のアルカイダを掃討したいだけであり、アフガニスタンに長期的に関与する意図はない、と結論づけた。前回のアフガン戦争でソ連が撤退すると、ワシントンがアフガニスタンには見向きもしなくなったことから引き出された結論である。これは、一九九〇年代にISI長官を務めたアサド・デュラニ退役中将の意見だった。二〇〇一年後半、ISIからの公電が在外公館に届きはじめたとき、デュラニはパキスタン大使としてサウジアラビアに駐在していた。彼は数年後、アメリカがアフガニスタンで始めた新しい戦争は「ごく短期間に終わると思った」と述べた。[20]

それでもISIは、戦争を短期間で終わらせるべく、あれこれと画策した。二〇〇一年一一月から一二月にかけてアフガニスタンの部族長たちと秘密の会合を重ね、タリバンの核をなす過激派からどれだけ支持者を離反させられるかを見極めようとした。ISIの新長官、エサン・ウル・ハク中将は、イスラマバードで開かれたこうした会合のひとつの席上でジャラルディン・ハッカニに会った。ウル・ハク中将は民兵組織の精悍な指導者であるハッカニの忠誠心を試すために、彼を首都イスラマバードに呼び出したのである。ハッカニは、ソ連によるアフガン侵攻時にはCIAの最大の同盟相手だったが、戦後はタリバンに忠誠を誓い、パキスタンの北ワジリスタンのミランシャーを拠点にじわじわと犯罪帝国の版図を広げていた。

その日の会合では、ハッカニが寝返りそうにないことが明らかになった。アメリカによるアフガン侵攻は、かつてのソ連による侵攻となんら変わりはないと、ハッカニはウル・ハク中将に告げたのだ。そして恐るべき洞察力で、新しい戦争も前回と同じ結末を迎えるだろうと予測した。われわれにはアメリカの空爆を止めることはできないが、いずれアメリカは大規模な地上部隊を派兵せざるを得なくなるだろう。その際にはアメリカ軍と互角に戦うつもりだ、とハッカニはウル・ハクに告げた。[21]

ウル・ハク中将は、そのときのようすを次のように語る。ハッカニは、アメリカは全都市を制圧できるだろうが山岳地域全体を占領することはできない、と言った。「だからわれわれは山岳地域に入り、抵抗する。ソ連相手にやったことと同じだよ」

名高い司令官がイスラマバードに来ていたという知らせは、すぐにアメリカ大使館にまで伝わった。CIA支局長のロバート・グルニエはもっとくわしい話を聞きたいと思い、さっそくウル・ハクのもとに出向いた。ウル・ハクは、ハッカニがイスラマバードに来ていただけでなく、自分と会ったことを認めた。そして、会ってもなんの成果もなかったからわざわざCIA支局長に報告しなかっただけだ、と述べた。(22)

「あの男が手を貸すとは思えませんね」

希望的観測

ムシャラフは新しい将軍をISI長官に据えたものの、軍部からイスラム主義者を排除する動きはそこまでだった。ウル・ハクがISI長官に就任するタイミングで、以前からタリバンに共感していた親しい友人のアリ・ジャン・アウラクザイ中将を、ペシャワールの陸軍司令官としてウル・ハクの後任にあてたのだ。

にぎやかな市場町のペシャワールは、パキスタン北西辺境州の州都である。この州はイギリス統治時代に「定住」地の外縁に広がる地域だったことから、イギリス人によって北西辺境州と名づけられた。* ペシャワールに赴任したアウラクザイ中将には、連邦直轄部族地域を監督する仕事も待っていた。そこは勇猛なワジール族とメスード族が支配する荒涼とした山がちな地域で、政府の支配はほとんどおよばない。

イギリス人は、かつて英領インドの一部だったその部族地域をうまく服従させられず、ついには統治をあきらめていた。一八九七年、当時二三歳だったウィンストン・チャーチルはジャーナリストとしてインドを訪れ、イギリスのマラカンド野戦軍に六週間従軍した。デイリー・テレグラフ紙に送った特電では、雪を冠した山々が「どこまでも続くさまは、大西洋の荒波が延々と連なる光景を思わせ、はるか彼方にきらめく雪をかぶった山頂は、ひときわ高くそそり立つ白い波頭のようだ」と描写している[23]。

「毎年のように降る豪雨が」とチャーチルは続ける。「山腹の土を洗い流し、そのあとには無数の水流がつけた奇妙な溝が残り、あちこちで太古の黒い岩肌がむき出しになっている」

チャーチルがこう記した当時から土地の風景がほとんど変わっていないように、部族地域の人々も依然として恐ろしいほどよそ者を信用しない。のちのイギリス首相の観察によれば、ここでは「人は互いを信用せず、ましてやよそ者に対してはそろって背を向けた」そうだ。

アウラクザイ中将は一九九九年のクーデターでムシャラフと共謀した軍人仲間のひとりで、ムシャラフに忠実であることはかなり以前に証明していた。ナワズ・シャリフ前首相の自宅に現れ、前首相の顔に銃を突きつけ、パキスタンの実権を軍部が掌握することを伝えたのはアウラクザイだったとも言われている。アウラクザイは堂々たる体軀の持ち主で、部族地域

＊　パキスタン政府はのちに北西辺境州からカイバル・パクトゥンクワ州に改称する。

で育ち、山間部で過ごした時間も長い。そのため、パキスタンの正規軍がこれから始まる任務に耐えられるだけの訓練を受けていないことに気づいていた。ムシャラフには、外国人アルカイダ工作員が国境を越えて大勢パキスタンに逃げ込んでくるかどうかは疑わしい、と告げた。

しかし、イスラマバードにいるCIA担当官はそうは考えなかった。パキスタン軍兵士が部族地域に進軍して数ヵ月もすると、山岳地帯にアラブ人戦闘員が現れたことを、CIAはISIに定期的に報告しはじめた。ところが、アウラクザイ中将が率いる軍の偵察隊はそうした事実をつかんでいなかった。CIAイスラマバード支局長のグルニエによると、アウラクザイをはじめ彼が会ったパキスタン政府当局者は、パキスタン軍が山岳地帯の村をうろつくと部族蜂起の引き金になりかねないことを案じていたという。当局者たちは、アルカイダが九・一一同時多発テロの計画を立案したアフガニスタン国内の拠点から一六〇キロも離れていないパキスタンに新しい拠点を作ったことなど、信じたくもなかった。「不都合な事実でしたからね」とグルニエは語る。(24)

アウラクザイは二〇〇四年に退役するまでペシャワールの陸軍司令官を務め、部族地域にアラブ人戦闘員が存在することを何年も否定しつづけた。二〇〇五年には、ウサマ・ビンラディンがパキスタン国内に潜伏しているというのはただの憶測であり、部族地域でアラブ人戦闘員が作戦行動に出たことを示す証拠は見たこともない、と記者に語っている。パキスタンでビンラディンやアルカイダを探し求めるなど無意味だ、とまで述べたのである。(25)

「われわれは友人同然でした」

だが、もっと事情に通じた人間もいた。九・一一同時多発テロが起きた当時、アサド・ムニール准将はISIペシャワール支局長として着任したばかりであり、それからほどなくしてアメリカ人がペシャワールに到着しはじめた。最初は一〇人ほどの少人数で現れ、市内にある堅牢なアメリカ領事館に拠点を築いた。二〇〇一年も終盤にさしかかった当時、彼らが入国した目的は、パキスタンの情報機関と協力し、アフガニスタンでの戦闘を逃れてきたアルカイダ工作員を狩り出すこと、つまりアサド・ムニールと協力することだった。

「それまで、CIAの人間に会ったことはありませんでした」ムニールはベンソン&ヘッジスのタバコを深く吸い込み、当時を振り返った。ボリウッドの壮年の人気俳優を思わせるいかつい顔の輪郭は、タバコの煙が重なると、ときにぼやける。ムニールは九・一一同時多発テロ直後の数年、アメリカとパキスタンのスパイが共通の敵と戦った当時へと思いをはせた。

「われわれは友人同然でした」

キースと名乗るCIA担当官が率いるアメリカ人は、当初はムニールをはじめISI当局者の大半を疑ってかかった。しかし二週間もすると不信感は薄れた、とムニールは言う(26)。ペシャワールは、CIAが大規模な拠点を作れる都市としてはパキスタンの最西端にある。二〇〇二年半ばには、CIAは現地のアメリカ領事館をスパイ活動の基地に作り替えていた。屋根にはアンテナが林立し、新しいコンピュータが設置され、収集担当官がたいした変装もせずに次々と現れた。要するに、そこは在外公館を装った情報機関の拠点だった。

ムニールは、「技術者」と呼ばれた男たちが現れたことも覚えている。ムニールは知るよしもないが、技術チームはグレイ・フォックスと呼ばれるペンタゴンの影の部隊に属していた。公式にはヴァージニア州フォート・ベルヴォアに拠点を置く軍の情報支援活動部隊であり、通信を傍受するための特殊な装置を隊員に持たせ、世界各地に送り出していた。アメリカ・パキスタン共同チームはペシャワール周辺や部族地域に潜伏するアルカイダを追跡するために、アルカイダが使っている疑いがある携帯電話番号をデータベース化していた。技術者たちが到着すると、そのデータベースの中身は一気に膨れ上がった。最初は一二個だった番号が一〇〇個になり、一〇〇個が一二〇〇個に増えていったのである。アルジェリア人、リビア人、サウジアラビア人などの、CIAやISIが聞いたこともない名前が追加され、「データは恐ろしい勢いで増えた」とムニールは言う。ムニールとアメリカ人が狩り出そうとした外国人の大半は、アフガニスタン東部のトラボラやシャヒコ渓谷で行なわれたアメリカの空爆作戦を逃れ、二〇〇一年一二月から〇二年四月にかけてパキスタンに入国していた。アラブ人もいれば、ウズベキスタン人、チェチェン人、それに中央アジア諸国出身の者もいた。ペルシャ湾沿岸のアラブ国家に帰ろうとしている者もいれば、新天地を見つけ、地元のパシュトゥーン人女性と結婚してその地に根を下ろそうとする者もいた。

ペシャワールにいるISIとCIAの工作員たちは、傍受した会話を聞き起こした分厚い書類を毎日、目を皿のようにして読み、そこから得たインテリジェンスをもとに、ペシャワール内外に潜む民兵を拘束するための襲撃計画を練った。傍受記録から得られるインテリジェンスは少なく、戦争全体を細いストローの穴を通して見るような状況だったため、もっと情報があれば絶対に逮捕しなかったような人物を誤認逮捕することもあった。たとえば二〇〇三年六月、彼らはアルジェリア人工作員アディル・ハジ・ジャザイリーの携帯電話の発信地を追跡し、ペシャワール近郊の巨大な公営プールにたどり着いた。現場に着いたとき、プールには一〇〇人を超える客がいた。彼らはジャザイリーの写真を持っていなかったので、顔を見て逮捕するわけにもいかない。ISI工作員のひとりが、ジャザイリーが使っていると思われた携帯電話を呼び出して見ていると、髭面の男がプールサイドまで泳いでいき、鳴っている携帯電話に応答した。ペシャワール警察のチームが、体から水を滴らせた水着姿の男に殺到した。[27]

ところがうかつなことに、逮捕した男は二重スパイだった。工作員たちは知るよしもなかったが、ジャザイリーはイギリスのMI6にアルカイダの情報を流していたのだ。[28] ジャザイリーはグアンタナモ湾に移送され、イギリスの情報機関は情報源をひとり失った。

あれから何年かたったいまも、ムニールはCIAとの約束を守ってスパイ活動の詳細については口を閉ざしており、CIAもこのときの約束を守っているものと信じている。かつてCIAとISIは互いに敬意を抱いており、それは信頼に近い気持ちだったかもしれないとムニールは考えている。あの頃は「本当に楽しかった」とムニールは言うが、その後互いに不信感を募らせた年月が続いたことを考えると、あのような瞬間は二度と訪れないことも知っている。

アサド・ムニールとCIA担当官が主導したペシャワールでの作戦が成功したことに加えて、ハリド・シェイク・ムハンマドやラムジ・ビンアルシブなどビンラディン一味の高官がパキスタン国内のほかの都市で拘束されたことを受け、ブッシュ政権の高官の多くはパキスタンとの協力関係は機能していると信じた。パキスタン国内に潜伏していたアルカイダ分子は、パキスタンを追われ、アフガニスタンやタイ、ルーマニアなど、CIAの秘密収容所の建設を容認した国々へと移送された。イスラマバードが協力の対価を支払うよう求めたとき、CIAはISIに数百万ドルを送金した。パキスタン側にとっては極めて魅力的な取引だったため、うまみのあるこの取引を続けるために、ISIの協力でテロリストをひとり捕まえるたびに新しいテロリストをふたり作り出さなくては、という冗談までイスラマバードでは交わされた。

アサド・ムニールが気づいたように、二〇〇一年頃のISIは、アフガニスタンのタリバンやハッカニ・ネットワークとの協力関係を維持できればよいと、漠然と考えていた程度だった。しかし二〇〇三年から〇四年に入ると、戦後のアフガニスタンでイスラマバードが優位に立てるよう、これらの集団を利用しようという考えに変わり、慎重に戦略を練りはじめた。パキスタンの分析は間違っていた。アフガニスタン戦争は短期間で終わらなかった。さらに、二〇〇三年にブッシュ政権がイラク侵攻を決めたことは、パキスタンの軍や情報機関の多くにとって、ワシントンがアフガニスタンへの興味を失い、またしてもアフガニスタンを混乱させたまま手を引こうとしていることの証だった。パキスタンは自力で国を守らなければならなかったのだ。

「アメリカ人は、『戦争をどう始め、どう終えるか？』といった全体像を描かないまま、アフガニスタンに侵攻しました」とムニールは言う。「あの当時、アメリカ人はタリバンに興味はなかった。アルカイダだけを狙っていたんです。

パキスタンは、アメリカ人はアフガニスタンの安全を守ってはくれないだろう、と考えを改めました」と彼は言う。「『アメリカ人は離れていくだろうが、われわれはアフガニスタン人とともに生きなければならない』と考えたのです」

ムニールはそこでいったん口をつぐみ、タバコをもう一服吸い込んだ。

「こちらにはこちらの事情があり、独自の安全保障上の懸念があるんですよ」

第3章　暗殺部隊

「われわれが暗殺部隊を必要としていないのはたしかです。彼らは世界中で手柄を立てようと計画を練り、勲章を、そして本音では昇進を勝ち取りたいだけです。これではまるで自作自演です」

——フランク・チャーチ上院議員　一九七六年

暗殺禁止令

そう遠くない昔、ＣＩＡが暗殺に関わらなかった時期もある。

ロス・ニューランドがＣＩＡに入庁した一九七〇年代後半、ＣＩＡは海外での闘争に関わろうとはしなかった。ニューランドは大学院を出て新卒で採用されたばかりであり、ＣＩＡは一九四七年の創立以来手がけてきた数々の秘密工作を議会の特別委員会に調べ上げられ、たたきのめされた痛手から、ようやく立ち直りかけたところだった。議会は秘密活動に対する統制を強め、たたかれたCIAの指導者たちは、外国の政権を転覆したり指導者を暗殺したりするのではなく、外国の政権の秘密を盗むという伝統的なスパイ活動に焦点を絞るようになった。

大統領選の最中に、CIAの海外における派手な活動を中止させると訴えたジミー・カーター大統領は、暴走して見えたCIAの手綱を引き締めるべく、スタンズフィールド・ターナー海軍大将をCIAのトップに据えていた。この時期にCIAに入庁したニューランド世代の収集担当官は、暗殺を再開すればトラブルを呼び込むだけだと教えられた。ところがニューランドが現役を退く頃に、暗殺をめぐる議論はぐるりと一巡する。彼はやがて、アメリカの敵を積極的に暗殺する役割をCIAが手放そうとしないのは賢明なことなのか、疑問に思うようになるのである。

CIA設立当初の任務はわりに単純だ。インテリジェンスを収集し、分析し、アメリカが直面するさまざまな脅威を日々大統領に伝えることである。トルーマン大統領は、CIAをアメリカの隠密部隊にしたいとは思わなかった。しかし一九四七年に制定された国家安全保障法に含まれる曖昧な一文により、CIAが「国家安全保障に影響するインテリジェンスに関連するその他の機能や義務を担うこと」は認められている。そのため歴代の大統領はこの「秘密活動」の権限を行使し、各地にCIAを派遣しては破壊活動、プロパガンダ、選挙の操作、暗殺などにあたらせた(1)。

アメリカには国防総省があるのだから別のスパイ組織は必要ないのではないか、との批判は当初からあった。そこで歴代のＣＩＡ長官は組織の独立性を守るために、ＣＩＡにはペンタゴンにない強みがあると訴えつづけてきた。たとえばアメリカの存在を隠したまま海外で秘密任務を遂行できる優れた収集担当官を抱えている、さらには大統領直轄なので軍より迅速に、秘密裏に大統領の指示を実行できる、などだ。歴代の大統領はこれまでに何百回も秘密活動に頼り、しばしばそれを悔やむことになった。しかし人の記憶はすぐに薄れるうえに、四年または八年ごとに新しい大統領がホワイトハウスに来るため、二〇世紀後半は同じパターンが繰り返された。大統領がＣＩＡの積極的な作戦を認める、作戦の詳細があらわになると議会が調査に乗り出して騒ぎになる、マクリーンが活動を縮小されて反省する、ＣＩＡがリスクを取らなくなったと批判される、そしてまた秘密活動を積極的に行なう、といった具合だ。大統領の就任直後からこのサイクルが始まったこともある。ジョン・Ｆ・ケネディ大統領は就任して一週目に、ＣＩＡはベトナムで積極的に活動していないのではないかと顧問たちに指摘した。その後、ＣＩＡがベトナムのハノイに対してしかけた秘密工作は、当時としてはもっとも大規模で複雑なものとなる(2)。

ＣＩＡが暗殺に対して抱えている矛盾した気持ちは、ＣＩＡの前身である戦略諜報局（ＯＳＳ）の時代にまでさかのぼる。一九四二年にたけだけしい司令官ウィリアム・Ｊ・ドノヴァンのリーダーシップのもとで創設されたとき、ＯＳＳは第一に準軍事組織であり、スパイ活動は二の次だった。ドノヴァンが集めた「栄(は)えある民間人(アマチュア)たち」は第二次世界大戦のほとんどの期間を、ヨーロッパの全戦域において線路を破壊したり、橋を爆破したり、ナチスに抵抗する人々を武装させたりすることに費やした。それでもドノヴァンでさえ、戦争末期に立案されたナチスの指導者層を暗殺するための訓練プログラムには二の足を踏んだ。一九四五年までには、OSSはドイツ人指導者を狩り出すためにドイツ軍の脱走兵を一〇〇人ばかり訓練していた――アドルフ・ヒトラーやヘルマン・ゲーリングをはじめ、親衛隊の大佐以上の将官すべてが対象だった。組織的な暗殺のために立ち上げられた「クロス・プロジェクト」に加わったエージェントには、月々二〇〇ドルの報酬が支払われるという。しかし暗殺チームがドイツに派遣されることはなかった。こんな「見境のない暗殺」プログラムは「OSSに厄介ごとをもたらすだけだ」と、ドノヴァンはスタッフ宛ての書面に残している。ナチスの上層部は暗殺するのではなく誘拐して尋問し、情報を取ればいい、とドノヴァンは語った。実際には、だれひとり誘拐することのないまま、終戦を迎えた(3)。

それから数十年後、アイダホ州選出のフランク・チャーチ議員が議長を務める上院調査委員会は、当初は違法な通信傍受などアメリカ国内におけるCIAの職権乱用のみを調べる予定だった。ところが一九七五年初め、ジェラルド・フォード大統領が記者たちに、調査員が深く掘り下げればCIAが外国の指導者の暗殺を試みた案件がいくつか明らかになるだろう、と不用意な爆弾発言をする。この発言が公になると、チャーチ委員会は公聴会のおもなテーマを暗殺に定めた(4)。

上院議員たちは半年にわたり、コンゴの初代首相パトリス・ルムンバ暗殺計画や、キューバのフィデル・カストロ議長がシュノーケリングをする海岸に爆弾を仕込んだ貝を置く計画などについての証言を聞いた。さらに、毒のダーツを発射するためにCIAが製造したピストルを議員たちが順番に回し、バリー・ゴールドウォーター上院議員がピストルを宙に向け、照準器から標的をのぞく真似をした。それは公聴会を象徴する場面となった。ウィリアム・コルビーCIA長官は、そのピストルは一度も使われていないと訴えたが、一度できあがったイメージは容易に消えはしなかった。フォード大統領は、委員会が最終報告書をまとめてもいない時期に、アメリカ政府が他国の首脳や政治家を暗殺することを禁じる大統領令に署名した。

フォード大統領が暗殺を禁じたのは、むしろ未来の大統領が簡単に裏の工作に魅入られないよう、大統領執務室の後継者の権限に限度を設けるためにほかならなかった。チャーチ委員会が指摘したように、CIAが設立当初から数十年繰り返してきた問題行動の裏では、つねにホワイトハウスがクーデターや外国の指導者の暗殺といった無謀な作戦を奨励していた。CIAは秘密を差し出し、秘密というものはいつの時代にもアメリカ大統領を誘惑してきたのである。

チャーチ上院議員が委員会の最終報告に記したように、「秘密活動を実行する態勢が整うと、大統領はそれを使うよう相当な圧力を受ける」(5)。チャーチは、そもそもアメリカにCIAが必要かどうかまで問うた。「暗殺部隊」を大統領の手元に置くのではなく、必要なときには国務省が秘密活動を遂行すればいい。とはいえ、それは「核兵器による大量虐殺を防いだり、文明を守ったりする」といった緊急事態だけにとどめるべきだろうが(6)。

ロス・ニューランドの来歴

チャーチの望みがかなうことはなかった。しかし、一九七〇年代後半にロス・ニューランドがコネチカット州のトリニティ・カレッジを卒業する頃には、CIAは十分に罰を受けていた。ニューランドは国際的なビジネスマンの息子で、人生の大半を中南米とスペインで過ごし、スペイン語を流暢に話した。自分の生い立ちや国際情勢への興味を生かすには、外交官になるべきではないかと考えたが、まずはロンドン・スクール・オブ・エコノミクスで修士号を取得することにした(7)。

一九七八年一二月、マドリードにあるアメリカ大使公邸でホリデーシーズンを祝う豪華なパーティが開かれた。ニューランドはそこで、スパイにならないかと勧誘された。ニューランドは当時スペインに住んでいた両親に会うために、ロンドンからマドリードに来ていた。パーティの途中で、大使館の職員と名乗る五〇代前半くらいの男がニューランドに近づいた。英語とスペイン語を交えながら一五分ほどおしゃべりを楽しんだのち、庭でも散歩しながら個人的に話をしないか、とその男が誘ってきた。

その男は、CIAマドリード支局長のネストル・サンチェスで、CIAでの華々しいキャリアも終盤に近づいたベテランの収集担当官だった。熱心な反共主義者のサンチェスは、CIAが設立されて間もない時期に入庁し、チャーチ委員会が調査した秘密活動の多くの中心にいた。一九五四年にグアテマラでハコボ・アルベンス・グスマン大統領に対するクーデターが行なわれた際にそれを援助し、成功させたほか、カストロを暗殺するためにキューバ人エージェントに毒入りのシリンジを入れた万年筆を与えたこともある。(8)

サンチェスはニューランドに、君はCIAの優秀な収集担当官になるだろうと言い、CIAロンドン支局にニューランドの名を伝えた。その三ヵ月後、ニューランドはCIA本部の簡素な部屋で椅子に座り、心理評価が始まるのを待っていた。男が入室し、椅子に座ると、ニューランドにふたつだけ質問した。

「で、君はメキシコで育ったんだって?」

「はい」

「エンチラーダとトスターダって何がちがうんだ?」

ニューランドはこの質問に面くらったものの、ふたつの料理のちがいを説明した。メキシコ料理について雑談を交わしたのち、ニューランドは面接官に、次の面接の予定があるのでそろそろ心理評価に入りませんか、と丁寧に申し出た。

「すると彼は『いや、面接はこれで終わりだ』と言ったんです」とニューランドは当時を振り返る。ロス・ニューランドはCIAに採用された。

ニューランドはロンドン・スクール・オブ・エコノミクスを修了し、一九七九年一一月五日に正式にCIAに入庁した。その日は、イランの学生がアメリカ大使館に乱入した翌日であり、六週間後にはソ連の空挺部隊が先陣を切ってアフガニスタンのカブールに降下した。その後数ヵ月にわたり、数万人規模のソ連軍部隊がアフガニスタンに侵攻する。このふたつの事件はＣＩＡ本部を震撼させ、とくにロス・ニューランドの同期五三人の運命は大きく揺さぶられた。ムスリム世界で使われない言語に堪能な訓練生以外は全員、中東か中央アジアの担当に振り分けるようＣＩＡの上層部が命じたからである。

スペイン語が話せるニューランドは、一〇人ほどの訓練生とともに「徴兵」の対象から外された。ニューランドが収集担当官としての訓練を終えたときにはロナルド・レーガンが大統領になっており、ＣＩＡは今度は中南米に関心を向けていた。コカインが国境を越えてアメリカに流入していたほか、中米の左翼ゲリラ運動が力をつけてきたことをレーガン政権が深く憂慮していたからである。その頃、ニューランドが師（メンター）とあおぐネストル・サンチェスは、マドリード支局長から中南米部長に昇進していた。本部で高位にあるサンチェスは経験の浅いニューランドを導き、活動の中心にとりたてた。

ニューランドはまず、当時世界のコカインの首都とも言われたボリビアに派遣され、麻薬カルテル内の情報源を開拓するよう指示された。彼はほとんどの時間をボリビアの低地で過ごし、アメリカ人ビジネスマンを装いながら、ボリビア第二の都市サンタクルス市内の麻薬密売人と親交を深めようとした。ともに酒を飲み、闘鶏で賭け、密売人の妻や情婦に引き合わせてもらった。郊外までドライブし、ジャングルに続く道沿いにある掘っ立て小屋で、カモとマンゴーやパイナップルの料理を楽しむこともあった。

ニューランドは、サンタクルスを離れているときには、ボリビアの首都ラパスで次のクーデターの企てを待った。ボリビアのＣＩＡ支局は、どんなクーデターも事前に察知してきたことを誇りにし、担当官たちは完全記録をストップさせたくなかった。ところが、ボリビア赴任中に軍部による転覆工作が成功しても、ニューヨーク・タイムズ紙の内側のページで小さく取り上げられただけだと知り、ニューランドは現実を思い知らされた。それ以前の四つの案件は、新聞に取り上げられてすらいない。

レーガン政権は、ボリビア政府を麻薬戦争のパートナーとみなしていた。ところがボリビアの麻薬ネットワークに浸透しはじめたニューランドは、ラパスの高官のあいだで汚職がはびこっている現状を、次々とインテリジェンスレポートにしたためる。高官の多くが麻薬カルテルから金銭を受け取っていたのだ。内務大臣は麻薬王たちを訴追から守り、その見返りに大農園や宝石、現金を贈られていた。ラパス駐在のアメリカ大使にしてみれば、こんな報告書は読みたくもない代物だった。

ニューランドにとって、ボリビアでの経験は、単一の目的――この場合は麻薬戦争での勝利――を達成するためなら腐敗した政府でも支えるというワシントンの政策が、アメリカの長期的な利益をどれほど損なうかを初めて目にするものとなった。彼はまた、本当にＣＩＡが麻薬戦争を担当すべきなのか、レーガン政権がＣＩＡに頼る理由は、汚い戦争は秘密裏に戦うのが最良の方法だからというだけではないか、と自問しはじめた。それから二〇年後、対テロ戦争におけるＣＩＡの役割についても、彼は似たような疑問を抱くことになる。

〝デューイ〟・クラリッジ

ニューランドがボリビアに赴任していた当時、CIAの中南米部は工作本部内でもわりに平穏な部署だった。それがやがてCIAの活動の中心に躍り出たのは、おもにはニューランドより数段上の上層部で働いた力学が原因である。一九八一年六月、ネストル・サンチェスがCIAを辞めて、ペンタゴンに移った。後任のデュエイン・R・クラリッジはジンが大好きで攻撃的な昔気質のスパイで、ロナルド・レーガンによってCIA長官に任命されたばかりのウィリアム・J・ケイシーが望んだとおりの人物だった。〝デューイ〟とあだ名されるクラリッジは、筋金入りの共和党員の家庭に生まれ、ニューハンプシャー州で幼少期を過ごし、ブラウン大学とコロンビア大学で学位を取ったのち、一九五五年にCIAに入庁した（あだ名のデューイはニューヨーク州知事のトマス・E・デューイにちなんでいる）。冷戦の影の戦線を見つけては、いつもソ連と戦いたがった。[9] 一九八一年の時点ではネパール、インド、トルコ、イタリアに収集担当官として潜入した経験があり、しばしばビジネスマンを装っては、デューイ・マローンやダックス・プレストン・ルバロンなどの偽名を使った。[10] 精力的で、白いスーツにポケットチーフといったいでたちを好み、年下の収集担当官に慕われた。CIAの秘密工作は「大統領の直轄」だと好んで口にしたが、秘密工作を強硬におし進めるやり方は、国務省の外交官をたびたび怒らせた。[11] ローマ駐在当時、クラリッジの上司だったリチャード・ガードナー大使は彼を評して「浅はかで狡猾だ」と述べている。[12]

一九八一年にワシントンに戻ったクラリッジは、すぐに長官のケイシーと意気投合した。クラリッジが帰国後初めてCIA本部に出勤した日、ケイシーは彼をオフィスに呼び出し、キューバとニカラグアのサンディニスタ政権が中米、とくにエルサルバドルに「革命を輸出」するのではないかとレーガン政権が案じていると打ち明けた。一週間もたたないうちに、クラリッジは次のような対応策を練ってきた。

ニカラグアで戦争を起こす。
キューバ人の殺害を始める。

OSS出身のケイシーは、すぐにその案に飛びついた。そして秘密の大統領事実認定の草案を作って大統領の署名を取りつけ、中米で秘密戦争を行なう許可を得るようクラリッジに命じた。[13]ロナルド・レーガンは大統領になってまだ日が浅いにもかかわらず、すでに中南米とアフガニスタンでの秘密活動を加速させ、アフガニスタンではソ連軍と戦うムジャヒディンへの支援を増強していた。レーガンは、おなじみのサイクルを次の段階へと進めていた。「リスクを回避する」CIAは、ふたたび海外で秘密戦争を行なうようになったのである。

クラリッジは中南米担当として最適の人物だった。彼はさっそくCIAの収賄用資金で銃器や弾薬、トラック、重火器を購入し、ニカラグアの親米反政府武装組織コントラに与えた。そしてペンタゴンの特殊部隊と緊密に協力し、ホワイトハウスの国家安全保障会議のオリヴァー・ノース中佐の支援も得て、コントラを強力なゲリラ組織に作り替えようとした。うまくいけばサンディニスタ政権を手一杯にさせ、政権がアメリカの裏庭で影響力を広げるのを防げるかもしれない、と期待してのことだ。ＣＩＡがニカラグアに割ける予算は乏しい。クラリッジや中南米部の連中は、アメリカ海軍が保有する空母がひと朝に出すゴミのほうが、ＣＩＡの対ニカラグア年間予算よりはるかに高価だ、と冗談で言ったものだった。[14]

イラン・コントラ事件

ロス・ニューランドやその同僚の多くの目には、中米で起きている戦争はまさにＣＩＡが避けるべきものに見えた。ところが一九八五年には、ニューランドはＣＩＡ中南米部の任務により、レーガン政権時代の秘密戦争の中心へと導かれていった。彼がコスタリカに着任する数カ月前には、ニカラグアの複数の港に地雷をしかけたＣＩＡの秘密工作が明らかになり、米議会を激怒させていた。そしてついには議員たちが新しい規則を導入し、ＣＩＡが秘密活動プログラムの内容をいつ情報委員会に報告すべきかが定められた。[15]

デューイ・クラリッジは、ジンを片手に葉巻をくゆらせながら編み出したという地雷作戦のせいで中南米部長の地位を失った。そして秘密工作部門内を横滑りし、欧州部長となった。

コスタリカに赴任したニューランドは、デューイ・クラリッジが始めた戦争を間近に見た。コスタリカのＣＩＡ担当官がコントラ戦争の南方戦線を受け持ち、北方作戦はホンジュラス側から行なわれた。その頃には、レーガン政権がニカラグアの抵抗組織を支援することは議会に禁じられていたにもかかわらず、コスタリカのＣＩＡ支局長ジョー・フェルナンデスはホワイトハウスのオリヴァー・ノースと協力し、コントラに支援物資を届けていた。

ニューランドの仕事はニカラグアの首都マナグアの政府に浸透し、ニカラグア政府高官や軍高官の計画や意図を探ることだった。つまり、伝統的なスパイ活動である。彼は現地のエージェントに接触し、サンディニスタ政権の戦略に関するインテリジェンスレポートを書き、マクリーン宛ての機密扱いの公電とともに送った。

ところが妙なことに、反共組織コントラの指揮を担当する別のCIA担当官も、まったく同じ作業をしていた。現地の収集担当官たちは、コントラがサンディニスタ政権のだれを次の標的にすべきかを自分たちで決めたうえで、次の標的になる人物を予測するインテリジェンスレポートを自分で上げていたのである。一連の公電はワシントンに送られ、当然のことながら、予測はたいてい的中した。言ってみれば、CIAは自前でインテリジェンスをこしらえていたのだ。

「まったくばかげていました」とニューランドは当時を振り返る。「あんなやり方は教えられていません。ところが、準軍事的な状況ではそうなってしまうんですよ」

ホーク地対空ミサイルをイランに売却して得られた資金をコントラに流した事件が明るみに出ると、ニカラグアでのアメリカの行動も徐々に明らかになりはじめた。武器売却にはオリヴァー・ノースが関与しており、その目的は、ベイルートで囚われているアメリカ人人質を確実に解放することだった。このイラン・コントラ事件の調査により、ニューランドが見守るなか、これまでの上司たちはゆっくりと網にからめとられていった。北方からコントラ作戦を展開するためにホンジュラスに異動していたボリビア駐在時代の支局長ジム・アドキンスは、ニカラグアに物資を運ぶヘリコプターの飛行を許可していたことが明らかになり、CIAを解雇された。ジョー・フェルナンデスは一九八八年六月二〇日、司法妨害と偽証罪で告発されたが、最終的に告訴は取り下げられた。ニューランドのCIAにおける最初の師であったネストル・サンチェスは、ペンタゴン勤務当時に違法な作戦に関与した疑いをもたれたものの、起訴は免れた。

コントラ事件は、ニューランドの心に強く残る経験となった。もともとニューランドは、中米で目にした作戦のほとんどに賛同していなかったが、CIA担当官が逃げ場もなく処罰される一方で、ホワイトハウスの高官たちが処罰を免れたことは苦々しく感じていた。だが、彼はこのときに得た教訓を、九・一一同時多発テロ後、ジョージ・W・ブッシュ大統領がCIAの設立以来もっとも広範な一連の秘密工作作戦を許可したときに生かしている。それは、「すべてを書面に残すべし」という教えであった。

「暗殺許可や、拘禁政策といったたぐいの話に関与するときは、議事堂とホワイトハウスを結ぶペンシルヴェニア通りを走り回って署名をとりつけました。なぜかって？　過去の教訓ですよ」

テロ対策センターの創設

イラン・コントラ事件の調査官たちがデューイ・クラリッジのしっぽをつかみ、偽証罪で訴追するまでにはさらに五年を要した。しかしクラリッジはそれまでに、CIAの官僚主義を立て直すようケイシーを説得し、CIAやペンタゴンがこれまであまり考えてこなかった脅威に立ち向かわせていた。イスラム系のテロリズムである。

一九八三年から二年のうちに、多くのアメリカ人にはなじみのないテロリスト集団が世界各地で衝撃的なテロ事件を起こした。一連のテロの最初の一撃は、レバノンの首都ベイルートにあるアメリカ大使館を襲った爆弾テロで、この事件では八人のCIA担当官を含む六三人が死亡した。同じ年、やはりベイルートで、爆薬を積んだトラックがアメリカ海兵隊の兵舎を襲い、就寝中の二四一人の海兵隊員が死亡。これはイスラム聖戦機構（当時ヒズボラが使っていた偽称）と名乗る地下のテロ分子が命じた攻撃で、アメリカ軍を軽率にレバノンに進駐させたことへの抗議だった。一九八五年六月にはレバノン人ハイジャック犯が、TWA847便の乗客を人質にとった事件でアメリカ海軍の潜水士を殺害する。同年の一〇月、今度はアブ・アッバースとして知られるパレスチナ人テロリストがクルーズ船アキレ・ラウロ号をシージャックし、六九歳のアメリカ人観光客レオン・クリングホーファーの殺害を命じた。遺体は海に投じられた。

対応に苦慮したレーガン政権は、現地の暗殺者チームを利用してレバノン人テロリストを狩り出し、殺害する許可をCIAに与えてはどうかと考えた。オリヴァー・ノースは大統領事実認定の草案を作成し、武力を使用して武装勢力を〝無力化する〟許可をCIAに与える、との文言まで書き込んだ。(16) レバノン人暗殺者を使う案にケイシーCIA長官は乗り気だったが、副長官のジョン・マクマホンは唖然とした。彼は一九七〇年代に行なわれた議会の特別調査による古傷をいまだに抱え、ケイシーの大胆な行動にほとほと嫌気がさしていたため、計画を聞いて激怒した。暗殺部隊を作れば、フォード大統領が出した暗殺禁止の大統領令に違反すると、マクマホンは確信していた。「連中にとってインテリジェンスが何を意味するか、知っていますか？」と、ホワイトハウス高官を指してケイシーに問いかけた[17]。「爆弾を投げること、そして人間を吹っ飛ばすという意味ですよ」さらにこうもつけ加えた。テロリストの殺害を始めることが決まったとして、そのあおりを受けるのはホワイトハウスではなくてＣＩＡである。「世間はそれを政府の政策だとも、ＮＳＣ（国家安全保障会議）の発案だとも思いません。ＣＩＡのろくでなしどもがやったのかと思うだけです」

だが、ケイシーはマクマホンの抗議には取りあわず、オリヴァー・ノースの提案をひそかに支持した。一九八四年一一月、レーガン大統領は極秘の大統領事実認定に署名し、ＣＩＡとペンタゴンの統合特殊作戦コマンド（ＪＳＯＣ）にレバノン人暗殺部隊の訓練を許可した[18]。ところがこの計画は実行に移されず、国務省やＣＩＡの古株が事実認定に反対したために、最終的には大統領によって撤回された。隠遁生活を送っていた元ＣＩＡ長官のリチャード・ヘルムズまで登場し、ジョージ・Ｈ・Ｗ・ブッシュ副大統領の側近に対し「テロをもってテロを制す」イスラエルのモデルをアメリカが取り入れるべきではないと説いた[19]。

テロの連鎖は始まったときと同じようにふいに終わるのではないか、とケイシーは期待していた。しかし一部のＣＩＡ担当官は当時、ケイシーは新たな脅威をまったく理解していないと感じたという[20]。一九八五年のクリスマス期間に、ウィーンとローマの空港においてイスラエルのエル・アル航空のチケットカウンターなどで血なまぐさいテロ攻撃が起きると、テロは徐々に収まるだろうという希望は打ち砕かれた。[21] アンフェタミンを投与されてハイになったパレスチナ人数人が銃を乱射し、空港で一九人を殺害したのである。ナターシャ・シンプソンという一一歳のアメリカ人少女も犠牲になったことで、テロの残忍性がアメリカ人にひしひしと伝わった。少女は父親に抱きかかえられていたところを、至近距離からテロリストに撃たれたのだ。

ウィーンとローマでのテロ事件から間もなく、クラリッジはイスラム系テロリズムに対抗するCIAの新たな作戦について、ケイシーCIA長官に自説を訴えた。いまのCIAは萎縮しているだけだという考えを述べ、広範な新しい戦争を始める許可を長官から勝ち取った。[22]

クラリッジは、CIA内に国際テロリズムに特化した専門グループを創設するべきだと提案した。それは収集担当官と分析担当官が席を並べ、起こりうる脅威に関する手がかりをつなぎ合わせ、テロリストの指導者を拘束あるいは殺害するために必要な情報を集める「情報融合センター」となる。当時、この案はよくある官僚主義的な組織改編だと受け止められ、かなりの議論を呼んだ。内情を言えば、当時のCIAは細分化され、排他的な文化をもち、内部の多くの者は認めたがらないが、公立高校の雰囲気に似ているとも言えた。体育会系の準軍事活動担当官はオタク的な分析担当官を敬遠し、一方の分析担当官は準軍事活動担当官を粗野で頭が悪い連中だとみなす。そして組織のピラミッドの頂点には収集担当官、すなわち世界を股にかけたスパイたちが立ち、CIAで本物の仕事をしているのは自分たちだと信じ、本部のデスクワーカーの指図は受けないと大口をたたいた。

中東経験のある収集担当官は、クラリッジの提案にすぐに反発した。そのようなセンターを創設しても、そこにはイスラム世界の機微を理解しない担当官が配属される。そいつらがへまをすれば後始末をしなければならないのは海外に駐在する担当官だ。テロリストの追跡は警察の仕事であり、CIAではなくFBIのほうが向いているとの考えのもと、彼らはこの提案を相手にしなかった。要するに、多くの担当官はとにかくクラリッジを信用できず、センター創設も勢力を拡大したいがためにすぎないと見ていた。つまりテロ対策センター（CTC）は、のちに九・一一同時多発テロ後にCIAが経験する状況と似たような緊張のなかで創設された——イスラマバードの収集担当官とマクリーンのCTC担当官の間、一方的に作戦を推進しようとする人々と、そんな作戦は外国の情報機関との微妙な関係を壊すだけだと警告する人々との間に見られたような対立のなかで生まれたのである。

ケイシーは内部の反対を無視し、クラリッジの提案を認めた。こうして一九八六年二月一日、CTCが始動した。CTC誕生のいきさつはおなじみのものだ。ホワイトハウスは答えの出せない問題に苦戦していたので、CIAに解決策を求めた。CIAは喜んでそれに応えた、というわけだ。

CTC創設にはもうひとつ重要な意味があった。CTCが最初から軍の特殊作戦部隊と緊密に協力し、秘密任務の際には軍と手を組んだことである。CTC創設の翌年、ペンタゴンに特殊作戦軍（SOCOM）が創設された。これらふたつの組織の工作員は互いを同類と認め、ビル・ドノヴァンが作り上げたOSSの精神を受け継いだ。CIAのほかの部署と異なり、CTCだけは軍を見下さなかった。CTCでテロリスト狩りをする者にとって、ペンタゴンの特殊部隊はパートナーだったのである。

テロ対策センターが活動を始めた頃、国際テロ組織に対して進行中の秘密作戦はひとつもなかったので、CTCはデルタフォース〔主にテロ作戦を遂行するアメリカ陸軍の特殊部隊〕など陸軍の準軍事部隊と協力し、アブ・ニダル組織やヒズボラに浸透していった。[23] レーガン大統領を支える法律家たちは極秘の法的メモを作成し、テロリストを狩り出し殺害することは、一九七六年に出された暗殺禁止の大統領令には違反しないと結論づけた。その数十年後、ジョージ・W・ブッシュ大統領やバラク・オバマ大統領を支える法律家もまったく同じ手法を使うことになる。これらのテロリスト集団はアメリカ人への攻撃を計画している、だから彼らを殺害することは自己防衛であり殺人にはあたらない、というのが法律家たちの論理だった。

ところが、法的なお墨つきはひとつのステップにすぎないうえに、政治家たちが個々の殺害作戦に賛同する保証もない。テロ対策センター創設当初の数年は、テロリストをひそかに暗殺する必要があると議会を説得するための政治的資本が、ホワイトハウスにはほとんどなかった。また、イラン・コントラ事件の調査の影響で、レーガン政権の国家安全保障チームはすっかり勢いを失っており、これ以上海外で暴れる必要はないと訴える国家安全保障担当大統領補佐官のコリン・パウエルやジョージ・シュルツ国務長官などの側近の発言力が強まっていた。デューイ・クラリッジの下でCTC副センター長を務め、のちにCTCセンター長となったフレッド・ターコは当時を思い出し、あの頃は闘う気力が残っていなかった、「レーガン政権にしてみれば、すでに車輪が外れていた」と述べている。(24)

冷戦の終結

ロス・ニューランドは、イラン・コントラ事件がCIAの秘密工作を打ち砕いたことに冷めた気持ちを抱えたまま、中米のジャングルを離れた。とはいえ上司たちとは異なり、事件の概要が明らかになる過程で捜査の網にからめとられることはなかった。むしろ、昇進したのである。ニューランドは同年代の担当官数人とともに、東ヨーロッパにある海外支局の長に抜擢された。ソ連の衛星国家群でCIAの活動を統括する立場である。ニューランドは三〇代前半にして、CIAのソ連・東欧部設立以来もっとも若い支局長になった。CIAでは一九八八年当時、そうすることに大きなリスクはないと考えられていた。

「異変が起きるはずがないと信じ切っていたから、私たちをそのポストに配置したんです」とニューランドは語る。「それが、へまをやったものですよ」

ニューランドが着任して一年もたたないうちにベルリンの壁が崩れ、東ヨーロッパに革命の嵐が吹き荒れた。ルーマニアにおけるCIAの責任者だったニューランドは、ニコラエ・チャウシェスク体制の崩壊についてブッシュ政権に情報を送りつづける役目を果たす。一九八九年のクリスマスの前週、群衆が通りを埋め尽くすなか、チャウシェスクは夫人とともにブカレストから逃亡した。クリスマス当日、ルーマニアの空挺部隊がニコラエ・チャウシェスクとエレナ夫人を拘束すると、ニューランドは部隊の将校たちを説得し、最低でもなんらかの形で裁判にかけない限り、ふたりを処刑してはいけない、と訴えた。少なくともマクリーンの上司たちからは、ルーマニアの部隊にそう伝えろと指示されていた。「だから、なんとか裁判を開かせましたが、結局二〇分ほどで終わりました」とニューランドは言う。形ばかりの手続きを終えたのち、小隊長が志願者を三人募り、銃殺隊を結成した。ところがルーマニアの独裁者チャウシェスクとその妻が壁の前に立たされ、後ろ手に縛られると、その場にいた兵士全員が発砲した。

冷戦が終わると同時に、CIAに定められた任務も終わった。共産主義の拡散を阻止することがCIAの指針であり、中南米や中東、ヨーロッパを舞台に何十年も続けてきた広範囲の作戦を正当化する根拠でもあった。一九九〇年代にはペンタゴンもCIAもともに予算を削減され、とくにCIAの秘密工作部門が大きな打撃を受けた。海外の支局がいくつも閉鎖され、収集担当官の総数も激減した。人的情報収集の経費はこの一〇年間で二二パーセントも削減される。(25) クリントン大統領はアメリカ初のベビーブーマー世代の大統領で、ベトナム反戦運動に参加したこともあり、もともとCIAには懐疑的で、政権の一期目はCIA長官にほとんど会っていなかった。クリントン政権のひとりめのCIA長官だったR・ジェイムズ・ウルジー・ジュニアは、クリントンはインテリジェンス問題にほとんど関心を示さず、CIA長官である自分とは年に一度しか個人的に会おうとしなかったと語っている。「正直なところ、大統領にはほとんど会えませんでした」とウルジーは言った。彼はCIAを離れたのち、こんな冗談を言うこともあった。一九九四年九月に、セスナを盗んでホワイトハウスの南側の芝生に墜落させた男の正体は自分だ、大統領に会ってもらいたかったんだよ、と。[26]

この頃CIAは、一九八〇年代にデューイ・クラリッジが仕切っていた中南米部の派手な作戦のつけも払わされていた。大統領情報活動諮問会議は一九九六年、CIAの情報員がグアテマラにおいて一〇年以上行なってきた深刻な人権侵害の詳細を報告した。報告書によると、一九八四年から八六年にかけて、CIAの複数の情報提供者が「CIAの情報員であった時期に暗殺、違法な処刑、拷問、誘拐などの深刻な人権侵害を命令、計画あるいは実行した。しかも当時のCIAはその事実の多くを把握していた」[27]という。グアテマラの一件は何年もかけて少しずつ漏れ伝わり、ついにCIA長官のジョン・M・ドイッチは、好ましくない人物との接触に関して収集担当官に新たな制約を課した。ロス・ニューランドがかつてともに闘鶏を楽しんだボリビアの麻薬王たちは、いまでは接触禁止となった。アメリカ人の殺害を企てそうなテロリストも同様である。

ドイッチは、マサチューセッツ工科大学の博士号を取得した化学者であり、一九九五年にクリントン大統領がジェイムズ・ウルジーをCIAから外したのちに、ペンタゴンからマクリーンに異動した。ドイッチは大げさな秘密任務のために収集担当官を海外に送り出すのではなく、偵察衛星を使い、海外に通信傍受基地を建設したいと考えていた。CIAの秘密工作を信用せず、CIA側もドイッチのことを宿主の体内に侵入したウイルスのように扱った。

ドイッチの試みのひとつは、対テロ以外の問題についてもCIAと軍を密接に協力させることだった。こうした問題は、一九九〇年代半ばにはCIAではあまり重視されなくなっていた。一九九一年に湾岸戦争が終結してからというもの、ペンタゴンの将軍たちは、CIAは湾岸戦争勃発前にサダム・フセイン政権にまったく浸透できていなかった、戦時中も軍が砂漠でイラク軍部隊を狩り出す際に役立たなかった、と不満を訴えていた。ドイッチは、世界各地の軍の指揮所に詰めるようCIA担当官に指示し、地球規模の脅威について最良のインテリジェンスを提供させようとした。

ドイッチは、軍の支援はCIAが絶対に果たすべき役割だと信じていたので、一九九五年にはペンタゴンとの連絡係（リエゾン）としてトップレベルの職位も創設し、軍の高官を据えた。CIA工作員を軍の指揮所に送り込み、軍の将官をCIA内部に迎えるなんてまるで官僚版の人質交換だ、との声もCIA内部では上がった。

初めてCIAに送り込まれた軍人は、デニス・C・ブレア海軍中将である。ブレアはメイン州キタリー出身で、一九六八年に海軍士官学校を卒業したのち、ローズ奨学生としてオックスフォード大学で学んだ。そしてそこで若き日のビル・クリントンと交友を深めた。ブレアは着任早々、抵抗に直面した。CIA担当官は、CIAの秘密活動の歴史をくわしく知らない三つ星の将軍など信用できないと疑ってかかったのである。

ブレアが気づいたように、CIAはインテリジェンスの収集と分析に注力すべきであり、汚い工作にかまけてアメリカをトラブルに巻き込むべきではなかった。「CIAの秘密活動の歴史をたどってみて、考えたことがある。こうした活動に手を染めなければ、いまはもっとうまくいっていたかもしれないし、いまよりひどいことには間違いなくなっていない」と、何年かのちにブレアは語った。[28]

マクリーンでは、ブレアをペンタゴンの〝モグラ〟とみなす者もいた。しかしまたブレアの存在は、ペンタゴンがCIAを吸収し、CIAは大統領に忠実な情報機関としての地位を失うのではないかという、より大きな不安をかき立てた。デューイ・クラリッジが述べたような、大統領直轄としての地位を。

ブレアはすぐに、当時最大の問題だったバルカン紛争に関してCIAの工作本部と対立した。対立のひとつは、CIAがボスニアを偵察するために空軍から借りた新しい監視装置をめぐってのものだった。これはRQ-1プレデター（「捕食者」）と呼ばれるひょろ長い雄バチ(ドローン)のような飛行機だ。CIAはセルビア軍部隊の位置を偵察するために、すでにプレデターを飛ばしていた。CIA高官は、ホワイトハウスにもビデオスクリーンを設置し、クリントン大統領や側近がドローンからの中継を直接見られるようにしてはどうかと提案した。CIAが率先してプレデターを開発したことにはブレアも感心したものの、ドローンからの中継を見せても大統領の貴重な時間を無駄にするだけだと考えた。そして、CIAの秘密工作部門の連中はクリントン大統領に新しいおもちゃを自慢したいだけではないかと疑った。「そんなものを見せて、大統領にどうしろというのだ？」と尋ねたとブレアは記憶している。[29]「すると彼らは『ボスニアで何が起きているかを大統領が知りたいかもしれないので、ホワイトハウスで見られるようにするべきです』と答えたのですよ。そこで私は『ばからしい！　大統領はこんな細いストローの穴をのぞいたりしない！』と言いました」

最終的にはドイッチもブレアの意見に賛成したため、ＣＩＡがプレデターからの映像をホワイトハウスに送ることはなかった。くだらない争いではあるが、ブレアにとってみればこの一件も、ＣＩＡの秘密工作部門と争ったそのほかの案件も、ひとつのことを思い知らせるものだった。つまり、工作本部は大統領執務室に直結する道を阻むいかなる勢力にも抵抗するということだ。

それから一〇年以上たったのち、また別の民主党大統領のもとでブレアはもう一度ＣＩＡとホワイトハウスのあいだに立ちはだかることになる。それはブレアのキャリアにとって致命傷となった。

第4章　ラムズフェルドのスパイ

「われわれは独自のCIAを作ってしまったようです。しかしそれはトプシーのようにまとまりに欠け、制御できないものでした[1]」

――フランク・カールッチ国防副長官、一九八二年

「世界情勢に鑑みたとき、いまのような状況下で、国防総省がCIAにほぼ完全に頼るべきでないとは考えられないだろうか[2]」

――ドナルド・ラムズフェルド国防長官、二〇〇一年

国防長官の決意

二〇〇一年一一月、アメリカ陸軍の特殊部隊グリーンベレー、CIA工作員、そしてアフガニスタンの軍閥がカブールやカンダハルからタリバン勢を駆逐していた頃、ドナルド・ラ

ムズフェルドは空路ノースカロライナ州フォート・ブラッグに入った。ファイエットヴィル市に隣接するこの広大な基地は、以前から軍の数多くの特殊作戦部隊の拠点になっている。今回の訪問のおもな目的は特殊部隊の労をねぎらうことであり、ラムズフェルドは特殊部隊の司令官たちと面会し、これまでアフガニスタン侵攻が驚くほど順調に進んできたことに感謝することになっていた。

ラムズフェルドは、祝辞を述べたり、パワーポイントを使ったプレゼンテーションを聞いたりして午前中を過ごしたのち、フォート・ブラッグとポープ空軍基地をまたぐ形で築かれた、壁に囲まれた敷地に車で案内された。そこは陸軍デルタフォースの隊員を中心としつつ海軍特殊戦開発グループ、通称シール・チーム6も加えて構成された秘密組織、統合特殊作戦コマンド（JSOC）の拠点だった。JSOCは、より大きなアメリカ特殊作戦軍傘下の小さな作戦部隊であり、ペンタゴンはそのような集団が存在することさえも、当時は認めていなかった。

JSOCは、わざわざ足を運んでくれた国防長官を歓迎するためにショーを実演した。特殊部隊が人知れずさまざまな国に潜入できることを示すために、数人の兵士が飛行機からパラシュート降下し、ラムズフェルドの目の前に着地した。そのうちのひとりはスーツ姿でブリーフケースを持っており、パラシュートを外すとウィングチップの靴で着地ゾーンから歩み去った。ラムズフェルドは「シュートハウス」と呼ばれる屋内訓練施設にも案内され、人質救出作戦の演習を見学した。JSOCの隊員は、人質を傷つけることなく犯人を全員殺害する場面を演じた。ラムズフェルドはたちまち陥落した(3)。

特殊作戦部隊はその頃には、見学に訪れた高官たちの心をつかむ術を心得ていた。何年も前の一九八六年には、ディック・チェイニー下院議員がフォート・ブラッグを訪れ、デルタフォースの司令官たちと一日がかりで打ち合わせをし、デルタフォースがどのようにデータベースを活用し、テロの脅威に関する情報を探り出すのかを学んでいた。いまではよくあるニュースやドキュメントのデータベースだが、当時は最新の技術だったレクシスネクシスについて、簡単な説明を受けたときのことである。チェイニーは軍の担当者に、データベースでチェイニーの名を検索してみてくれないかと頼んだ。結果の冒頭に現れたのは、チェイニーが支持し、下院に提出された法案に関する記事で、ある下院議員が前日に、その案に反対票を投じると述べたという内容だった。

チェイニーは激怒した。担当者にその議員を探し出すよう指示したのち、作戦センター内で本人に電話をかけて怒鳴り散らした。「私たちは外に出されましたよ」と当時JSOCのインテリジェンス担当官の責任者だったトマス・オコンネルは言う(4)。特定個人の情報収集におけるデータベースの威力を見たとき、チェイニーは「別人」のようになったそうだ。それ以降、「チェイニーは特殊部隊の起用に抵抗を感じなくなりました」とオコンネルは言う。

それから一七年後、チェイニーのかつての師であるドナルド・ラムズフェルドもまた、同じようにフォート・ブラッグを見学に訪れ、自分は未来を垣間見ているのだと思った。ラムズフェルドの案内役を務めたロバート・アンドルーズは、九・一一同時多発テロ以降の数週間はほぼつねにラムズフェルドに付き添っていた。アンドルーズはペンタゴンで特殊作戦を担当する文官のトップであり、ダンテの『神曲』〈地獄篇〉に登場するウェルギリウスのように、ラムズフェルドを暗黒の世界へと導いてきた。フォード政権時代にラムズフェルドが国防長官として初めて訪れたときと比べると、その世界は劇的に広がっていた。

ラムズフェルドは、アンドルーズ以上に経験を積んだ案内役を見つけることはできなかっただろう。アンドルーズはのどかなサウスカロライナ州スパルタンバーグの出身で、一九六〇年にフロリダ大学で化学工学の学位を取得した。そして二年だけのつもりで、予備役将校訓練部隊として陸軍に入隊した。ところが一九六三年にはグリーンベレーに入隊し、その後五〇年を費やすことになる特殊作戦やインテリジェンスの世界にどっぷりつかりはじめた。翌年、アンドルーズは特殊部隊の青年大佐としてベトナムへ出征し、秘密準軍事ユニットの一員として、二度の派遣のうちの一回目に参加した。このユニットは、破壊工作や暗殺、プロパガンダなどを駆使して北ベトナムに秘密戦争をしかけた。ユニットの正式名称は堅苦しく、南ベトナム軍事支援米軍司令部―研究／観察グループ（MACV-SOG）と呼ばれ、OSS時代を含め、アメリカでもっとも大規模かつ複雑な秘密作戦を展開した。(5)

アンドルーズはベトナムから帰還すると、『*The Village War*（村の戦争）』という本を執筆した。共産主義者たちが一九六〇年代前半に南ベトナムの村々に広範なインテリジェンス網を築き、戦時中それを駆使して、南ベトナム軍やアメリカ軍に戦術面で勝っていたことを論じた本だ。同書はほぼ、捕虜になった北ベトナム軍やベトコンの兵士や、北ベトナムからの逃亡者に対する尋問の報告書だけをもとにしていた。この本はCIA内部で広く読まれ、一九七五年にサイゴンが北ベトナム軍の手に落ちてすぐ、アンドルーズはCIA本部から、ベトナムについて極秘に分析するチームの責任者を務めてほしいと依頼された。

「要するに、インテリジェンスの失敗を研究していました」とアンドルーズは振り返る。アメリカのベトナムにおける問題は、個別の軍事作戦の失敗と同じくらい、ベトナム人の文化や心理をまったく理解しなかったことに起因していたと気づいたのである。彼はCIAに五年勤めたのち、防衛産業に転職し、その後はスパイ小説やミステリーなどを次々と発表した。『*The Towers*（ザ・タワーズ）』という本は、アメリカ国内でのテロ攻撃計画を元CIA工作員が必死に食い止めるという内容だ。表紙を飾ったのは、世界貿易センタービルの写真だった。

二〇〇一年、ふたたびペンタゴンに戻ったとき、アンドルーズは六四歳になっていた。同年九月二五日、アメリカ特殊作戦軍（SOCOM）の司令官、チャールズ・ホランド空軍大将がアルカイダとの戦い方について軍として初めてブリーフィングを行なったときには、ラムズフェルドの隣に座っていた。(6) ラムズフェルドは、アフガニスタン国内にあるアルカイダの拠点への攻撃だけでなく、世界規模の軍事作戦計画を作成するようホランドに命じてあった。だから会議用のテーブルに側近を集めたときには、軍事作戦は可能だという話を聞けるものと期待していた。

ブリーフィングの出だしは順調で、ホランドは地図を広げ、アフガニスタン、パキスタン、ソマリア、イエメン、モーリタニア、さらには中南米の一部に印をつけていった。軍は、このどこかにウサマ・ビンラディンの手下が潜伏していると信じていた。ラムズフェルドは勢い込んで、ホランドの言葉をさえぎった。

「どのくらい早い時期にこれらの国で軍事行動を始められるか？」

ホランドは質問の内容を吟味した。そして間をおいたのち、短気な国防長官がそれだけは聞きたくないと思っていた発言をする。

「それはむずかしいでしょう。軍事行動を起こせるインテリジェンスがないのですから」とホランドは答えた。

もうひとつ別の問題もあった。SOCOM自体、その種の戦争の準備ができていなかったことである。あるいは、どんな戦争であっても、かもしれない。SOCOMの任務は、特殊作戦部隊を訓練し、戦闘準備を整えさせ、中東や太平洋などにあるペンタゴンの地域軍本部に送り出すことだけである。一方、地域軍の司令官たちはみずからの管轄地域を警戒心もあらわに守り、SOCOMがそのなかで独自の任務を果たせる見込みはないと考えていた。

ラムズフェルドがホランドに、これなら納得のいく答えが得られるだろうと期待していたもうひとつの質問をしたとき、雰囲気はさらに険悪になった。特殊作戦部隊はいつアフガニスタン入りし、戦争を始められるか、と尋ねたのだ。

「CIAの許可が下りてからです」とホランドは答えた。

ロバート・アンドルーズはラムズフェルドのほうを見た。アンドルーズに言わせると、ラムズフェルドは「いまにも激怒しそうな状態だった」そうだ。ラムズフェルドはものの数分のうちに、多額の予算を投入した軍の特殊作戦部隊がアルカイダに関するインテリジェンスをもっていないのみならず、ジョージ・テネットとCIAの許可がなければ戦場に向かうこともできないことを思い知らされたのである。

九・一一同時多発テロ後の数カ月、ラムズフェルドは何度もこうしたことにいら立ちを感じた。あまりに頻繁に似たようなことが起きるので、アメリカ中央軍司令官であり、アフガン戦争の責任者でもあるトミー・フランクス陸軍大将に、国防総省はCIAの何倍もの規模をもつにもかかわらず、軍は「まるで口を開けて餌を待つ、巣の中のひな鳥のようだ」と不満を漏らしたこともある。(7) アフガン戦争が始まって数日後、ラムズフェルドは統合参謀本部議長のリチャード・マイヤーズ空軍大将に辛辣(しんらつ)なメモを送った。「世界情勢に鑑みたとき、いまのような状況下で、国防総省がCIAにほぼ完全に頼らざるを得ないなどということが考えられるだろうか」

ラムズフェルドは昔からCIAに対して批判的だった。一九九八年に米国に対する弾道ミサイルの脅威に関する独立評価委員会の議長を務めたときは、イランや北朝鮮のミサイル開発能力に関するCIAの判断を手厳しく非難する書簡をテネットに出した。ところがいま、新しい戦争が始まってみると、許可を得ずにいつでもどこへでも工作員を送り込めるCIAをうらやんでいることに、ラムズフェルドは気づいた。「戦いたい戦争があるのに必要なインテリジェンスがないことに気づいたことが、戦争の方法を変えるきっかけだったと言えるでしょう」と、九・一一同時多発テロ後の一年のあいだにラムズフェルドが下した決断について、アンドルーズは語っている。

唯一の解決策は、ペンタゴンをもっとCIAのような存在にすることだと、ラムズフェルドは結論づけたのである。

ISAの悪評

ドナルド・ラムズフェルドの懸念は、とくに目新しいものではなかった。ペンタゴンは一九八〇年にイランのカヴィール砂漠で大失敗を犯したのち、自前のスパイをもつべきだと判断していたからだ。

一九八〇年四月に実施された、テヘランのアメリカ大使館に囚われた人質五二人を救出する作戦は、当初から不運に見舞われた。作戦に使用した八機のヘリコプターのうち三機が遠方の仮設滑走路に向かう途中で故障。さらに一機が集結地で不時着した。しかも、司令官が作戦中止命令を出した直後に、別の一機が砂嵐にあおられて軍の輸送機と激突。機体の爆発により兵士八人が死亡し、炎が砂漠の空を明るく照らし出した。

しかし、軍にしてみれば、このイーグルクロー作戦が失敗した理由は、見通しの甘さや計画のまずさ、作戦を遂行できなかったことなどの悲劇が重なったせいだけではない。砂漠での爆発事故により目の前で友人を失った特殊部隊員のあいだには、任務で予想される問題点についての戦術的な情報をCIAが提供しなかったせいでもある、という思いが残った。

悲劇的な結末を迎える前から、この作戦には任務に必要なインテリジェンスの収集方法をめぐるCIAと軍の対立がつきまとっていた。CIAにイラン革命のダイナミクスが理解できていないことは、すでに明らかだった。スタンズフィールド・ターナーCIA長官が国家安全保障会議の会合の席で嘆いたように、CIAはイラン国内にほとんど情報源をもっておらず、情報に関してはアメリカの新聞記事やイギリスのBBC放送に大幅に頼っていた。(8) 人質救出作戦を実行するデルタフォースの司令官は、作戦開始前にイランでのインテリジェンス収集を命じられたCIA担当官を信頼できなかったため、元グリーンベレー隊員のリチャード・メドーズをイランに潜入させ、人質が囚われている大使館の敷地を監視させた。メドーズはアイルランドの偽造パスポートで移動し、ウェストヴァージニア州特有のなまりをアイルランドなまりでごまかし、ヨーロッパの自動車販売会社の重役「リチャード・キース」としてイランの入国審査を通過した。

もちろんアメリカ軍部隊は、救出作戦のためにテヘラン入りすることもできていない。しかし、特殊作戦の準備を整えようにも、国防総省には秘密任務のために自前のスパイを派遣する力がないことに、ペンタゴンの将軍たちは不満を抱いた。ペンタゴンの統合参謀本部の将軍のひとりは、一九八〇年一二月にアメリカ国防情報局長に宛てたメモのなかで「深刻かつ恒常的な情報不足」を訴え、「信頼できる現地情報収集者」集団が必要だと記した。(9) ペンタゴンが二度目の救出作戦の計画を立案するなか、統合参謀本部はそうした集団の創設に奔走した。この集団はフィールド・オペレーションズ・グループと名づけられた。

だがフィールド・オペレーションズ・グループはFOG（「霧」）という残念な略称をつけられ、ほとんど活動もしなかった。一九八一年一月、レーガン大統領の就任式当日に大使館の人質が解放されたため、救出を試みる必要がなくなったからである。ところがFOGが解散したあとも、エドワード・メイヤー陸軍参謀総長はペンタゴンには自前の精鋭スパイを常備する必要があると考え、ペンタゴンで開かれたある会議で語気を荒らげた。「何が起きているかもわからず、入国もできないというような、イラン人質事件と同じ状況を繰り返すわけにはいかない」[10] こうして軍の情報支援活動部隊（ISA）が生まれたのである。

一九八〇年代前半に立ち上げられた一連のプログラムは、ペンタゴンが初めて参入した人的情報収集業務ではない。とはいえ、スパイ活動に参入しようという過去の試みは、どれも中止に追い込まれていた。それは陸軍や海軍の上層部が、兵士はスパイになるべきではないと考え、抵抗したせいでもある。[11] しかし、イーグルクロー作戦の大失敗は、ペンタゴンのスパイ要員の増強を図る人々、とりわけメイヤー陸軍大将にとっては追い風になった。情報活動支援部隊はおよそ五〇人の陣容でペンタゴン内部にオフィスを構えたが、いずれはその規模を五倍に拡大しようという野望を抱いていた。部隊の紋章には、失敗に終わったイランでの救出作戦を象徴するさまざまなシンボルがあしらわれ、「私を遣わせてください」という一文も添えられた。イザヤ書の一節「また、私は『だれを遣わすべきか。だれが私たちのために行ってくれるのか』という主の声を聞いた。[12] そこで私は『私がおります！　私を遣わせてください』と言った」からの引用である。

一九八一年に設立されたとき、ISAには巨額の裏の予算がつき、不遜で血の気の多い陸軍大佐が司令官になったうえ、統合参謀本部に知らせずに秘密のスパイ作戦を行なう許可まで下りた。これだけ完璧な材料がそろえば、毒にもなりうる。秘密作戦の世界には好戦的なA型パーソナリティの人間が集まるうえに、隠密部隊に資金が無制限に流れ込み、任務も曖昧となれば、いきおい法的な限界も広がる。ジェリー・キング大佐が率いたISAも例外ではなかった。

ISAの活動開始とほぼ同じ時期から、キングは記録に残さない作戦を世界各地でいくつも立ち上げた。間違いなくいちばん派手なものは、ラオスで囚われている疑いがあるアメリカ人戦争捕虜の救出任務を民間で検討していた退役したグリーンベレー隊員に、資金と装備を送った作戦である。この隊員ジェイムズ・〝ボー〟・グリッツは、何年も前から東南アジア各地を訪ね歩き、戦争捕虜に関する情報を集めていた。旅の資金の出資者はテキサス州出身の富豪、H・ロス・ペローである。ISAが設立されて間もない一九八一年前半、グリッツはラオス中央部の収容所に数十人の戦争捕虜が囚われているという確証を得たと思った。それは、数年前に撮影された収容所の衛星写真から得た情報で、写真にはBと52という文字が写っているように見えた——上空から見るであろうだれかに向かって捕虜たちが発した合図の可能性があった⒀。

グリッツは救出作戦を計画し、ヴェルヴェット・ハンマーというコードネームまでつけた。二五人の退役した特殊部隊員を集めてチームを結成し、フロリダのキャンプで訓練する一方で、別のグループをタイに送り込み、ラオスへ潜入するための下準備をさせた[14]。この準備期間中、何人ものＩＳＡ職員がグリッツに接触し、支援を申し出た。数万ドル相当の撮影機材、無線機、バンコクまでの航空券、戦争捕虜収容所の情報をもたらした現地の情報源が嘘をついているかどうかを調べるための嘘発見機（ポリグラフ）まで提供された[15]。ＩＳＡは衛星写真やそのほかの秘密情報まで、グリッツのチームに与えている。

キング大佐はペンタゴンの高官に報告しないまま、グリッツの支援を始めた。それがのちに問題となった。キング大佐とは別に統合参謀本部も、ラオスのまったく同じ収容所を対象とした救出作戦をひそかに計画していたからだ。統合参謀本部の計画では、まずラオス人の傭兵を雇って偵察隊に仕立て、タイ国境からラオスに潜入させ、本当に現地に戦争捕虜がいるかどうかを確認させることになっていた。戦争捕虜が収容所にいるという証拠を偵察隊が見つけたら、イランでの人質救出作戦をモデルにした救出作戦をペンタゴンが立ち上げ、デルタフォースを収容所に派遣するのである。

グリッツがひそかにＩＳＡの支援を受けながら同様の救出作戦を進めていることを知ると、ペンタゴンとＣＩＡの高官たちは、ＩＳＡをたたむよう圧力をかけた。グリッツの勝手な行動は正式な救出作戦を危険にさらすうえ、キング大佐の行動は明らかに本分を逸脱していると考えたからだ。結局、ラオスの収容所で捕虜救出作戦が行なわれることはなく、そこに戦争捕虜がいるという確証も得られなかった。キャスパー・ワインバーガー国防長官はＩＳＡの全活動を調べるよう、ペンタゴンの監察総監に命じた。するとグリッツの一件以外にも、

ISAがパナマシティで秘密作戦を行ない、マヌエル・ノリエガ将軍を監視していたことがわかった。しかも彼らは、軍が世界各地で進める秘密活動の隠れ蓑として使う、フロント企業の広範なネットワークに紛れ込んでいたのである。[16] その企業ネットワークはイエロー・フルーツと呼ばれるプログラムの一部で、数年後に明るみに出るイラン・コントラ事件では秘密取引の支援もしていた。

ISAに関する監察総監の報告書は手厳しかった。ISAは大人の監督が行き届かない悪童集団のようなものだと断じ、不可解な浪費についてもくわしく取り上げていた。彼らは高級車のロールスロイス、熱気球、それに砂丘走行用のデューンバギーまで購入していたのだ。[17] 報告書を読んだワインバーガー国防長官とフランク・カールッチ国防副長官は愕然とした。カールッチは一九八二年五月に、その報告書は「極めて不快だった」と記したメモを残している。カールッチは、ペンタゴンに来る前はスタンズフィールド・ターナー海軍大将の下でCIA副長官を務めていたため、何年も監督なしで自由に秘密作戦を行なった結果、CIAがどれほどの打撃を受けたかを目にしてきていた。

「われわれは、七〇年代に得た教訓を生かすべきでした」と、カールッチは監察総監の報告についてて作成したメモでしたためている。[18] ところが「われわれはわけのわからない組織を作ってしまいました」そして、ハリエット・ビーチャー・ストウの著書『アンクル・トムの小屋』に登場するトプシーを引き合いに出した。トプシーは奴隷の少女で、生い立ちについては登場人物のだれも知らない。「われわれは独自のCIAを作ってしまったようです。しかしそれはトプシーのようにまとまりに欠け、制御できないものでした」

翌年、人質になるおそれがある医学生たちを救出するためにアメリカ軍部隊がグレナダ侵攻計画を練っていたとき、この任務の司令官はISAもキング大佐も信用できないとして、作戦にISAを加えるのを拒んだ。結局、一九八三年一〇月、アメリカ軍特殊部隊は医学生たちの居場所に関する情報をほとんどもたないまま、カリブ海に浮かぶグレナダ島のなかを手探りで進むしかなかった。「グレナダに関するインテリジェンスはお粗末だったよ」と、当時CIAの中南米部長だったデューイ・クラリッジは思い起こす[19]。「まさに暗闇のなかで行動していたようなものだった」

ISAにとってさらに悪いことに、CIAもまたISAの作戦を骨抜きにしようとしていた。CIAは、軍がインテリジェンス帝国を築くのではないかと不信感を抱いていたうえ、兵士が優れたスパイになれるなどとは考えたくもなかったのだ。これは、ペンタゴンに関してマクリーンに不安が広がっていたためでもある。CIAは一九四七年の設立以来、ペンタゴンの弟のように扱われ、ワシントンの予算争奪戦では、ペンタゴンのマンパワーや権力にとても太刀打ちできなかった。アメリカの大規模なインテリジェンスプログラムのほとんどは、CIA長官の管理下になかった。アメリカのスパイ活動予算の八割を占める偵察衛星や通信傍受基地の管理費はペンタゴンが醸出している。ラムズフェルドは、フォード政権下で初めて国防長官を務めたとき、CIAやホワイトハウスを相手に、ことあるごとに縄張り争いをし、これらのプログラムは国防総省の予算でまかなうのだから、管理するのも自分たちのはずだ、と主張した。

CIAがペンタゴンに勝てる分野がひとつだけあるとすれば、それはまさに人的スパイ活動である。ゆえにペンタゴンがISAのようなプログラムを創設したとき、CIA担当官の多くは、それをCIAの存続に関わる直接的な脅威とみなした。CIAの上層部は議会の情報委員会のメンバーに、ペンタゴンのスパイは素人ばかりで、海外にいるCIAの収集担当官の邪魔になる、と耳打ちした。秘密作戦は失敗し、現地の収集担当官は死ぬかもしれない、と告げたのである。

CIAがペンタゴンのスパイ活動を弱体化させようとしたことを知ると、当然のことながら軍の上層部はますますCIAへの信頼を失い、自前のスパイ作戦をさらに拡大しようと考えた。一九八三年に開かれたある会合の席上、ウィリアム・ケイシーCIA長官は「ザ・タンク」と呼ばれるペンタゴンの保全措置のとられた会議室で統合参謀本部の面々と会った。そのときメイヤー陸軍大将はいつものことながら、CIAは軍を助けるための活動を何ひとつしたことがないと不平を漏らした。ケイシーは、自分の前任者であるスタンズフィールド・ターナー海軍大将が軍人だったことを指摘して、彼をなだめようとした。ところがメイヤー陸軍大将はまるでとりあわなかった。「ケイシーさん、たしかにあなたの言うとおりです。ですがあのろくでなしはCIAに在籍中、何ひとつ軍のためになることをしなかったのですよ」(20)

新しい権力

監察総監の報告が出たあとも、カールッチがキング大佐のグループを解散させようとしたあとも、ISAは消滅しなかった。それどころかラムズフェルドはISAを土台にして、ペンタゴンのスパイ活動を劇的に広げようともくろんだ。二〇〇一年後半には、ISAはグレイ・フォックスというコードネームをもつ秘密の情報ユニットにまで発展し、パキスタン西部ではアサド・ムニールやパキスタンのスパイとともに活動を開始した。グレイ・フォックスはワシントン環状道路のすぐ外側にあるヴァージニア州フォート・ベルヴォアに拠点を置き、秘密裏に海外で活動する数百人の隊員から成っていた。彼らは到達困難な場所に盗聴装置をしかけることを専門とした。そして盗聴装置は国家安全保障局が世界各地に設けた巨大な通信傍受施設につなげることができた。

しかし二〇〇一年当時のグレイ・フォックスは、ほとんど話題にもならないほど小さな組織で、「ノーザンヴァージニアの隠密部隊」というあだ名もつけられていた。ラムズフェルドは、初めてグレイ・フォックスの司令官に会い、活動内容をくわしく聞いたとき、「諸君がやっている仕事を九・一一の前に聞いていたら、おそらく全員、刑務所に放り込んだだろう」と言ったそうだ。(21) だが当時のラムズフェルドはペンタゴンの不十分な人的スパイ能力を高め、うまく連携させようとしていた。そこでグレイ・フォックスの予算を増やし、グレイ・フォックスと統合特殊作戦コマンド（JSOC）との連携を強めるよう命じた。二〇〇一年一一月のフォート・ブラッグ訪問時にラムズフェルドに感銘を与えたあの隠密部隊である。

ラムズフェルドはあの日以来、JSOCこそが地球規模の戦争を遂行するために必要な隠密部隊であるとの見方をますます強めていた。

ところが二〇〇一年当時のJSOCには、ラムズフェルドの近衛兵として世界規模の戦いにあたる力はなかった。デルタフォースもネイビーシールズ〔主に対テロ作戦を遂行するアメリカ海軍の特殊部隊〕のチーム6もニッチな組織で、数百名の隊員しかおらず、二日以上かかる作戦に耐える力はなかった。デルタフォースは人質救出任務の訓練に特化しており、ネイビーシールズのチーム6は万一のときに備えたアメリカ国内の核施設の保全という任務の訓練を何年も重ねていた。どちらも数週間、数カ月かかるような広範な作戦を遂行するための訓練も受けていなければ、そのための装備もなかったのである。

「ラムズフェルドは、［JSOCが］どこにでも潜入でき、殺害するべきは殺害し、救うべきは救う能力があることを知りました。だから、この能力を使わない手はない、と考えたのです」とロバート・アンドルーズは語る。「ただ、長期的な戦闘活動向きではないことには、まだ気づいていませんでした」

それでも、ラムズフェルドはJSOCの独立性に魅力を感じた。縄張り争いに汲々とする四つ星将軍の管轄下にはないため、国防長官と大統領の要求を直接かなえる特殊部隊になりうる。まさにCIAの工作本部のような立場で、軍の頭の固い官僚のくびきから逃れることができるのだ。特殊部隊に予算を注ぎ込み、デルタフォースやネイビーシールズのチーム6の人員を増やし、海外に長期滞在できるだけの十分な装備を買い与えれば、実質的にどこへでも特殊部隊を派遣できるかもしれない。ラムズフェルドはそう考えたのである。

だが、これは法的に許されることだろうか？　ペンタゴンの活動は合衆国法典第一〇編で規定されており、議会は歴史的に、正式な戦闘地域外での軍の活動を規制しようとしてきた。戦闘地域外で活動するアメリカ兵がスパイとして拘束されて裁判にかけられ、通常のようにジュネーヴ条約による身柄の保護を受けられない可能性を案じたためでもある。これとは対照的に、大統領がCIA（合衆国法典第五〇編で規定される）に命じれば、CIAは世界のどこにでも担当官を送り込むことができる。[22] これらの法規のもとでは、CIA担当官が敵国でスパイ活動をしているところを拘束された場合、アメリカ政府は彼の活動について否認し、監獄で朽ち果てさせてもかまわないことになっているのだ。

一九八〇年代のイラン・コントラ事件ののち、議会は秘密作戦に対する規制をさらに強めようとした。一九九一年に制定された情報機関授権法は、すべての秘密作戦は秘密活動の必要性を説明した大統領事実認定により書面で授権すること、さらにホワイトハウスはCIAに事実認定を与えたのち、ただちに上下両院の情報委員会に報告すること、と定めている。それでも、一九九一年の法案には重大な抜け穴があった。軍が「伝統的な軍事活動」とみなす秘密作戦を行なう場合はその限りではないと、ペンタゴンにこの厄介な要求から逃れる方便を与えていたのである。

何をもって「伝統的な軍事活動」とみなすのかについての指針がこの法律でほとんど示されていないのは、ジョージ・H・W・ブッシュ政権とペンタゴンが、曖昧な文言にとどめるよう、うまく議会に根回しをしたせいでもある。結局、「伝統的な軍事活動」とは、「進行中」あるいは「懸念がある」敵対行為に関連する、軍の行動すべてと定義された[23]。言い換えれば、アメリカがその国で戦争中であること、あるいは将来的に戦争を行なう可能性があることを示せれば、ペンタゴンは世界中のどの国に部隊を派遣しても、それを正当化できるのである。

これらの難解な条項は、その後一〇年間ほとんど議論されることがなく、九・一一同時多発テロ後に初めて、議会はブッシュ大統領に世界中で戦争を遂行するための幅広い権限を与えた。軍事力行使権限承認（AUMF）の条項によれば、アメリカはアルカイダが活動している国と交戦するわけではなく、その国のなかで戦争を行なうものとみなされる。こうしてラムズフェルドは、世界中で戦争を行なうために求めつづけてきた許可を得た。

それでも、国防長官が新たに入手したこの権力を行使するまでには時間がかかった。二〇〇一年末にカブールが陥落してほどなく、ペンタゴンの高官たちがイラク侵攻計画に注力しはじめたからである。しかも、パキスタンのようなアルカイダの安息地を除き、どこに行けばアルカイダを狩り出すことができるのか、ペンタゴンはなかなか判断できなかった。対テロリズムの専門用語で言えば、テロリストは「見つけ、確定し、倒す」必要がある。だが、ラムズフェルドが数年後に認めたように、「われわれは倒す能力はあった。だが、相手を見つけ、確定することができなかったのだ[24]」。

つばぜり合い

二〇〇三年前半、ラムズフェルドと担当チームは自信たっぷりだった。イラク侵攻は当初、新しい戦法に対するラムズフェルドのビジョンを裏付けるかのように展開した。わずか一カ月の進軍でバグダッドまでたどり着き、しかもわりに小規模な軍でそれを実現したのだ――技術の発展と力よりスピードを優先する戦争計画を車の両輪にすれば二一世紀の戦争は勝てる、というラムズフェルドの哲学を立証したことになる。CIAのインテリジェンスに疑念を抱いたことも、イラク侵攻の前年に政策担当国防次官のダグラス・J・フェイスの監督下で自前のインテリジェンス部門をもとうと考えるきっかけとなった。彼らは生情報を精査し、サダム・フセインがイスラム系テロリストと結託していることを証明しようとしたのである。アメリカ軍がバグダッドに到着すると、ラムズフェルドの側近の多くは、フセインとウサマ・ビンラディンをつなぐ糸が見つかり、後付けであれ侵攻を正当化する証拠が挙がるのも時間の問題だ、と自分たちに言い聞かせた。結局、アメリカ軍はそのような証拠を見つけることができず、ラムズフェルドのインテリジェンス部門が出した結論は大いに信用を下げた。

しかし、サダム・フセインがいなくなり、ブッシュ政権の「体制転換」戦略の次の標的をシリアにすべきかどうかをめぐって政権が二分されると、ラムズフェルドは特殊部隊に地球規模の戦争を担当させる計画をおし進めた。ロバート・アンドルーズはすでにペンタゴンを去っており、後任にはトマス・オコンネルを据えた。オコンネルもベトナムで行なわれた準軍事戦争の古参兵であり、グレイ・フォックスの元司令官でもある。オコンネルは一九七〇年にフェニックス・プログラムの軍事顧問としてベトナムに赴任した。このプログラムはCIA主導の物議を醸した軍事行動で、ベトコンの指導者を拘束し、暗殺し、戦争の流れを変えることを目的としていた。彼は成人してからのほとんどを特殊部隊やインテリジェンス業界で過ごし、一九八六年にディック・チェイニー下院議員が特殊部隊を訪ねたときには、JSOCのインテリジェンス担当官の責任者を務めていた。

ラムズフェルドとの就任面接はことのほか順調に進んだ。ペンタゴンの権限や特殊作戦部隊の役割に関するオコンネルの意見が、ラムズフェルドの期待どおりだったことが大きい。「われわれが戦争を遂行中なのだとしたら、なぜ部下をCIAの配下に置かなければならないのだろうか？」ラムズフェルドは面接が始まるとすぐにオコンネルに尋ねた[25]。

「その必要はありません」とオコンネルは即答した。「あなたには、世界中の望むところどこへでもアメリカ軍を派遣する権限があります」

議会はペンタゴンに対し、地球規模の戦争を行ない、インテリジェンスを収集したり暗殺作戦を実行したりするだけの大きな権限を与えている、だからラムズフェルドはその権限を行使すべきだと、オコンネルは考えた。オコンネルからすると、いまの状況はベトナム戦争のときとよく似ていた。当時、ニクソン大統領は、カンボジアとラオスが敵の戦闘員の安息地になっていると信じ、両国に対して極秘の空爆作戦を始めたのだ。ただし、ラムズフェルドにはニクソンよりさらに大きな権限が与えられている点がちがうと、オコンネルは考えた。いまは、アルカイダの戦闘員が潜伏している可能性があればペンタゴンはどこへでも派兵してよいとされ、基本的には議会が味方をしているからである。

当時、ラムズフェルドはCIAとの縄張り争いを有利に進めるための一手も探しており、バラバラでしばしば無計画な軍のインテリジェンス活動を、ひとつの部門にまとめることにした。そして忠実な側近であり、頭はいいが怒りっぽいスティーヴン・カンボーンを初代インテリジェンス担当国防次官に任命し、ペンタゴンの全スパイ活動を監督する並外れた権限を与えた。ラムズフェルドはまた、自分や国防副長官が死亡したり、任務を遂行できなくなったりした際の文官内の代理人の順位も見直した。インテリジェンス担当の次官であるカンボーンの順位を次点にし、ラムズフェルドのオフィスのすぐ隣にオフィスを与えたのである。

ラムズフェルドは、カンボーンの副官としてウィリアム・〝ジェリー〟・ボイキン中将を任命した。ボイキンはデルタフォースの退役軍人で、大失敗に終わった一九八〇年のアメリカ人人質救出作戦のときは実際にイランの砂漠に行っていた。福音派のキリスト教徒で、信仰心を前面に押し出し、イスラム系過激派との戦いについて聖書の言葉を引用しながら語ることもあった。この戦いは〝サタン〟との戦いであるとたびたび言及し、一九九〇年代初頭にソマリアの軍閥の拘束作戦が成功することもわかっていた、なぜなら「［自分の］神が本物で、［ソマリア人の］神はただの偶像だ」とわかっていたからだ、と教会員に語ったこともある。

ボイキンは、軍の権限を法律上の限界まで押し広げることにも熱心だった。一九八〇年代に起きたベイルートでの人質危機以来、ペンタゴンの官僚が萎縮し、デルタフォースなどの部隊を活用したがらなくなったことをずっと不満に思っていたのだ。[26] ボイキンとの面接で、ラムズフェルドはオコンネルのときと同様、戦闘地域外に部隊を派遣するにあたり、国防長官の権限が制約されていることについてどう思うかと質問を浴びせた。ボイキンもオコンネルと同様の返答をした。あなたには権限があるのだから、それを使うべきです。軍の部隊をCIAの配下に置く必要はありません、と。[27]

二〇〇四年夏、新しい戦争に対応できる軍事帝国を築こうというラムズフェルドの目論見に追い風が吹いた。九・一一委員会が最終報告のなかで、CIAから準軍事機能をすべて剝奪し、秘密戦争の担当機関はペンタゴンだけにするべきだと提言したのである。委員会は、CIAにウサマ・ビンラディンを殺害する能力が欠けていることを厳しく非難し、CIAの秘密作戦は混乱していると考えた。委員会はさらに、CIAはインテリジェンス収集における外国の情報機関への依存度を減らし、分析方法を改善し、プロパガンダなど「非軍事」的な秘密作戦を行なうべきだ、とも述べた。秘密戦争やドローンによる攻撃はペンタゴンの業務だ、と委員会は考えたのである。「極秘裏に軍事作戦を実行し、極秘裏に空対地ミサイルを操作し、極秘裏に外国の軍や準軍事組織を訓練する機関をふたつ別々に築き上げる余裕は、アメリカにはない」二〇〇四年七月に発表された九・一一委員会の最終報告では、そう勧告された。

もちろん、これはまさにラムズフェルドの考えとまったく一致していた。最終報告が提出された数日後、ラムズフェルドは、このような勧告が出された理由を探るようトマス・オコンネルに命じた。オコンネルは、元海軍長官で九・一一委員会の委員でもあるジョン・リーマンに話を聞いたのち、準軍事作戦に対するCIAのアプローチが「混乱している」ことに委員会が気づいたからだ、とラムズフェルドに報告した。ラムズフェルドに宛てたメモに、オコンネルは次のように記した。リーマンによると、九・一一委員会はCIAが「リスクを回避したがる」こと、「好機が訪れても引き金を引くのをためらった」ことに衝撃を受けたという。最大の問題は、人間狩りや暗殺作戦を実行する能力があるのはペンタゴンであるにもかかわらず、その権限をもつのがCIAだったことだ、とリーマンはオコンネルに伝えていた。(28)

この勧告の実現性を調べる業務を、ラムズフェルドはカンボーンに任せた。カンボーンはやがて、CIAの活動はさらに削減されるべきかどうかという、より難解な問題に取り組んでゆく。二〇〇四年九月後半、カンボーンはラムズフェルドに宛てた報告書のなかで、いかなる秘密工作であってもCIAがそれを行なうことが賢明かどうかはわからないと記した。秘密工作は「前線部隊の司令官による作戦活動と変わらない」とみなされうるからである。要するに、ペンタゴンが秘密工作も引き継ぐべきなのかもしれない。問題は、CIAが秘密工作と分析の両方を担当しているために、個別の秘密工作の効果を評価するときに「バイアス」がかかる可能性があることだ、とカンボーンは指摘した。言い換えれば、CIAは自分の業績を自分で評価していたことになる。(29)

ペンタゴンは自己利益のためにこうした指摘をしたのだろうが、このことはさらに深刻な問題の核心に迫っていた。アルカイダを狙った標的殺害の実施を担当する組織は、その作戦がアルカイダの勢力に対してもたらした影響について公正な評価を下すことができるだろうか？ のちにCIAがパキスタンでドローンを使った戦争を拡大させたとき、オバマ政権の当局者がこの問いに直面することになる。

最終的にラムズフェルドとポーター・ゴスCIA長官はブッシュ大統領に対し、ペンタゴンがCIAから秘密の軍事作戦を取り上げる必要はないと助言した。たとえCIAが並行して同じ任務にあたっていても、「伝統的な軍事活動」という旗印さえあれば自分はやりたいことができる、とラムズフェルドは確信していた。ゴスもまたCIAの縄張りを守るためにひそかにロビー活動を展開し、九・一一委員会の勧告を真に受けないようホワイトハウス当局を説得した。これはペンタゴンとCIAが一時的に合意に達した瞬間にすぎず、両者の縄張り争いに終止符が打たれたわけではなかった。

JSOC隊員の小チームは、すでに二〇〇四年には世界各地に展開し、南米やアフリカ、アジア、中東地域でスパイ任務を開始していた。あるチームはフランスに行き、現地のイスラム系武装組織のインテリジェンス収集を試みた。パラグアイでは、酒場での乱闘の最中にラムズフェルドのスパイが銃を発砲したために、大急ぎで出国しなければならなかったチームもある。プログラムを監督した元ペンタゴン当局者のひとりは、「彼らはジェイムズ・ボンド気取りで世界を駆けまわりましたが、あまりうまくいきませんでした」と言った。

軍事連絡班という素っ気ない名前をつけられたチームは、アメリカ大使館内に派遣された。

それ以外のチームはひそかに外国に潜入し、アメリカ大使にも現地のCIA支局長にも何も告げないまま、スパイ任務を始めた。いまや世界中が戦闘地域なのだから、特殊作戦チームは文民の大使ではなく、軍の司令官に報告すればよいのだと、ペンタゴンの当局者は考えたのである。

ある日の午後、ヨルダン駐在のアメリカ大使、エドワード・W・ネームがオフィスの自席に座っていると、駐在武官がやってきて机の上にメモを置いた。ペンタゴンからその武官に直接送られたメッセージで、武官のみが読むよう指定してあった。(30) そこには、軍のインテリジェンスチームがじきにヨルダンに到着する、そのチームはヨルダンの体制の安定性について情報を集める予定だ、と書かれていた。さらに、ヨルダンにおけるペンタゴンの活動は大使やCIA支局長には絶対に知らせないように、とも。

大使のオフィスに来た駐在武官は、もちろんこの指示を無視していた。打ち合わせのあと、ネームが急いでCIA支局長にこの話を伝えると、CIA支局長は「かんかんになった」と、ネームはそのときのようすを思い返した。

第5章　怒れる鳥

「これは政治的な戦争であり、敵の殺害にも区別が必要になる。殺害に最適な武器はナイフだろうが、それを使うわけにもいかないだろう。最悪なのは飛行機である」

――ベトナム戦争に従軍したアメリカ軍士官、ジョン・ポール・ヴァン中佐

初の標的殺害

CIAのテロ対策センターの作戦室に集まった担当官たちは、シバの女王の生誕地とされるイエメンのマリブ県にある砂漠道をトヨタのランドクルーザーががたがたと走っている映像を見ていた。汚れた四輪駆動車に男が六人も押し込まれているのだから、乗り心地は悪いはずだ。しかし、二〇〇二年一一月のその日、そのトラックにイエメンの警官や軍人がこれといって不審に思う点はなかったろう。ところがトラックの後部座席では、イエメンの最重要指名手配者であるカイド・サリム・シナン・ハレシの携帯電話が持ち主を裏切り、居場所

を発信していたのである。上空には、CIAの武装したプレデターが飛んでいた。アメリカは、ハレシを二〇〇〇年に起きた米ミサイル駆逐艦コール襲撃事件の首謀者のひとりとみなしていた。アデン湾での給油中に起きたこの事件では、一七名の水兵が死亡している。この攻撃により、ハレシはブッシュ政権が作成したアルカイダ工作員暗殺対象者リストの最上位に浮上していた。二〇〇二年春にアメリカ軍特殊作戦部隊の一チームがイエメンに降り立ったとき、彼らの最優先任務はハレシを狩り出すことだった。しかし、ハレシは一九八〇年代のアフガン戦争を生き延びたムジャヒディンの古参兵である。アラブ首長国連邦の秘密警察や、イエメンのアリ・アブドゥラ・サレハ大統領の忠実な突撃隊から一〇年も逃げまわっているうちに、ソ連との戦いでは身につかなかった生き残り術を磨いてきた。二〇〇〇年、ウサマ・ビンラディンはハレシをイエメンに潜入させ、コール襲撃計画の立案とアルカイダ訓練キャンプの開設を命じた。ハレシは、一度ならずイエメン軍に包囲される寸前で逃げおおせ、サレハ大統領の面目をつぶしている。

狡猾なサレハは、新しい戦争でアメリカを支持すれば経済的に有利になることにすぐに気づいたものの、イエメン流のやり方で物事を進めるようブッシュ政権に訴えた。サレハは部族間の血なまぐさい確執やシーア派分離主義者との対立をくぐり抜けながら、一九七〇年代以降実権を掌握しており、アメリカからなんの見返りも得られないままに、自国内で秘密戦争を始めることを認めるつもりはなかったのである。九・一一同時多発テロの二カ月後、サレハはワシントンを訪問し、ブッシュ大統領、ラムズフェルド国防長官、ジョージ・テネットCIA長官と会談を行ない、四億ドルの資金援助をなんとか引き出した。サレハは少数のアメリカ軍特殊作戦部隊がイエメンに来ることは気前よく認めたが、武器の使用は自衛目的のみにとどめるよう強く訴えた。(1)ペンタゴンはサレハには告げずに、特殊部隊に加えて通信傍受を専門とする陸軍の情報ユニット、グレイ・フォックスの隊員も派遣した。

ところがプレデターとなると、サレハを釣るのは簡単だった。

二〇〇二年春、アメリカのエドマンド・ハル大使はイエメンでドローンを飛ばす許可を得ようと、サレハ大統領に面会を申し込んだ。その頃にはハルはサレハの気まぐれな気性をよく心得ており、CIAの件では何を前面に押し出せば交渉を有利に進められるかもわかっていた。数日前にマクリーンから到着したCIA担当官たちは、ドローンの仕組みをアニメーションで紹介した動画をラップトップコンピュータに入れてきていた。その動画にはヘルファイア・ミサイルが車両やモルタルの建物に命中するシーンも含まれていた。サレハは映像を見ながら笑みをこぼした。CIAがアフガニスタン以外の地で初めてプレデターを使おうとしているのがイエメンであることが、誇らしいようだった。(2)

けれども、アメリカ人チームはまずハレシを見つけなければならなかった。彼は五つの携帯電話を使い分け、監視の目を逃れていた。グレイ・フォックスもそのうちのいくつかは特定していたものの、ハレシは用心深く、なかなか携帯電話を使わない。(3)ところが一一月四日、初めてこの大物が監視網に引っかかったのである。(4)

ランドクルーザーの後部座席にある携帯電話が上空に向かって信号を発すると、グレイ・

フォックスの隊員が、メリーランド州フォート・ミードにある国家安全保障局の雑然とした本部に詰める分析担当官に緊急メッセージを送った。それとは別に、CIAは紅海をはさんでイエメンの対岸にあるジブチのドローン基地から、武装したプレデターを送り込んだ。プレデターがランドクルーザーの真上に到着すると、フォート・ミードにいる分析担当官の耳に、携帯電話を通してハレシの声が飛び込んできた。ランドクルーザーの運転手に大声で行く先を指示している。ハレシが車内にいることを確認できたので、CIAはトラックにミサイルを撃ち込む許可を得たことになる。(5) プレデターからミサイルが発射され、トラックを撃破し、車内の人間を皆殺しにした。カイド・サリム・シナン・ハレシは、トラックの残骸のなかでかろうじて身元を特定できた。特徴的なあざがついた脚が、胴体からちぎれた状態で見つかったのである。(6)

サレハ政権は早々に作り話を発表した。この車はガソリン缶を運んでおり、それが引火して爆発につながったのだと。しかしテロ対策センターでは、この殺害の瞬間の重要性が損なわれることはなかった。正式な戦闘地域外でCIAが標的を殺害したのは、九・一一同時多発テロ以降、初めてのことだった。収集担当官たちは二〇〇一年九月にブッシュ大統領からCIAに与えられた幅広い権限を活用し、ハレシの動向に関する情報を組織的に集めたうえで、彼が乗ったトラックを対戦車ミサイルで平然と爆破したのである。

ビンラディン捕捉

　この頃になると、ＣＩＡが暗殺ドローンを本心から欲したことは一度もなかったという事実を、内部の人間の多くが忘れていた。ドローンは精度の低い単純な殺人道具だと思われており、庁内の多くの者は、ＣＩＡがとうの昔に暗殺から足を洗ったことを喜んでいたのである。イエメンでの攻撃が行なわれる一年と少し前、テロリストの殺害におけるドローン使用の道徳的な是非をめぐり、庁内で激しい議論が交わされていた。長年ＣＩＡで分析担当官を務め、熱心なプレデター推進派でもあったチャールズ・Ｅ・アレンは、その間ずっと「大もめでした」と当時を振り返ることになる。[7]

　一九九〇年代後半になると、チャーチ委員会の警告やフォード大統領の暗殺禁止令が出されたのちにＣＩＡに入庁したロス・ニューランド世代が、本部の上層に昇進してきていた。ポスト・チャーチ世代が実権をもつと、ＣＩＡが世界各地で展開する秘密活動の種類の選択に直接的な影響が現れた。彼らがかつてのような戦争行為を繰り返すことを嫌悪したため、準軍事部門は放置され、すたれるに任されていた。ウサマ・ビンラディンの殺害を正当化できるかどうかについてさえ、ＣＩＡ内部で意見が分かれたほどだ。テロ対策センターの元センター長のひとりはのちに九・一一委員会で、九・一一同時多発テロ以前であればビンラディン殺害をみずから指示するのは拒んだだろう、と述べている。[8]

「ＣＩＡは全体として、『秘密工作は実行したくない。実行するとしても、きれいにやりたい。暗殺には関わりたくない。俺たちはそういう人間ではない。モサドとはちがう』と考えていました」と、ホワイトハウスの対テロ最高責任者としてクリントン政権とブッシュ政権を支えたリチャード・クラークは言った。

二〇〇〇年、ニューランドは現場での秘密工作を離れ、ペンタゴンとCIAをつなぐ連絡役として本部の上級管理職についた。その頃には、ビンラディンはいつどこへでも好きに攻撃をしかけられることを繰り返し見せつけていた。一九九八年にはケニアとタンザニアでアメリカ大使館爆破事件を起こし、その二年後にはイエメンでミサイル駆逐艦コールに攻撃をしかけたのである。アルカイダの指導者がいつどこにいるかを突き止め、本人が別の場所に移るまでに殺害する方法となると、クリントン政権にはほとんど策がなかった。

ホワイトハウスのシチュエーションルームでは、ビンラディンについての議論だったはずが、いつの間にか殺害方法の選択によっては一九七六年の暗殺禁止令に違反することにならないか、という抽象的な話に移行していた。クラークの記憶によれば、ある会合では国家安全保障問題担当大統領補佐官のサンディ・バーガーが議論の内容に激昂し、出席者全員を怒鳴りつけたことがあるという。「『つまりあんたたちは、ビル・クリントンがトマホーク・ミサイルでビンラディンを殺害するのはまったくかまわないが、7・62ミリ口径の小銃で眉間を撃ち抜くのは悪いというんだな？　やつをトマホークで殺すのと、M16で殺すのとで何がちがうのか、だれか教えてくれないか？』と言ったんです。

バーガーは心臓発作を起こしそうでしたよ」とクラークは言った。「びっしょり汗をかき、顔を真っ赤にして怒鳴り散らしていました」

クリントン大統領は、選択肢がないことがおもしろくなかった。そして統合参謀本部議長のヒュー・シェルトン陸軍大将にこう話した。「アルカイダのキャンプのど真ん中に、黒装束の忍者の一群がいきなりヘリコプターから懸垂下降したら、やつらはさぞ肝をつぶすだろうな」[9]

ペンタゴンは忍者を使えないので、アフガニスタンまで短時間でトマホーク巡航ミサイルを撃ち込める潜水艦二隻をアラビア海に停泊させる方法に同意するしかなかった。しかし、ビンラディンの居場所に関する最新情報がなければ潜水艦は役に立たない。海軍の司令官たちは潜水艦をほかに移せと訴えはじめていた。

CIAは、アメリカ側の情報源をタリバン内にひとり確保していたが、彼の情報はたいてい二四時間遅れていたため、その程度の精度では、ホワイトハウスはアフガニスタンへのミサイル発射を許可しなかった。[10] アイデアが尽きた収集担当官たちは、国防総省の契約職員に相談し、飛行船か熱気球を作って高度一〇〇〇メートルの上空からアフガニスタンを空撮できないかを検討した。しかし、ヒンドゥークシュ山脈からの強風により、飛行船が数百キロ離れた中国の、たとえば核施設上空にまで流された場合に外交問題に発展することを考え、その案は破棄された。

クラークは、CIAのジョージ・テネット長官やジェイムズ・パヴィット工作担当次長とは冷え切った関係にあったので、このふたりを避けて新しいアイデアを探すことにした。そして勤続四〇年で、当時は六〇代半ばになっていたCIA分析担当官のチャールズ・E・アレンに相談した。頭がよく、因習をきらい、頑固でもあるアレンは、CIAの過去の争いでキャリアに傷を負っていた。イラン・コントラ事件で軽い打撃を受けていたのである。しかし、一九九〇年に、イラクのサダム・フセインがクウェートに侵攻するであろうことを彼だけが予測できたため、CIA分析担当官のあいだでは伝説的な人物として尊敬されてもいた。クラークは、アフガニスタンを偵察する方法を独自に調査してほしい、とアレンに頼んだ。(11)

アレンは国防総省に出向き、統合参謀本部の職員にいい案はないか相談してみた。議論するうちに、巨大望遠鏡を山頂に据え、ジャララバード近郊のデルンタにあり、化学兵器の実験が行なわれていたアルカイダの訓練キャンプを監視するという途方もないアイデアまで飛び出した。しかし、より現実的な案も出た。空軍が砂漠でさまざまな秘密テストをしてきたことを、アレンは教えられた。ドローンを使えばCIAはビンラディンの居場所を突き止められるかもしれない、とペンタゴン当局者が言ったのだ。

電子情報収集という実験的な分野で働く軍事エンジニアや情報分析官たちの小さく風変わりなコミュニティのなかでは、MQ-1プレデターは二〇〇〇年にはよく知られていた。プレデターは、すでにバルカン紛争で偵察用ツールとしてある程度の成功を収め、セルビア軍部隊の集結地を突き止めたり、ボスニアに潜むセルビア人指導者たちを狩り出したりしていた。当時、ドローンのパイロットは、トラック二台分の毛布と引き換えにCIAがアルバニア政府から借りた格納庫内で、機体を操縦した。ドローンからの映像はR・ジェイムズ・ウルジー・ジュニアCIA長官のオフィスに送られ、ウルジーはEメールのリンクを通じて直接パイロットと交信した。(12) ウルジーはチャーリー・ウィルソン下院議員にかけあい、このプロジェクトに多少の秘密予算を融通してもらった。テキサス州選出の大酒飲みのウィルソンは、一九八〇年代にも似たようなからくりを使い、CIAがアフガニスタンで戦争を行なうための予算をひねり出している(13)。

バルカン半島は山がちな地形のため、「目視線経路」――パイロットが機体に直接信号を送ってドローンを操縦する――を使ってドローンを飛ばすことができない。そのため軍は一九九〇年代に技術を大幅に改良し、宇宙空間を高速で移動する衛星に信号を反射させることで、プレデターを操作できるようにした。ところが、プレデターには武器を搭載できなかった。ひょろ長い虫のような形であり、空飛ぶ芝刈り機と呼びたくなるほどエンジン音もうるさい。しかも多くの航空機とちがい、水平安定板が下向きについているため、大手商業雑誌が初めてプレデターを紹介したときには写真が上下逆になっていたほどだ(14)。それでも、パイロット文化に染まった空軍の隊員の一部は無人システムに可能性を見出し、プレデターを売り込みはじめた。

アレンは、プレデター案をたずさえてホワイトハウスのリチャード・クラークのもとへ戻った。ふたりはテネットもパヴィットもこの案に反対するだろうと考え、プレデターをアフガニスタンへ送る段取りがつくまで、テネットたちには話さないでおこうと決めた。クラークは、テネットに黙ってホワイトハウスで会議を開き、チャーリー・アレン、テロ対策センター長のコーファー・ブラック、リチャード・ブリーといったCIA内のプレデター推進派だけを招いた。ブリーは、アレック支局というコードネームをもつビンラディン捜索ユニットの支局長である。

ブリーは、アフリカのCIA支局を渡り歩いてきた古参の収集担当官であり、一九九九年にアレック支局長になると、すぐにアフガニスタンのパンジシール渓谷にチームを率いて赴き、北部同盟の指導者アフマド・シャー・マスードとの関係再構築に努めた。マスードはその後、九・一一同時多発テロのわずか二日前にアルカイダに殺害される(15)。ブリーは頭がよく、熱意もあったが、きげんの悪さをあらわにすることがあったため、同僚の一部からは近づきにくいとも思われていた。長じてCIAの悪童になったブリーの父親は、CIAの元ソ連部長デイヴィッド・ブリーであり、かつて対ソ秘密工作の方向性をめぐり、防諜部門の伝説的なトップであるジェイムズ・アングルトンと渡り合ったことがある(16)。最終的にデイヴィッドに軍配が上がり、一九七〇年代にはKGB内部のかなりの上層部に、十数人のモグラを潜入させることに成功した。今度はその息子が、まったく趣の異なるCIAによる戦いの前線に立っていたのである。

二〇〇〇年の戦没者追悼記念日に連なる五月最後の週末、クリントン政権の国家安全保障問題担当大統領補佐官であるサンディ・バーガーは、CIAがいつまでもプレデター問題を抱え込んでいることに業を煮やし、ドローン飛行についての結論を出すようせっついた。CIA副長官のジョン・ゴードン空軍大将はマクリーンで緊急会議を開いたものの、会議はあっという間に怒鳴り合いの場に転じた。そのときまでにはパヴィットもプレデター案を知らされており、CIAがアフガニスタン上空で監視飛行をすることには反対の意を表明した。

そして「ドローンの基地はどこにするのか？」と問いただした。「ドローンが撃墜されたらどうするのか？」とも。このときの会議に出席したある人物は、「まさに修羅場でした」と述べた。CIAは自前の空軍をもつべきではない、とパヴィットは言明したのである。

会議が終わると、アレンはクラークに電話をかけ、パヴィットが反対したことを報告した。クラークは、パヴィットの懸念には意味がなく、この計画はほとんどリスクがない、と思った。「まあ、プレデターが撃墜されたら、パイロットはうちに帰って奥さんとよろしくやればいい。それでかまわないんだ。戦争捕虜なんて問題は出てこないんだから」とクラークはアレンに語ったと言う⒄。

数日後にプレデター問題の報告を受けたテネットも、プレデター導入には懐疑的だった。しかも、ウズベキスタンの実力者であるイスラム・カリモフ大統領に対して、アフガニスタンとの国境付近にある旧ソ連時代の空軍基地にプレデターを置かせてくれと頼むのはおもしろくなかった。当時、CIAが世界のどこかに軍のような基地をもつなどという考えは正気の沙汰ではなく、CIAの秘密工作予算の無駄遣いとしか思えなかったのだ。

ところが六月にはクラークが論争を制し、ホワイトハウスはプレデターをウズベキスタンのカルシ・ハナバード空軍基地に移送する許可を出した。しかし、CIA担当官には別の問題もあった。ドローン飛行に必要な衛星通信の周波数帯をいかにして十分に確保するかという問題である。空軍のエンジニアはすでに、衛星を使って信号を反射させ、ドイツにある地上基地経由で信号を中継することにより、数千キロ離れた土地からプレデターを飛ばす方法を編み出していた。CIA担当官は、マクリーンに置いた改造トレーラーに送られてくるビデオストリームを見て、プレデターの飛行を監視した。しかし、CIAは民間の衛星会社から周波数帯を借りなければならず、これが予想以上に難航した。二〇〇〇年夏に行なわれるシドニー・オリンピックの放映に間に合わせるべく、放送各社が衛星の周波数帯をすべて押さえたためである。トランスポンダー（自動応答機）の空き帯域を貸してくれる衛星会社をCIAが死に物狂いで探すあいだ、プレデターは地上に放置されたも同然だった(18)。

監視飛行は二〇〇〇年九月に始まり、CIAはその秋、アフガニスタン上空におけるドローン飛行任務を十数回行なった。冬になると山からの強風がプレデターのもろい機体に吹きつけ、飛行には危険だからだ。クラークは何度かマクリーンに出向き、駐車場に置かれたトレーラーに送られてくる動画を見た。「まさにSFでした。信じられませんでした」とクラークは言っている。一度、カンダハル近郊にあるビンラディンのタルナク・ファーム訓練キャンプの上空をプレデターが通過したとき、プレデターは護衛つきのトラックがキャンプに入るところを映像に捉えた。トラックから白い長衣をまとった長身の男が降り、キャンプへ歩いていった。画質は粗かったものの、CIAのビデオモニターの周囲に立っていた者はみな、カメラがビンラディンを捉えたことを確信した。

CIA分析担当官はペンタゴンとホワイトハウスにあわてて警告し、潜水艦からミサイルを発射する許可を得ようとした。ところが国家安全保障会議の事務局は、ビンラディンがこの先六時間以上タルナク・ファームに滞在するかどうかを知らせるよう要求した。手順どおりにミサイルを発射し、アラビア海に待機させた潜水艦のトマホーク・ミサイルがアフガニスタン南部に着弾するまでには、それくらい時間がかかるからである。CIAが要求に応えられなかったため、サンディ・バーガーとスタッフは攻撃を許可しなかった。[19] CIAには、六時間後のビンラディンの居場所を予測するか、アルカイダの指導者を狩り出し、その場で殺害できる武器を見つけるか、のいずれかの選択肢しかなかった。

ドローンの実験場

ラスヴェガスの北西六〇キロほどにある、ネヴァダ砂漠に囲まれたインディアン・スプリングス空軍補助飛行場は、当時は小規模でさびれた基地だった。第二次世界大戦中、僻地（へきち）に作られた無数の駐屯基地のひとつであり、その後はペンタゴンから忘れられていた。一九五〇年代から六〇年代には、近くにある地下核実験場の補給基地として機能した。インディアン・スプリングスに配備されたヘリコプターは、マーキュリーやユッカ・フラッツにある実験場の上空をときおり飛んでは、放射能漏れがないかどうかを監視した。空軍の曲技飛行隊サンダーバーズがたまに訓練することがなければ、インディアン・スプリングスは忘れられた土地だった。

この基地には鳥問題もあった。インディアン・スプリングス上空は鳥が多いため、鳥がジェットエンジンに巻き込まれて墜落事故を引き起こすことがないように、空軍では戦闘機の離陸間隔に制限を設けていた。しかし、ドローンの実験場としては、インディアン・スプリングスはまさに理想的だった。ドローンは鳥と比べてもそれほど速く飛ぶわけではないからだ。ここでは少数のテストパイロットが、プレデターを追跡者から暗殺者へ変貌させようとしていたのである。

基地の宿舎は、壁に大量のアスベストが使用されており取り壊しが決まっていたので、プレデターチームのメンバーはラスヴェガス郊外に借り上げた宿舎からインディアン・スプリングスにある廃教会に設けられた指揮所に毎朝通った。[20] 二〇〇〇年から〇一年にかけてこの基地に所属したプレデターのパイロットであるカート・ホーズは当時を思い出し、CIAがビンラディン殺害にプレデターを使いたがったためにドローンのテスト飛行をせかされたことはパイロットたちもうすうす気づいていたが、ワシントンで繰り広げられた議論の詳細は基地のグループにはほとんど知らされていなかった、と述べている。

このプログラムの資金は、空軍の「ビッグ・サファリ」室を通じて提供された。ビッグ・サファリは、オハイオ州デイトンにあるライト・パターソン空軍基地に拠点を置く秘密部門であり、軍の秘密情報プログラムの開発を担当していた。ペンタゴンの官僚主義に切り込み、開発段階にある武器を通常より早く戦場に届けることを使命としていたが、それはときに不完全な武器を戦闘に使うことも意味した。二〇〇〇年に開発されたプレデターの初期モデルがまさにそれにあたる。急ごしらえのコントロールパネルをつけた機体だったため、パイロットのなかにはミスター・ポテトヘッド人形のように大ざっぱだという者もいた。とりわけ重大な設計上の不備のひとつに、ドローンのエンジンを切るボタンと、ヘルファイア・ミサイルを発射するボタンが六ミリ強しか離れていなかったことが挙げられる。これでは人的エラーにより大惨事を引き起こしかねなかった。

しかし、何より大きな問題は、ミサイル発射によりドローン本体にどんな影響が出るかだれにもわからないことだった。ミサイルの威力で機体が破裂したり、翼が空中で分解したりすることはないだろうか？　それを検証するため、二〇〇一年一月にカリフォルニア州チャイナレイクの砂漠の真ん中で実験が行なわれた。ブッシュ大統領が就任して三日後のその日、空軍のエンジニアは低い山の頂に設けたコンクリート製のヘリパッドにプレデターを鎖で結びつけ、搭載したヘルファイア・ミサイルを発射した。ミサイルは軌道を描いて標的にした戦車に命中し、プレデターは無傷だった。[21]　これなら飛行テストに進むことができる。

二〇〇一年二月一六日の夜が明ける数時間前、カート・ホーズはインディアン・スプリングスの廃教会にある指揮所を出て、三〇キロほど離れた砂漠へ車を走らせた。飛行前のチェック項目は、ラスヴェガスにある宿舎の寝室で前夜のうちに確かめてある。彼は目を閉じ、プレデターの操縦桿を操り、ミサイルを発射するときの手の動きを練習した。[22]

画期的なテストを行なう劇的な状況下でパイロットの生死が問題にならなかったのは、おそらくアメリカの航空史上このときが初めてだっただろう。二月一六日の朝に目覚めたときのカート・ホーズの心境は、超音速飛行に挑んだチャック・イェーガーのそれとはまったくちがっていた。イェーガーは、ベルX-1のコックピットに体を押し込んだとき、音速の壁を破ろうと試みて生還できなかった最後のパイロットにはなりませんように、と願った。ホーズにはまったくそのリスクがなく、それこそが、時代の分岐点となった理由だった。アメリカは、人間が戦場に行かなくても戦える武器を開発していたのである。

テストは、砂漠の風がもっとも弱い早朝に予定されていた。日の出直後、チームがインディアン・スプリングスの滑走路からプレデターを離陸させると、そのあとはホーズが操縦を任された。ホーズは高度六〇〇メートルまでゆっくり機体を下げた。これまでヘルファイア・ミサイルを発射したなかでは最高の高度である。砂漠に置かれた標的の戦車に、地上にいる陸軍の契約職員がレーザービームを当て、ホーズはそれを頼りに照準を合わせた。そしてボタンを押し、ヘルファイア・ミサイルを発射した。

ホーズの印象では、辺りは静かだった。彼はパイロットでありながら、操縦する機体から何キロも離れたところにいた。ヘルファイアのロケットエンジンの音も聞こえなければ、ミサイル発射時の機体を押し戻される感じもない。ミサイルの熱痕跡によりビデオスクリーンが揺らぐなか、彼は直撃弾が標的の戦車まで突き進んでいくのを目で追った。

テストでは実弾を使わないとエンジニアたちが決めていたため、爆発はなかった。ダミー・ミサイルは戦車の旋回砲塔の中心から一五センチ右に命中し、装甲をへこませ、旋回砲塔を三〇度動かした。[23] テストは大成功だと宣言された。午前七時にはすべてが終了し、プレデターチームはインディアン・スプリングス基地に隣接する小さなカジノに繰り出し、朝食のテーブルを囲んで祝賀会を開いた。

空軍の指導者たちは舞い上がり、五日後に行なわれた二回目のテストでは将軍たちをペンタゴンに集め、ネヴァダ州から送られてくる映像でヘルファイア発射のようすを見られるよう、手はずを整えた。このとき、カート・ホーズは衛星を使ってプレデターを飛ばしたため、操縦桿の動きと機体の実際の動きには二秒のタイムラグが生じた。そのためにプレデターはさらに制御しにくくなったものの、ヘルファイアはまたしても標的に命中した。今回はミサイルに実弾を搭載していたため、標的を直撃すると、朝の空に小さな火柱が上がった。

遠隔操作の暗殺ドローンで戦う時代は、たいした華々しさもなく始まった。空軍が発表した短いプレスリリースは、地元ラスヴェガスの新聞で簡単に取り上げられただけだ。ネヴァダ州選出の議員は電話でプレデターチームを祝福してくれたものの、その朝、テストのようすを撮影しに来ると噂されていたCNNのクルーが姿を現さないと、エンジニアやパイロットは落胆した。一方、CIA当局者は作戦そのものを秘匿しようとしていただけに、空軍がプレスリリースまで発表したことに腹を立てた。CNNなど絶対に基地に入れるわけにはいかなかったのだ。

カート・ホーズは、こうした細かな話は知らなかった。彼の仕事を秘匿するために「ほか」から横やりが入ったと聞いただけだった。

CIA内部の対立

しかし、肝心の「ほか」は、暗殺ドローンの扱い方を決めかねていた。ミサイルテストが成功したのちも、武装プレデターをアフガニスタン上空に飛ばし、ウサマ・ビンラディンを探し出すべきかどうかをめぐり、CIAの上層部は意見が分かれていた。CIAの秘密工作部門を率いるパヴィットはひとりでギリシャ古典劇における合唱隊の役を演じ、CIAがプレデター計画を進めることに強硬に反対した。裏の予算をドローンの購入ではなく、収集担当官の雇用にあてたかったからである。九・一一同時多発テロ後、テロ対策プログラムに数十億ドルもの予算が投入された今となってはおかしな話だが、パヴィットは会議中何度も、プレデター一機あたり二〇〇万ドルの費用はCIAとペンタゴンのどちらが負担するのかと、繰り返し質問した。

しかし、彼はさらに深刻な懸念についても発言し、これにはテネットのスタッフの一部も共感した。CIAが暗殺業務を復活させた場合、実際のところどのような悪影響が出るか、という懸念だ。「殺害の権限を得ることにともない、どれだけ庁内の文化が変わるかについて過小評価することはできません」当時CIA副長官だったジョン・マクラフリンは言った。「『たいしたことじゃない』と言ってくる人間には、『人を殺したことがあるか?』と尋ねますね」と彼は言った。「これは大変な問題です。物事に対する考え方ががらりと変わりますから」

それだけではなく、アメリカは自分たちが是非を論じている行動を実際にとった国々を厳しく非難してきた。パレスチナが第二次インティファーダの渦中にあった二〇〇〇年と〇一年に、イスラエル政府がハマスの指導者たちを殺害したとき、駐イスラエル・アメリカ大使のマーティン・インダイクは、「アメリカは標的殺害に反対する立場を明確に表明します。

……標的殺害は法的に正当とは認められず、われわれは支持しません」と述べたのである。[24]

ジョージ・テネットは態度を決めかね、戦争で武器の引き金を引くのはCIAではなく軍であるべきだと思うと、何度も繰り返した。CIA担当官がプレデター攻撃の権限を与えられるべきかどうかをめぐる議論のなかで、あるときチャールズ・アレンとCIAのナンバースリーであるアルヴィン・〝バジー〟・クロンガードが、自分が引き金を引くと申し出た。これを聞いたテネットは激怒した。彼はのちに九・一一委員会で、自分はアレンとクロンガードを叱責した、二人はもちろん、自分にもヘルファイア・ミサイルを発射する権限はないと告げた、と証言した。[25]

テネットのそばでプレデターに関する議論の一部始終を見守ったジョン・キャンベル中将は、まるで奇妙な種族の戦いの儀式を観察する人類学者のようだった。キャンベルは空軍を勤め上げ、前年の夏に軍事支援部長としてCIAに異動したばかりだった。彼は、CIAはプレデターを活用すべきだと確信していたが、二〇〇一年夏の暗殺ドローンをめぐる内部の対立をのちに回想したときは、当時のCIAは組織の理想像というもっとも根本的な問いと格闘していたのだと理解していた。

「軍の文化では、合法的な命令に従っている限り——将校たるものは合法的な命令には従うべきである——自分の行動に対する個人的な責任を問われることはなく、長期的な保護を受けられると思っていい」と彼は言った。「ところがCIAはちがう。CIAはそこまで守られていない。彼らは大統領事実認定の条項の下で活動でき、その場合は『これこれを行なうことを許可する』と書かれた大統領の署名入りの紙片を一枚もらう。その後、政権が変われば、その大統領事実認定には問題がある、むしろ非合法であると司法省が判断するかもしれない。そうなるとCIAの人間は、みずからの行動に対して個人的に責任を問われるのだ。プレデターのように特に個人を標的にする場合は、将来、好ましくない結果がもたらされるのではないかと、あらゆる懸念がすくい上げられる」とキャンベルは語った。

当時、キャンベルの下で副部長を務めていたロス・ニューランドは、プレデターをめぐる争いの最前線にいた。会議に出席しながら、ニューランドはおなじみのサイクルが次の段階に進んだことに気づいていた。「リスクを回避する」CIAが、ふたたび秘密戦争へと突入しようとしていた。彼はプレデター・プログラムを支持しており、ブッシュ政権はできるだけ早急にプレデターを使ってビンラディンを殺害すべきだと考えてもいた。しかし同時に、ボリビアの対麻薬担当官時代を思い出さずにはいられなかった。当時は体制が整ってもいないCIAが、ほかにやりたがる人間がいないという理由で麻薬の密売人を追う仕事を与えられた。それから二〇年たったいま、テロリズム分野でも同じことが起きていることに、ニューランドは気づいたのである。

その数週間後、九・一一同時多発テロにより三〇〇〇人近いアメリカ人が殺害されると、暗殺、秘密工作、そしてアメリカの敵を狩り出す際のCIAの適切な活用法といった厄介な問題は急速に脇に押しやられた。数週間のうちに、CIAはアフガニスタンで数十回におよぶドローン攻撃を開始した。

アメリカは、武装プレデターが秘密戦争における究極の兵器であることに気づいていった。人知れず敵を殺せる道具であり、戦闘における説明責任という通常の規範に縛られることもない。暗殺ドローンを使えば、アメリカの大統領は辺鄙な村や砂漠の訓練キャンプなど、ジャーナリストや独立した監視団が赴くことができない場所への攻撃を命じることができる。報道官がドローン攻撃について公式に言及することはほとんどなかった。しかし、アメリカ人の命を危険にさらすことなくアメリカの鉄槌を下したい共和・民主両党の政治家たちからは、個人的にたたえられた。

戦争の様相を一変させるテクノロジーはめったにない。二〇世紀前半の五〇年は、戦車や航空機が世界大戦のあり方を変えた。後半の五〇年は、核弾頭や大陸間弾道弾などが世界を支配し、恐るべき威力をもつこれらの兵器を保有国が使用しないよう新しいドクトリンが生まれた。ところが暗殺ドローンの登場により、この相関関係が覆される。リスクがまったくなさそうに見えたために、逆に戦争が可能になったのである。戦争の敷居が下がり、遠隔操作時代に突入し、暗殺ドローンはＣＩＡ内部でもてはやされるようになった。

二〇〇二年夏、ロス・ニューランドはＣＩＡ本部の小さなみやげ物店に足を運んだ。友人へのプレゼントを探そうと、ＣＩＡのロゴ入りのマグカップやフリースのジャケット、Ｔシャツが並んだ棚のあいだを歩いた。すると思いがけないものを見つけた。左胸に小さなドローンの刺繡が施されたゴルフ用のシャツである。プレデターはまだＣＩＡの極秘プログラムのひとつという扱いだったはずなのに、当該の情報機関はドローンの絵をみやげ物につけて、宣伝していたのだ(26)。

サレハの激怒

二〇〇二年後半にイエメンで行なわれたハレシ殺害は、従順な同盟国の協力を得られれば、CIAが戦闘地域のはるか後方で戦えることを示した。ブッシュ政権の当局者たちはイエメンでの成功を喜ぶあまり、攻撃のニュースをすぐにメディアに漏らした。そのためイエメン政府が用意したガソリン缶の爆発という頼りない作り話はあえなく崩壊した。国防副長官のポール・ウォルフォウィッツは、CNNに出演して攻撃をたたえさえした。ウォルフォウィッツの発言を知ったサレハ大統領は激怒した。これではサレハ政権が愚かな嘘つきに見える。サレハはイエメンにいるアメリカ人スパイと外交官をすぐに呼び出した(27)。そして、ワシントンは秘密を守れなかったのでイエメンにおけるアメリカの秘密戦争は縮小させる、と告げた。プレデターの飛行については即時停止を命じた。

こうしてプレデターはその後九年近く、イエメン上空を飛べなくなった。二〇一一年、イエメンの国内が混乱し、サレハが少しずつ実権を失うと、別のアメリカ大統領が暗殺ドローンをイエメン上空に飛ばすよう命じることになる。そのとき、サレハは反論できる立場にはなかった。

第6章　真のパシュトゥーン人

「空からいつ何が落ちてきてもおかしくありませんからね」

――パルヴェーズ・ムシャラフ

パシュトゥーン版チェ・ゲバラ

「なんであの鳥は俺のあとをつけてるんだ?」

ネク・ムハンマド・ワジルは、南ワジリスタンにあるモルタル塗りの建物のなかで仲間たちに囲まれ、衛星電話でBBCの記者のインタビューに答えていた。長い黒髪がトレードマークのこの年若い司令官は、ふと窓の外を見たときに、何かが空に舞い、太陽の光を反射してきらめいているのに気づいた。そこで上空の金属製の物体について、部下にそう尋ねたのだ。(1)

当時、ネク・ムハンマドはパキスタン軍を撃退したばかりで、CIAは彼を追っていた。

彼はパキスタンの部族地域では絶対の地位を誇るスターとして登場した。ワジール族出身の威勢のいい戦士で、民兵組織を育て上げ、二〇〇四年春にはパキスタン政府軍と戦い、イスラマバードを交渉の場に引きずり出している。ネク・ムハンマドが彗星のごとく現れたことにパキスタンの指導者たちは不意を突かれ、いまではその首を狙うようになっていた。二九歳のネク・ムハンマドはパキスタンのムジャヒディンの第二世代に属する。対ソ戦で父親世代を支援したISIに義理立てする必要をとくに感じてはいなかった。部族地域に住むパキスタン人の多くは、九・一一同時多発テロ後にムシャラフ大統領がアメリカと同盟関係を結んだことをさげすみ、パキスタン軍もアメリカ軍と似たようなものだとみなしていた。彼らにしてみれば、アメリカはかつてのソ連と同じく、アフガニスタンに猛攻をしかけた張本人だからだ(2)。ネク・ムハンマドが最初の一撃を食らわせた問題はのちにさらに拡大し、パキスタン政府を悩ませることになる。それは、民兵組織が西部山岳地帯の外へ勢力を広げ、パキスタン国内の重要な大都市近郊の安定した地域にまで手を伸ばしたことである。最終的に民兵たちはイスラマバードの手に負えなくなる。

ネク・ムハンマドは、南ワジリスタンのにぎやかな市場の中心地ワナで生まれ、読み書きのできない子供を教育するために一九八〇年代に各地に建てられた、連邦直轄部族地域の神学校(マドラサ)に幼い頃から通わされた(3)。五年ほどで学校を中退し、一九九〇年代初頭は車泥棒やワナのバザールの店番をして食いつなぐ。そして一九九三年、当時アフガニスタンで起きていた内戦で、北部同盟のアフマド・シャー・マスードと敵対するアフガニスタンのタリバンに戦闘員になるよう勧誘され、そこに天職を見出した。

彼はタリバン軍内のヒエラルキーを駆け上がり、司令官に退却を命じられても絶対に退かない男として名をあげる。(4) 面長な顔立ちに、鎖骨辺りまで届くぼさぼさの髭、それに白いターバンからひるがえる長い黒髪がトレードマークとなり、戦場ではとくに目を引いた。部族民によくいるみすぼらしい民兵というより、パシュトゥーン版のチェ・ゲバラのようだった。

二〇〇一年と〇二年に行なわれたアメリカによるアフガニスタン空爆を逃れ、アラブ人やチェチェン人のアルカイダ戦闘員がパキスタンに流入すると、ネク・ムハンマドはチャンスとばかりに彼らをもてなした。もともと現地の部族社会では、戦闘員をかくまうのは宗教上の義務とされている。しかし、日陰を作る大木もあれば深い渓谷もある安全な農耕地帯のワナやシャカイなどにかくまうのと引き換えに、外国人に割高な滞在費を請求すれば儲けられる、と考える者もいた。ネク・ムハンマドは、外国人戦闘員たちはいい金づるになるばかりでなく、別の使い道もあると考えた。彼らの助けを借りてその後二年にわたり、パキスタンの国境警備隊や、国境を越えたアフガニスタン側にあるアメリカ軍の前哨基地に何度も攻撃をしかけたのである。(5)

イスラマバードのCIA担当官たちはISIをせっつき、ワジール族の男たちを説得してアラブ人やチェチェン人の戦闘員を引き渡させようとしたが、パシュトゥーン人の部族の習慣ではそのような裏切りは禁じられていた。ムシャラフはやむなく人を寄せつけない山岳地帯に政府軍を送り、外国人戦闘員を狩り出し、ネク・ムハンマド一味を厳しく制裁することにした。軍がワジリスタンに踏み込むのはこれが初めてではないが、ムシャラフが急いだ理由はほかにあった。二〇〇三年後半、アルカイダのナンバーツーであるアイマン・ザワヒリが、アメリカ人を支援したパキスタン大統領を暗殺せよとのファトワー〔イスラム法の解釈・適用に関し、法学の権威者が文書で提出する意見〕を発した。これを受けて二〇〇三年一二月に二件の暗殺未遂事件が起きたため、山岳地帯ですばやく報復的な軍事行動に出ればパキスタン国内での攻撃はやむのではないか、とムシャラフは考えたのである。

しかし、これは始まりにすぎなかった。二〇〇四年三月、パキスタン政府軍の攻撃ヘリや大砲がワナや周辺の村々を攻撃した。政府軍は、戦闘地域から逃げる民間人を乗せたトラックを砲撃し、外国人をかくまっている疑いのある部族民の建物を破壊した。ある部族民は、パキスタン軍は自宅を略奪するときに衣類ばかりか枕カバーや靴磨きまで持ち去った、と記者に語っている(6)。このときの戦闘を指揮したサフダル・フセイン中将は、戦闘は圧勝に終わったと宣言した。軍事基地や、高度な通信設備を有するトンネル網を破壊したと中将は述べた。

とはいえパキスタン政府にしてみれば、わりに合わない戦いだった。政府軍側の犠牲者が予想以上に多かったからだ。三月一六日、ネク・ムハンマドと高官ふたりの要塞を政府軍が包囲した戦闘では、国境警備隊員が一五人と、パキスタン政府軍兵士がひとり戦死した。そのほかに一四人の兵士が人質に取られ、軍のトラックや大砲、装甲兵員輸送車両など合わせて数十台が破壊された。また、イスラマバードでは、影響力の強いモスクであるラール・マスジドの聖職者たちが声明を出し、南ワジリスタンの人々に政府軍の攻撃に抵抗するよう求めると同時に、政府軍の兵士に対してイスラム教の葬儀を執り行なわないように、と告げた。これを受け、戦死した息子の遺体の引き取りを拒んだ親もいる。(7) ワジリスタンでは、政府軍が山岳地帯にまでやってきたことにそもそも反感を抱いていた部族民が、ワナでの無差別攻撃に激怒した。国境警備隊の駐屯地への攻撃が増え、イスラマバードは打開策を探りはじめた。

二〇〇四年四月二四日、パシュトゥーン人たちが輪になって踊り、太鼓を打ち鳴らすなか、ムシャラフ大統領の軍の使節がワナ近郊のシャカイにあるマドラサに到着すると、ネク・ムハンマドの部下が出迎えた。フセイン中将みずからが出向いたことは、ムシャラフが和平を切望していたことの表れだった。部族の男たちは伝統にのっとり、平和のしるしとしてAK-47自動小銃を兵士たちに贈った。フセイン中将はネク・ムハンマドを抱擁し、色鮮やかな花輪を彼の首にかけた。ふたりの男は並んで座ってお茶をすすり、その模様を写真家やテレビカメラマンが記録した。

型通りの儀式が終わると、フセイン中将は何百人もの男たちに向かって語りかけた。みなゆったりとしたシャルワール・カミーズを着て、パクルという平らなウールの帽子をかぶり、地面にあぐらをかいている。中将はまず、アメリカがアフガニスタンで戦争を始めたのは愚かなことだった、と述べた。そして「アメリカの世界貿易センタービルに飛行機が突入したとき、アフガニスタン人パイロットはいったい何人加担していただろうか」と問いかけた。

「アフガニスタン人パイロットはひとりもいなかったのに、なぜアフガニスタンはこんなありさまになっているのか」

中将は、パキスタン政府はアメリカとの和平を仲介することで、南ワジリスタンの人々をアメリカによる爆撃から守っているのだ、と訴えた。「パキスタン政府がこのような賢明な選択をしなければ、アメリカはイラクやアフガニスタンに侵攻したように、部族地域にも侵攻していただろう」中将の演説に、群衆は大きな喝采を送った。(8)

ネク・ムハンマドも和平について語った。「起きてしまったことは仕方がない」と彼はマイクの束を前に、人々に語りかけた。(9)「それがこちらの過ちだろうが、軍の過ちだろうが、われわれはもう二度と、互いに戦うことはないだろう」

このとき、どちらが有利な立場で交渉したか疑う余地はない。ネク・ムハンマドはのちに、政府は公の場ではなく、伝統的に部族の集会が開かれてきたマドラサで会うことに合意したのだと吹聴する。「俺が出向いたんじゃない。あいつらがこっちに足を運んだんだ」と彼は言った。「どっちが降伏したのかは一目瞭然だろう」(10)

休戦協定の中身を見れば、彼の言うとおりだった。政府は南ワジリスタンでの大量虐殺に対する賠償金の支払いと、攻撃中に捕えた全捕虜の釈放に合意した。山岳地帯にひそむ外国人戦闘員については、彼らがパキスタン政府軍への攻撃とアフガニスタンへの侵攻をやめるという約束と引き換えに、見逃すことになった。とはいえ、この取り決めに強制力はなかった。ネク・ムハンマド一派も、今後はパキスタン政府軍を攻撃しないと約束したが、アフガニスタンへの攻撃は断念しなかった。ネク・ムハンマドはのちに、アフガニスタンが外国による占領から解放されるまではジハードをやめないと述べる。

部族民と和平を結ぶ動きは、パキスタン政府の全員が賢明だと判断したわけではなかった。アサド・ムニールは二〇〇四年にはＩＳＩを引退し、ペシャワールにおける文民の行政官としての職を得て、部族地域の安全保障と開発を監督する立場にいた。二〇〇二年から〇三年にかけてＣＩＡと緊密に協力した経験をもつ彼は、パキスタン軍の将軍たちがネク・ムハンマドと交渉すべきかどうかを議論する過程を見守った。ムニールは、部族の民兵に譲歩すれば、パキスタンの安定した地域までおびやかされるだけだ、と警告した。二〇〇四年以降、部族地域とのあいだで次々と交わされた和平協定が、のちに〝パキスタン・タリバン運動〟として知られる、強力で過激なグループの台頭につながった、と彼は考えている。

「二〇〇四年に［パキスタン軍が］南北ワジリスタンでの軍事行動を続けていたら」、イスラマバード近郊にまで「タリバンが迫ってくることはなかったでしょう」とムニールは言う。[11]「和平協定を結ぶたびにタリバンは力をつけ、支配地域を広げたうえに、国がそれに干渉しなかったせいで、住民はタリバンを為政者として認めるようになったのです」

それでもイスラマバード政府当局は、和平協定によりパキスタンの民兵とアルカイダ戦闘員のあいだに楔（くさび）を打ち込むことができた、と胸を張った。ネク・ムハンマドも、部族地域にアルカイダ工作員はいない、と公式に否定しつづけた。「ここにはアルカイダはいない」とと彼は言った。「もしここにアルカイダ戦闘員がひとりでもいたら、政府軍がとっくに捕まえているはずではないか」[12]

シャカイでの休戦協定により、ネク・ムハンマドは一躍有名人になった。政府をひざまずかせた男とたたえられたばかりか、みずからもイギリス軍を山岳地帯から駆逐したワジールの有名な部族民と自分を対比させはじめた。数週間後、休戦協定はなし崩しに破られ、ネク・ムハンマドはパキスタン軍への攻撃を再開した。ムシャラフも、南ワジリスタン攻撃を再開するよう政府軍に指示した。

イスラマバードのCIA当局者は、もう何カ月も前から部族地域にプレデターを飛ばす許可を得ようとパキスタン政府に対してロビー活動を展開していたので、ネク・ムハンマドがパキスタン軍を繰り返し愚弄したことをチャンスと捉えた。CIAイスラマバード支局長はISI長官のエサン・ウル・ハク中将を訪ね、もしCIAがネク・ムハンマドを殺害したら、部族地域に定期的にドローンを飛ばすことを許可してくれないか、ともちかけた。「ネク・ムハンマドはパキスタン政府の怒りを買っていました」と元支局長は語った。「『見つけられるなら殺せ』と彼らは言いましたよ」[13]

ところが、実際にはアクセスは制限された。ドローン攻撃を行なう前にISIが個別に許可を出すことにパキスタンの情報当局者がこだわり、暗殺リストをISI側が厳しく管理することになったからである。ドローンの飛行可能区域をめぐる激論のあとも、ISI当局者はドローン飛行は部族地域内の狭い「空域」に限定すると言って譲らなかった。範囲を広げると、イスラマバードがアメリカ人に見せたくないもの、たとえばパキスタンの核施設や、インドへの攻撃に備えてカシミールの民兵組織を訓練している山岳地帯のキャンプなどまでCIAに見られてしまうからである。[14]

ISIはまた、パキスタン国内のドローン飛行はCIAの秘密工作として行なうようにも求めた。つまり、アメリカ政府はミサイル攻撃を行なった事実を絶対に認めず、個々の殺害をパキスタン軍の手柄にするのも、黙殺するのもパキスタン次第ということである。ムシャラフ大統領は、こうした企みを隠しておくのがむずかしいとは考えなかった。CIAとの交渉中、ムシャラフはあるCIA担当官に「パキスタンでは空からいつ何が落ちてきてもおかしくありませんからね」と言っている。

仮に制限がなくても、当時のCIAは、部族地域でそれ以上に大規模な暗殺作戦は行なえなかっただろう。アメリカ側はこの地域にほとんど情報源を確保しておらず、ビンラディンやその他のアルカイダ指導者たちの潜伏先については、まるで情報がないありさまだったからだ。CIAの分析担当官たちは、ビンラディンやアイマン・ザワヒリは部族地域のどこかに隠れているはずだと疑っていたものの、曖昧(あいまい)な予測や間接的で不完全な報告だけではプレデターを有効活用できなかった。ISIにもたいした伝手(つて)はなかった。ISIは都市部にはかなりの情報網を築いており、ハリド・シェイク・ムハンマドなどのアルカイダ指導者を追跡する際に役立てていたが、南ワジリスタンやその他の管区には信頼できる情報源をもっていなかったのだ。

CIAやISIにとって幸いなことに、ネク・ムハンマドはそれほど深いところに潜伏していなかった。彼は西側の放送局と提携するパシュトゥーン人のチャンネルで定期的にインタビューに応じ、強力なパキスタン軍を撃破したことを自慢げに語っていた。こうしたインタビューは衛星電話を使って行なわれたため、アメリカ側は通話を容易に傍受できた。二〇〇四年六月半ばには、アメリカはネク・ムハンマドの動きをつねに捕捉していたほどである。ネク・ムハンマドがBBCのインタビューに応じ、自分を追う奇妙な鳥についてロにしてから二四時間もたたないうちに、一機のプレデターが居場所を特定し、彼が休息していた建物にヘルファイア・ミサイルを撃ち込んだ。爆発が左脚と左手をもぎとり、ネク・ムハンマドはほぼ即死した。数日後、パキスタン人ジャーナリストのザヒド・フセインが攻撃のあった村を訪ねると、シャカイにあるネク・ムハンマドの土の墓はすでに巡礼地となっていた。墓標には、〝真のパシュトゥーン人として生き、そして死んだ〟と刻まれていた(15)。

CIAとISIはこの攻撃のニュースの扱い方を検討し、パキスタン軍に屈辱を与えた男はパキスタンが殺害したことにしようと決めた。ネク・ムハンマドが殺された翌日から始まった見えすいた嘘は何年も続くことになる。パキスタン軍の報道官であるシャウカト・スルタン少将は、アメリカの国営放送局ヴォイス・オブ・アメリカのインタビューに答え、「アルカイダ分子」のネク・ムハンマドと四人の民兵はパキスタン軍のロケット砲攻撃により殺害された、と発表したのである。

新たなISI長官

ドローン攻撃が行なわれてから四ヵ月後、顔の彫りが深く、悲しげなまなざしをした猫背の将軍がパキスタンのISI長官に就任した。アメリカ人スパイたちは、冷静でタバコ好きなアシュファク・パルヴェーズ・キアニについて、基本的な経歴以上のことをほとんど知らなかった。キアニは軍人一家に生まれ、パンジャーブ地方の不毛な地、ジェラムで育った。一九七一年、パキスタン軍が第三次印パ戦争に敗れ、のちにバングラデシュとして独立する地域を失った年に、キアニは陸軍に入隊した。パキスタン軍の将官の多くと同じく、パキスタンは日々生き残りをかけて戦っている、対インドの国防政策に与える影響を見極めない限り軍事的な意思決定はできない、とキアニも信じていた。

それでもキアニには、ほかの人間ならいきり立ちそうな場面で自制する力があった。二〇〇一年末、パキスタンに拠点を置く民兵組織がインドのニューデリーにある国会議事堂を襲撃したとき、核保有国同士で戦争が始まるのではないかと緊張が走った。キアニは当時、インドとの国境にパキスタン軍を配置させる陸軍司令官だった。緊迫した状況のなかで落ち着いて場を仕切り、インド側の司令官との接触を保ち、一触即発の論争が核戦争に発展しないよう努め、パキスタン国内で称賛を得た。[16] その二年後の二〇〇三年一二月に起きたムシャラフ大統領暗殺未遂事件の調査を担当し、ムシャラフ大将の信頼も得た。

キアニがISI長官に就任して間もなく、彼が人心を操る術にたけ――これは褒め言葉である――ており、どんなときももっとも重要な議題は隠しておくことが明らかになり、CI

A本部もしぶしぶながら彼に敬意を抱くようになった。会議の席上では、眠っているのではないかと思うほど長時間、ひとことも発しないことがあった。そうかと思えば何か気になる話題になると数分にわたって熱弁をふるい、そしてまた眠ったような状態に戻った。また、無類のゴルフ好きで、タバコの煙をくゆらせながらどこのゴルフ場へでも向かった。

キアニはほとんど自分の話をしないうえ、口を開いてもぼそぼそしゃべるだけなので、何を言っているのかわかりにくかった。前任のウル・ハク中将がこざっぱりとして洗練されていたのに対し、キアニ中将はもっさりとして気取らないふうだった。ワシントンに出張するたびに、リムジンの運転手に命じてディスカウントストアのマーシャルズに立ち寄り、スーツやネクタイを買い込んだ。[17] しかしなんと言っても、彼は望みのものを手に入れるまで辛抱強く待つことができた。あるCIA高官は、キアニとの長時間にわたる会談のことをいまも覚えている。キアニは三〇分近くかけてタバコを注意深く指で巻いたのち、一息吸い込むと、そっと火を消したという。

キアニ中将がISI長官を引き継いだ当時、パキスタンの指導者たちは、アメリカがアフガニスタンで戦う意欲をなくしていると確信しはじめていた。イラク戦争のためにアフガニスタンに対するワシントンの関心が逸れたいま、パキスタンの西隣の混乱がイスラマバード政府に波及するのも時間の問題だと、イスラマバードの兵士やスパイ、そして政治家たちは信じていた。当時のパキスタン政府高官数人の話によると、ISIはこの頃に、アフガニスタンのタリバンと積極的に関わることを決めたのだという。アフガニスタンの政治の未来図を、イスラマバードが許容できる範囲内に収められるかもしれないと期待してのことだった。

キアニ中将は過去に傾倒しており、アフガニスタンの血塗られた歴史が同国におけるアメリカの戦争の序章だったことを理解していた。彼はアフガニスタンについて何十年も研究しており、一九八〇年代に同国の反乱軍が超大国を破った際に働いた力学についても専門家だった。まだ若いパキスタン陸軍少佐だった一九八八年にカンザス州フォート・レブンワースに留学し、アフガニスタンにおける対ソ戦をテーマに「アフガン抵抗運動の強度と脆弱性」と題する修士論文を執筆していたのである。当時、ソ連は一〇年近くアフガン戦争に耐えており、ソ連のミハイル・ゴルバチョフ書記長はすでに軍を撤退させはじめていた。キアニは簡潔で率直な文章で九八ページにわたり、アフガン抵抗運動（ARM）が尊大なソ連軍にいかに損害を与え、「アフガンにおけるソ連のプレゼンスの代償」を高めたかを論じた。[18]

言うなればキアニは、アフガニスタンが外国軍に占領されているときにパキスタンはどのように裏で糸を引くべきかを伝えるプレイブックを書いていたのである。パキスタンは、民兵組織を代理軍として利用しアフガニスタン国内に大損害をもたらすと同時に、その民兵組織を効果的に統制することで、占領軍とイスラマバードが直接対峙する状況を避ければよいとキアニは書いている。

国家としてのアイデンティティが確立していないアフガニスタンでは、抵抗勢力は部族制度のなかで支持を固めつつ、徐々にアフガニスタン中央政府を弱体化させるしかない、とキアニは論じた。パキスタンのイスラマバード政府は、ソ連と「敵対」すること、少なくともアフガン抵抗運動のせいでその道をたどることは望んでいなかった。だからこそ、パキスタンの安全保障のためには、アフガン抵抗運動を適度に「管理」する必要があった。

二〇〇四年にＩＳＩ長官に就任したときのキアニには、アフガン戦争においては山岳地帯の堡塁(ほうるい)に立てこもる兵士ではなく、自国民の流血をともなう紛争にアメリカが耐えられる年数を正確に嗅ぎ取るワシントンの政治家が意思決定を行なうだろうということがわかっていた。[19] 彼は、ソ連に何が起きたかを研究していたからである。論文には次のように記していた。「現在、行なわれているソ連の軍事行動のなかでもっとも驚くべき特徴は、ＡＲＭを壊滅させ、純粋に軍事的な解決をはかることだけが目的ではないと、徐々に明らかになってきたことである。

これはおそらく、軍事的な解決を図るには、大量の、おそらく許容できないほどの人的損失や、経済的、政治的なコストがともなうことに気づいているためであろう」

二〇〇四年当時、キアニの論文は、アメリカ軍の戦い方を研究するためにカンザス州を訪れた数多くの外国人将官の研究論文とともに、フォート・レブンワースの図書館で死蔵されていた。この論文は、秘密のゲリラ活動という別種の戦いのマニュアルだった。パキスタンの若き将校は、論文を執筆してから二〇年後に情報機関のトップになり、自説を実践するための完璧な地位を手に入れたのである。

第７章　曖昧化する任務

「法的否認権が備わっていること、これは大きなプラス要素です」

――エンリケ・プラド

中止された急襲作戦

二〇〇五年初めのある寒い午後、ポーター・ゴスCIA長官は、ヴァージニア州南部のキャンプ・ピアリーにあるCIAの訓練施設「ザ・ファーム」で行なわれたCIA収集担当官の卒業式に出席していた。CIA長官が卒業式のためにこの地を訪れるのは慣習となっており、この式典は、身元を偽り、嘘をつき、ときにはとてつもない危険に巻き込まれる生活に入る前に卒業生たちが味わう、最後の正常なひとときだった。ところが、側近のひとりが急ぎのメモを手にゴスに近づいたのち、式典は中断された。数分もたたないうちにCIA長官とボディガードはブラックホーク・ヘリに戻り、北へ飛び去った。しかし、ゴスはマクリーンには戻らず、ペンタゴンに直行してドナルド・ラムズフェルドに会う。パキスタンで軍事攻撃を行なうことになりそうだったからだ。(1)

CIAが雇ったパキスタン人エージェントが、アメリカ人スパイに貴重な情報をもたらしていた。パキスタン北西部に広がる荒涼とした部族地域内のバジャウルで、アルカイダの高官が集まるという。そのエージェントが追っているアルカイダのナンバースリー、アブ・ファラジ・リビは、パキスタンの山あいの村々を赤いバイクで走る姿がときおり目撃されていた。(2) エージェントはCIA担当官に、リビのほかにウサマ・ビンラディンの副官であるアイマン・ザワヒリも集会に来るかもしれない、と伝えたのだ。

急襲計画が急ピッチで練られ、ゴスとラムズフェルドは作戦にともなうリスクを検討した。三六人のネイビーシールズが集会の予定地からそう遠くない地点で、C－130輸送機からパラシュート降下する。次にシールズは集会が行なわれる施設を襲撃し、可能な限り多くの人間を捕えて部隊集結地点に連行し、ヘリコプターで国境を越えてアフガニスタンまで運ぶというものである。ゴスは、この任務は軍が担当するべきだと訴えた。二〇〇三年から統合特殊作戦コマンド（JSOC）を指揮している修行僧のように厳格で痩身のスタンリー・マクリスタル中将からも賛同を得ていた。

ところがラムズフェルドとインテリジェンス担当の側近スティーヴン・カンボーンは、この計画に反対した。リスクが高すぎるというのだ。そしてラムズフェルドは、陸軍のレンジャーをもう数十人加え、不測の事態が起きてもシールズを救出できるよう求めた。こうなると急襲に参加する隊員は一五〇人以上に膨れ上がる。これほどの規模になると、パルヴェーズ・ムシャラフ大統領に気づかれないはずがない、とラムズフェルドは判断していた。また、真夜中に電話でたたき起こされ、完全武装したアメリカの大部隊がパキスタンに入ろうとしている、と告げられたCIAイスラマバード支局長からも反対意見が出された。「それは本当にまずい案だ、スタン」と、支局長は電話をかけてきたマクリスタルに言った。[3]「アルカイダのメンバーを何人か殺害できるだろうが、わりに合わない。

これはパキスタン侵攻にあたるぞ」とも。

その間、シールズの隊員はアフガニスタンのバグラム空軍基地に駐機したC-130に乗り込み、任務開始の最終命令を待っていた。何時間も待ったあげく、最終的にこの任務は中止となったのである。

急襲作戦に関してラムズフェルドが主として不安に感じたのはインテリジェンスに関してだった。この情報をもたらしたのはCIAの情報源ひとりだけであり、パキスタン西部の雪山でリスクの高い任務を行なうにあたり、単一の情報しかないのは心もとない、と考えたのである。ラムズフェルドはCIAの実績も信用しておらず、二〇〇五年初めには、CIAはインテリジェンス分析の信頼性を、とくにラムズフェルドに認めてもらえず苦労していた。サダム・フセインが大量の化学兵器と生物兵器を隠し持っていると判断したイラクでの大失敗が尾を引き、その後数年にわたり、CIAが出すすべての評価書に疑念の雲がつきまとった。バジャウル作戦の議論がこんな形で終わるのは不本意だったが、ゴスにはどうしようもなかった。ザワヒリが八割の確率で集会に現れるというCIAの判断さえラムズフェルドが信用しなかったうえ、部隊の責任者はラムズフェルドである。ゴスの側近が言ったように「『週末は車を貸さない』と父親に言われたようなものだった」。

しかし、このエピソードを通して、インテリジェンスの信頼性の問題以上に、九・一一同時多発テロから数年たったのちも、国際テログループとの戦いが場当たり的で混乱していたという暗澹たる現実に思い至らされる。CIAもペンタゴンも、イラクとアフガニスタン以外での秘密戦争については、一貫した計画をもっていなかった。どちらも縄張り争いに明け暮れ、世界的な人間狩りは自分たちが担当すべきだということをホワイトハウスに証明しようとやっきになっていたのである。しかも、両者は互いを模倣するようになっていた。CIAは、パキスタンでネク・ムハンマド殺害に成功したのち、暗殺まで担当する準軍事組織の色合いを強め、ペンタゴンは特殊作戦による戦争を支えるためにスパイ活動を増強した。どちらにも明確な基本ルールがない。だから、バジャウルでアルカイダが集会を開くといった情報が飛び込んできて緊急事態が発生した際も、計画のひな形がなかったため、行動を起こせなかったのだ。

ヘルガーソン報告の衝撃

CIAが暗殺作戦をエスカレートさせたきっかけをひとつ挙げるとしたら、それは二〇〇四年五月に完成した同庁監察総監による衝撃的な内部報告だろう。ジョン・ヘルガーソンが取りまとめた一〇六ページの報告書は、CIAの拘禁・尋問プログラムが根拠としていた土台を否定し、CIAの秘密収容所ネットワーク内で行なわれていた残虐な尋問の罪を問われて、CIA担当官が刑事告発に直面する可能性にも言及していた。その報告書では、水責め、睡眠妨害、収容者の恐怖心を利用した行為——生きた虫を入れた小さな箱に閉じ込めるなど——は、「残虐で、非人道的で、尊厳を傷つける取扱いまたは処罰」を禁じる国連拷問等禁止条約に違反する、と示唆していた。CIAは複数の被拘禁者に対し、顔を布で覆い、木の板に体を縛りつけ、顔に水をたらし、溺死する感覚を味わわせる水責めを行なっていた。九・一一同時多発テロの首謀者とされたハリド・シェイク・ムハンマドには、わずかひと月のうちに一八三回もである。(4)

水責めもほかの尋問テクニックも司法省のお墨付きは得ていたが、ヘルガーソンの報告書は、秘密収容所における勝手な行動にまでくわしく踏み込んで調査していた。監察総監はそれを「権限のない、間に合わせの、非人道的な、書面に残されない」拘禁・尋問テクニックと呼んでいる。(5) たとえば、被拘禁者の口を割らせるために尋問官が疑似処刑をした例があった。あるCIA尋問官が、スイッチの入ったドリルの先端を囚人の頭に向けたという。

CIAの秘密収容所プログラムは、当初はタイのバンコクにある簡素な収容所だけで行なわれていたが、やがて世界各地に収容所が建設された。テロ対策センター長のホゼ・ロドリゲスは、タイの収容所に代わる恒久的な施設を各地に作ろうとしていた。ちなみにタイの収容所には「猫の目（キャッツアイ）」というコードネームがつけられていたが、CIA担当官が人種差別につながる表現〔目の細いアジア人を侮辱するニュアンスを含む〕ではないかと気づき、のちに変更される。CIAはプログラム初期のふたりの囚人、アブ・ズベイダとアブド・ラヒム・ナシリをタイの収容所に拘禁した。だが、CIAや連携する情報機関がアフガニスタンやパキスタン、その他の国で拘束しはじめたテロ容疑者が数十人にもなると、ロドリゲスやCTC担当官は収容スペースを増やす必要があると判断したのである。

CIAの拘禁・尋問プログラムは、ブッシュ政権の対アルカイダ戦略のなかでももっとも悪評が高く対立を生んだものの、秘密収容所の建設方法そのものはしごく平凡だった。ロドリゲスはまず、テロ対策センターの一チームに、技術者や外部の契約業者と協力するよう指示した。そして収容所の完成が近づくと、小さな備品会社に便器や配管設備のほか、耳栓や寝具類その他の収容所に必要な物資を調達させた。契約業者はターゲットやウォルマートといった量販店で備品を調達し、刑務所に空輸した。送り先はルーマニアの首都ブカレストの繁華街にある目立たないビルや、リトアニアの収容所だ。水責め用の設備は、秘密収容所の近くで買った板を加工させ、現地で調達した(6)。

収容所は狭く、被拘禁者の定員は六人ほどで、独房はCIAの尋問官が使う野蛮な手法に合わせ、特別な仕様を施された。たとえば、壁にたたきつけるときの衝撃をやわらげるために、壁面を柔らかいベニヤ板で覆ったりしたのだ。被拘禁者同士の接触は禁じられ、一日のうち二三時間は独房に入れられた。残りの一時間は運動にあてられ、黒いスキー用マスクで覆面したCIAの警備官が囚人を独房から連れ出した。二〇〇四年には、CIAの看守は賞罰のシステムも導入していた。模範的な態度を示した囚人は本やDVDを与えられる。態度が悪ければ娯楽は取り上げられた。(7) 第二次世界大戦後、アメリカ大統領に世界情勢を伝えるために創設されたスパイ組織であるCIAは、秘密矯正局に様変わりしていた。

CIAの尋問プログラムに対する懸念は、ヘルガーソンの報告書が出る前からブッシュ政権内の一部で徐々に広がっていたものの、秘密収容所の存在を知る者は政権内でもごく一部だった。そのためホワイトハウスとCIAのあいだで奇怪な議論が交わされることもあった。たとえば二〇〇三年六月に、国連が制定した「拷問の犠牲者を支援する国際デー」〔六月二六日〕にちなんだ記念式典がホワイトハウスで予定されていた。ホワイトハウス広報部は、アメリカは「拷問を撲滅するために世界的に活動し」、「他の模範になるよう指導的な立場で取り組んでいる」という当たりさわりのない声明を用意していた。

ところが実際には、アメリカは模範どころではなく、この草稿はCIA高官の一部の神経を逆なでした。CIAの法律顧問であるスコット・マラーは、ブッシュ大統領がCIAに許可した尋問方法が世間的には拷問とみなされているなか、そのような報道発表をするのはどうかと思う、とホワイトハウスに伝えた。マクリーンが懸念しているのは、政治的な風向きが変わればCIAがスケープゴートにされるのではないかということだ、とも告げた。(8) この報道発表は一度も使われなかった。

ヘルガーソンの報告書からは、CIAが抱える苦悩の一部が垣間見えた。拘禁プログラムに関わった担当官は、自分たちは「アメリカ国内外で起訴されたら弱い立場に立たされるうえ、アメリカ政府の支援を受けられないかもしれない」と案じていたと書かれている。[9] ホワイトハウスも司法省もこのプログラムを支持し、ジョージ・テネットはCIAが被拘禁者を監督できるようロビー活動まで行なった。だがマクリーンの古株の一部には、また同じことが起きたとしか思えなかった。すなわち、チャーチ委員会による調査とイラン・コントラ事件の再現である。ブッシュ政権が監察総監の報告書をCIAを吊るす絞首用の首吊り縄に使い、いつかは罪を償わされるのだ、と彼らは信じていた。

この報告書がきっかけとなり、拘禁・尋問プログラムは終了に向かった。秘密収容所はさらに数年使われ、新たに拘束された人間がときおり連れてこられることはあったものの、水責めやそのほかのもっとも過酷な尋問テクニックは最終的に中止された。マクリーンの高官たちは、なんとかして被拘禁者をペンタゴンに押しつける手段を模索したが、ペンタゴンに移管されなかった者は、ブッシュ政権が収容所プログラムを閉鎖する道を必死で探るなか、秘密収容所でみじめな生活を送った。

二〇〇四年のヘルガーソン報告によってCIA内でもっとも痛手を被ったのは、地球規模のテロ狩りの先頭に立ってきたテロ対策センターである。CTCはアルカイダ工作員の拘束に注力し、CIAの収容所で尋問するか、あるいはパキスタン、エジプト、ヨルダンなどの情報機関に尋問を外注し、そこで得た情報をもとにさらにテロ容疑者を狩り出してきた。いつかウサマ・ビンラディンにたどり着けるのではないか、と考えての戦略である。

ところがいまでは状況が一変し、CTCの当局者は秘密戦争の戦略の再考を迫られた。数年におよぶ拘禁・尋問プログラムのために肩身の狭い思いをしはじめたCIAには、暗殺ドローンと標的殺害全般が登場したことで、新たな方向性が見えてきていた。遠隔操作による暗殺は、尋問という直接的な汚れ仕事の対極にある。どこかクリーンで、直接手を下す感覚がない。標的殺害は共和党議員にも民主党議員にも受けがよかった。戦地から数千キロ離れた場所にいるパイロットがドローンを操縦するなら、戦略全体にリスクがないようにも見えた。パキスタンでネク・ムハンマドを殺害したのち――ジョン・ヘルガーソンの報告書が完成してわずか一カ月後のことだ――CIAには未来像が見えてきた。アメリカの敵を長期的に拘禁する看守ではなく、敵を消す軍事組織としての未来である。

暗殺作戦の外注

二〇〇四年、ホゼ・ロドリゲスは九・一一同時多発テロから一年もたたない時期に提案して却下された暗殺プログラムを復活させようとまでした。準軍事的な狙撃部隊をかき集め、ヨーロッパから中東、南アジアにかけての世界各地でテロ容疑者を暗殺しようという計画である。二〇〇一年一二月に、ホゼ・ロドリゲスと同僚のCTC担当官エンリケ・プラドがこの計画をホワイトハウスに提案したとき、ディック・チェイニー副大統領は承認した。映画の世界とちがいCIAに独自の暗殺部隊はなく、この計画を実行すればCIAは華やかなハリウッド版CIAに近づいただろう。ところがジョージ・テネット長官がいかなる暗殺任務も絶対に許可しなかったため、この案は一時的に棚上げにされていたのである。(10)

プラドはロドリゲスと同じくＣＩＡ中南米部出身の古株であり、一九八〇年代にニカラグアで行なわれたコントラ戦争では主導的な役割を果たした[11]。一九九六年にテロ対策センターに異動し、九・一一同時多発テロ後の数カ月は、アルカイダの活動に関してロドリゲスの指導役を務めた。二〇〇一年一二月のチェイニーとの会合に出席したのちは、暗殺訓練を施すＣＩＡ担当官の採用係を命じられた。

二〇〇四年にロドリゲスがこのプログラムを復活させようとしたとき、親友のプラドはすでにＣＩＡを離れ、民間軍事会社のブラックウォーターＵＳＡに転職していた。この企業は国務省やペンタゴン、ＣＩＡと数百万ドルもの巨額の契約を結び、劇的に拡大中だった。そこでロドリゲスは驚くべき解決策を思いついた。暗殺プログラムをブラックウォーターの社員に外注すればいい、と。

ブラックウォーターの創業者エリック・プリンスは、当時からすでにブッシュ政権の覚えがめでたく、今度はアメリカの諜報機関にまで食い込もうとしていた。プリンスは絶妙なタイミングで登場した。ＣＩＡは、重要拠点であるカブールやバグダッドが求める人材を組織内で十分に提供できていなかったので、ブラックウォーターの民間警備員に秘密任務を託すようになったのである――ＣＩＡ担当官の警護からインテリジェンスの収集、そして誘拐作戦まで。どれもかつては十全な訓練を受けたＣＩＡ担当官にしか認められていなかった任務だ。パキスタンではついに、プレデターやリーパー（「死神」）といったドローンへの爆弾やミサイルの装填までブラックウォーターの社員に任せた。

プリンスはＣＩＡ高官をアメリカ三冠競馬のひとつであるケンタッキー・ダービーにたびたび招待したり、ノースカロライナ州東部のグレート・ディズマル・スワンプにあるブラックウォーター本社に招き、広大な訓練施設で丸一日射撃を体験させたりした。そうやってプラドや元テロ対策センター長のコーファー・ブラックなどのＣＩＡ高官に近づき、高給を条件にしてうまく取り込んでいった。ブラックウォーターの社員になったプラドは、もともとはＣＩＡ在職中に計画していたプログラムを、逆に政府に売り込むチャンスに恵まれたことになる[12]。

プリンスは、戦争の外注はとりたてて斬新ではなく、何世紀も前からある現象が進化しただけだと認識していた。マクリーンを訪ねたとき、彼はＣＩＡ高官たちにブラックウォーターの主力とも言える「緊急対応部隊」を売り込み、ＣＩＡが世界の果てで準軍事的な任務につくときにはぜひ使ってほしいと訴えた。プリンスのプレゼンテーションは大げさな言葉で始まった。「アメリカは建国当初から、国防については傭兵に頼ってきました[13]」しかし結局、ＣＩＡはこの計画を採用しなかった。

二〇〇七年九月、ブラックウォーターの社員がバグダッドの広場で一七人のイラク人を射殺すると、ブラックウォーターの傍若無人な行動に対する悪評が定着し、プリンスや同社をイラクにおけるアメリカの災厄の象徴に変えた。プリンスは、民主党議員から戦争利得者だと決めつけられた、と嘆いた。自分は「アメリカの国家安全保障を支えるために、自費でさまざまなインテリジェンス活動費を支払っているというのに」と[14]。それはそうだが、ブラックウォーターが秘密プロジェクトに投じる資金は研究開発費のようなものが多く、彼らはその資金で新しい商品やサービスを開発してはそれを数百万ドルで政府に売り込むことができた。たとえばパキスタンのCIA収集担当官にはステルス機のアイデアを売り込み、アジアの工作員にはCIAの情報提供者を海中を通って中国から出国させる案を売り込んだ。ネイビーシールズのようにリブリーザーという酸素吸入器を使い、潜水中の船に逃げ込むという案だ。この計画にはひとつ問題があった。中国にいるCIAの情報提供者の大半は八〇代の将軍であり、リブリーザーで潜水などしたら絶対に生きていられなかっただろう。

ブラックウォーターに転職した元CIA担当官たちはCIAとブラックウォーターの取引を拡大しようと積極的に売り込みをかけた。CIAの法律顧問は一度ならずブラックウォーターに電話をかけ、元スパイたちのそうした行動は、政府職員が退職後にもとの職場にロビー活動することを禁じた「回転ドア」法を逸脱しそうだ、と警告しなければならなかった。[15]

また、ブラックウォーターの社内Eメールによると、プラドはブラックウォーターが育てた外国のスパイ網なら「監視から地上調査、妨害工作までなんでも」できると述べて、CIAのみならず麻薬取締局にもそれらを売り込もうと検討していたという。「法的否認権が備わっていること、これは大きなプラス要素です」とプラドはそのメールに書いている。[16]

CIAの暗殺プログラムをアメリカの一企業に外注するという異常な方法をホゼ・ロドリゲスが選んだのは、「法的否認権」がほしかったからである。CIAはプリンスやプラドと個人的な役務契約を結び、ふたりは標的候補を監視できるよう計画を練りはじめた。標的候補のなかには、二〇〇一年のチェイニーとの会合でCIAが初めて暗殺を提案した人物、パキスタンの核物理学者A・Q・カーンなども含まれていた(17)。プリンスとプラドがプログラムを監督すれば、理屈のうえではアメリカ政府の手は隠される。プリンスとプラドは、ブラックウォーターの暗殺チームを最終的にはCIAの監督下に組み入れつつも、任務を与えられたらかなりの裁量をもたせるという図式を思い描いていた。プリンスはのちにヴァニティ・フェア誌のインタビューに答え、「われわれは片務的な組織であり、だれにも特定されない能力をもっています」と述べた(18)。「事態が悪化しても、支局長や大使、あるいはだれかに脱出させてもらおうだなんて考えてもいません」

結果的に、彼らを脱出させる必要は一度も生じなかった。最初の暗殺プログラムのときと同じく、今回の暗殺チームプログラムでも、暗殺作戦が行なわれなかったからだ。プリンスとプラドがブラックウォーターのチームの訓練を監督したにもかかわらず、ブラックウォーターの暗殺者はテロリストの殺害に一度も起用されず、CIAは「組織的に骨粗鬆症を患っているからだ」とプリンスは非難した。

このプログラムはロドリゲスなど上層部の支持を得ていながら、なぜ実行されなかったのだろうか？　驚いたことに、CIAやホワイトハウスが法的問題を懸念したからではない。CIAの法律家たちはプリンスやプラドを暗殺作戦に関与させてもかまわないと承認を与えていたが、最終的にはCIA高官たちが、このプログラムにおいてCIAが果たす役割を隠し通せるということに確証がもてなかったのだ。ブラックウォーターは、CIAから受注した案件であることを隠すために無数の子会社を網の目のように張り巡らせたが、外国政府がその網をたぐれば、作戦の背後にプリンス、ひいてはCIAの存在を見出すのはそうむずかしくなかったことだろう。

「作戦を外注すればするほど、法的否認は容易になる」と、暗殺プログラムにおけるブラックウォーターの役割を解消する決定に関わったCIA高官は語る。「ところがそれでは作戦の主導権も投げ出すことになる。それなのに連中が失敗でもしたら、自分の責任なのだ」

暗殺プログラムにブラックウォーターを使うといういかにもまずい発想は、最初の暗殺プログラムと同様、政府の機密として厳重に保護されている。元テロ対策センター担当官のハンク・クランプトンは退職したのちも、最初の暗殺プログラムに関わったときの詳細を漏らすことをCIAに禁じられている。しかし彼はインタビューのなかで、武装ドローンを使って遠くから暗殺することと、人間を訓練してその手で人を殺害させることを、アメリカがいまだに区別していることには当惑している、と述べた。

国がCIAにドローン暗殺を許可するのであれば、暗殺者の養成を許可するか否かを不快に思う必要があるのだろうか。「暗殺部隊をどのように、どこに適用するか。こちらのほうが大きな問題なのに、私たちはほとんど議論してきませんでした」と彼は言う。「アフガニスタン、パキスタンの部族地域、ソマリア、イエメンなどで指定された敵にヘルファイアを撃ち込むのは問題ないようです」これらの場所では戦闘行為の一部のように見えますからね、と彼は言う。

しかし、パリやハンブルクなど、ドローンを飛ばせない場所にテロ容疑者が逃げ込んだとき、「CIAや［軍の］工作員を地上に派遣し、背後から頭を撃ち抜いたら？」と彼は自問した。

「そうなると、暗殺とみなされるんです」

証拠湮滅

それでも、CIAが拘禁・尋問プログラムの件で非難されるたびに、CIAの指導者たちは恐ろしい企みに傾いていった。同庁にはテロ容疑者の拘禁より殺害のほうがはるかに適任ではないか、と。二〇〇五年末に議会が通した被拘禁者取扱法には、「残虐で、非人道的で、尊厳を傷つける」取り扱いは、CIAの秘密収容所を含むアメリカの拘束下にある全囚人に対して禁じる、という条項が含まれた。こうなると、CIAの収容所で働く秘密担当官は、与えられた任務を果たしたがために訴追される可能性が出る。犯罪捜査や議会の公聴会におびえる空気がマクリーン一帯にたれこめた。

こうした恐怖をいち早く察したホゼ・ロドリゲスは、CIAによる尋問中にアルカイダ工作員のアブ・ズベイダとアブド・ラヒム・ナシリが苦しむようすを克明に記録したビデオテープ数十本を破棄するようすでに命じていた。ロドリゲスは昇進を重ね、当時は工作担当次長という要職にあり、世界各地で行なわれるCIAの秘密活動やスパイ作戦を束ねていた。収彼は問題のビデオテープに秘密担当官の顔がはっきり映っていることを案じたのである。収容所プログラムのおぞましい詳細が外部に漏れつつあるため、関わった担当官は法的にも身体的にも危機的状況に陥るかもしれない。そこで彼は二〇〇五年一一月初旬、テープが保管されていたCIAバンコク支局に極秘の公電を送り、金庫内のテープを業務用シュレッダーにかけるよう命じた。七本の鋼鉄製の刃がビデオテープを細かく砕き、破片はシュレッダーから吸引されてビニール製のごみ袋に捨てられた(19)。

しかし、収容所プログラムの初期の証拠品を湮滅したのちも、新しい法案が議会を通ると、CIAはさらに不安定な立場に立たされた。被拘禁者取扱法が可決された数日後、ポーター・ゴスCIA長官はホワイトハウス宛てに書簡をしたためた。CIAの尋問テクニックが新しい法案に抵触するかどうかを司法省が判断するまでは、CIAはすべての尋問を中止する、という内容である。

ホワイトハウスはこの書簡を受け取ると激怒した。国家安全保障担当大統領補佐官のスティーヴン・ハドリーは、ゴスの書簡はこけおどしだと思った――CIAは今後の捜査に備えているのだろう、と(20)。ハドリーはクリスマスの二月二五日にゴスの自宅に電話をかけ、「チームプレイヤー」らしくないぞ、と責めた。しかしゴスは頑(かたく)なだった。ホワイトハウス当局も、ワシントンでもっとも偏狭な組織であるCIAが恐怖で過呼吸に陥っており、なんらかの手を打って落ち着かせない限りスパイたちは収まらないことをようやく理解した。

ブッシュ大統領の首席補佐官アンドルー・カードにその役目が回ってきた。カードは恐怖におののくCIA本部をなだめるためにマクリーンまで車で出向いたのだが、この訪問は大騒動を引き起こした。大勢のCIA担当官が詰めかけた会議室で、カードは彼らの献身ぶりと勤勉さに感謝の言葉を述べた。しかし、拘禁・尋問プログラムに関与したためにCIA担当官が刑事罰に問われることはない、と明言することは拒んだのだ。[21]

室内は騒然とした。ポーター・ゴスは、首席補佐官のパトリック・マレーに促され、カードの発言に口をはさんだ。

「政治家たちはこのプログラムを実行した人間を見捨てないと、ここにいる人間に保証できますか」とゴスは尋ねた。カードはその質問に直接は答えなかった。代わりにジョークでごまかそうとした。

「たとえ話をしましょう。私は毎朝、大統領執務室の扉をノックし、部屋に入って『失礼します(パードン)、大統領』と言うんです。もちろん、大統領が恩赦(パードン)を与えられない人間は、本人だけですね」

カードは自分で言ったジョークに笑ったが、CIA担当官はそれを重く受け止めた。ブッシュ大統領はCIA担当官を法的な調査から守ってくれるかと尋ねたら、ホワイトハウスの首席補佐官は、起訴されて有罪判決を言い渡されたあとに大統領の恩赦に頼るしかないとほのめかした、と捉えたのである。

CIAでは、パードンのジョークは受け入れられなかった。

国防総省の期待の星

ブッシュ大統領の側近の一部は、CIAを問題視しはじめていた。CIA長官は拘禁プログラムの一件でホワイトハウスにたてついていたうえ、チェイニー副大統領はCIAの分析担当官たちがひそかにイラク戦争に反対し、議員や報道陣に否定的な評価を漏らしているにちがいないと決めつけていた。ブッシュとチェイニーは当初、国家情報長官の役職を創設し一六もあるアメリカの情報機関を取りまとめるように、という九・一一委員会からの圧力に抵抗しようとしたが、ホワイトハウスには新しい役職を作ることの副次的メリットに気づいた者もいた。これによってCIAに分をわきまえさせられるではないか。

CIAの弱体化はドナルド・ラムズフェルドに好機をもたらした。イラクの戦況が悪化すると、ラムズフェルドや側近は勝利至上主義に水をさされたものの、正式な戦闘地域から遠く離れた場所での戦争には、引き続き精力的に取り組んでいた——これまではCIAが担当していた国々である。二〇〇四年、ラムズフェルドは秘密の指示を出した。ペンタゴン内部では「アルカイダ・ネットワーク壊滅命令」と呼ばれ、特殊部隊の裁量を広げ、一〇以上の国で敵の殺害や拘束のほか、スパイ活動を実行できるようにする命令だ。この命令により、フォート・ブラッグに拠点を置く、ポスト九・一一時代の新たなモデルとなる軍隊だとラムズフェルドがお墨付きを与えた統合特殊作戦コマンド（JSOC）は、北アフリカからフィリピンにいたるまでの広い範囲で作戦を遂行できるようになった。また、JSOCはシリア、ソマリア、パキスタンへの入国も許可された。新たな権限の下、これらの任務は機密扱いとされ、ほとんど公表されなくなり、議員たちも不定期に説明を受けるだけになった。

JSOCは、いまや国防総省の期待の星となり、特殊作戦向けの予算は六年間で倍以上に増え、二〇〇七年には八〇億ドル近くに達した[22]。とはいえ、ペンタゴンが船舶やジェット機を購入するための予算に比べれば微々たるものだ。それでも資金が流入したおかげで、JSOCは隠密部隊の人員を増強できたばかりか、ネイビーシールズやデルタフォースの隊員が数日から数週間かかる秘密作戦に耐えるための物資や兵站を確保できるようになった。JSOCは二四時間態勢で人質救出作戦が可能になっただけではない。独力で戦えるようになったのである。

JSOCはイラクで期待どおりの実績を上げていった。スタンリー・マクリスタル中将のタスクフォースは、ヨルダン人テロリストのアブ・ムサブ・ザルカウィがイラクで率いるアルカイダ系列の組織を攻撃するよう命じられていた。イラクでは激しい攻撃が波のように押し寄せ、ザルカウィ率いる〝メソポタミアのアルカイダ〟は、アメリカ軍部隊やシーア派の聖地へ猛攻をしかけたと犯行声明を出していた。猛攻開始から数カ月後、地上軍の司令官たちの目には、この戦争によりアメリカ軍部隊はこれから何年もイラクに駐留せざるを得なくなるだろうということが明白になり、ラムズフェルドとインテリジェンス担当次官のスティーヴン・カンボーンは、イラクのもっとも凶悪な武装集団を無力化するため、JSOCの裁量を拡大した。

マクリスタルのタスクフォースは、バグダッド北方のバラッド空軍基地にあるイラク空軍の古い格納庫を拠点にし、「インテリジェンスのための戦い」を合言葉にした。当初マクリスタルとそのチームがテログループの関係図を記入するために用意したホワイトボードは真っ白だった。問題の多くは、イラクに駐留するさまざまなアメリカ軍司令部同士のコミュニケーションが悪く、インテリジェンスの共有手順がほとんど定まっていないことが原因で生じていることに、マクリスタルは気づいた。「われわれは敵だけでなく、自分たち自身も研究しはじめました」とマクリスタルはのちに書いている。「どちらも簡単には理解できませんでした[23]」彼らにほとんど情報がないことは、二〇〇四年、イラク軍がファルージャ付近でザルカウィを拘束したとの報告が上がってきたときに明らかになる。だれもザルカウィの容貌を知らなかったため、うかつにも釈放してしまったのだ。

それでも最後には軍事作戦計画が完成した。ザルカウィのネットワークに対する夜襲計画の内容は、ドアを蹴破って銃弾を撃ちまくるだけではなかった。マクリスタルは、重要なのは倒した敵の数ではなく、尋問や現場でのコンピュータを用いた法科学捜査を通じて得られるインテリジェンスだと信じていた。インテリジェンスをたどれば、さらに上位のアルカイダ工作員が潜伏する次のセーフハウス候補が浮上するかもしれない。血管に針を打ち込めば、体（システム）全体がわかるという理屈である。

マクリスタルは、アフガニスタンにおいて特殊作戦を妨げたライバル意識にタスクフォースが邪魔されて失敗しないようにはからった。彼はイラクにいるCIA担当官を歓迎し、CIA高官を説得してタスクフォースで毎朝行なわれる戦況報告の場では自分の隣に座らせた。

現地から数千キロ離れたヴァージニア州フェアファックスにある目立たない政府の建物では、分析担当官たちが毎日、イラクで前夜に行なわれた襲撃で得られたインテリジェンスを調べた。可搬記録媒体や携帯電話、コンピュータのハードドライブから抽出したものである[24]。やがてホワイトボードには、ザルカウィの工作員の名前や彼らが使う偽名が多数書き込まれた。黒いマーカーで名前同士が線でつながれた――形をもたないテロネットワークの活動を、知恵を出しあって予測した成果だった。

JSOCの急成長には、ラムズフェルドの命令の下で二〇〇五年に完結したペンタゴン内の研究成果も貢献した。研究報告書は、軍は「敵勢力の支配下にある、センシティブな立入禁止区域の境界で同時進行的に継続的な作戦行動がとれるよう、能力と規模を高める必要がある」と勧告した[25]。軍事用語を使わずに解説すると、できるだけ多くの場所で同時に秘密戦争を行なうこと、となる。JSOCの元司令官ウェイン・ダウニング陸軍大将とマイケル・G・ヴィッカーズが執筆したこの報告書は、すぐにラムズフェルドに受け入れられた。ヴィッカーズは元CIA収集担当官であり、ソ連によるアフガニスタン侵攻当時の武器密輸で果たした役割が、『チャーリー・ウィルソンズ・ウォー』（真崎義博訳、早川書房）という本でくわしく紹介され、一躍有名人になっていた。報告書は、アルカイダやその他のテログループを相手にしたブッシュ政権の戦争では、特殊作戦部隊がより重要な役割を果たすべきである、と結論づけていた。特殊作戦部隊はイラクやアフガニスタンにはうまく配置されているが、将来の戦争に活用できる状態にない。

「将来の戦いは、非交戦国において行なわれるだろう」と報告書はまとめている。[26]

ペンタゴンは、イラン国内において危険なスパイ任務まで始めていた。[27] 特殊作戦部隊は、イラク東部からイランに入る国境の通商路を利用し、エージェントを雇い、さまざまな作り話をこしらえて国境を越えさせ、イラン西部の軍事施設に関するインテリジェンスを収集させようとしたのである。外国人エージェントとしては、イランのイスラム教徒とキリスト教のコプト教徒を雇った。彼らなら、イラン国内で果物や日用品をトラック一杯に仕入れたいという作り話をすれば、イラン国境での入国審査を簡単に通れる。このような国境を越えての活動には制限があるため、これらの任務で本当に価値のあるインテリジェンスを得るのはむずかしかった。しかもペンタゴンは、破壊工作もイランの革命防衛隊員の殺害も許可されてはいなかったのだ。

当時ペンタゴンでインテリジェンス収集を担当したある高官は、本当の目的は、イラン国内で可能な限りインテリジェンス網を構築することだった、と語った。この網ができていれば、ブッシュ大統領や後任の大統領がイランへの侵攻を決断したときに利用できる。正式な戦闘地域外で行なわれたその他の多くの軍事行動と同じく、イラン国内での作戦もまた「戦地の準備」という名目で正当化された。

兵士とスパイの活動は、境界がますます曖昧になってきた。世界のどこででも活動できるという点では、CIAはまだペンタゴンより幅広い権限をもっていたが、二〇〇四年にラムズフェルドの命令が出されたあとは、軍の任務とCIAの任務が実際にどれほどちがうのかは区別しにくくなった。マクリスタルはイラク国内に滞在中のアメリカのスパイと良好な関係を築いたが、イランに入国する任務はＣＩＡと調整を行なってはいない。このように世界の片隅で数多くの秘密作戦が行なわれているなか、両者の調整不足が大惨事を引き起こす可能性を生んでいた。

ＣＩＡとＪＳＯＣの任務分担

あるいはチャンスを逃すこともあった。二〇〇五年に、急ごしらえの作戦はリスクが大きすぎるという理由でドナルド・ラムズフェルドがパキスタンのバジャウルでの任務を中止したのち、ペンタゴンもＣＩＡも失敗の原因を究明し、同じ失敗が繰り返されないよう調査を進めた。そして、イラクとアフガニスタン以外では、緊急任務を許可するための既定の手続きが存在しないことが原因だと結論づけた。ペンタゴンとＣＩＡは世界各地で並行して秘密作戦を行なっていたが、国防長官にもＣＩＡ長官にも、パキスタンのような国で秘密任務を遂行するチャンスが訪れたときに、それを担当する権限がなかったのだ。次の一年をかけて、ペンタゴンとＣＩＡは互いに分業を試み、世界を地域ごとに分割して、秘密戦争の各前線をどちらが担当するかを決めていった(28)。

ペンタゴン側からはスティーヴン・カンボーンが、ＣＩＡ側からは副長官のアルバート・カランド海軍中将が交渉の席についた。ある特定の国でＣＩＡとＪＳＯＣのどちらが秘密作戦を担当するかを決めるにあたっては、さまざまな要因がからんでいた。その国は特殊作戦部隊を領土内に受け入れるつもりがどれくらいあるか？　CIAとその国の情報機関との関係の強度はどのくらいか？　その国のCIA支局長は、JSOCにその国の管理を任せることに対してどれくらいいらいら立ちを感じるか？

バジャウルの一件があったので、双方ともにパキスタンが最優先課題だった。ムシャラフ大統領はドローン攻撃は許可したものの、アメリカが部族地域で軍事作戦を行なうことには猛反対している。何かが「空から落ちてくる」のはかまわないが、それがアフガニスタンとの国境を越えてやってくるのは困るというわけである。北ワジリスタンやバジャウルなどで特殊作戦部隊による地上作戦を行ないたいとムシャラフに申し出ても、許可される見込みがないことは、ワシントンのほとんどの人間が認めた。

CIAは解決策を提案した。パキスタン国内に特殊作戦部隊を展開するには、同部隊を単純にCIAに変身させ、合衆国法典第五〇編の下で秘密活動をすればいい。特殊作戦部隊に「羊の皮をかぶせる」――つまりネイビーシールズをスパイにすればいいのだ。そうすれば同部隊はパキスタンで作戦を遂行でき、なおかつムシャラフに報告する必要もまったくない。元CIA担当官が述べたように、特殊作戦部隊を「基本的にCIA長官麾下の武装小隊にする」という取り決めである。六年後、これとまったく同じトリックが使われ、ネイビーシールズのチームを乗せたヘリコプターがアフガニスタンのジャララバードを飛び立ち、ビンラディン殺害作戦を実行するために国境を越えてパキスタンに入国した。その夜、シールズはCIAの管理下にあり、理論上はCIA長官のレオン・E・パネッタがこの任務を担当したのである。

パキスタン以外の国はＪＳＯＣが担当し、特殊作戦任務は以前から特殊作戦部隊が駐屯していたフィリピンなどの国々でも増大した。二〇〇六年、アメリカ軍はフィリピン南部のジャングルにできたテロキャンプとおぼしき一帯にミサイルを撃ち込んだ。二〇〇二年にバリ島で起きたテロ攻撃の首謀者のひとり、ウマル・パテクがそのキャンプに潜伏しているというインテリジェンスが根拠である。フィリピン政府が「フィリピン軍が実施した作戦」と公式発表したこのミサイル攻撃では、パテクは逃がしたものの、数人を殺害した。[29] 死者のうち何人がウマル・パテクの一派で、何人が女性と子供だったか、アメリカ軍は把握できなかった。

特殊作戦の予算が膨張すると、ＪＳＯＣは新しい盗聴機器を買い入れ、特殊作戦部隊が上空からパキスタン国内のインテリジェンスを収集できるようにした。ビーチクラフト社製の飛行機がアフガニスタンにある滑走路から定期的に飛び立ち、アフガニスタンとパキスタンを隔てる山々の尾根を越え、空飛ぶ携帯電波塔になった。ビーチクラフトの機内には「タイフーン・ボックス」と呼ばれる移動式の電波収集機材があり、そのなかにはパキスタンの民兵が使っているのではないかと軍のスパイが疑っている電話番号が何十も登録されていた。その番号のどれかが使われると装置が検知し、携帯が使われた場所を特定する。たとえ携帯の電源が切られていても、ＪＳＯＣは電源を入れることができた。それにより、その携帯電話をだれが持っていようと、所有者の正確な座標を割り出すことができた。[30]

ダマドラ急襲作戦

CIAとの新しい取り決めがまとまると、「羊の皮をかぶって」CIA担当官に転じたJSOCの隊員たちは、得られたインテリジェンスをもとにパキスタンで地上作戦を行なうことが可能になった。バジャウル急襲計画が頓挫してから一年後、CIAはふたたび部族地域のバジャウル管区で軍閥の指導者たちが集会を開くという情報をつかんだ。

ダマドラという小さな村は、以前から監視対象ではあった。アルカイダの捕虜、アブ・ファラジ・リビがパキスタン情報機関の担当官に、ダマドラ村のバクプトゥル・カーンの家でアイマン・ザワヒリに会ったことがある、と告げていたからだ。CIAは二〇〇六年一月にダマドラにドローン攻撃を行なっていたが、あと一歩のところでザワヒリを逃がしていた。そして数カ月後、ダマドラでもう一度集会が開かれるという内部情報がもたらされると、ネイビーシールズのチームが村に送り込まれた。

新しい手順が確立されていたので、CIAと軍の当局者はものの数時間でその情報を分析し、作戦を承認した(31)。CIAが情報を入手したとき、アメリカ中央軍司令官のジョン・アビザイド陸軍大将はワシントンにいた。彼は黒いSUVに飛び乗り、車列を連ねてマクリーンに急いだ。アビザイドとポーター・ゴスが急襲作戦の詳細を詰め終えると、短期間のうちにアフガニスタンから数機のヘリコプターが飛び立ち、国境を越えてパキスタンのバジャウルまでシールズを運んだ。

シールズは建物を急襲し、数人を床に押さえつけ、プラスチック製の手錠をかけた。被拘束者たちはヘリコプターに乗せられ、アフガニスタンに連行された。

マクリーンのテロ対策センター内では、CIA担当官がテレビ画面の前に集まり、プレデターから送られてくる映像に見入っていた。このプレデターがダマドラの建物の上空を旋回し、瞬きひとつしない目として建物を監視したおかげで、数千キロ離れた場所にいるスパイたちも作戦の進行状況を見守ることができた。シールズはこの作戦で、アルカイダの指導者をひとりも捕えることができなかった。しかし、ダマドラでの任務により、シールズがひそかにパキスタンに入国し、誘拐作戦を実行し、パキスタン政府から任務についてただされることなく国境を越えて帰還できることが証明された。

第8章 代理戦争

「私と祖国は、世界と戦う。私と氏族は、祖国と戦う。私と家族は、氏族と戦う。私と兄弟は、家族と戦う。私は、兄弟と戦う」

——ソマリアのことわざ

アフリカの角(つの)における混乱

二〇〇六年春になる頃には、ケニアの首都ナイロビにいるCIA工作員たちは覆面輸送機にロケット推進式の手投げ弾、迫撃砲、AK-47自動小銃を積み込み、ソマリアの軍閥の支配下にある滑走路に向けて送り出していた。武器のほかに、現金が詰まったスーツケースもあった。テロとの戦いに協力してもらう対価として、軍閥の長ひとりにつき約二〇万ドルを支払うからである。(1)ソマリアの軍閥の長たちは、長年ことあるごとに相手を殺そうとしてきたにもかかわらず、ひとたびCIAが財布のひもをゆるめると、躊躇(ちゅうちょ)することなく同盟を結んだ。しかも、協力関係に対し「平和の回復と対テロリズムのための同盟（ARPCT）」という、いかにもワシントンが喜びそうな名前までつけた。アブディ・ハサン・アワレ・キブディやモハメド・カンヤレ・アフラといった残虐な過去をもつ指揮官もこの同盟に加わっていることを考えると、図らずも皮肉なネーミングである。CIA内部でさえ、この同盟は冗談の種になった。ARPCTをジェイムズ・ボンドの映画に登場する世界的なテロ組織〝SPECTRE（スペクター）〟になぞらえる者までいた。

ホゼ・ロドリゲスは、ナイロビのCIA担当官が練った計画を承認していた。* 混乱の極みにある貧困国ソマリアにおいて、急拡大する過激派との戦いを手伝うとアメリカ人に請け合った軍閥に武器や資金を密輸するプログラムを拡大するという内容だ。一九九三年のモガディシュの戦いでアメリカ陸軍の特殊部隊レンジャーやデルタフォースに殺し屋を差し向けた者も含む寄せ集めの軍閥は、二〇〇二年にはみなCIAの資金援助を受けていた。彼らはCIAが東アフリカのアルカイダ分子を狩り出す際に協力しており、被拘束者の一部はソマリアからCIAの秘密収容所に向けてひそかに送り出された。しかし二〇〇六年の秘密活動はそれよりは形式的で、軍閥にとってはワシントン公認のうわべだけの仕事になっていった。

イラクでの混乱が深まるにつれ、アメリカの兵士やスパイがアフガニスタン戦争から引き

＊ 二〇〇五年、CIAは「工作本部」を「国家秘密本部」（NCS）に改称した。ロドリゲスは国家秘密本部長だった。

抜かれたばかりでなく、イスラム教徒の若い世代が刺激を受け、武器をとってアメリカに抵抗するようになっていた。当時、機密インテリジェンスレポートの複数の草案が情報機関のあいだで回覧され、イスラム世界で過激派が増殖している問題が報告されていた。最終報告では、イラク戦争は「聖戦主義者(ジハーディスト)にとって悪名高い大事件となり、アメリカがイスラム世界に関与したことに対する憎悪を生み、世界的な聖戦運動の支持者を増やした」と結論づけている。(2)

〝国家情報評価書〟と呼ばれるこの報告は、分散を続ける世界的な聖戦運動は今後さらに分裂し、各地で軍閥が増えるだろうと予想していた。世界情勢は劇変しつつあり、北アフリカや東アフリカ、そしてアラビア半島の貧困地域の国々は、ますます政情が不安定になりつつあった。

イエメンでは、服役中のアルカイダ系民兵二三人が、スプーンと壊れたテーブルの脚を使ってトンネルを掘り、現地の刑務所を脱獄した。ソ連によるアフガニスタン侵攻当時から変わらない囚人の大義に同情的な一部のイエメン人情報機関員が脱獄を助けたようである。あるイエメン政府当局者は、ニューヨーク・タイムズ紙に内部の犯行について説明するにあたり、「いいですか、かつてアフガニスタンでジハードが行なわれたとき、この機関員たちは彼らをサヌアからパキスタンまで警護したんです。人間は関係を築くものであり、それはそう簡単には変わらないんですよ」と語った。(3) インターポールは二三人を逮捕すべく、世界中に緊急指名手配をしたが、ほとんどはそう遠くに行っていなかった。彼らはイエメンにとどまり、のちに〝アラビア半島のアルカイダ〟と名乗る組織の核となった。[4]

その頃ソマリアでは、アーモンド形の眼鏡をかけ、ヘナで赤く染めた髭をあごから突き出した、小柄で太めの男の存在感が高まっていた。ハッサン・ダヒール・アウェイスは、イスラム法廷連合（ＩＣＵ）〔二〇〇六年にイスラム法廷会議に改称〕というソマリアのイスラム評議会の指導者である。ＩＣＵは氏族の長老やビジネスマンや有力者によるゆるい連盟であり、ともにイスラム法の遵守を徹底させることでソマリアの混乱を収めようとしていた。また、長年穏健派が支配してきたＩＣＵは、何十年も続いた軍閥支配を一時的に弱体化させていたことにより、国民のあいだで幅広い人気があった。ところが二〇〇五年後半までにはＩＣＵ内部でアウェイスの影響が強まり、港町マルカにあるアウェイスのシャリーア法廷を拡大した組織と化していた。マルカでは厳格なイスラム教の教義にのっとり、姦通者には石打ち、泥棒には両手の切断といった刑が定期的に行なわれていた。[5]

アウェイスは何年も前からアメリカの最重要テロ容疑者リストの上位に載せられ、ＣＩＡは一九九八年にケニアとタンザニアでアメリカ大使館爆破事件を起こした東アフリカのアルカイダ分子と彼を関連づけていた。にもかかわらずアウェイスは大っぴらに活動し、人目をはばかることなくドバイへ旅行したり、ソマリアの諸都市を自由に移動したりした。彼の指揮下には若くて熱心な暗殺者集団がおり、〝アル・シャバーブ〟と名乗るようになっていた――アラビア語で〝若者たち〟という意味だ。この集団は首都モガディシュをうろついては、ソマリアの暫定連邦政府派に忠誠を誓ったと思われた人間を狩り出し、殺害した。国内をほとんど掌握できていない国連が樹立したこの政府は弱く、腐敗していた。[6] アメリカ人のスパイだと疑われた住民は、その場で射殺された。

CIAは長年ソマリア国内に常設の支局を開設していなかったので、ソマリアの国内情勢を監視する仕事は、隣国ケニアに駐在する収集担当官に下りてきた。ナイロビにあるCIA支局は、九・一一同時多発テロ以降、大きく成長していた。ポーター・ゴスCIA長官が、同庁はアフリカでのプレゼンスを高め、閉鎖されていたアフリカ大陸内の支局を再開するべきだと決めてからは、さらに多くの資金や人員を回してもらっていた。[7] 二〇〇五年の最後の数カ月から〇六年にかけて、赤髭のハッサン・ダヒール・アウェイスとアル・シャバーブの影響拡大を警告する公電が、ナイロビのスパイからマクリーンに届いた。アフガン戦争を経験した長身の義勇兵、アデン・ハシ・ファラ・アイロを含むイスラム法廷連合内の若い過激派が、ソマリアに新拠点を築こうとするアルカイダの工作員をかくまう可能性があると結論づけているものもあった。

ウサマ・ビンラディンとその一派は、ソマリアに拠点を築きたいと考えていたかもしれない。しかし、戦争によって荒廃したソマリアでアメリカ人が直面したのと同じ問題に、彼らも長年悩まされていた。端的に言うと、アルカイダはソマリアを理解しておらず、アフガニスタンで戦争が始まったらソマリアに逃げ込もうという計画はみじめな結果に終わったのである。ソマリアにたどり着いたアラブ人民兵たちは、ソマリアの文化という布に織り込まれた氏族や分家のめまいがするほど複雑なネットワークのなかでうまく立ち回ることができず、ことあるごとに氏族の長老たちにゆすられた。[8] ソマリ人は、ソマリアから西洋人を追い出せ、というひとつの旗印の下に集まるのではなく、互いに相争うほうを選んだのである。イスラム教のなかでも厳格なワッハーブ主義にこだわるアルカイダの民兵は、ソマリアで広く受け入れられている穏健なスーフィズムになじめなかった。また、ソマリ人ははなはだゴシップ好きなことで有名で、外国から来た民兵は彼らが秘密を守れないことに立腹していた。要するに、アフリカ大陸沿岸部にある混沌としたソマリアは、パキスタンやアフガニスタンの山岳地帯とはまったく別の世界だった。

このことは当時、ワシントンの軍やインテリジェンス関係者のあいだではほとんど知られていなかったため、CIAナイロビ支局が発した警告は、ホワイトハウスで注目を集めはじめた。しかし、ソマリアがアフガニスタンと同じ道をたどるとしたら、具体的には何をなすべきか？　ブラックホーク・ダウン事件——一九九三年のモガディシュの戦い——の亡霊はいまもペンタゴンをさまよい、陸軍の将軍たちは、アメリカが再度ソマリアに大規模な軍事介入をするなら、その前に退役するとすでに明言している。しかも、他地域で行なわれている戦争のために陸軍や海兵隊の戦力が足りず、ジブチの元フランス外人部隊の駐屯地で活動する最低限のタスクフォース用に約束してきた以外に、アフリカの角のために割ける部隊はなかった。ブッシュ政権がソマリアは解決すべき課題だと確信すると、ホワイトハウスはCIAに、モガディシュのために新たな戦争を遂行できる代理軍を探すよう命じた。こうして、「平和の回復と対テロリズムのための同盟（ARPCT）」が誕生したのである。

ＡＲＰＣＴの軍閥はワシントンとの関係に関してとても慎重とは言えない態度をとり、ＣＩＡからの報酬をあけすけに吹聴した。しかし、アメリカ側のスパイ技術も貧弱だったため、ＡＲＰＣＴがＣＩＡの隠れ蓑であることはすぐに露見した。武器の輸送や金の受け渡し場所に関する情報は、地元のメディアで報じられた。ＣＩＡ担当官が軍閥の長たちに、さらなる支援が必要なときは連絡するように、と連絡先を渡すと、ＣＩＡの連中は武器や金が必要になったときに連絡するＥメールアドレスまで渡したらしいと、モガディシュ中で噂になった。

ＣＩＡの手際があまりに悪いため、ナイロビのアメリカ大使館にいる当局者のあいだでも意見が分かれた。ここは以前の建物が一九九八年に起きた爆破事件で破壊されたのちに建てられた要塞である。作戦全体はケニアのＣＩＡ支局長が取りまとめていたが、大使館の外交官たちは国務省本部に公電を送り、軍閥を極秘裏に支援すれば反動が生じるだろうと警告しはじめた。こうした公電のひとつで、大使館のナンバーツーであるレスリー・ローは、ＣＩＡのやり方にアフリカの当局者が反発している、と訴えた。国務省のソマリア政策担当官マイケル・ゾーリックは、軍閥政策を非難する公電をワシントンに送り、ＣＩＡはソマリアでも最悪の強盗に武器を提供している、と批判した。(9) その後すぐにゾーリックはチャドへ異動させられた。

これら当局者の一部が警告したとおり、秘密作戦はＣＩＡの顔をつぶした。イスラム勢力を弱体化させるどころか、ソマリアのバランスをあらぬ方向に傾けてしまったのだ。ソマリ人たちは、イスラム法廷連合に頼れば外国の影響を排除でき、ひいては自国を分裂させた軍閥の支配に終止符を打てると考えはじめた。二〇〇六年五月、東アフリカとイエメンに駐在するアメリカ大使が集まって会議を開いたときにはすでに、アメリカ当局者にはモガディシュ情勢が混迷を深めたことが見えていた。次に打つべき手についてだれも合意できないなか、ソマリ人の国家機構を回復させるためにはソマリアの首都で戦うのではなく「アメリカによる前向きな歩み」へと「関わり方を変える」という方針の重要性に関しては、どの大使も納得した。[10]

一時は五分五分だった形勢も一気に逆転され、イスラム勢力がCIAの支持する軍閥をモガディシュから追い出した。イスラム法廷連合は、モガディシュに勢力を結集した。ワシントンにとってさらに災難なことに、このモガディシュの戦いにより、イスラム法廷連合内でハッサン・ダヒール・アウェイスと過激な武装集団アル・シャバーブの影響力がさらに強まったのである。

CIAのテロ対策センターの元スパイ、ハンク・クランプトンは、国務省のテロ対策調整官に転じており、国務省内の自席から惨状が次第に明るみに出るのを見ていた。この仕事では特使という立派な肩書を得たものの、資金が足りず、ときに機能不全に陥る外交機関内では思うように動けなかった。クランプトンから見ると、CIAによるソマリアの軍閥を使った作戦は、問題がむずかしすぎてほかに打つ手がないときには秘密作戦に頼る、というよくあるパターンにワシントンが陥ったことを意味していた。ソマリアでどう行動したらいいかわからなくなったらどうするか？　「金がある、武器もある。だからやってみろ」というだけだ、とクランプトンは言った。

「外交政策なくして、秘密工作がうまくいくはずがありません」とクランプトンは言う。「二〇〇六年当時、いや、現在でもいい、アメリカ政府の対ソマリア政策を説明できるなら、一〇ドルさしあげますよ」

ナイロビのCIA支局長は、内部からの手厳しい批判の矢面に立たされた。ホゼ・ロドリゲスは支局長をケニアから異動させ、CIAは当面、ソマリアとは関わらないことに決めた。イスラム法廷連合がモガディシュを制圧すると、ブッシュ政権当局者はソマリアを新たなテロ国家だと言いはじめた。国務省アフリカ政策担当の高官、ジェンダイ・フレイザーは二〇〇六年後半、公式のスピーチのなかで、イスラム法廷連合とアルカイダには直接的な関係があり、イスラム法廷連合は「テロリスト」であると無遠慮にレッテルを貼った。

ヴァージニアの女傑

ソマリアにおけるCIAの活動が失敗すると、ブッシュ政権はソマリアで台頭するイスラム勢力に対抗する手段を一時的に失った。しかし、政府が歩きたがらない道には、無政府状態に陥った東アフリカの国々で一旗揚げたい民間軍事会社や政府と契約を結びたい者たちにとってみれば、絶好のチャンスが転がっていた。

条件は申し分なかった。アメリカ政府は大勢の職員をソマリアに送りたくなかったものの、ほかのだれかが行ってくれるぶんには喜んで資金を出すつもりでいた。こうしてソマリアは二〇〇六年半ばまでには、外注戦争の場に変わっていたのである。

CIAが支援した軍閥がモガディシュから逃走したちょうど一週間後、馬の飼育で名高いノーザンヴァージニア出身のひとりの中年女性を乗せた民間ジェット機がナイロビに到着した。その女性、ミシェル・バラリンが経営するセレクト・アーマーという小さな企業は、ロサンゼルス郡消防署に防弾衣（ボディアーマー）を納めていたが、ペンタゴンとの大きな取引を成約させたことはなかった。しかしバラリンは防衛産業の四次下請けに甘んじるつもりはなく、はるかに大きな野心を抱いていた。二〇〇六年六月にケニアに降り立ったときは、国連の支援を受けたソマリア亡命政府を率いるアブドゥラヒ・ユスフ・アフマドと、ナイロビの高級ホテルの彼が滞在しているスイートルームで面会する予定になっていたのだ。

金持ちの女相続人然とした女性が、無能な暫定連邦政府の指導者に会うなどということは、いかにも妙な話だった。しかしバラリンはこれまでに何度も〝アフリカの角〟を訪問しており、ソマリアの政界の一部では、ある種カルト的な人気を呼んでいた。バラリンはリピッツァナー種――馬場馬術（ドレサージュ）に適した有名な白馬――の飼育と訓練を手がけていると言い、どこに行くにも高価な品々で着飾った。旅行中はルイ・ヴィトンのバッグを持ち、高価な宝石を身に着け、グッチの服をまとうといった具合だ。世界最貧国のひとつであるソマリアの住民を惑わす魂胆だったとしたら、狙いどおりの効果を上げた。ソマリ人たちは、アラビア語で「姫」を表すあだ名をつけるようになった。バラリンを「アミーラ」と呼んだのだ。

ここまで来るのは長い道のりだった。バラリンは民主党の強力な地盤であるウェストヴァージニア州で、一九八〇年代に共和党候補として下院議員選に立候補し、初めて名を揚げた。ロナルド・レーガンの人気にあやかり、ウェストヴァージニア州立大学があるモーガンタウンで下院議員の座を射止めようとしたのである。当時まだ三一歳だったバラリンは、一九八六年の選挙戦に必要な資金の大半を最初の夫に出してもらった。夫はバラリンより数十歳も年上であり、一九四四年のDデーにノルマンディの海岸に上陸した経験をもち、その後は不動産開発業者としてひと財産を築いていた。[11] けれども選挙戦ではバラリンも資金集めに奔走し、資金集めパーティではコンサート・ピアニストとしての腕前を披露した。現職の民主党議員をウェストヴァージニア州の伝統的な価値観に合わない人物として表現しようとし、選挙戦の終盤には、彼が点字版プレイボーイ誌の印刷に血税を投入するほうに投票したと言って非難した。討論会への出席を拒まれたことまで利用し、厚紙を切り抜いてそこに現職の顔写真を貼りつけ、とにかく討論の形を作った。[12] 選挙ではバラリンが大敗した。

ひとりめの夫の死後、彼女はジノ・バラリンと再婚した。ジノはマンハッタンにある21クラブの元バーテンダーで、ワシントンでは会員制のジョージタウン・クラブの支配人にまでなった。ふたりはヴァージニア州の自宅でたびたびパーティを開き、ついには『グリーン・ブック』という「社会的に傑出したワシントン人」の人名録に名前が掲載された。この人名録は、ワシントンの旧家にとっては聖書のように大切なものだ。バラリンは友人や隣人、そして「馬術の支援者たち」とともに『グリーン・ブック』の仲間入りができてとてもうれしいと、一九九七年に記者に喜びを伝えている。

「この人名録は、変化に激しく揺さぶられてきた古いやり方を象徴しています」とバラリンは言った。「よりおだやかな生き方を象徴しているのです」[13]

その頃、バラリン夫妻はヴァージニア州マーカムにある〝おおかみの首(ウルフズ・クラッグ)〟というものものしい名前の邸宅に住んでいた。この家のかつての当主、ターナー・アシュビーは南北戦争の際には南部連合の騎兵隊司令官であり、ストーンウォール・ジャクソンが率いたシェナンドア・ヴァレーの戦役で名を揚げ、「南部連合の黒騎士」とあだ名された。しかしバラリンには、ポロの試合やガーデン・パーティに明け暮れる洗練された暮らしよりも大きな計画があったようだ。一九九〇年代から二〇〇〇年代前半にかけて、不動産開発から国際金融、そして防弾衣の販売まで、いくつもの会社を立ち上げはじめたのである。

バラリン本人が語っているように、ワシントンにあるフリーメイソンのロッジ（支部）の友人に紹介されてソマリ系アメリカ人の集団と軽い気持ちで会ったのを機に、彼女は戦争で荒廃したソマリアに興味をもち、ミシェルからアミーラに変わりはじめた。[14]バラリンはアフリカに通いはじめた。日曜日には教会でオルガンを弾く敬虔なキリスト教徒だった女性は、かつてインド亜大陸と北アフリカで中心的な存在だったイスラム神秘主義、スーフィズムの教えにすぐに魅了された。オスマン帝国滅亡後、より強力なイスラム教の一派が生まれると、スーフィズムは信仰の土台を失ったが、ソマリアではいまだに広く信仰されている。バラリンは、ソマリア国内でスーフィー派集団を活性化させることが、厳格なワッハーブ派によるワッハーブ派による悪影響と彼女に見えたものを抑える最良の方法だと確信した。アフリカの角では、ワッハーブ派の裕福なサウジアラビア人が各地に送金して過激な神学校やモスクを建設させ、同派の足場を築いていたからだ。

ソマリアにおけるバラリンの表向きの仕事のために、彼女は他の裕福な慈善家と同じく夢物語のような開発プロジェクトを押しつけているように見られたが、彼女のプロジェクトには秘密めいた物騒な側面があった。イスラム法廷連合がモガディシュを制圧したとき、未制圧の広大な地域を利用すれば抵抗運動のための基地を作り、イスラム教徒を権力の座から引きずり降ろし、この国で起業できるかもしれない、とバラリンはチャンスを見出したのである。ヴァージニアの女牧場主は、混乱のなかに身を投じるつもりでいた。

バラリンはアブドゥラヒ・ユスフ・アフマド大統領との会談の席で、ソマリア北部の港町ベルベラに基地を作る計画をもちかけた。ベルベラには、かつてアメリカ航空宇宙局（NASA）がスペースシャトルの緊急着陸用に指定し、いまは使われていない滑走路がある。バラリンはそこを拠点に商業交通を発展させ、反アル・シャバーブ勢力の訓練地にすればいいと考えた。アフマド大統領は、政治亡命をしてナイロビの高級ホテルに逃げ込んだ名目上の指導者でしかなかったため、バラリンの計画を承認する立場にはなかった。しかし、会談が終わったとき、バラリンは有頂天だった。数日後、彼女はアメリカにいるビジネス・パートナー数人にEメールを送りまくった。フロリダに拠点を置く民間警備会社ATSワールドワイドのトップ、クリス・ファリーナも、送り先に含まれていた。

「みなさん、アブドゥレー・ユセフ［ママ］大統領と参謀総長との会談は大成功」とバラリンは書いた。[15]「現段階では儀典長と連絡をとってほしいと言われました」そのEメールのあとのほうでは、CIAは自分の計画に気づいている、ニューヨークにいるCIAの知人に会ってみるつもりだ、とほのめかした。

しかしファリーナは警告を発し、中途半端な状態でこの計画に着手すべきではないと返信した。「現段階で、最初の作戦の勢い／主導権を生かせる軍の増援もないままに「モガディシュに」強行突入する作戦を実行すれば、ディエンビエンフーの二の舞になるだろう」と、彼は一九五四年のインドネシアにおけるフランスの大敗を引き合いに出した。[16]

ファリーナはバラリンに、CIAはおそらく最善のパートナーではないだろうとも告げた――ソマリアで起きたばかりのことを考えれば、賢明なアドバイスだろう。それよりペンタゴンと組んだほうがいい、と彼は助言した。[17]

バラリンは結局その助言に従ったものの、ソマリア国内での危険な事業に出資するようペンタゴンを説得するには、さらに二年を要することになる。

エチオピア vs. ソマリア

イスラム法廷連合がモガディシュを制圧した当初は、もう何年もなかった平穏が首都に訪れた。軍閥によって分断されていた町が、ようやく通行自由になったのである。海からほんの一・六キロのところに住みながら、敵対する軍閥の縄張りを渡れないために海を見たことがなかった子供たちも、浜辺で自由に一日を過ごすことができるようになった。[18]

ところが、その夏、実質的にイスラム法廷連合の実権を握っていたアル・シャバーブが次々と政策を打ち出すと、ソマリ人の多くは新しい指導者に背を向けるようになった。外国映画もサッカーの試合も放映を禁止された。女性はベールで顔を覆うよう強いられた。何より不評だったのは、カート禁止令だ。カートは麻薬性のある緑色の葉で、ほぼすべてのソマリ人男性が毎日かんでは、おだやかな至福のひとときを過ごしていたのである。

モガディシュでイスラム法が強制されたことに対するワシントンの懸念は、東部国境沿いにアルカイダの新しい安息地が作られているのではないかと恐れるエチオピア当局からインテリジェンスが次々と送られてきたことで、いやおうなくかき立てられた。エチオピアとソマリアのあいだの敵意も深まっていた。一九七〇年代、両国はエチオピアのオガデン地方の領有権をめぐって争った。当時はアメリカがソマリアを支援し、ソ連がエチオピアに軍事支援をしたことから、やがて冷戦の代理戦争へと発展した。ところがソ連の崩壊により、世界の多くの地域と同じようにアフリカにおける同盟関係も再編された。一九九〇年代にかけて、ワシントンが今度はイスラム原理主義の拡大を懸念するようになると、キリスト教徒が大多数を占めるエチオピアと同盟を結ぶのはごく自然な流れに見えはじめた。

そのため二〇〇六年の夏に、エチオピア当局がイスラム法廷連合とアル・シャバーブを駆逐するためにソマリアへ侵攻する可能性について公然と口にしはじめると、ワシントンの当局者の一部はこれをチャンスと捉えた。ソマリアの軍閥をかき集めて武装させる戦略は失敗したが、エチオピア軍ならソマリアにおけるアメリカの新しい代理軍になれるかもしれない。

イスラム勢力がモガディシュを制圧して数週間のうちに、アメリカ中央軍司令官のジョン・アビザイド大将は東アフリカ歴訪の一環として、エチオピアの首都アジスアベバを訪れた。軍、CIA、そして国務省の当局者が現地のアメリカ大使館で会合を開いたとき、アビザイド大将は、エチオピア軍がモガディシュに戦車を進めるとしたら彼らには何が必要か、と尋ねた。

アビザイドは、アメリカがエチオピアに侵攻をけしかけることはないが、仮にエチオピアがソマリアに侵攻するなら確実に成功させるよう努力する、と言明した。[19] 彼はエチオピア当局者とも会い、ソマリア国内におけるICU軍の配置に関してアメリカがもつインテリジェンスを提供しようと申し出た。ワシントンではジョン・D・ネグロポンテ国家情報長官が偵察衛星でソマリアを監視する許可を与え、エチオピア軍にくわしい画像を提供できるよう態勢を整えた。二〇〇六年にエチオピアのアジスアベバに駐在していたあるアメリカ当局者は、「われわれの戦争をエチオピアにやってもらおうという考えでした」と述べている。

エチオピアがソマリアに侵攻すれば、コーヒーの産地であるエチオピア東部の基地からアメリカ軍特殊作戦部隊をソマリアに入国させる任務の目くらましにもなる。二〇〇六年の夏から秋にかけて、エチオピア軍がいよいよソマリアに侵攻する可能性が高まると、アジスアベバの約五〇〇キロ東にあるディレダワの基地に海軍建設工兵隊が到着した。公式にはこの部隊は、人道支援のために来ていた。大雨が続き、ディレダワ周辺の平原で河川が氾濫し、洪水となって町に流れ込んだ。建設工兵隊は、洪水で家を失った一万もの人々のためにテントを設営したり、緊急医療支援を行なったりしたのである。[20]

ところが、ディレダワに現れたC－１３０輸送機は、人道目的の救援物資のほかにも、タスクフォース88と呼ばれるJSOCの隠密部隊の一部として三々五々エチオピアに入国していたネイビーシールズとデルタフォースの特殊作戦部隊用の武器も搬入しはじめていた。エチオピアのソマリア侵攻に紛れてソマリアに入国し、イスラム法廷連合の幹部を狩り出そうという計画だった。[21]

ソマリア潜入任務は、従来アメリカ軍兵士が立ち入りを禁じられていた国々に、軍の特殊作戦部隊を潜入させてかまわないとした、ドナルド・ラムズフェルドによる二〇〇四年の指令のもとに承認された。二〇〇七年一月初旬、エチオピア軍の戦車部隊の第一陣が国境を越え、ソマリア南西部に展開するイスラム法廷連合の軍事施設に砲弾の雨を降らせはじめてからわずか数日後、タスクフォース88がソマリア国内で自分たちの任務を開始した。このグループには、ペンタゴンの秘密情報組織であり、のちにコードネームをタスクフォース・オレンジに変えるグレイ・フォックスの偵察専門部隊も同行していた。グループは、イスラム法廷連合の司令官たちの通話を傍受し、彼らの現在位置を正確に割り出せる特殊な装置を携行していた。

特殊作戦部隊に加え、１０５ミリ大砲とガトリング砲を搭載したAC－１３０攻撃ヘリ（ガンシップ）二機がエチオピア東部の滑走路に降り立ち、一月初旬、ガンシップはソマリア南部の沼地にある小さな漁村を攻撃した。[22]アル・シャバーブの若き指導者、アデン・ハシ・ファラ・アイロが、ラス・カンボニという村に潜伏しているというインテリジェンスをもとに行動したのである。激しいミサイル攻撃の数時間後、アメリカ軍とエチオピア軍の部隊は瓦礫の山を捜索し、アイロの血に染まったパスポートを見つけた。アメリカ側はアイロが今回の攻撃で負傷したならそう長くはもたないだろうと考えたが、彼の行方はだれにもわからなかった。その二週間後、AC－130ガンシップは今度は別のイスラム系司令官を狙って攻撃をしたが、それによって殺害されたのは狙った標的ではなく一般市民だった。

二〇〇七年前半のソマリアにおける秘密任務は、成功したともしていないとも言える。アメリカの軍と情報機関は、エチオピア軍によるソマリア南部の攻撃を支援し、イスラム法廷連合軍をすぐに撤退させた。ところが、法廷連合側の上級司令官や、一九九八年の大使館爆破事件に関与したアルカイダの分子を拘束または殺害するというJSOCの任務は失敗に終わった。しかも、小規模な人間狩り以上に、より大がかりなエチオピアによるソマリア占領は、かなりひどいものと言えた。

ブッシュ政権がひそかにこの作戦を支援したのは、エチオピア軍ならイスラム法廷連合をモガディシュから追放し、国連が支援する暫定政府を軍事的に保護してくれるだろうと信じたからである。ソマリア侵攻によりひとつめの目的は果たしたものの、貧しいエチオピア政府には腐敗した暫定政府を守るためにソマリアに部隊を駐留させ、無駄な出費をするつもりはなかった。戦闘が終わって数週間のうちに、エチオピア政府の高官は軍事目的を達成したと宣言し、撤退について公式に発言しはじめた。

エチオピア軍は宿敵ソマリアに残虐で見境のない猛攻をしかけた。闇雲に市街戦を行ない、買い物客でごった返す市場や混み合った住宅街に遠方から砲弾を撃ち込み、数千もの一般市民を殺害した。エチオピア軍の軍紀は乱れ、兵士たちは略奪や集団レイプをほしいままにした。国際人権NGOヒューマン・ライツ・ウォッチのインタビューに応えた若者は、エチオピア人たちが父親を殺し、母親や姉妹をレイプするさまを目撃した、と証言している。(23)

憎きエチオピア軍に占領されたことで、今度はアル・シャバーブに入隊希望者が殺到し、同集団が急拡大した。暴徒は道端に爆弾をしかけたり、イラクやアフガニスタンの民兵が活用して大いに成果をあげたゲリラ戦術を用いたりした。外国人戦闘員もソマリアに流入した。ジハード主義者向けのインターネットサイトは、五七〇年頃にエチオピア軍がメッカに進軍した際、エチオピア軍を手引きしたことでイスラム世界では裏切り者として悪名高いアブー・ラガルの名まで出して、人々に参加を呼びかけた。戦闘員はモロッコからもアルジェリアからも集まった。

そして、アメリカのミネソタ州からもやってきた。エチオピア軍の侵攻からほどなくして、ミネアポリスのリトル・モガディシュ界隈に住むアメリカ人学生二〇人が空路ソマリア入りし、キリスト教徒の侵略者に対するジハードに参戦した。そのなかには、コミュニティ・カレッジを中退したシルワ・アフマドもいた。アフマドはバスケットボールが大好きで、日々アルバイトばかりし、ラップ音楽の歌詞を覚えたりするような若者だった。彼はエチオピア軍によるソマリア侵攻に激怒して、アフリカの角に向かい、アル・シャバーブに加わったのである。

翌年一〇月、アフマドは爆発物を満載した車を飛ばして、ソマリア北部のプントランドにある政府の建物に突入した。

彼はアメリカ人自爆テロリスト第一号となった。

第9章　基地

「鏡の荒野のなか、クモはどうでしょう、コクゾウムシは遅れるでしょうか、活動を休むでしょうか」

——T・S・エリオット「ゲロンチョン」

部族地域への浸透

パキスタンに赴任したCIA担当官にとっての第一のルールをアート・ケラーが学ぶまでに、長い時間はかからなかった。それは、パキスタンでは一日を過ごすごとに前日より知っていることが減るということだ。任期が終わるときには何もわからなくなっている。

部族地域の南ワジリスタン管区のワナ近郊にあるCIAの基地に、ケラーを乗せたヘリコプターが降り立った二〇〇六年半ばには、パキスタンにおける情報活動は、ジェイムズ・ジーザス・アングルトンが好んだ「鏡の荒野」という言葉の二一世紀版と化していた。無慈悲なことで有名だった伝説的なCIA防諜部長アングルトンは、愛読するT・S・エリオットの詩を引用して、冷戦期のスパイ活動における裏切り、二重スパイ、引き裂かれた忠誠心を表現した。それから数十年後、パキスタンで繰り広げられることになるスパイゲームも、荒れ狂っていることに変わりはなかった。

少年のような顔立ちのケラーは、アルカイダがパキスタンの山岳地帯を新たな拠点に作り変えようとしていた時期にそのど真ん中に降ろされるにはあまりに不似合いだった。彼はそれまでパキスタンに足を踏み入れたことがなく、現地語を話すこともできないうえ、専門であるイランのミサイル開発計画は、ワナではたいして役に立たない。ところがイラク戦争のせいで少しでも中東経験のある収集担当官がアフガニスタンやパキスタンから引き抜かれたため、秘密工作部門としてはとにかく頭数をそろえるしかなかった。そこで、アート・ケラーはアフガニスタンへの赴任を志願した。そして、パキスタンに配属されたのである。

「あの基地の駐在員として理想的なのは、ダーリ語かウルドゥー語かパシュトー語に堪能で、経験も豊富にあり、標的に関する知識がある人物です」と彼は言う。(1)

「それなのに、なんと私が配属されたんですよ」

ケラーは陸軍や大学やジャーナリズム業界を一〇年ほど渡り歩いたのち、一九九九年にCIAに入庁した。高校卒業時には国際問題に関心があったが、これと言ってやりたい仕事がなかったので、一九九〇年代前半に陸軍に入隊した。軍ならきっとリスクを取らずに大学の学費を稼げるだろうと信じていたからである。「一八カ月後」と彼は言った。「私は砂漠の

ど真ん中に座り、『なんでこんなところに来ちまったんだろう？』と悩んだわけです」(2)

イラク軍をたちまちクウェートから駆逐した〝砂漠の嵐〟作戦には、彼はわずかしか関わっていない。パラシュート整備中隊に配属されていたものの、湾岸戦争では空挺作戦が行なわれなかったため、中隊の仕事がなかったからである。開戦前夜、彼が所属する部隊はサウジアラビアの砂漠の真ん中に運ばれ、イラクに侵攻するアメリカ軍戦車部隊のための補給基地を警備した。

ケラーは陸軍を除隊したのち、ノーザンアリゾナ大学に入学し、卒業後は記者になるかCIAに入ろうと決めた。アリゾナ・リパブリック紙のスポーツ部に採用され、政治部に異動になるまさに直前にCIAが彼に接触し、採用を告げた。

ケラーは、大量殺戮兵器の拡散を防ぐことを目的とした拡散防止部門に配属され、初めての海外赴任地は国際原子力機関（IAEA）の本部があるウィーンだった。CIAウィーン支局の担当官の任務は、IAEA内に情報源を確保し、秘密協議の内容を知ることだった。ところが九・一一同時多発テロ後は、イラン、イラク、北朝鮮などの体制に制裁を科すよう促すべく、重要な情報を逆にIAEAに提供するようにもなった。

ケラーは、弾道ミサイルの開発にかけるテヘランの思惑はかなりよく理解できるようになったものの、当時イランはCIAの懸案リストのトップにはなかった。二〇〇二年の夏も終わる頃、ウィーンにおけるケラーの上司がマクリーン出張から戻り、支局の担当官たちに近づいてきた。

「イラクに侵攻して、戦争をする可能性があるという噂は、みんな聞いているだろう？」と上司が問いかけたことをケラーは覚えている。「それを正当化するための証拠を見つけるよう、本部には信じられないほどの圧力がかかっているから、本部からむちゃな命令が出されることもあるかもしれない」と上司は言った。「ほら、『U・ボート』という映画のなかで、潜水艦が海底にいるとき、ボルトが抜けて艦内にはじけ飛ぶ場面があるだろう？」上司がまた問いかけた。「本部は今まさにあんな状態なんだよ」

不運なイラク侵攻ののち、ケラーはイラクで簡単な仕事をふたつほどこなした。そのひとつは、イラク調査団の一員として兵器の捜索にあたる任務である。CIAが率いたこの武器調査団は二〇〇三年から〇四年にかけて、砂漠に点在する施設を調べては、サダム・フセインのまぼろしの化学・生物兵器開発プログラムの証拠を探した。これが無意味であることは、任務にとりかかって早々にケラーにもわかった。仮に兵器の山があれば、イラクの科学者たちがそれをアメリカに見せ、CIAから報酬として現金とおそらく移住先を得る理由はいくらでもあったにもかかわらず、彼らは兵器は存在しないと調査団に言い張るばかりだったからである。それでもケラーやほかの担当官は同じ科学者に二度、三度と質問を繰り返し、調査団の尋問回数を本部が多めに報告できるようにした。これはまた、ブッシュ大統領とチェイニー副大統領がイラクでの兵器捜索はまだ継続中だ、と公式に発表することを可能にした。二〇〇六年にケラーが到着した南ワジリスタンにあるCIAのほこりっぽい基地は、〇四年に行なわれたネク・ムハンマド率いる民兵との戦いで、パキスタン軍が大砲やガンシップで攻撃した町のなかにあった。政府軍がワジール族と休戦協定を結んだシャカイのマドラサにも近い。ケラーが着任した当時は、それとは別の効力の弱い和平協定が結ばれていた。パキスタン軍と、〇四年のCIAによるドローン攻撃で死んだネク・ムハンマドの血塗られた旗印を引き継いだ民兵組織の若き指導者、ベトゥラ・メスードの交渉により成立したものである。メスードには休戦協定を守る気など毛頭なく、南ワジリスタンにおける権力を強化し、パキスタン軍への奇襲攻撃を計画するための時間稼ぎとしか考えていなかった。だが、〇六年当時のパキスタン軍指導部は、部族地域でもう一度戦いたいとは思っていなかった。つまりアート・ケラーがワナに着任したとき、パキスタンの兵士やスパイは寝た子を起こしたくなかったのである。

その結果、CIA担当官と南ワジリスタンに駐在する軍統合情報局（ISI）工作員の関係は惨憺（さんたん）たるものだった。ケラーはワナに来て、年上で気むずかしい前任者のジーンという担当官から業務の引き継ぎを受けてはじめて、両者の関係がいかにひどいかを知った。パキスタン軍はほとんどパトロールをしないうえ、一日の大半を安全な兵舎で過ごしているだけだと、ジーンはケラーに告げたのだ。パキスタンの軍やスパイは、こちらがどれだけ強く訴えても、ベトゥラ・メスードが南ワジリスタンで築きつつあるミニ国家を攻撃しようとはしない、とジーンは言った。

メスードはネク・ムハンマドとちがい、マスコミ好きではなかった。インタビューにはほとんど応じず、イスラム教の厳格な教えに従って写真も撮らせない。ほとんど教育を受けたことはなく、マドラサで多感な時期を過ごしたこともなかったが、二〇〇六年には五〇〇〇人規模の民兵からなる好戦的で忠実な部隊を率いていた。逆らう者には容赦がなく、脱走兵は狩り出して殺させた。南ワジリスタンの実権を握りたいがために、二〇〇四年にグアンタナモ収容所から釈放された片脚の戦士であり、かつての師でもあるアブドゥラ・メスードをパキスタン軍が捕えるのを手引きしたという疑惑まである。バロチスタン州にあるアブドゥラの自宅をパキスタン軍が包囲すると、アブドゥラは手榴弾(しゅりゅうだん)を胸の高さまで持ち上げ、ピンを抜いた。(3)

〝パキスタン・タリバン運動〟として知られるテリキ・タリバン・パキスタン（TTP）の名のもとに小規模な民兵組織が集結し、ベトゥラ・メスードが指揮官になると、メスードの権力や影響力は一気に拡大した。アフガニスタンのタリバンの場合は、ムラー・オマルが組織を統制し、ひそかにISIの後ろ盾まで得ていた。それとは異なり、パキスタンの新興組織であるTTPは、イスラマバードやカラチなどの都市で自爆攻撃をしかけてはそれを血なまぐさい取引材料に、パキスタンの兵士やスパイを部族地域から追い出そうとした。彼らはそれを「防衛的ジハード」と呼び、自分たちの土地に侵入してきたよそ者とみなしていたパキスタン軍から部族の生き方を守るための闘争と位置づけた。

TTPは部族地域外にはほとんど関係筋も支持者もいなかったが、二〇〇六年当時のワナをだれが支配していたかは明らかだった。ベトゥラ・メスードの支持者たちは南ワジリスタン全域で暴力的に正義を執行し、周辺を歩き回っては、アメリカ政府やパキスタン政府に協力した疑いのある部族長を暗殺した。泥棒は街角で絞首刑に、姦通者は石打ちの刑に処され、ワナのバザールの商人たちは、パキスタン軍の斥候を斬首する場面を記録したウルドゥー語の残虐なＤＶＤを公然と販売した。この殺人映像はプロパガンダと脅迫の意味を兼ね備え、軍は兵舎にこもっていろ、この地は部族の支配に任せろ、というぶっきらぼうなメッセージを伝えていた。ベトゥラ・メスードはワナの理髪師に対し、〝イスラム法(シャリーア)で禁じられているので髭はそりません〟と店頭に表示するよう命じた。命令に従わない理容師は、店が焼け落ちるのを目にした。民兵による支配を示すもうひとつの証拠はよりおもしろくないものだ。ケラーの基地では、二週間に一度しか燃料が補給されなかった。それは、パキスタン軍トラックの通行を民兵が許可した日だった。

ＣＩＡの基地は、ワナ近郊のより広大なパキスタン軍基地内にあるレンガ造りの建物に置かれた。パキスタン軍特殊部隊の派遣隊がアメリカ人の使う建物を警備していたが、この部隊が警備員というより看守に近いことは、ケラーにはすぐにわかった。ＣＩＡ担当官は基地外には絶対に出してもらえなかったからだ。建物の内部はいくつもの小部屋に分かれており、アメリカ人たちはそこで食事をし、睡眠をとった。また、ＩＳＩに通信を傍受されないよう、保全措置のとられた無線やコンピュータを使って上司と通信した。小さな基地は配管が漏水するせいで下水のにおいがし、天井の漆喰(しっくい)のかけらがよくベッドや皿、通信機器の上にぼろぼろ落ちてきた。あるときジーンはＣＩＡイスラマバード支局に掛けあい、基地内にスカッシュ用コートを作る予算を組んでもらおうとした。パキスタン軍人のあいだでスカッシュが人気なので、コートがあればCIA担当官も友好関係を築きやすいと訴えたのだ。この要望は聞き入れられなかった。

ケラーとISI側の中心的なパートナーとの関係は、最初から険悪だった。ジーンが南ワジリスタンを去る前に軽いいたずらをしたことも少なからぬ原因である。ジーンはヘリコプターでワナから飛び立つ日に、ウルドゥー語で書かれたメモをケラーに手渡し、ISIの担当官と初めて会うときに渡すよう告げた。何が書いてあるのかケラーには見当もつかなかったが、言われたとおりに初めての会合でそのメモを相手に渡した。彼は、ケラーにメモを見たカタック族出身のISI担当官は、おもしろくもなさそうだった。メモを通訳してくれた。

「くそカタック族は絶対に信用できない」とメモには書いてあった。

「ジーンはおもしろい冗談だと思ったんでしょうね」ケラーは言った。「ジーンには感謝しますよ」

情報収集活動の実態

ワナではアメリカ側とパキスタン側のあいだに不信感が積み上がっていたこともあり、南ワジリスタン駐在時にケラーが監督したインテリジェンス収集の大半は、ISIの承認を得ずに行なわれた。CIAがこの地域で育てたパキスタン人エージェントの名前や連絡先はジーンが引き継いでいた――今度はケラーがこの情報網を動かす番だ。とはいえワナにいる白人系アメリカ人スパイにとって、ISIに気づかれずにパキスタン人エージェントの情報網を運用するのは簡単ではなかった。エージェントをCIAの基地に呼び出せばISIに見つかって逮捕されるだろうし、基地外でケラーが会おうとすれば、それも彼らを危険にさらすからである。

対照的に、国境の向こうのアフガニスタン側で働くCIA担当官ははるかに仕事がしやすかった。二〇〇六年には、CIAはアフガニスタン東部のホーストやアサダバードなどに一連の小さな基地を立ち上げていた。エージェントはそこから国境を越えてパキスタンに送り出され、部族地域の情報を収集した。アメリカ人は、基地内か周辺の町でエージェントに会えばよかった。CIAは「標的分析担当官」をマクリーンからアフガニスタンの前哨基地に送り込むようになり、部族地域で得られた人的情報をふるいにかけ、それを偵察衛星や情報収集拠点から集めたインテリジェンスと組み合わせ、バジャウルやワジリスタンにいる民兵の位置を特定しようとした。三年後、こうした基地のひとつであるホーストのチャップマン基地で、CIAが高位のエージェントだと信じていた男と会うことになった。しかし、じつはこの男が民兵側についていたため、大惨事が起きる。ヨルダン人医師だったこのエージェントが基地内で自爆ベストを起爆し、CIA職員七人が死亡したのである。CIAにとっては、一九八三年にベイルートでアメリカ大使館が攻撃されて以来最悪の日となった。

ケラーにはエージェントに会うという選択肢がなかったため、南ワジリスタンに駐在した数カ月のあいだは、もっとも優先度の高いエージェントとコンピュータ通信のみで連絡をとり、情報源と一度も顔を合わせないまま、仲介者たちを取りまとめる複雑なインテリジェンス網を維持した。ケラーは当時の経験を、イラク戦争真っ只中のバグダッドにいた西側の記者の経験になぞらえた。当時、記者たちは町なかを自由に移動できなかったため、情報や引用の収集はイラク人の非常勤レポーターに頼っていたのだ。

ケラーの場合は、彼がCIAのコンピュータ・エンジニアにメッセージを送ると、エンジニアがそれを暗号化し、CIAに協力するパキスタン人エージェントに送った。そのエージェントには、CIAのエンジニアからのメッセージを受信できる特殊な通信設備が渡されていた。パキスタン人エージェントは毎月数百ドルの報酬を得たものの、その一部は南ワジリスタンにいるアルカイダ工作員の活動情報を集める別のエージェント（「サブエージェント」とも言う）の雇用に充てられた。サブエージェントは雇い主については一切知らず、ISIが資金提供者だと思っていたかもしれない。ケラーは、監視対象にもっとも近いサブエージェントと、三層から四層隔たっていたのだろう。

ケラーが南ワジリスタンにいた当時、CIAの主な標的はアブ・ハバブ・マスリという偽名のエジプト人化学者だった。マスリはビンラディンの側近のひとりで、かつてアフガニスタン国内にあるアルカイダのデルンタ訓練キャンプを統括したこともあり、アルカイダはそこで化学兵器やその他の毒物を実験していた。マスリは南ワジリスタンに潜伏しているとみられ、アメリカはその首に五〇〇万ドルの懸賞金をかけていた。ところがCIAはマスリの外見についてほとんど何も知らなかった。二〇〇六年前半、アメリカ政府当局はマスリの指名手配書の顔写真に誤って別人の写真を使っていたことを認めた。手配書の写真は黒いシルエットに取り換えられた(4)。

標的に関する手がかりがほとんどなかったため、南ワジリスタンのCIA担当官たちは、身元がはっきりしない情報源からの曖昧な情報に頼らざるを得ないことも多かった。ケラーが受け取ったそうした内部情報のひとつに、マスリがワナのバザールにある特定の店に出入りしているというものがあった。ケラーはパキスタン人エージェントに、その界隈に住み、店を訪ねても怪しまれない人物をサブエージェントとして雇うよう頼んだ。こうして、その店を張り込み、マスリが本当に常連客かどうかを確かめ、マスリの写真を撮る、という作戦が立てられた。そして監視設備を導入し、マスリが接触を試みる相手を確かめる段階に進む予定だった。

最終的にこの作戦が成功したのか、マスリを捕えるための大きな作戦の一部にすぎなかったのか、ケラーが知ることはなかった。個々の基地の担当官は、わずか数十キロしか離れていない町で行なわれる作戦でも、それがほかのCIA基地の管轄であれば何も知らされず、パキスタン国内の他地域で交わされる秘密の公電は見ることができない。ケラーが虫のように低い目線で見た状況をこつこつインテリジェンスレポートにしたためて送ると、イスラマバードの分析担当官がそれをモザイク画のピースのひとつとして使ったのだ。

このような状況では、情報の使い回しが生じやすかった。あるとき、ケラーが取りまとめている下位情報源のひとりが、北西辺境州のディール・ヴァレーでウサマ・ビンラディンが目撃されたという内部情報を上げてきた。ケラーはさっそくイスラマバードに公電を送り、この情報の裏を取るために現地にエージェントを送り込んではどうかと提案した。

この公電を受け取ると、イスラマバード支局長は激怒した。ビンラディン関連情報はエルヴィス・プレスリーの目撃情報のようなもので、はるか遠くのマクリーンまでもが関心をもつ。パキスタンのCIA担当官は、ビンラディンに関する噂はどれほど曖昧でも調査するよう圧力をかけられており、ディール・ヴァレーの目撃情報はもう何カ月も前に調査が済み、偽情報だと確認されていた。こうなるとイスラマバード支局としては、興奮しているCIAの上層部に対して、なぜケラーの情報は無視するのかを説明しなければならない。イスラマバード支局長はみずからワナに飛び、ケラーを厳しく叱責した。乗り心地の悪いヘリコプターに乗ってでも、ここは出張ったほうがいいと考えたのである。

「この噂は、彼らが時間をかけて真剣に真偽のほどを確かめ、ようやく葬り去ったものでした」とケラーは振り返った。「それなのに、まるで吸血鬼のように、私が復活させてしまったのです」

キャノンボール作戦

ケラーは知らなかったが、彼は大がかりな作戦の一部にすぎなかった。二〇〇六年にCIAはパキスタンとアフガニスタンに送る収集担当官の人数を一気に増やし、ウサマ・ビンラディンの捕獲にもう一度傾注していた。マクリーンの高官の目には、イラク戦争によりアルカイダ狩りの注目度が下がったのは痛いほど明らかだった。しかし、ビンラディン狩りには、CIA内部の問題もつきまとった。イスラマバードに赴任した収集担当官は、本部のテロ対策センター（CTC）の担当官と対立していた。イスラマバード支局員たちは、プレデター攻撃を好むCTC担当官を「おもちゃをもらった子供のようだ」とばかにしていたのだ。[*1]イスラマバード支局長は、二〇〇五年から〇六年にかけて行なわれたドローン攻撃——回数はそれほど多くはなかったが、粗雑な情報に基づいて行なわれたことも多く、多数の民間人を巻き込んだ——は、パキスタン国内でアメリカに対する敵意をかき立て、ドローン攻撃について嘘をつかざるを得ないという不愉快な立場にパキスタン当局を追いやっただけだ、と考えていた。[(5)]

CIA本部も機能不全に陥っていた。現地のスパイを統括する工作本部のメンバーとポーター・ゴスの側近たちの対立がマスコミのリークを通じて表沙汰になったほか、工作本部はCIAの他部門とも縄張り争いをしていた。二〇〇五年後半、ポーター・ゴスはCIAの幹部を全員招集し、合宿形式のマネージャー会議を開いた。幹部同士の緊張をゆるめようとしたのである。その会議の場で、現場からの報告を分析する分析担当官のトップである情報担当次長は、収集担当官は傲慢であり、ほしいものはなんでも手に入れられる、と公然と批判した。作戦を統括するホゼ・ロドリゲスが怒りを爆発させた。「コーヒーのにおいでも嗅いで目を覚ませ！」ロドリゲスの怒鳴り声に、机上から世界を見る分析担当官とちがい、彼の下で働く収集担当官たちは「槍のとがった穂先」で仕事をしていることを、室内の出席者みながら思い知らされた。

ロドリゲスは気性が激しく、ときに秘密工作部門内でも問題を起こした。二〇〇六年前半には、みずから任命したテロ対策センター長のロバート・グルニエとほとんど口をきかなくなっていた。元イスラマバード支局長のグルニエは上品な頭脳派で、多くの点でロドリゲスの対極にあった。グルニエはCIAの対テロリズムの監視対象をアフガニスタンやパキスタンから拡大し、東南アジアや北アフリカなどで出現しつつある新たな脅威にもっと担当官を集中させるよう命じていた。テロ対策センターは二〇〇一年以来拡大する一方だったのだから、そろそろ整理して重複をなくす必要があるとグルニエは考えたのだ。一九九〇年代に創設され、アレック支局というコードネームを与えられたビンラディン捜索ユニットは再編され、改称させられた。

ロドリゲスにしてみれば、何もかもがビンラディン狩りの力を削ぐ行為に思えた。彼はグルニエを更迭し、別のCTC担当官をトップに取り立てた。マイクという名の細身の男で、チェイン・スモーカーの仕事人間である。[*2] マイクは入庁初期にアフリカで収集担当官として活動し、イスラム教に改宗した。[(6)] 普段から黒やグレーの服ばかり着ており、態度も全体として暗い。「暗黒の君」と呼ぶ者もおり、のちに彼は、ベトナム戦争以来CIA史上もっとも

＊1　CIAのテロリスト対策センターは、二〇〇五年にテロリズム対策センターに改称された。
＊2　マイクは現役の収集担当官なので、ここではファーストネームだけを記す。

大規模な暗殺作戦を指揮することになる。

二〇〇六年にCTCの長になったとき、マイクが真っ先に取り組むべき任務は、アフガニスタンとパキスタンにいるCIA担当官を支援する計画を実行すること、カブール支局とイスラマバード支局との対立を解消すること、そしてCIA本部の人員を再編することだった。マクリーンでは、メイン・カフェテリアの外にあるスターバックスを通りすぎたところにかまぼこ形兵舎のような巨大な建物が建てられた。増えつづけるビンラディン狩り担当者用のオフィスである。キャノンボール作戦と呼ばれるこの新しい計画の一環として、数十人のインテリジェンス分析担当官がカブールやイスラマバードに派遣され、アルカイダの幹部の居場所に関するわずかな手がかりを追う収集担当官とタッグを組んで仕事をすることになった。

しかし、何より重要なのは、CIAが現場に送る収集担当官を増員し——アート・ケラーもそのひとり——パキスタン当局とは別個に情報源を獲得しようとしたことである。アメリカはアフガニスタンでは正式に戦争を行なっているので、カブールにはさらに多くのCIA担当官を容易に送り込めた。より大きな問題はパキスタンだった。ISIは同国への入国を求めるアメリカ政府当局者のビザの申請数を厳しく監視し、イスラマバード支局に赴任したCIA担当官から目を離さない。マクリーンとしては、パキスタンに潜入させるスパイの身元を隠すために、もっと変わった方法を考えざるを得なかった。

二〇〇五年一〇月八日の朝、チャンスが訪れた。カシミール地方の山岳部で大地震が起き、ムザファラバードの町が壊滅し、パキスタン北部一帯で地滑りが起きたのだ。パキスタン政府の初期の推計によると死者は九万人近く、そのうち一九〇〇〇人は倒壊した校舎の下敷きになった子供だった。(7) パキスタンのカシミール地方には数十億ドル相当の国際支援がもたらされ、地震の直後から、アメリカの軍用ヘリコプターが何機もアフガニスタンから国境を越えて人道支援物資を運び込んだ。カシミールではヘリコプターのチヌークが日常的に見られるようになり、パキスタン人はそれを現地語で「慈悲深い天使」と呼ぶようになった。(8)

しかし、アメリカ人は人道支援に来ただけではなかった。地震発生後数カ月のあいだ、CIAはカシミールでの支援活動を隠れ蓑に、ISIに気づかれることなく収集担当官をパキスタンに潜入させたのである。アメリカ人スパイは、さまざまな職業の民間人を装った。ISI当局は、人道支援はCIA担当官をさらにパキスタンに潜入させるためのトロイの木馬かもしれないと疑った。しかし、カシミール地方に甚大な被害が出ていた。支援物資の流れを維持せざるを得ない切迫した状況下において、パキスタンの軍と情報機関の担当官たちは、パキスタンに到着するアメリカ人すべての身元を確認できる立場にはなかった。

CIAがパキスタン国内でのプレゼンスを高めたことが実を結びはじめるまでには数年を要することになり、しかも得られた果実はそれほど多くなかった。CIA本部の元高官は、パキスタン国内に潜入した収集担当官の総数はキャノンボール作戦の期間中に一割から二割増えた程度だろうと見積もった。当時のCIA当局が、パキスタンに潜入させるスパイを増員しすぎるとかえってISIが監視体制を強化するのではないかと懸念したからだ。

しかし、CIAには隠し切れない弱点があった。アフガニスタンやパキスタンに派遣できる熟練担当官の数が限られていたのである。そのため、頭数をそろえる必要に迫られたマクリーンの管理職たちは、新人収集担当官まで現場に送り出した。キャンプ・ピアリーにある訓練施設、「ザ・ファーム」を卒業したばかりの新人である。「とても理想的とは言えない経験の浅い人間でも、現場に出さざるを得ませんでした」と作戦の担当者のひとりは言った。「それでも、選択肢はほとんどなかったのです」

再編後のウサマ・ビンラディン狩りが以前とちがう点は、ビンラディンが部下に情報を伝えるときに使う密使のネットワークに浸透しようとしたことである。CIAはビンラディンが好んで使う密使についてはどんなささいな情報でも集めていたので、パキスタンにいるアルカイダ工作員の追跡を開始し、このテロ組織の二層目、三層目における内部の仕組みをくわしく図解できるようになった。二〇〇六年春、ポーター・ゴスに代わり、マイケル・ヘイデン空軍大将がCIA長官に就任した。CIAは「二〇〇六年には、〇一年、〇二年当時よりはるかに現地に浸透し、アルカイダについてはるかに多くの知識を蓄えていました」とヘイデンは言った。「実際にすばらしい情報源を手に入れつつあったんです」(9)

二〇〇六年八月、ヘイデンがパキスタンを訪れた直後に、CIAとISIはラシド・ラウフを逮捕するための共同作戦を開始した。ラウフは、ロンドンを出発して大西洋を渡るジェット機数機を、粉末状の化学物質とタンという粉末ジュースの混合物で爆破しようとしたテロ計画の首謀者だった。ラウフはイギリス国内にいる実行部隊と連絡を取りつつ、部族地域から計画を指揮していた。計画は数年前から動いており、首謀者たちの行動はぞんざいになってきていた。イギリスの内務省保安部（MI5）はこのグループを見張るための監視網を作り上げており、計画の全容が明らかになるまで盗聴器を使って忍耐強く耳をそばだてていた。

計画者たちがもうすぐテロ攻撃を行なうという情報をISIがつかんだとき、ISI長官のアシュファク・パルヴェーズ・キアニ大将はホゼ・ロドリゲスに、ラウフが部族地域からパンジャーブ地方のバハーワルプルに向かうバスに乗るときに拘束する用意ができている、と告げた。折しもイスラマバードを訪れていたロドリゲスは、バハーワルプル付近に監視拠点を築くようCIA担当官に命じた。そこからラウフの携帯電話の通話を傍受し、パキスタン軍に情報を流せば楽に逮捕できる。[10]

ラウフを逮捕すればイギリスにいる仲間が警戒することがわかっていたMI5は激怒した。イギリスのスパイはそもそもISIを信用しておらず頼ってもいなかった。これはパキスタン分離独立前のイギリスによるインド統治時代からの敵意に由来する。イギリス側は、キアニ大将がラウフを逮捕する裏には、真の動機が別にあるにちがいないと疑った。イギリス警察は、イギリス国内にいる二五人の仲間が散開する前に緊急逮捕に踏み切り、容疑者を告訴するための十分な証拠を集める前に逮捕せざるを得なくなったことのコストを思いやった。

しかし、たとえビンラディンを見つけるための手がかりをCIAにもたらさなくても、二〇〇六年八月のテロ計画を阻止できたことは大きな成功だった。ヘイデン長官は、ビンラディンを捜索するにあたり、密使のネットワークの追跡は「回り道」であり、影を追うような気持ちになったと述べている――この任務では偽情報や人員不足に苦しめられた。[11]
たとえば、CIA側のパキスタン人エージェントがアブ・アフマド・クウェイティを追い、緑豊かな町アボタバードにあるビンラディンが潜んでいた広い邸宅にたどり着くまでの数年のあいだ、CIAの尋問官は、クウェイティにはたいした価値はないとずっと信じ込まされていた。九・一一同時多発テロの首謀者であるハリド・シェイク・ムハンマドが、クウェイティは引退したと尋問官に告げていたからである。しかし、彼は、水責めを含むもっとも過酷な尋問を受けたCIAの被拘禁者のひとりだったため、その供述には疑う余地が十分にあった。彼がいつ真実を語り、いつ尋問官が聞きたいことを言っただけなのかは、アメリカ政府内で激しい論争を呼んだ。一年後、別の被拘禁者が、クウェイティはたしかにビンラディンがおもに使う密使だと尋問官に請け合い、最終的にCIAはこの情報の裏をとることができたのである。[12]

謎のS部

パキスタンに送る担当官を増員してもCIAはあいかわらず人手不足で、すべての手がかりをたどることができずにおり、おまけにISIがアメリカによる監視を制限したため、状況は厳しさを増していた。アート・ケラーは南ワジリスタンに駐在中、ハジ・オマルと呼ばれたアルカイダの取りまとめ役と疑われる人物の身上書を作りはじめていた。オマルはアルカイダ民兵がよく現れると言われている地域に、四棟の建物をもっていた。ケラーはイスラマバードにいる上司に公電を打ち、ハジ・オマルの敷地内における人の出入りを監視するために航空調査を要請した。ケラーには敷地の見張りに回せるだけの人手がなく、人間による監視にはつねにより多くのリスクがともなったからだ。

ケラーによると、公電の要点は「この男はアルカイダの兵站に関係している。間違いなく密使であり、おそらくわれわれが追ってきた男だろう。この男の監視を始めない限り、確認のしようがない」というものだった。しかし、南ワジリスタンでは和平協定が結ばれていたため、ISIはプレデターの飛行を許可しなかった。

南ワジリスタンで働く力学は、時計回りに回る歯車と、反時計回りに回る歯車がかみ合っていないISIの複雑な内情をケラーに垣間見せていた。ISIの対テロ作戦を統括するC部は、CIA担当官のアルカイダ狩りをしばしば支援した。元ISIペシャワール支局長のアサド・ムニールはこのC部の出身だ。ところがC部の担当官は、タリバン、ハッカニ・ネットワーク、ラシュカレ・タイバなど、パキスタンが対インド防衛に欠かせない代理軍とみなす集団を長年保護してきた同じくISIのS部と対立することがあった(13)。ソ連によるアフガン侵攻時にムジャヒディンの武装を手伝ったのもS部なら、一九九〇年代にタリバンの台頭を助けたのもS部、二〇〇一年以降、さまざまな民兵組織がパキスタンに怒りの矛先を向けることなく、アフガニスタン国内での暴力に傾注するよう仕向けたのもS部である。

S部に関して公式に書かれたものはほとんどなく、CIAはソ連のアフガン侵攻時代にS部と協力したにもかかわらず、S部の活動に関しては印象派のようなぼんやりした絵しか描けていなかった。CIAには何年もかけて憑かれたようにS部の情報を集めた者もおり、アメリカの分析担当官たちが概して合意した内容としては、二〇〇一年以降、将来的にパキスタンの利益にかなう可能性がある民兵組織との絆を維持するというISIの秘密戦略の先頭に立ったのがS部、というものだった。

アフガニスタンに駐留するアメリカ軍やNATO軍の人命を奪う攻撃をS部が日常的に命じていたかどうかはいまも議論が分かれるところだ。しかし、アメリカ側がパキスタン上空に、正確にはISI本部上空に築いた電子偵察網は、パキスタンのスパイとハッカニ・ネットワークの工作員のあいだで交わされた携帯通話を頻繁に傍受した。(14) 証拠を突きつけても、パキスタン当局はたいてい否認するか、ISI内部の悪いやつがやったことだと言ってのけるだけだ。しかし、内々ではパキスタンの西側を防衛するためにISIはハッカニ・ネットワークなどの集団と協力せざるを得ないと述べていた。二〇〇八年にアメリカの情報機関が傍受した通話では、キアニ大将がハッカニ・ネットワークは「戦略的資産だ」とまで発言している。(15)「CIA内部の多くが『ISIは汚い』と言う一方で、『ISIはわれわれを助けてくれる』と言う人もいます」とケラーは言った。「要するに、どちらもが同時に真実であり、それが問題なんです」

南ワジリスタンと比べても、パキスタン政府と民兵組織のあいだで和平協定が結ばれていない北ワジリスタンで、二〇〇六年夏にアメリカとパキスタンの情報機関のあいだに働いた力学はたいして変わらなかった。CIAとISIは南ワジリスタンよりは緊密に協力し、ミランシャーの町なかにあるハッカニ・ネットワークの中心であるマドラサから一・六キロも離れていない廃校を、基地として共有した。そこを拠点として、アメリカとパキスタンのスパイたちはまた別のアルカイダ高官ハリド・ハビブを探すべく、インテリジェンスを集めた。

ハビブ探しにはずみがつくと、CIAはケラーを北ワジリスタンに異動させた。ケラーは異動後も南ワジリスタンの作戦を担当し、コンピュータ通信経由でエージェント網を取りまとめつづけた。ワナの基地に閉じ込められていたときも同様にやってきたので、遠方からの通信を介しても実際のところあまりちがいはなかった。ケラーとほかのCIA担当官はプレデターの操縦を監督し、トラックの車列やミランシャー郊外の泥レンガでできた建物を監視させ、ハリド・ハビブ攻撃を要請できるだけの情報を集めようとした。ISIは人的情報源から独自にインテリジェンスを集め、それらはプレデターや電子傍受で得た情報と組み合わされた。

しかし、協力できる範囲は限られていた。ミランシャーに到着したとき、ケラーは基地の司令官に助言された。

「タリバンに漏らされたくない情報は、パキスタン陸軍情報部に話してはいけない」と司令官は言ったのである。

ISIとは別組織であるパキスタン陸軍情報部は、ISIのS部よりさらに強い絆をタリバンやハッカニ・ネットワークと築いていると考えられていた。ケラーがミランシャーに到着する数週間前、ISIとCIAはハッカニが拠点とするマドラサを急襲したが、まったく成果を上げられなかった。ＣＩＡ担当官がのちに情報源に聞いた話によると、パキスタンのスパイがハッカニの民兵に近々急襲があると警告したらしかった。

　ケラーは不満に思いつつも、パキスタンがハッカニ・ネットワークの掃討をそこまでためらう理由は完璧に理解できた。アメリカは永遠にアフガニスタンに駐留するわけではなく、ハッカニを敵に回せば、どちらも恐ろしい結果につながる二本の道がパキスタン政府を待ち受けるだろう。最善のシナリオでも、パキスタン軍は山岳地帯において、アフガニスタンに対するインドの影響を排除するために同盟を組めばはるかに役に立ったはずのハッカニとの果てしない戦いに引きずり込まれるだろう。最悪の場合、山岳地帯での戦いが東部に波及し、パキスタンの安定した地域にまでハッカニの暴力がおよぶかもしれない。

　パキスタン軍はどちらの見通しも恐ろしかったので、二〇〇六年半ばに、ひそかに北ワジリスタンにおける和平協定について協議しはじめた。すでに締結済みの南ワジリスタンの協定と似たような内容である。ケラーや同僚のＣＩＡ担当官は、そのような協定は悲惨な結果を招くとＩＳＩ側の担当者に警告した。しかし、彼らの意見はほとんど影響を与えなかった。パキスタン政府は二〇〇六年九月に、北ワジリスタンでの休戦協定締結に乗り出した。そうなったのはワシントンではよく知られたアリ・ジャン・アウラクザイ中将が秘密交渉を重ねたからである。アウラクザイは九・一一同時多発テロ後、ムシャラフ大統領が部族地域における軍の司令官に任命した人物であり、パキスタンやアフガニスタンでアルカイダ狩りをしても無駄であるとずっと信じていた。

その後、アウラクザイが退役すると、ムシャラフは彼を北西辺境州知事に任命し、部族地域の監督を任せていた。パキスタンの安定した地域にまで戦火がおよぶのを防ぐには、部族地域の民兵組織に譲歩するしかないとアウラクザイは信じていた。そこで、ムシャラフに影響力を行使し、北ワジリスタンで和平協定を結ぶことにはメリットがあると説得したのである。

だが、彼はワシントンも説得しなければならなかった。ムシャラフ大統領はアウラクザイをともない、ブッシュ大統領に休戦協定案を売り込もうと決心した。ふたりはホワイトハウスの大統領執務室で、和平協定のメリットをブッシュ大統領に訴えた。アウラクザイは、北ワジリスタンの和平協定をひな形にしてアフガニスタンの一部地域と和平協定を結べば、予定より早くアメリカ軍をアフガニスタンから撤退させることができるだろうとも伝えた。(16)

ブッシュ政権の当局者たちのあいだでは意見が二分された。アウラクザイは意気地のない宥和主義者だという者もいた——部族地域のネヴィル・チェンバレンのようなものだ。しかし、北ワジリスタンの和平協定を阻止できると思う者もほとんどいなかった。しかも、外交において極めて個人的な人間関係を築くスタイルをとるブッシュは、二〇〇六年になってもムシャラフ大統領に多くを要求してはいけないと案じていた。九・一一同時多発テロの直後、アルカイダ狩りを始めたアメリカを支援するとしたムシャラフの決断にまだ敬意を抱いていたからである。ホワイトハウスの高官が、部族地域で軍事作戦を継続するようムシャラフに圧力をかけてもらおうと、ブッシュとムシャラフが定期的に電話をするようはからったのちも思うような結果は出ず、担当者はいつも落胆させられた。ブッシュが電話でムシャラフに何かを要求することはほとんどなかった。彼はテロとの戦いに貢献してくれていることに感謝し、パキスタンへの経済支援は続ける、と約束するばかりだった。(17)

アメリカがムシャラフに圧力をかけすぎると悪夢のようなシナリオをたどる、というのが二〇〇六年後半における大統領顧問たちのおおかたの見方だった。パキスタン政府に対するお決まりの暴動が起き、過激なイスラム主義政権が成立するかもしれない。ムシャラフを相手にするときのいら立ちに匹敵するのは、彼がいなくなった場合の恐怖のみだった。自分はたいして権力を掌握していない、かろうじて暗殺の難を逃れたことが何度もある、とムシャラフ本人もアメリカの当局者にしばしば発言し、恐怖をあおってきた。暗殺未遂事件があったのは事実だったが、アメリカからの支援をとりつけつつ、民主的な改革を促すワシントンからの要求を退けるにあたり、ムシャラフの戦略はかなり効果的でもあった。

北ワジリスタンでの和平協定は、ブッシュにとってもムシャラフにとっても恐ろしい結果をもたらした。ハッカニ・ネットワークが実質的にミランシャーの支配を固め、アフガニスタン国境の東縁に沿って犯罪帝国を築き上げたのである。協定の一環として、ハッカニやその他の民兵組織はアフガニスタンでの攻撃を中止すると約束したものの、協定が成立して数カ月もすると、西側の軍を狙い部族地域から国境を越えてアフガニスタンに侵入する回数は以前の四倍に達した。(18)ブッシュ大統領は二〇〇六年秋の記者会見で、アルカイダは「逃走中だ」と宣言した。実際にはまったく逆のことが起きていた。アルカイダには隠れ家ができ、もはや逃げる理由はなくなっていたのである。

後日談

アート・ケラーは、北ワジリスタンの和平協定が発効する直前に、五カ月の任期を終えてパキスタンを離れた。その前に、彼は最後の仕事を片づけた。まだ会ったことのない南ワジリスタン随一のパキスタン人エージェントに贈り物をすることである。その男はスポーツが大好きで、部族地域における数少ない人的情報源のためにアメリカのスポーツ用品をCIAで見つくろってくれないか、とケラーに返信してきた。この要求の妥当性についてワナ、イスラマバード、そしてマクリーンのあいだであわただしく公電が交わされたのち、とうとうCIAが折れてスポーツ用品をパキスタン向けの航空便に載せた。イスラマバードのアメリカ大使館に送る他の機密物資とともに、飛行機に積み込まれたのである。

二年後、ブッシュ大統領がパキスタンにおけるCIAの秘密戦争を拡大せよとの秘密命令に署名したのち、アブ・ハバブ・マスリはワナにあるCIAの基地からわずか二〇キロしか離れていない場所で、同庁のドローン攻撃により暗殺された。その三カ月後、CIAのドローンから発射されたミサイルにより、南ワジリスタンのタパルガイ村で停車中のトヨタのステーションワゴン内に座っていたハリド・ハビブが暗殺された。[19] 一連の攻撃が行なわれたとき、アート・ケラーはすでにアメリカに帰国しており、CIAからも引退してニューメキシコ州アルバカーキに住んでいた。このニュースを聞いたとき、二〇〇六年に自分が関わった仕事――ワナのバザールの監視や、ミランシャーの廃校で情報をふるいにかけたこと――が、この二人の男の殺害に役立ったのかどうか、ケラーにはわからなかった。

彼がそれを知ることはないだろう。

第10章　前線なきゲーム

「マイティ・ワーリッツァー」(1)

——フランク・ワイズナー

ファーロング登場

創設されてから四〇年ほどのあいだ、CIAは彼らが起こす政変や暗殺計画、武器の密輸などばかりが世間から注目されてきた。だが冷戦期の秘密工作プログラムの予算の大部分は、戦争におけるより地味な道具に振り分けられていた。かつては敵方に流す偽情報（ブラック・プロパガンダ）や心理作戦がCIAの秘密工作の要だったのだ。たとえば第二次世界大戦後のヨーロッパに資金をばらまくこと、選挙に影響を与えること、東側ブロックや東南アジアにCIAの予算でラジオ局を開局することなどである。OSSの古参兵でCIAの秘密工作部門のトップにまで上りつめたフランク・ワイズナーいわく、プロパガンダは動きの素早い成熟した組織が担当すべきで、さまざまな影響工作を同時並行で進められなくてはならない。観念上の戦争において、パイプオルガンの「マイティ・ワーリッツァー」で軍楽を奏でるようなものだ、とワイズナーは表現している。冷戦終結時、CIAは偽情報の発信に重点的に予算を投じる必要も、心理戦のために担当官を訓練する必要もないと考えたため、一九九〇年代に予算が大幅にカットされたときに犠牲になったのはこれらのプログラムだった。

しかし、問題は資金だけではなかった。インターネットの出現と情報のグローバル化により、あらゆるプロパガンダ作戦はCIAを法的に危険にさらす存在になった。アメリカでは法律により、CIAがアメリカのメディアにプロパガンダ作戦を行なうことや、アメリカ市民に影響工作を行なうことは禁じられている。インターネットが普及する以前、CIAは作戦の影響がアメリカのメディアにおよぶかどうかを案ずることなく、外国のジャーナリストを抱き込んで新聞に偽の記事を埋め込むことができた。ところが九〇年代半ばには、ニューヨークやアトランタにいる人間も、ウェブ上を探せばパキスタンやドバイのウェブサイトに掲載されたニュースを読めるようになった。アメリカの報道機関も外国のニュースに大いに注目し、外国の記事を引用しはじめた。その結果CIAは、秘密工作の最終的な承認権をもつ議会の監督者たちに、計画されたプロパガンダ作戦がアメリカに「逆輸入」されることはないと説得するのがむずかしくなったのだ。

ところが、CIAのプロパガンダ作戦が萎縮するにつれ、その空隙をペンタゴンが埋めていった。アメリカ市民にプロパガンダ作戦を行なう際には、軍もCIAと似たような制約を受ける。しかし議会は一般に国防総省に対しては、戦闘中のアメリカ軍の支援にあたることをたとえわずかにでも示せれば、心理作戦の遂行をわりに寛容に認めた。九・一一同時多発テロ後、実質的に世界中が戦場であると議会が定義する一方、アメリカの敵のほとんどが陸軍や海兵隊の部隊を派兵できない国に住んでいるといういら立たしい現実に軍の指導者たちが直面すると、ペンタゴンはさらに軍の手綱をゆるめた。今度は国防総省が「マイティ・ワーリッツァー」をコントロールする役割を担い、銃弾の飛び交うイラクやアフガニスタンから遠く離れたところでイスラム世界の世論に影響をおよぼすべく、数億ドルもの予算を投じたのである。

そんな折、二〇〇五年春にラスヴェガスで全米放送事業者協会のコンベンションが開かれた。そこへ技術系企業の出展ブースの合間を縫うようにして、胸ポケットにマルボロの箱を突っ込んだでっぷり太った男がやってきた。男は一応、事務用品の営業員を装っていたが、じつは陸軍の元心理作戦担当官であり、他人の頭のなかで戦争を始める方法を考えることに一〇年を費やしていた。

マイケル・ファーロングはもはや体を張った戦いができる体形ではなかったので、得意分野が心理戦であることは幸いした。ファーロングはまるでロシアのマトリョーシカ人形のような体格で、体が大きく、首から頭にかけてだけがやや細い。糖尿病を患い、動きは鈍いものの精気に満ちあふれ、大変な汗っかきだった。マシンガントークが得意で、ほとんど息継ぎもせずにいくつもの文章をぶっ通しで話しつづけることもあった。会議の席では軍事用語を雨あられと浴びせて出席者を圧倒し、優位に立つことも多かった。ファーロングのそばで働いた経験のある軍人は、「マイケルはものすごく頭がいい」と言う。「でも、あの人がわけのわからない専門用語ばかり並べ立てても、だれも質問しようとしないんですよ。頭が悪いと思われたくないし、あの人の話が理解できなかっただなんて、認めたくありませんからね」会議が終わると、ファーロングはいつも何の反論も受けずにその場を立ち去った。どれほど突飛な提案をしても、相手に認められたと自信満々だった。(2)

ファーロングはマイアミ出身である。一九七二年、リチャード・ニクソン大統領が徴兵制を廃止するわずか数カ月前に陸軍に徴兵されたが、入隊を延期してニューオーリンズのロヨラ大学でジャーナリズムと経営学の学位を取った。大学卒業後、陸軍での最初の四年はノースカロライナ州フォート・ブラッグで歩兵戦の基礎を学び、次いでカリフォルニア砂漠にあるフォート・アーウィンで機械化歩兵の指揮を命じられ、そこで頭角を現した。現地にある断崖のひとつは、砂漠での対抗演習におけるファーロングの優秀な成績をたたえ、いまもファーロング・リッジと呼ばれている。その後、八〇年代半ばには軍の教官になり、まずはウエストポイント陸軍士官学校に、のちにイングランドのサンドハーストにある英国王立陸軍士官学校に勤務した。一九九一年の湾岸戦争後は、第四心理作戦部隊の陸軍少佐としてフォート・ブラッグに戻っていた。

多くの将官同様、ファーロングもアメリカ陸軍が海外の大舞台で活躍するときは、取り残されまいと必死だった。何より恐ろしいのはペンタゴンから「ノースダコタでバスケットボールに空気を入れて吹っ飛ばす」ような、国内でのまったく意味のない任務を命じられて一線から外されることだ、とよく冗談で同僚に語っていた。実際、彼はなんとかして活動の中心付近にとどまろうと奮闘した。バルカン紛争後、対立していた各勢力がオハイオ州デイトンで和平条約に署名すると、ファーロングはアメリカ人の第一陣に混じってボスニアに入国した。心理作戦担当部隊の司令官としてチラシの投下やラジオやテレビを通じてのプロパガンダを行ない、外国の平和維持軍と協力するよう現地の人々を説得し、もろい平和を支える任務にたずさわったのである。

一九九〇年代、心理作戦任務はアメリカ陸軍内で依然として日の目を見ない存在だった。実戦について回る瑣末な要素として見下され、歩兵や砲兵など、ほかの華々しい兵科を勤められなかった変わり者が担う仕事だと思われていた。ベトナム戦争時代は軍の心理作戦の最盛期で、特殊部隊がCIAと協力し、ハノイの指導者層や北ベトナムの多くの人々を相手に継続的に心理戦争を遂行していた。元グリーンベレー隊員で、のちにドナルド・ラムズフェルドの文官顧問となり、特殊作戦の世界の案内役を務めたロバート・アンドルーズもこれらの任務に参加し、偽手紙作戦や偽造文書を用いて混乱の種をまこうとしたことがある。

作戦はときとして非常に手の込んだものになった。たとえば、アンドルーズと彼のユニットの隊員は、北ベトナムで偽の抵抗運動「愛国者連盟の聖なる剣」をでっち上げ、非武装中立地帯の北側にベトナム共産党に抵抗する武装勢力が存在するという作り話を宣伝した。アメリカ人工作員は手紙やチラシを投下するだけでなく、覆面の小型砲艦を使って北ベトナムの漁民を誘拐しては、目隠しをしてダナン沖にあるク・ラオ・チャム島に連行した。まぼろしの武装勢力がその島に「本部」を置き、ハノイ政府を転覆するための広範なゲリラ活動をしている、と被拘束者たちは聞かされた。漁民のなかには「抵抗運動」に加わるよう誘われた者までいる。[3] 数週間後、被拘束者たちは〝SSPLの声〟という局に周波数を合わせたラジオが入った手みやげの袋を持たされ、北ベトナムに帰された。謎の組織については、だれに触れ回ってくれてもかまわなかった。タフツ大学のリチャード・H・シュルツ・ジュニア教授が記した『*The Secret War Against Hanoi*（ハノイに対する秘密戦争）』によると、一九六四年から六八年にかけて一〇〇〇人以上が捕まってク・ラオ・チャム島に連行され、「愛国者連盟の聖なる剣」のイデオロギーを吹き込まれたという。

アンドルーズが率いた小グループは、ほかにもさまざまなアイデアを考えついた。そのひとつに、北ベトナムの沖合に死体を浮かべ、衣服のポケットに偽の暗号メッセージを忍ばせておく案があった。北ベトナムのインテリジェンス分析官が暗号を解読し、北ベトナム側の司令官に偽情報を伝えるだろう、と計画者たちは考えたのだ。ところがそのアイデアはワシントンで却下された。だれのしわざか、アンドルーズは知らない。ワシントンは「私たちのすばらしいアイデアに『イエス』か『ノー』を言い渡す謎めいた場所です。私たちはみな恨みましたよ」。[4]

二〇〇一年九月一一日の頃には、マイケル・ファーロングは現役を退き、サイエンス・アプリケーションズ・インターナショナル・コーポレーション（SAIC）という企業に勤めていた。ワシントン郊外にあるこの請負企業には、アメリカ政府との秘密契約締結を機に、大量の資金がただちに流れ込む。ファーロングは、アメリカに敵意をもつ海外の人間に親米的なメッセージを広める方法を何年も研究しており、気づいたときにはイスラム世界で人心を掌握するための戦争の真っ只中にいた。二〇〇一年秋、彼はドナルド・ラムズフェルドの側近と協力して情報作戦戦略を練った実績により、国防総省から文官職員として表彰された。またブッシュ政権の当局者たちがホワイトハウスのシチュエーションルームに集まり、ホワイトハウスの意向をイスラム教徒に伝える方法を模索しているときにも、時折同席した。(5)

それから二年もたたないうちに、壊滅したイラクを再建するために軍が案件を小分けにして発注したとき、SAICに再び資金が流れ込んだ。ファーロングはバグダッドに赴き、SAICがペンタゴンから受注した、イラク・メディア・ネットワークというテレビ局を創設する一五〇〇万ドルのプロジェクトの陣頭指揮を執った。アルジャジーラやその他のアラビア語放送局には反米バイアスがかかっているとワシントンには見えたため、新たな放送局を作ることでバランスをとろうという目論見だった。ところがこのプロジェクトはたちまちトラブルに見舞われた。給与が支払われなかったためにイラク人従業員たちが辞職して技術的な問題が生じ、イラク人家庭に放送を届けられなくなったのである。SAICはペンタゴンの資金八〇〇〇万ドルを数カ月のうちに焦げつかせ、プロジェクトは崩壊寸前に追い込まれた。ファーロングは二〇〇三年六月にこのプロジェクトから外されたが、元同僚に言わせれば、プロジェクトが困難に見舞われたのはファーロングだけのせいではない。それでも、ファーロングは目立ちたがり屋だったと言える。彼はメリーランド州のディーラーのナンバープレートをつけた白いハマーをイラクに海路輸送させ、バグダッドの町なかを運転することを要求したのだから。

ファーロングの行動を疎んじる同僚がいた一方で、ペンタゴンの複雑な契約システムを熟知していた彼は、防衛関連企業にとっては欠かせない人材だった。情報作戦プロジェクトは、戦車や戦闘機の製造に比べればわずかな予算でまかなえたうえ、ペンタゴンのように数十億ドル規模の予算をもつ大組織では、知恵と野望のある人間ならば、官僚機構の隅に残された手つかずの資金源を見つけ出し、数百万ドルくらいは確保できる。そのことをファーロングはだれよりもよく知っていた。それによって、小さな帝国を築くこともできるのだ。

二〇〇五年春にラスヴェガスの会場に姿を現したとき、ファーロングはアメリカ特殊作戦軍（SOCOM）の心理作戦部門で高位の文官に就任する直前だった。ファーロングは事務用品の営業員と書いた名刺を大量に持ち歩き、本来の業務をさとられないようにした。本当は、ペンタゴンの中東におけるプロパガンダやインテリジェンス収集活動をサポートできる技術をもった小さな企業を探していたのである。

二日にわたり、ファーロングはUターン・メディアの出展ブースで長時間を過ごした。この会社はチェコにある小企業で、携帯電話に映像をストリーミングする技術を開発していた。Uターンのチームは、ファーロングが事務用品を売りに来たのではないことをすぐに見抜いた。ファーロングの名刺に、特殊作戦軍があるタンパの住所が記載されていることに気づいた者がいたからだ。経営難に陥り、新規事業を開拓しようとラスヴェガスにやってきたUターンにとって、マイケル・ファーロングに出会うという偶然はたなぼたとしか言いようがなかった。

Uターンの経営者であるジャン・オブルマンはチェコ国籍をもち、一九六〇年代後半のソ連による弾圧の際に一家でプラハから逃げ出していた。幼少時の経験もあり、オブルマンは揺るぎない親米派で、民主主義という西側の考え方を世界に広めるための急先鋒でもあった。一九八〇年代には親米派のシンクタンクに勤め、のちにラジオ・フリー・ヨーロッパの幹部になる。やがてインターネットと携帯電話は成長市場で儲かるという見通しのもとに、裕福なドイツ人投資家から資金を援助してもらうと、二〇〇一年にUターン・メディアを創業した。ところが、スマートフォンの台頭により携帯電話市場が巨大化する前だったので、創業してしばらくは経営が苦しかった。

当時、Uターンは未熟な技術からなんとか利益を上げようとしていた。コンテンツ・プロバイダーと契約し、クライアントのウェブサイトにトラフィックを誘導するためのマーケティング・キャンペーンを打ち出した。ユーザーは、インターネットの「ポータル」の役割を果たすアイコンを、クライアントのサイトから自分の携帯電話にダウンロードできた。しかし携帯電話市場がまだ草創期だったため、Uターンのサービスを活用できるクライアントはほとんどいなかった。

Uターンはポルノ企業と組んで携帯電話にポルノ映像をストリーミングする方法を模索し、

クライアント候補の範囲を広げた。提携した企業のひとつに、「チェック・マイ・ティッツ（チェコのおっぱいチェック）」という低予算の番組を製作する会社があった。この番組は、ある男性がプラハの街角を歩き、出会った女性がカメラの前で乳房を見せてくれたら五〇〇チェコ・コルナを渡すという企画を進めていた。Uターンは画像と音声を携帯電話にストリーミングする工程をサポートするべく雇われた[6]。元幹部のビル・エルドリッジは、性産業は金持ちへ至る道に思えた、と振り返る。「この手の企業を立ち上げるからには、ポルノ産業かインテリジェンス業界を相手にしたい」と彼は言った。「こういうことに資金を費やせるのはそういう業界だけですから」

ポルノ業界をかじったのちに、ラスヴェガスでファーロングに出会い、オブルマンはインテリジェンス市場に参入するチャンスを手に入れた。ふたりは一九九〇年代にバルカン諸国で会ったことがあり、そのときは冷戦やベルリンの壁の崩壊後に起きた民族間の血なまぐさい対立について何時間も話し込んだ。ふたりは、アメリカの理想を海外に、とくにイスラム世界に広げることは重要だという理想を共有していた。しかし、ファーロングはUターンにとって、とてつもなく大きなビジネスチャンスでもあった。

SOCOMでの仕事を始めると、ファーロングはオブルマンとUターンの幹部に、中東全域の人間が携帯電話にダウンロードできるゲームを開発してみないか、ともちかけた。SOCOMにとってみれば、そんなゲームがあればふたつの問題、すなわちイスラム世界のかなりの人間がアメリカをきらっているという問題と、アメリカはそうした人々について何も知らないという問題に同時に取り組めるからである。ファーロングは、ユーザーのアメリカ観に影響を与えつつ、ユーザー情報を集めてくれるゲーム作りに興味があった。インテリジェンスにおいては大当たりの戦略になる可能性を秘めていた。何千人もの人々が携帯電話番号やその他の個人情報をUターンに送ってくれるなら、その情報を軍のデータベースに蓄積し、国家安全保障局やその他の情報機関が担当する複雑なデータマイニングに使うこともできる。スパイはもう、情報を追い求めなくていい。情報が向こうからやってくるのだ。

これは九・一一同時多発テロ後にエスカレートした一連のプログラムのほんの一面にすぎない。目的は複雑なコンピュータ・データベースに情報をため込み、テロリストの今後の計画の証拠となり得る活動パターンを割り出すことだ。大量の個人情報をデータベースに注ぎ込むことができれば、コンピュータが計算してデータを振りわけ、人間の情報分析担当官が気づかないような関係性を見出せるかもしれないと、彼らは考えたのである。

ところが、これらの活動を統括する法律は、よく言っても曖昧だった。たとえばのちに物議を醸すSOCOMのある計画では、民兵組織とのつながりが疑われるアメリカ市民の情報を集めていた。このデータはヴァージニア州に置かれたコンピュータ・サーバに蓄積されていたため、軍の関係者の一部は、国防総省が市民の情報を集める際の方法を規定した法律に抵触するのではないか、と気にしはじめた。そこでSOCOMでプログラムを監督する軍人はそのデータベースの国外移転先を探しはじめ、やがてマイケル・ファーロングに、プラハにあるUターンの本社でこのデータベースを保管してくれないかと依頼した。これがのちに、ファーロングとCIAとのあいだに芝居じみた確執をもたらすことになる。

二〇〇六年半ばまでにUターンは、ペンタゴンがイスラム世界で試作品を使えるよう、二七ページもの説得力あふれるプレゼンテーション資料をまとめた。この資料の冒頭では、携帯電話が大衆にアプローチするための強力な道具であることが強く訴えられていた。

「アトランタのサッカー少年の母親、ベドウィンの商人、中国人ビジネスマン、アメリカ軍人の家族、クウェートの公務員、石油会社の人脈豊富な重役、アルカイダの殉教者、イランの敬虔なイスラム教徒、そしてセルビアの反逆者。これらすべての人が、アメリカ、アジア、ヨーロッパ、中東の若者と共通して持っているものはなんでしょうか？

世界中の大人や若者はみな、ほとんど毎日、起きているあいだは携帯電話を肌身離さず持っていることでしょう」(7)

Uターンはこの企画書のなかで、世界に向けてひそかにメッセージを発信する方法をいくつか提案した。たとえば「説得力のあるニュースや、政治的・宗教的なコンテンツにSOCOMのメッセージを混ぜ込めば」、「アメリカを敵視するハイリスク地域のティーンエイジャーをターゲットにできる」と謳っている。しかも、ペンタゴンが発したメッセージは、いつの間にか「ターゲットのライフスタイル」に組み込まれていくという。これらすべては「アメリカ製」のタグをつけずに届けられる、と約束してもいた。ヨーロッパのエンターテインメント企業が主導する「ブランドを隠した」キャンペーンに見せられるというのだ。

二〇〇六年八月、Uターンはこのプログラムに競争で選ばれ、ぴったり二五万ドルの契約を勝ち取った(8)。しかし、この契約が象徴する価値ははるかに高かった。プラハの無名の電気通信会社、それも最近まで携帯電話向けのニュース放送やソフト・ポルノを売り歩いていた会社が、軍の官僚機構でももっとも機密性が高く、成長著しい部門との契約を初めて勝ち取ったのである。マイケル・ファーロングとUターン・メディアとの提携関係が芽吹く一方で、SOCOM内のファーロングの所属部門は、中東や中央アジアでプロパガンダ作戦を展開するため、通信関連企業に大量の機密契約を奮発している最中だった。SOCOMは数億ドル規模の契約を発注し、そこに企業が群がった。ほとんど、あるいはまったくプロパガンダの世界の経験がない小企業も「戦略的通信」会社として看板をかけ替え、新たに契約を勝ち取った。Uターンにしてみれば、今後次々と結んでいく契約の最初のひとつであり、無限の予算をもつかのようなパトロンとの出会いによってもたらされた新しい時代の始まりでもあった。Uターンは、金の卵を産むガチョウを見つけたのである。

ネイティヴ・エコー作戦

タンパにある特殊作戦軍（SOCOM）のプロパガンダ担当者たちは、イスラム世界の世論に「影響を与える」ことを目的とした作戦を成功させるには、アメリカの役割を隠しておく必要があることを心得ていた。ファーロングは、ゲームやその他のデジタル製品を製作するための試験プログラムをUターン・メディアと契約するとすぐ、海外企業（オフショア）を設立するようUターンの重役たちを説得した。そうすればペンタゴンと契約しつつも、アメリカと直接結びつけられずにすむからである。ジャン・オブルマンは二〇〇六年後半には、セイシェル諸島にJDメディア・トランスミッション・システムズLLCという企業を設立し、外国の銀行口座経由でアメリカからの送金を受け取れるようにした。

ペンタゴンでは秘密プログラムへの出費はほとんど規制されなかったので、ファーロングはだれの監督を受けることもなかった。そしてしばしばみずから「グレーゾーンの帝王」と好んで名乗り、使える契約のトリックはすべて使い、Uターンのフロント会社がプロパガンダ作戦を実行できるよう契約を確保した。政府が仕事を発注する際にはネイティヴ・アメリカンの会社を優遇するという法律を利用して、Uターンがオクラホマ東部の小さな居留地にあるワイアンドット・ネット・テル社と提携できるようにもはからった。

Uターンが SOCOMのために開発した最初の大型プロジェクトは、人気の「コール・オブ・デューティ」シリーズ風の「シューティング」ゲームである。舞台はバグダッド市街で、市民に次々とテロ攻撃をしかける反乱軍兵士を狙撃するためにプレイヤーは冒険の旅に出る。ゴールは、民兵組織の本部から次の秘密攻撃の計画書を盗み、イラク警察署に届けること。ゲームのタイトルは『イラクの英雄』だ。

ゲーム製作は、ネイティヴ・エコーというコードネームをもつペンタゴンの大規模な心理作戦の一環であり、二〇〇七年、ブッシュ大統領がイラクにアメリカ軍を大量に「増派」するのと同じタイミングで行なわれた。ネイティヴ・エコーの主な目的は、イエメン、シリア、サウジアラビア、そして北アフリカの一部からイラクに流入する外国人戦闘員を阻止することである。『イラクの英雄』は、イスラム世界のどの国にでも簡単に置き換えられるよう設計された。Uターンが SOCOM に行なったプレゼンテーションでは、多少の修正を加えれば一三カ国で発売できるとして、サウジアラビアやモロッコ、エジプト、ヨルダンなどの国名を挙げている。モスクや古い車、ヤシの木を配した街角のグラフィックスは大きく変える必要がなく、会話部分だけ置き換えればいい。たとえばこのゲームのレバノン版では、現地の政情を反映した会話にし、レバノンのコマンド部隊にちなんでタイトルを〝マグハウィール〟にすればよかった[9]。

Uターンはネイティヴ・エコー作戦のために、ほかにも二種類のゲームを開発した。ひとつは『石油王』で、プレイヤーは石油パイプラインを建設し、政府の石油関連インフラを絶え間ないテロ攻撃から守る。もうひとつの『市長』では、プレイヤーは都市計画者となり、限られた資源を活用してテロリストに破壊された仮想都市を再建するのだ。

Uターンのプラハ本社にいるチェコ人プログラマー・チームがゲームを開発するあいだ、ファーロングはできるだけ早くゲームを完成させ、中東に流通させろと、Uターンをせっついた[10]。

Uターンは SOCOM と協力し、ゲームを流通させるさまざまな方法を開発した。もっとも簡単な方法は手渡しであり、彼らは数千枚のメモリーカードにゲームを入れて、市場やバザールで売ったり配ったりした。しかし、さらに広く流通させるには、中東のゲーマーがよくアクセスするウェブサイトやブログにゲームを投稿するという方法があった。この方法は、ゲームをダウンロードする人数をSOCOMが把握することを可能にし、だれがダウンロードしたかというより重要な情報まで手に入った。

SOCOMが実施した秘密のゲーム作戦の規模や、ペンタゴンがUターンのような企業何社と契約してイスラム世界の若者をターゲットにしたプロパガンダを展開したかを推定するのはむずかしい。ファーロングはUターンに発破をかけて、新事業を可能な限り計画するよう勧め、同社は中東で人気の高い歌手や有名人を宣伝役に起用して衣料品ブランドを立ち上げるという企画書を出してきた。大きな薄型テレビを中央アジアや北アフリカの辺鄙な村に投下するという案まで検討された。テレビは装甲板で保護すれば壊れることもない。そのテレビは数千キロの彼方から発信される親米的なメッセージを受信し、放送できる巨大アンテナをつけることになるはずだった。

このような突飛なアイデアが採用されたことは一度もなかった。ところが、二〇〇七年後半にペンタゴンがプロパガンダ事業の対象領域を全世界に拡大すると、Uターンは中央アジア、北アフリカ、中国、その他の地域別ウェブサイトを運営するSOCOMの新プログラムのサポート役として雇われた。トランス・リージョナル・ウェブ・イニシアチヴと呼ばれるこのプログラムでは、フリーランスの記者を雇って記事を書かせ、「セントラル・アジア・オンライン」などの名前がついたウェブサイトに投稿させた。アメリカや、その盟友であるウズベキスタンなどの一部の独裁者に関する肯定的なニュースばかりを掲載するサイトだ。このプログラムのニュースが漏れると議論が巻き起こり、SOCOMはウェブサイトにおいてアメリカの役割を隠すという当初の計画を捨て、国防総省の製品だとわかるような小さなマークを各サイトの下部に入れることを選んだ。しかし、議会や国務省の当局者の一部は、ペンタゴンはウェブサイトに関して一線を越えたとの確信を強めた。この一線とは、軍事行動の一環として行なわれる情報作戦と、アメリカ市民に正しい情報を伝えるというペンタゴンの根本的な存立要件を隔てるものである。[11]

しかし現実には、両者を隔てる一線は何年も前から曖昧になっており、Uターン・メディアなどの企業がその恩恵にあずかっていた。ファーロングは頻繁にプラハに出張してはオブルマンとUターンのプログラマーに会い、二〇〇八年前半には、UターンはSOCOMから五〇〇〇万ドル以上の契約を勝ち取っていた。通常はより大きな企業に連なる下請けとしてか、ネイティヴ・メディア・アメリカンの企業のパートナーとして、である。オブルマンは、インターナショナル・メディア・ヴェンチャーズ（IMV）というアメリカに拠点を置く企業も立ち上げた。アメリカ国内に会社を設立しておけば、政府の秘密契約も受注しやすいだろうと考えてのことである。この会社は、CIAやペンタゴンの契約企業がほかに何社も入っているフロリダ州セント・ピーターズバーグにあるオフィスパークに入居した。タンパ湾をはさんだ対岸にはマクディィル空軍基地があり、SOCOMやアメリカ中央軍の本部が広がっている。

ところが、UターンとIMVがアメリカ政府の秘密契約を受注した経緯に、CIA内部から疑問の声が上がりはじめた。高位の文官であるファーロングと、ひと握りのコンピュータ・プログラマーを雇ってペンタゴン向けにゲームやウェブサイトを開発しているチェコの無名企業のあいだには一体どんなつながりがあるというのか。プラハのCIA支局は、この取引に疑問を投じる公電をマクリーンに送りはじめ、ロシアの工作員がUターンの活動に浸透するのがどんなに簡単であるかを訴えた(12)。

さらに大きな問題もあった。SOCOMは二〇〇七年、アメリカ市民から収集したデータを保存するサーバを、プラハにあるUターンの本社にひそかに移していた。軍当局は、サーバをプラハに移せば、ペンタゴンはアメリカの電子通信プライバシー保護法を遵守できると考えたのだが、今度は同盟国であるチェコ共和国内で、同国政府に隠れて秘密のコンピュータ作戦を立ち上げた格好になってしまった。こうした行為は、平時でも危険がともなう。同盟国の情報機関が作戦に気づき、中止を命じ、ほかの作戦でCIAとの協力を拒むことで報復してくるリスクの重みを、アメリカ当局が測る必要が生じるからだ。

ところが当時、アメリカとチェコの外交関係は平時とは言えなかった。ブッシュ政権が、ミサイル防衛構想の一環としてプラハの南西にレーダー基地を建設する許可がほしいと、チェコ政府に積極的にアプローチしていたからである。チェコはなかなか首を縦に振らなかった。モスクワのウラジーミル・プーチン政権がブッシュ政権のミサイル防衛構想を何年も前から公然と非難し、レーダー基地を国内に作りたいというアメリカの要望を拒絶するよう東欧諸国に圧力をかけていたことが主たる理由だ。

CIAとファーロングのあいだの緊張は高まった。二〇〇八年半ばには、マイケル・ファーロングは職を変え、テキサス州サンアントニオのラックランド空軍基地にある戦時統合情報作戦コマンドと呼ばれる心理作戦チームの本部に勤務していた。それでもUターンとIMVの監督役は続け、二〇〇八年六月にアフガニスタンからテキサス州の自宅に戻る途中でプラハに立ち寄ってUターンの従業員に会うことを、帰国直前になって決めた。

CIAのプラハ支局長やアメリカ大使館員たちは、ペンタゴンがUターンのオフィスで秘密のデータベース作戦を行なっていたことを知ったばかりだった。その作戦はワシントンがデータベースの合法性を懸念したために中止されたはずであるにもかかわらず、ファーロングはプラハにビジネスで出張するための正式な手続きも経ずにアメリカ大使館に来ている。プラハのCIA担当官は、ファーロングがデータマイニングプログラムを復活させようとしているのではないかと疑った。チェイン・スモーカーのこの大ぼら吹きは、チェコに数週間滞在して秘密プログラムを監督するつもりでおり、MD（ミサイル防衛）施設配備協定をめぐる数カ月もの外交交渉をぶち壊すかもしれない、と彼らは案じた。

その後はプラハとワシントン、サンアントニオのあいだで嵐のように電話が飛び交い、ファーロング対策について解決策が探られた。答えは簡単だという点で、みなが賛成した。一刻も早くファーロングをチェコから追い出すのだ。サンアントニオにいるファーロングの上司であるジョン・コジオル中将は、プラハにいるファーロングに連絡し、単刀直入に告げた。ホテルをチェックアウトし、空港に行き、チェコから飛び立つ最初の飛行機で出国しろ、と。要するに、ファーロングはチェコ共和国から締め出されたのである。サンアントニオでファーロングと働いていた軍人は、「CIAは一トン分のレンガのように、彼の上にがつんと落ちてきたのです」と述べた。

ファーロングは野望を打ち砕かれ、いまではCIAのブラックリストに載ってしまった。それでも彼は国防総省の上層部で贔屓にしてくれる人たちが守ってくれるだろうと考え、別の問題に精力を傾けていた。それは、パキスタンの民兵の勢力が拡大し、国境を越えてアフガニスタンにまでおよんでいる問題だった。ファーロングはアメリカ軍の司令官を手伝おうと心に決め、CIAにこの仕事ができるはずはないと確信していた。いまやそれは私的な仕事となっていた。プラハの一件後、彼はCIAを「宿敵」と呼ぶようになっていたのである。

　ファーロングがチェコ共和国から締め出された数週間後、コンドリーザ・ライス国務長官とアメリカ人外交使節を乗せた飛行機がプラハの空港に降り立った。その晩、贅沢な晩餐会の席で、ライスはチェコのカレル・シュワルゼンベルク外相とシャンパングラスを合わせて乾杯した――MD施設配備協定の新規締結と、アメリカとチェコの友好関係が新時代を迎えたことを祝って。

第11章　「親父さん（オールド・マン）」の復活

「引退の第一原則ってのを、あんた覚えてるか。〈アルバイトをしない。いいかげんな情報をいじくらない。個人営業をはじめない〉」

——ジョン・ル・カレ『スマイリーと仲間たち』（村上博基訳　ハヤカワ文庫　一九八七年）

司令官のいら立ち

デイヴィッド・マキャナン陸軍大将は、さすがにうんざりしていた。アフガニスタン駐留軍の最高司令官である彼が、アフガニスタン国内と隣国パキスタンに張り巡らせた情報網をもとに定期的に報告を送るという計画をふたりのビジネスマンに聞いてから、もう何カ月もたつ。マキャナンは、なぜこの計画が途中で止まっているのかを知りたかった。CIAからの情報がパキスタンのスパイから与えられたものばかりである可能性があるのと対照的に、この計画を進めればパキスタンに関して信頼できる情報を得られるかもしれない、と彼は期待していた。ペンタゴンの官僚機構のどこかで、顔のない怪物が事の進行を遅らせているのかもしれない。

「どの共産主義者を殺せば、この契約をまとめられるんだ？」この情報収集計画への資金提供がまだ承認されていないと知らされたとき、マキャナンは幹部たちに怒りをぶちまけた。(1)

二〇〇八年秋のその日、マキャナン大将のそばにはマイケル・ファーロングが座っていた。彼はカブールとサンアントニオを何度も往復し、アフガニスタン南部における部族勢力図の作成や、アメリカ軍に対するアフガン人の態度の調査といったさまざまな情報作戦プロジェクトを立ち上げ、アフガニスタン駐留軍の将軍たちを支えたいと考えていた。戦況は日に日に悪化していた。タリバンはアフガニスタン南部と東部のかなりの地域を回復し、アフガニスタン政府の関係者を暗殺し、カンダハル州とヘルマンド州には影の政府を樹立していた。二〇〇六年に南北ワジリスタンで和平協定が結ばれて以来、タリバンとハッカニ・ネットワークは勢力を拡大し、パキスタンの村々を拠点にアフガニスタン国内のアメリカ軍前哨基地を攻撃する回数を増やしていたのである。マキャナンが司令官として着任した二〇〇八年六月末には、アメリカ兵の月間死者数が二〇〇一年の開戦以来、最多を記録する。(2)

マキャナンはカブール到着後すぐに、兵力の不足に気づいた。ブッシュ政権は依然としてイラク戦争を最優先にしていたため、アフガニスタンでの戦闘は無視され、ペンタゴンの婉曲な言い回しによれば「兵力節約作戦」が続いていた。マキャナンの前任者であるダン・マクニール陸軍大将はアフガニスタンを去るとき、アメリカ軍司令官には地上部隊やヘリコプターや情報部隊がもっと必要だと、戦争戦略を痛烈に批判した。議会の公聴会では、統合参謀本部議長のマイク・マレン海軍大将が「アフガニスタンでは、できることをします。イラクでは、なすべきことをするのです」と発言している。

マクニール大将は、国境を越えてアフガニスタンに流れ込む戦闘員の流れをパキスタン政府が十分に阻止しないことも非難していた。実際、アフガニスタン国内における暴力行為の増加に関して、パキスタンはアメリカ軍の将軍が矛先を向ける格好のターゲットになっていた。二〇〇六年九月に話を戻すと、マクニールの前任者であるカール・アイケンベリー中将が、部族地域におけるパキスタンの無策ぶりを示す書類を積み上げることでホワイトハウスの注意を引こうとした。パキスタンが国内で民兵組織の育成を共謀して行なっていることや、パキスタン軍の大規模な基地から一・六キロも離れていないミランシャーでジャラルディン・ハッカニがマドラサ（二〇〇六年夏、アート・ケラーとCIA担当官がパキスタン軍に襲撃させたマドラサである）を公然と運営しているという事実までパワーポイントのプレゼンテーション資料に落とし込み、ワシントンへ出張したのだ。

そんなこともあり、二年後の二〇〇八年に、パキスタン国内の情報を集めてカブールのアメリカ軍司令官に提供するという案をふたりのビジネスマンが売り込んできたとき、マキャナン大将はすぐに興味を惹かれた。そのふたり――CNN元幹部で洗練された雰囲気をもつイーソン・ジョーダンと、型破りなカナダ人ライターで、世界の危険地域に向かう旅行者用にガイドブックシリーズを執筆したこともあるロバート・ヤング・ペルトン――は、以前も組んで仕事をしたことがあった。イラク戦争がもっとも激化した時期に、事実や噂話のほか、イラク人ジャーナリストによる現地報告が盛り込まれた〝イラク・スロッガー〟というウェブサイトを立ち上げたのだ。そのサイトには少数ながら熱心なフォロワーがいたものの、財政難から閉鎖に追い込まれていた。ふたりはアフガニスタンでも同様のプロジェクトを進めようと、アフガニスタンとパキスタンで新しいウェブサイトのための現地通信員ネットワークを築き、そのサイトにアフパックス・インサイダーと名をつけていた。しかし、今回の新規事業にはペンタゴンに資金を提供してもらおうと考えていた。

ところがマキャナン大将は、このスタートアップ企業による情報サービスへの資金提供になかなか踏み切ってくれなかった。二〇〇八年七月にカブールでジョーダンと会ったときは、軍の部隊が行けず、CIAが信頼できる情報を提供しようとしない場所からの定期的な報告がほしいと述べていたのだが。マキャナンはCIAカブール支局長と折り合いが悪く、ふたりのあいだにはほとんど交流がなかった。しかも参謀会議ではCIAを見下す態度を隠さず、カブールに到着して数週間もすると、パキスタンの部族地域で進行する陰謀をアメリカ軍司令官に警告できる情報源をCIAは同地域にほとんどもっていない、と結論づけた。ジョーダンと会う前日に、アフガニスタン東部のワナトにあるアメリカ軍の前哨基地がタリバンの戦闘員に待ち伏せ攻撃され、アメリカ軍兵士九人が死亡し、二七人が負傷していたのだ。

ジョーダンが前回の会合で、彼の通信員チームが集めたパキスタン国内の民兵容疑者の電話番号リストを軍当局に提出したことに、マキャナンは感銘を受けていた。ジョーダンによると、渡した電話番号はタリバンの「スポークスマンたち」のものだけで、ジャーナリストならだれでも手に入るという。バグラム空軍基地で軍人が管理する機密データベースにそれを取り込んだところ、一部は軍がすでに監視している番号と一致した。そのためマキャナンの参謀たちは、このチームなら事実に基づいたリアルタイムの情報をもたらしてくれるのではないかと期待した。最終的にはマキャナンもアフパックス・インサイダーに二〇〇万ドルを提供することを承認し、確実に資金を調達するようマイケル・ファーロングに指示した。

いつものことながら、ファーロングはアメリカの戦争作戦の真っ只中に巧妙に入り込む力を見せ、二〇〇八年後半にはアフガニスタンにおけるプロパガンダや情報活動キャンペーンに関する会議に頻繁に出席していた。マキャナンは彼の名前をたびたび忘れ、「あの太った汗っかき」と参謀たちに言っていた。

しかし、ファーロングを見くびっていたとしたら、マキャナンは見方を誤ったことになる。マキャナンは、ジョーダンとペルトンの情報収集プロジェクトを承認することの意味についてあまり考えていなかったかもしれないが、マイケル・ファーロングに作戦を担当させたことにより、二〇〇一年に始まった秘密戦争にかなり奇妙なエピソードをひとつ加えてしまった。軍とCIAのライバル関係、政府のスパイ活動の拡大、忍び寄る戦争の私物化といったさまざまな要素が秘密戦争という名の実験室で生まれ、混じりあって爆発しやすい物質となっていた。のちにはファーロングに対する個人批判と捜査が行なわれ、彼は恐れていた以上の運命に見舞われた。「ノースダコタでバスケットボールに空気を入れて吹っ飛ばす」よう指示されたのではない。ゲームから完全に退場させられたのだ。

一方、腹を立てていたマキャナンも、アフパックス・インサイダーのプロジェクトを承認したのちに、大将になっても必要なものを得られる保証はないことに気づく。このプロジェクト用の資金を調達する試みが何度も、おもにCIAに妨害されたからである。

二〇〇八年九月五日、ファーロングは国防総省の高官の一団とともにマクリーンまで車で出かけ、CIAのテロ対策センターに情報収集計画を説明した。(3) 同行したのはアメリカ中央軍作戦本部副部長のロバート・ホームズ准将と、ドナルド・ラムズフェルドが数年前に立ち上げたペンタゴン内のインテリジェンス室に勤務する文官のオースティン・ブランチである。

数カ月前にプラハの一件があったばかりだったので、CIA当局はファーロングを警戒しており、ファーロングも、ペンタゴンに縄張りを荒らされると感じたときにCIAがどれほど刺々しい対応をしてくるかは、よくわかっていた。会合で計画について話し合うとき、ファーロングは慎重に言葉を選んだ。契約職員は「スパイ活動」はもちろん「インテリジェンスの収集」もしない、と彼は言った。「現地の雰囲気についての情報」を集めてカブールの司令官たちに伝えることで、アメリカ軍部隊の保安をサポートするだけだ、とも。(4) ファーロングはのちに「自分たちの活動内容をぼかす必要があった」と言っている。

九・一一同時多発テロから七年たっていた当時、ペンタゴンはスパイゲームにどっぷりつかり、まったく新しい言葉を生み出していた。「戦場の準備」を整えるためだと言ってアメリカ軍部隊を非交戦国に派遣してきたのと同様、「現地の雰囲気についての情報」の収集は、CIAの神経を逆なでしないよう軍が使う新しいキャッチフレーズになった。九月にマクリーンで行なわれた会議では、この活動はCIAのカブール支局とイスラマバード支局と調整しながら進めるとファーロングがCIA当局に約束しようとしたものの、会議の場はすぐに険悪な雰囲気に包まれた。ファーロングの説明を聞きに集まった十数人のCIA担当官たちは、どうせその活動の裏でスパイ活動をするのだろうと、はなから疑っていたのである。

三カ月後、ファーロングがアフガニスタンのカブールを再訪し、支局長をはじめとするCIA担当官の一団にプロジェクトの概要を説明すると、事態はさらに悪化した。このときの会合は、最後はののしり合いになり、ファーロングがパキスタン国内での暗殺任務のためにインテリジェンスを収集しようとしている、と支局長は責めた。「CIA担当官のひとりは本当に唾を吐き、ファーロングも怒鳴り返していましたよ」と会合に出席した軍の将校のひとりは思い返す。数週間後、CIA本部の法律顧問がペンタゴン宛てに覚書をしたため、CIAとしてはだれの監督も受けないうえに危険をはらむことが疑われるプログラムには反対する、と正式に伝えた(5)。

CIAの抵抗は織り込みずみだったとはいえ、ファーロングには同庁の狭量さが最悪の形で現れたように思えた。CIAはいかなる犠牲を払っても既得権を守り、パキスタンからアフガニスタンへの攻撃を自分たちが防げないために毎日アメリカの軍人が殺されているという事実には目をつぶっているのだ。ＣＩＡはファウスト博士のようにパキスタンに魂を売ったのだとファーロングは確信した。パキスタン領空でドローンを飛ばす許可と引き換えに、ＩＳＩがタリバンやハッカニ・ネットワークをひそかに支援することをも黙認しているのだと考えた。アメリカ軍を守るための情報収集は、どこで行なわれようとも、合衆国法典第一〇編の下で認められたペンタゴンの権利に合致する、とファーロングはＣＩＡ担当官たちに訴えた。

アフパックス・インサイダーとの取引をＣＩＡが阻止しようと画策し、アメリカ中央軍の法律家たちがこの情報収集作戦を精査していたあいだに、ファーロングはワシントンの許可を待つ必要はないと勝手に判断した。二〇〇八年後半、彼は軍の緊急予算からプロジェクトの着手金として一〇〇万ドルを引き出し、もうひとつの厄介で官僚的な問題もうまく処理した——じつは、イーソン・ジョーダンもロバート・ヤング・ペルトンも、政府の契約業者として承認されてはいなかったのだ。ファーロングは安直な解決策に飛びついた。このプロジェクトを自分がよく知っている、フロリダ州セント・ピーターズバーグにあり、ジャン・オブルマンが率いるインターナショナル・メディア・ヴェンチャーズに請け負わせればいい。(6)二〇〇九年四月には、ファーロングはこのプロジェクトのためにさらに二九〇万ドルを確保し、全額をこのフロリダの企業に送金した。政府と契約する際の駆け引きにたけたファーロングは、搾取しやすいシステムにつけ込んだのである。議会はイラクとアフガニスタンにおける戦争費用として数十億ドルを承認していたものの、その使途についてはほとんど監視体制を築いていなかった。

ところが、ペルトンとジョーダンのもとにはほとんど資金が入らず、ふたりはマキャナン大将がアフパックス・インサイダーのために調達するよう指示した資金を、ファーロングが別の目的に使っているのではないかと疑いはじめた。それでも、ふたりは仕事を続け、ペルトンは定期的にアフガニスタン国内を回っては部族の長老やタリバンの工作員、そして軍閥からも情報を集めた。民間人を装った軍の将校たちとも国内を回り、未舗装の道を何時間も走っては、東方のパキスタンとの国境における情報収集に努めた。また、西方のイランとの国境方面にも空路で向かい、ヘラート州の有力な軍閥であるイスマイル・カーンと会い、アフガニスタンにおけるアメリカの戦争にどの程度協力的かを評価した。

その間、マキャナン大将の関心は別のほうに向いていた。二〇〇九年一月に大統領に就任したバラク・オバマが現在のアフガニスタン戦略に不満を抱き、軍の高官の入れ替えを計画しているという噂が飛び交うようになっていたからだ。同年五月、ロバート・ゲーツ国防長官がカブール入りし、マキャナンに新情報をもたらした。オバマ大統領はマキャナンを解任し、後任に統合特殊作戦コマンド司令官のスタンリー・マクリスタル中将をあてる決意を固めたという。司令官の交代は、ファーロングにとってはまさに天の恵みだった。マクリスタルの参謀たちに会ったとき、ファーロングは情報収集プロジェクトを既成事実として伝えた。アフガニスタン駐留軍の上級情報将校であるマイケル・フリン少将との会合の席で、パキスタンとアフガニスタンで活動中の契約職員チームが存在し、彼らからの報告を軍の機密インテリジェンス・データベースと「照合」していると説明したのである。[7]

とはいえ、自分たちは外されているのではないかと疑ったジョーダンとペルトンの勘が正しかったことが証明された。ふたりがファーロングにしつこく資金を要求すると、ファーロングはもっといい情報源を抱えた契約職員がほかに見つかったというEメールを送りはじめた。七月初旬、ファーロングはアフガニスタン国外の出張から戻ると、ジョーダンとペルトンにこんなEメールを送りつけた。

「先週末、ドバイで会ったふたりの男は、私が会ったなかでもっともリアルな商業版ジェイソン・ボーンに近かった。どちらもダーリ語、パシュトー語、アラビア語に堪能で、日々、現地で情報ネットワークを広げている」とメールには書かれていた。[8] さらに、マキャナン大将は解任され、アフガニスタンの新司令官たちはアフパックス・インサイダーへの資金提供にはほとんど関心がないともファーロングは述べた。「正直に言うと」とファーロングは書いた。「君たちはサービスを立ち上げるために金を払えと政府に言っている。ところが、このふたりはすでに四年半前からネットワーク作りに投資してきたんだよ[9]」

ロバート・ラドラムのスパイ小説に登場する元CIA暗殺者〝ジェイソン・ボーン〟にたとえられた謎の新たな契約者とはだれなのか？　ファーロングはEメールでは触れていない。元特殊作戦部隊員のネットワークと、CIAがリスクをきらい、ISIなどの外国の情報機関に頼りすぎる現状に嫌気がさして退職したCIA担当官たちの存在について語っただけだ。そういった人々が彼の言葉によると「影のCIA」を結成し、特殊作戦任務に使えそうなインテリジェンスを喜んで集めてくれるのだという。この影のCIAを動かす人物を、ファーロングは「親父さん」とだけ呼んでいた。

大物の復活

七七歳のデュエイン・〝デューイ〟・クラリッジは、おとなしく引退してなどいなかった。それは彼のスタイルではない。しかも晴らすべき恨みが積もりに積もっている。クラリッジはイラン・コントラ事件のあおりを受けてやむなくCIAを離れたが、自分は上司たちによってスケープゴートにされたと信じ込んでいた。事件から二年後に同事件で果たした役割を議会に偽証した罪で訴追されたことについては、党派的な魔女狩りだと受け取った。

ジョージ・H・W・ブッシュ大統領が、任期も終わりに近づいた一九九二年のクリスマスイヴに、クラリッジを含むイラン・コントラ事件の関係者――キャスパー・ワインバーガー元国防長官も含む――に恩赦を与えたとき、クラリッジは少しは自分が認められたと感じた。そして大統領からの恩赦状を額縁に入れ、自宅の玄関に飾った。戸口から入った来客は、真っ先にこれを見ることになる。

クラリッジは一九九〇年代後半に自伝『*A Spy for All Seasons*（熟練のスパイ）』を出版し、冷戦時代のさまざまな業績を生き生きとした文章でくわしく紹介し、あいかわらず共和党を支持していた。一九九八年には民間コンサルタントとしてウェイン・ダウニング退役陸軍大将――統合特殊作戦コマンドの元司令官――と手を組み、数千人のイラク人亡命者とアメリカの特殊部隊員をイラクに潜入させてサダム・フセイン政権を倒す計画を練った。この提案は、イラク戦争賛成派の共和党員のお気に入りでもあるイラク国民会議の代表、アフマド・チャラビの承認を得たが、アメリカ中央軍司令官が夢物語だとして却下した。司令官のアンソニー・ジニ海兵隊大将は、ダウニングとクラリッジの計画は、ピッグス（ぶた）湾ならぬ「ゴーツ（やぎ）湾」のようなものだと評した。

二〇〇三年、ついにアメリカがサダム・フセイン政権を倒すと、クラリッジはさまざまな民間プロジェクトに資金を投じ、すでに挙がっているすべての証拠に反して、フセインが国中に化学兵器や生物兵器を隠し持っていることを証明しようとした。その間、彼は一貫してアメリカによる他国の内政干渉を支持しつづけた。二〇〇七年に行なわれたインタビューで交わされた会話のなかでは、CIAでもとくに評判が悪い作戦の多くを怒りながら擁護し、アメリカの意思を海外において実行するのはアメリカの義務だと発言している。

「干渉することがわが国の国家安全保障上の利益にかなうと思えば、干渉するんだ」とクラリッジは記者に語った。「気にくわなくても、我慢してもらうしかない。世界のほうでそれに慣れてもらうしかない。たわごとを認めるつもりはない[10]」

ところが、クラリッジはCIAに幻滅してもいた。同年にアーカンソー州で行なったスピーチでは、CIAの人的情報収集能力は長年のうちに衰えてきた、と論じた。CIAはイランや北朝鮮の体制について信頼できる情報を集められない、それは偵察衛星や電子盗聴機器に頼りすぎてきたからだ、とも語っている。問題は、マクリーンにいる神経質な法律家が幅を利かせ、リスクのあるインテリジェンス収集任務を決まって断念させることにある、と考えていたのだ。やがて彼は、新しいスパイ活動のモデルを思い描きはじめた。CIAより小規模で小回りが利き、外国政府に頼らない組織だ。OSS（戦略諜報局）のようでありながら、二一世紀の世界——企業、国際犯罪組織やテロ組織のゆるやかなネットワーク、そして多国籍の組織が支配する世界——に対応できるようアップデートするのである。

民間スパイ組織というアイデアは、とくに目新しいわけではない。第二次世界大戦後、OSSの創設者であるウィリアム・ドノヴァンは、トルーマン大統領がCIAの初代長官に彼を任命しなかったため、非常に落胆した。そして、独自の情報活動を立ち上げようと決意した。ドノヴァンは、ヨーロッパに出張してはアメリカ人大使やジャーナリストからソ連の活動情報を集め、秘密エージェント候補をスカウトした。CIA当局には秘密作戦のアイデアを次々と送りつけた。しかし、ドノヴァンの活動を知ったトルーマンは激怒し、彼を「のぞき屋」と呼ぶ(11)。それ以来、CIAは民間における同様のスパイ活動をだいたいにおいてうまくつぶしてきていた。

クラリッジはCIA退職以来、マクリーンとの関係をほぼ失っていた。しかし、フォート・ブラッグや、アフガニスタンやイラクの前哨基地にいる現役の特殊部隊員とつながりをもつ退役した特殊作戦部隊員仲間とは親交を保っていた。CIAはぱっとしないアマチュア集団になり下がったと批判するクラリッジは退役した特殊部隊員の一部に受けがよく、それもあって、アフガニスタンとパキスタンで活動するエージェントのネットワークを作るにあた

り、退役した特殊部隊員グループの幹部に目をつけたのである。(12)

元グリーンベレー隊員で、一時はアメリカン・インターナショナル・セキュリティ・コーポレーションというボストンにある民間警備会社の経営パートナーでもあったマイク・テイラーと組んだクラリッジは、西洋人、アフガン人、パキスタン人からなるネットワークを築き上げた。彼らなら現地で疑われることなく活動できると考えてのことである。ニューヨーク・タイムズ紙の記者、デイヴィッド・ロード救出の支援活動をクラリッジが請け負ったときが、彼らの初仕事だった。ロードはアフガニスタン東部でハッカニ・ネットワークに誘拐され、国境を越えて北ワジリスタンの大都市ミランシャーに連行されていた。何カ月にもおよぶ苛酷な拘束期間中、クラリッジはロードの家族に対し、パキスタンの部族地域に潜入した彼のエージェントがロードの居場所を突き止められるだろうから、そうしたら軍がその情報を使って救出作戦を展開するか、あるいは解放に向けた交渉を進められるはずだ、と伝えた。

二〇〇九年六月のある暗い晩、ロードとアフガン人通訳は囚われていた施設の塀を飛び越え、パキスタン軍の基地を目指した。クラリッジのエージェントはこの逃亡劇に一切関わっていないが、二〇〇九年夏の時点ではこのドラマチックなエピソードの正確な事情が明らかになっていなかったため、ロード事件で果たした役割を売り込めば新規案件をつかむチャンスになる、とクラリッジは考えた。アフガニスタンで民間人誘拐事件に関わったところで、爆発的な成長が見込めるビジネスモデルにはならないうえ、クラリッジの狙いはもっと高いところにあった。自分たちのネットワークを政府に召し抱えてもらえれば、もう一度スパイゲームの舞台に戻れると考えていたのだ。

そのチャンスは数週間後、アメリカ軍部隊が別の行方不明者をアフガニスタンで捜索していたときにやってきた。今回は、ボウ・バーグダールというアイダホ州出身の若い兵士である。バーグダールは二〇〇九年六月にアフガニスタンのパクティィカ州で謎の失踪をとげ、さまざまな情報が錯綜するなか、パトロール中に捕まったか、たんに無届外出したのかもしれないと報じられた。基地での朝の点呼にバーグダールが現れなかったとき、司令官はプレデターや偵察機を飛ばして辺り一帯を捜索した。

数時間後、偵察機はタリバン戦闘員同士が小型端末の無線で交わした会話を傍受した。戦闘員たちは、バーグダール捜索部隊を待ち伏せる計画について相談していた。

「やつらを待ってるよ」

「あいつの居場所はつかんでいるはずなのに、ちがう地域ばかりうろついてるんだ」

「わかった、それじゃしかけてくれ」

「了解。即製爆発装置はあちこちの道にしかけてある」

「神が許したまわば、俺たちは実行するまでだ[13]」

ところが実際には、アメリカ側はバーグダールの居場所をつかんでいなかった。バーグダールは戦争捕虜になっており、軍の用語で言えばDUSTWUN、すなわち「勤務状況：行方不明」扱いだったのだ。ファーロングはバーグダール捜索作戦に飛びつき、行方不明の兵士の居場所に関する情報があると言ってファーロングに接触していたクラリッジのチーム員とすぐにドバイで顔を合わせた。ファーロングは有頂天になった。伝説的なデューイ・クラリッジとともに働くチャンスに恵まれたことも少なからぬ要因であり、彼は敬意を込めてクラリッジを「親父さん（オールド・マン）」と呼んだ。

ファーロングはマキャナン大将が最初に要求した二二〇〇万ドルの資金をまだ軍から引き出せずに苦労していたが、スパイ活動についてははるかに大きな野望を抱いていた。自分の〝ジェイソン・ボーンたち〟を見つけたいま、イーソン・ジョーダンやロバート・ヤング・ペルトンが提案した、ありきたりに見えるサービスに用はない。スパイ用語をちりばめたEメールのなかで、ドバイで会ったクラリッジの部下たち――そのうちのひとりは「WILI 1」というハンドルネームをもつ――は「これまで見たことがないほど装備が整って」おり、パキスタン国内の「荷物のすぐ近くまで工作員を近づけている」と書いた。[14]「荷物」とはボウ・バーグダールのことである。しかし、ファーロングは、パキスタン国内における秘密スパイ網の運営は任務からかけ離れていること、そしてCIA内の敵がこの活動に気づいたらすぐにつぶされることもわかっていた。そこで「宿敵に邪魔されて厄介なことにならないよう、最高度の機密扱いにする必要がある」とCIAについても書いた。[15]

ファーロングがこの活動の資金を獲得するまでのあいだ、クラリッジのチームは軍のためにただ働きをしていた。クラリッジのチームがあげる報告を軍のインテリジェンス・システムに入れる態勢が整っていなかったため、ファーロングは裏チャンネルを使ってタンパにあるアメリカ中央軍や特殊作戦軍にいる友人たちに彼らからの情報を流した。ところが、その場しのぎのやり方は混乱を招き、バーグダールが所属する部隊の副司令官がすぐカブールに怒りのEメールを送りつけ、パキスタンの部族地域で暗躍しているエージェントは実際のところだれなのだ、と問いただした。「このやり方は好ましくない」と彼はそのEメールに書いた。「熟練の人的情報収集担当官や分析チームを関与させられるよう、この『情報源』の直通の連絡先を教えてほしい。さもなければ、失敗や機会損失が生じる可能性は大である[16]」

二〇〇九年夏のあいだに、クラリッジとそのチームは、軍の将校に届ける情報の範囲を広げつづけた。ハッカニ・ネットワークの上級幹部たちが潜んでいると噂されるパキスタン国内の拠点について、クラリッジが作成したくわしい調査書類を機密インテリジェンスのチャンネルに流すと、特殊作戦部隊がそれを活用して同組織の活動を監視した。

クラリッジはこれらすべての活動を、数千キロ離れたサンディエゴ郊外の簡素な自宅で指揮していた。カリフォルニア州エスコンディードにある自宅に中枢神経のような活動拠点を作り上げ、コンピュータや携帯電話を駆使してエージェントと連絡をとった。タンパやカブールにいる特殊作戦部隊員の一部は、その指揮所を「エスコンディード 1」と冗談交じりに呼ぶようになった。クラリッジは夜通し家のなかを歩き回り、一二時間の時差の彼方にいるチーム員からのEメールに返信した。ときには、プールサイドでくつろぎながらエージェントと話すこともあった。

二〇〇九年九月後半までには、ファーロングはようやく民間スパイ活動のための契約をとりつけ、ロッキード・マーティンを元請として二二〇〇万ドルの契約を交わした。契約期間は六カ月で、更新可能である。この変則的な新しい取り決めにより、クラリッジたちの報告を軍司令官が活用するインテリジェンス・データベースに流すための手順が確立した。報告には、タリバンやアルカイダの指導者の居場所についての噂や、村のバザールで仕入れたゴシップ、それにアフガニスタンに駐留するアメリカ軍部隊を狙う策略についての極めて正確な情報などが入り混じっていた。

クラリッジは情報センターとして現場からあがる情報を受け取り、消化し、分析的な「状況報告」に仕立てあげた。報告は次に、暗号化された商用Eメールサービスであるハッシュメールで、ファーロングがカブールにある軍の指揮所内に置いた小規模な契約職員チームに送られた。契約職員の一部の所属先であるインターナショナル・メディア・ヴェンチャーズは最近、経営陣を一新していた。ジャン・オブルマンは上級幹部の大半を解雇し、白髪交じりの退役した特殊作戦部隊員の一群を経営陣に迎え入れたのだ。同社の新CEOであるリチャード・パックは、一九八〇年に大失敗に終わったテヘラン人質救出作戦の立案者のひとりだった。新幹部のひとりであるロバート・ホームズは退役した空軍大将で、一年ほど前にはアメリカ中央軍作戦部担当として、アフガニスタンにおける情報収集計画を説明するためにマイケル・ファーロングとともにマクリーンを訪れている。カブールの契約職員チームは、クラリッジやファーロングが当時監督していた別のインテリジェンスチームから送られてくるハッシュメールを受け取ると、報告を軍の機密データベースに流した。(17)

報告がインテリジェンスの血管にいったん入ってしまうと、その情報が民間スパイによるものか、CIAの収集担当官や軍の情報部員によるものかを見分けるのは実質的に不可能である。ペンタゴンのある調査によると、クラリッジの報告の一部にはパキスタンにある民兵組織の基地を具体的な緯度と経度で示した座標や、アフガニスタン南部のケシ栽培地域におけるタリバン戦闘員の動きも含まれていたという[18]。この報告がときとして軍事行動につながった。クラリッジがもたらしたインテリジェンスの少なくとも一部も加味したうえで、カンダハル東部のアメリカ軍基地付近に集まっていたタリバン戦闘員に陸軍の攻撃ヘリ、アパッチが発砲したことも一度ならずあったほか、統合特殊作戦コマンドが対空砲をパキスタン国内の民兵組織の拠点と疑われる施設に撃ち込んだこともある。ファーロングは大喜びで、自分たちのネットワークが集めた情報がCIAに赤っ恥をかかせたと、同僚によく豪語した。

デューイ・クラリッジもCIAに恥をかかせることに生きがいを感じ、彼のネットワークはときとして、グレアム・グリーンの小説とマッド誌のコミック『スパイvs.スパイ』を足して二で割ったような軍とCIAの内輪もめに巻き込まれた。一例を挙げると、クラリッジのグループはアフマド・ワリ・カルザイの悪評を広め、おとしめようとした。彼はアフガニスタン大統領の義弟であり、アフガニスタン南部随一の有力者であり、アフガニスタンにおけるCIAの重要な情報源のひとりでもあった。

カルザイはアフガン戦争が始まって以来、CIAから数百万ドルもの金を引き出しており、二〇〇九年にはカンダハル・ストライク・フォースと呼ばれるCIAが訓練したアフガニスタン軍に戦闘員を斡旋していた。しかし、マキャナンやマクリスタルなどアメリカ軍の高位の将軍たちは、「AWK」すなわちアフマド・ワリ・カルザイはアフガニスタン南部に悪影響を与えており、横行する腐敗の中心となってアフガニスタンをタリバン化させているとみなしていた。

クラリッジは、ヘロイン取引とのつながり、土地収奪、殺人の告発など、カルザイに対する申し立て書類を積み上げ、カブールにいるアメリカ軍司令官に届けた。軍の将校たちはこれらの書類をもとにカンダハルにおける権力の座からアフマド・ワリ・カルザイを引きずり下ろそうとしたが、CIAの反撃が勝った。カルザイはその地位にとどまった。

それでも結局のところ、アフマド・ワリ・カルザイは数多くの敵から逃れることはできなかった。カンダハルの豪邸でバスルームから出たところを暗殺されたのである。実行犯は長年雇ってきたボディガードで、彼の頭と胸に銃弾を二発撃ち込んだ。(19)

ファーロングの失脚

マイケル・ファーロングは民間のスパイ網を築くにあたり、国防総省が人的スパイ活動を契約職員に外注することを禁じたペンタゴンの規定に違反していた。しかし彼は、兵士とスパイの活動を隔てる一線が極めて曖昧になっていることを知っていたので、活動を正当化する理由を見つけるのはわりに簡単だった。カブールのアメリカ政府当局者が、だれが活動を許可したのかとファーロングに問いただし、サンアントニオにいる上司のもとにファーロングがごろつきを雇ってスパイ活動をしているとCIAから抗議の電話がかかるようになっても、彼は独自の理論をまくしたてた。

国防総省がロッキード・マーティンとの契約を認め、民間のインテリジェンス活動が可能になったのと同じ頃、アメリカ中央軍はサウジアラビアからイエメン、イラン、パキスタンにかけてのイスラム世界全域へ軍のスパイ活動を拡大することを許可する秘密指示を出した。アメリカ中央軍（CENTCOM）司令官のデイヴィッド・ペトレイアス陸軍大将が署名したこの指示は、中東全域における将来の戦闘作戦のための「環境を整え」、CIAの手に負えなかった任務を軍が担うべく準備するよう命じていた。(20) この命令は、タスクフォース・オレンジ——統合特殊作戦コマンド傘下の人的情報収集チームであり、かつてはグレイ・フォックスと呼ばれた——などの極秘ユニットにも民間の契約職員にも「秘密活動のインフラを整えて」過激派のネットワークやテログループの指導者たちの「位置を突き止め、特定し、隔離し、混乱／破滅させる仕事を課す」ことを認めた。(21)

この指示は、統合特殊戦任務部隊に関わる実施命令と呼ばれ、正式な戦闘地以外の国におけるアメリカ軍の役割を規定するためにオバマ政権が初年度に主導した幅広い計画の一部である。新政権は、二〇〇一年以降に劇的に広がった隠密部隊やインテリジェンス活動の混沌とした世界に、なんらかの秩序をもたらそうとしていた。また、ドナルド・ラムズフェルドに強いられて、軍も人的スパイ活動に参与できるようになって以来ほどけてしまった糸の一部をより合わせることも狙っていた。

しかし、ペトレイアス大将の秘密命令も含め、新たなガイドラインはブッシュ政権時代に行なわれたことの大半を補強する結果となった。特殊作戦部隊員の権限はさらに拡大し、いまでは地球規模でスパイ任務が行なえるようになった。一連の命令は、オバマ大統領が信奉するようになる秘密戦争の新たな設計図となったのである。

ペトレイアス大将の指示は、オバマ政権がイエメンにおける秘密戦争にやっきになっていた時期に出されたものであり、命令の大半はサヌア近辺で行なう特殊作戦の人員や装備を補強することを狙っていた。ところがマイケル・ファーロングはペトレイアスの指示を読んだとき、これは自分がパキスタンやアフガニスタンですでに行なっている活動を支持する後ろ盾だとしか思えなかった。しかもその後ろ盾は、おそらくその世代のなかでもっとも影響力をもつ将軍であるデイヴィッド・ペトレイアス大将によるものだ。(22)ファーロングにしてみれば、教皇から祝福されたようなものだった。

しかし、CIAはファーロングが祝福されたとは思っておらず、彼は永久に締め出すべき存在だと判断した。二〇〇九年一二月二日、CIAカブール支局長は、ファーロングに不利な事例を並べ立てた公電をワシントン宛てに打った。請求明細書とも言えるその公電にはファーロングが記録外のスパイ網を運営し、自分の活動の性質について上司に嘘をついているとの申し立てを含んでいた。(23)さらには前年のプラハの一件も取り上げ、二〇〇八年夏にファーロングがあわただしくチェコ共和国を去らねばならなかった理由もくわしく説明していた。支局長の公電は、ペンタゴンが雇った大勢の民間契約職員がCIAと作戦の調整もせずにパキスタンで活動していると、とんでもない結果になると訴えていた。この公電では触れていないが、一部の高官は次のエピソードを事実だと思っていた。二〇〇九年後半、ファーロングの民間スパイがもたらしたインテリジェンスを直接の契機に、北ワジリスタンでアルカイダの隠れ家と疑われる建物に対するドローン攻撃が行なわれた。十数人のアラブ人が死亡し、そのなかにパキスタンのISIのダブル・エージェントも数人含まれていたというのである。ISIの幹部はエージェントが殺されたことに激怒し、CIAに苦情を申し立てた。そして今度はCIAが軍に苦情を申し立て、ファーロングのスパイ活動を非難したのだ。

いまやCIAはファーロングとの公然たる闘いの真っ只中にあり、ファーロングの支援者たちももはや彼を守ることはできなかった。カブール支局長の公電を受け、ファーロングの活動に次々と捜査の手が入った。二〇一〇年春には、サンアントニオにあるラックランド空軍基地のセキュリティ担当官たちが機密コンピュータ・ネットワークへのファーロングのアクセスを遮断し、オフィスへの立ち入りを禁じた。

ファーロングには打つ手がなかった。起訴されたわけではないが、機密の記録にアクセスできないとあっては自己弁護もできない。彼はサンアントニオ市内の地味なアパート群にある簡素なコンドミニアムに一日中こもり、抗弁書を用意しながら、スパイ活動のニュースが報道されて以来、門の外に押しかけるテレビ局のレポーターたちから隠れるように暮らしていた。

この件に関するペンタゴンの最終報告書では、ほぼすべての責任はファーロングにあるとし、彼のスパイ活動を「無認可」だと述べ、契約職員の業務の合法性についてアメリカ軍の司令官たちに誤解を与えたと非難した。だがファーロングは刑事告発されず、静かに国防総省から去った。

ファーロングはたしかに手間を省き、官僚的な標準手続きを回避しようとして軍の命令系統に混乱を招いた。しかし、ファーロングにしてみれば、アメリカの軍人が日々戦死しており、CIAがアフガン戦争でアメリカ軍の勝利に貢献していないのだから、こうしたことは小さな話だった。彼はのちに「人命がかかっているうえ、CIAがすべての情報を外国の情報機関に頼り切っている状況では」自分のスパイ活動は絶対に欠かせなかった、と述べている。

そして、ファーロングは悪の策士とは言いきれなかった。すべての出来事は、アフガニスタン駐留米軍の将軍たちが不満を抱え、CIAを信用せず、マイケル・ファーロングを野放しにしたことに端を発する。この作戦に関するペンタゴンの調査が結論づけたように、だれひとりとしてファーロングの行動の「点と点を結ばなかった」のだとすれば、それはだれもそれを望まなかったからなのだ。

「すべて上司たちの望みでね」長時間におよぶインタビューの最中、五本目のタバコをふかしながらファーロングは言った。「だから私がかなえてあげたんだ」[24]

「親父さん」のあがき

マイケル・ファーロングが確保したロッキード・マーティンとの契約は二〇一〇年五月末に切れ、パキスタンとアフガニスタンにおけるデューイ・クラリッジのエージェント網を支えていた資金は枯渇した。クラリッジは軍が契約を更新しなかったことに腹を立てたが、CIAのせいでこの活動が停止に追い込まれたらしいということに、さらに怒りを募らせた。彼はそれまでアフガニスタン駐留米軍司令官に数百件ものインテリジェンスレポートを送ってきたが、五月一五日、「二〇〇人ほどの現地職員の離職準備のため」にレポートの送付を中止するとカブールに連絡した[25]。

とはいえ、クラリッジにはエージェント網を解散する気などなかった。カブールに連絡した翌日にはもう、軍人が引き続き彼の報告を読めるよう、パスワードで保護されたウェブサイトを立ち上げ、ネットワークを維持するための資金を裕福な友人たちに援助してもらった。さらには活動のフロント企業としてエクリプス・グループという企業を立ち上げ、かつて軍に提供したのと同種のインテリジェンスレポートをウェブサイトに投稿した。なかには、パキスタンのISIがアフガニスタン攻撃のために戦闘員を訓練しているという報告や、パキスタンのスパイがタリバン指導者のムラー・ムハンマド・オマルをひそかに自宅軟禁し、アメリカ軍がアフガニスタンから撤退したのちにアフガニスタン南部で傀儡政権を樹立させようとしているという特別報告もある。別の報告には、ムラー・オマルが心臓発作に襲われ、ISIの工作員によって病院に担ぎ込まれたという噂まであった。

クラリッジは、アメリカの戦争努力を妨害しているように見えた相手を倒すために、さらに変わった計画まで思い描いた。たとえば、アフガニスタン大統領のハミド・カルザイがアメリカを裏切り、カブールにおける権力を保持すべく必死の努力の一環としてひそかにイランと交渉していると信じ込み、カルザイはヘロイン依存症だという昔からささやかれている噂の確たる証拠を探り出すための計画を作り上げた。

この計画は、まさにかつてＣＩＡが使った汚い手口の教本どおりだった。カブールにある大統領府にエージェントを潜入させ、カルザイがそった髭を集めさせ、薬物テストを行ない、カブールの駐留米軍司令官に証拠を渡すというものである。そうすれば司令官は確かな証拠をもとにカルザイと対峙し、アフガニスタンの大統領を、より言いなりの協力者に変えることができる。カルザイを権力の座から引きずり下ろすのではなく、カルザイの政権を支えると約束したのだ、とオバマ政権が警告したのち、クラリッジはその計画をあきらめた。

民間のスパイ活動のニュースが公になり、軍当局がクラリッジのネットワークからの情報を受け取ることに不安を感じるようになってからも、彼は情報を公開するための別の方法を見つけた。クラリッジの友人がこれらの報告をスパイ・スリラー小説の作家として成功しているブラッド・トールなどの親軍派のライターに送ると、彼らはその情報の一部をブログに投稿した。クラリッジは、イラン・コントラ時代の盟友であり、いまはフォックス・ニュースのパーソナリティを務めるオリヴァー・ノースにさえ情報を送った。

それはまるで、ほかにだれも手を出す勇気がなさそうな仕事をデューイとオリヴァーが担った、昔の日々のようだった。

第12章　メスの刃

「爆弾はあなた方のものではなく、われわれのものだと言い張りましょう[1]」

――アリ・アブドゥラ・サレハ大統領

サウジ王子の暗殺計画

会見の目的は投降だった。聖なるラマダンの月にタイミングを合わせた、象徴的な平和のジェスチャーである。サウジアラビアの大臣はプライベートジェット機まで用意して線の細い若者を迎えに行かせ、紅海沿岸に築かれたサウジアラビア第二の都市ジッダに連れてこさせた。そこではムハンマド・ビン・ナーイフ王子がラマダンの習慣にのっとって自邸に支持者たちを迎えており、その若者、アブドゥラ・アシリが宮殿に入るときには通常の安全確認を省き、身体検査をしないよう側近たちに指示してあった。

アシリは数日前に、内務次官でサウード王家の一員でもあるビン・ナーイフ王子に接触し、サウジアラビアの情報機関に投降して、二年前から参加している組織の情報を提供するとの意思を伝えてきた。それはウサマ・ビンラディンのテロネットワークの分派で、最近になって〝アラビア半島のアルカイダ（ＡＱＡＰ）〟と改称していた。ビン・ナーイフ王子はサウジアラビアとその南隣の貧困国イエメンでスンニ派の過激派を壊滅させようとしてきたため、ＡＱＡＰは王子を忌み嫌っていた。二〇〇三年に、イエメンの民兵がサウジアラビア国内で二〇ヵ月におよぶ暴動を起こし、サウジアラビア政府の建物や石油関連施設を爆破したり、外国人用の居住施設を爆撃したり、西洋人を斬首したりした。そのときビン・ナーイフ王子が、国内に潜伏する数千人の容疑者を逮捕・拷問し、厳しく弾圧するよう指示したのである。過激派が浸透しているとみられるモスクには、情報提供者を仕込んだ。(2)

アルカイダに対して強硬姿勢を貫いたビン・ナーイフは、ブッシュ政権から友人扱いされた。二〇〇九年夏には、アメリカのオバマ新大統領と側近たちも、ビン・ナーイフ王子を欠かすことのできない盟友とみなしていた。王子はワシントンの高官の訪問を何度も受け、二〇〇九年五月には大物外交官の訪問を受けた。アフガニスタン戦争をなんとか体裁を整えて終わらせることを期待して、オバマ大統領がアフガニスタン・パキスタン問題担当特別代表に任命したばかりのリチャード・ホルブルックである。しかし、彼がリヤドで王子に会い、アメリカの旗色が悪くなりつつある戦争に手を貸してほしいと頼むと、アメリカには暴力の連鎖が続くアフガニスタンよりはるかに大きな悩みの種があるはずだ、と王子が指摘した。

「それはイエメンという問題ですよ」王子はホルブルックにそう告げたのである。(3)

王子はアメリカの外交使節に対して懸案事項を列挙した。イエメンの部族民はアフガニスタンの部族民よりアルカイダに同情的なことや、サウジアラビア国内のアルカイダの標的にはアフガニスタンよりイエメンのほうが距離的に近いことなどである。イエメンは破綻国家だ、と王子は言った。アリ・アブドゥラ・サレハ大統領は立場の弱い腐敗した指導者であり、国家に対する視野も「サヌアだけに縮小し」、みずからの基盤でもある首都サヌアさえ確保できればいいと考えている。サレハはつねづねイエメンの諸部族をうまく抑制してきたが、いまは統制力を失いつつあり、権力の多くをすでに息子に譲ったものの、息子は諸部族と深い関係を築いていない。サレハの政府に現金を払っても、送金が到着するなり大統領と取り巻きたちが国外に移してしまうから無駄だ。王子はそういった内容を述べた。

「その金は結局、スイス銀行の口座に収まるんですよ」ビン・ナーイフ王子はホルブルックに語った。

代わりに、サウジアラビア政府はイエメン国内でもアルカイダ民兵が根を下ろしている地域の開発プロジェクトに出資しはじめていた。プロジェクトを進めれば過激派に対する支持が弱まり、「過激派は英雄どころか犯罪者だ、とイエメン人にわかってもらえる」かもしれないと期待したのである。ホルブルックは面会の終わりに、オバマ大統領はイエメンで拡大中のアルカイダのネットワークを排除するためにサウジアラビアに協力するでしょう、と王子に約束した。

それから三カ月後、アブドゥラ・アシリがサウード王家の関係者に接触し、投降すると伝えてきたとき、ビン・ナーイフは幸運が訪れたと考えた。アシリと兄のイブラヒムは、サウジアラビアが狩り出そうとしてきた八五人の「過激派」民兵のメンバーだった。イブラヒムは二〇〇三年に起きたイラクでの暴動に参加しようとして逮捕されたことがある。サウジアラビアの刑務所に収監された期間は、サウジアラビアだけでなく、彼が主人と奴隷の関係に好んでなぞらえたアメリカとサウジアラビアの同盟関係に対する憎しみを彼の心にかきたてた。ふたりの兄弟のうち、サウジアラビア当局がはるかに危険人物だとみなしていたのはイブラヒムのほうだ。イブラヒムは爆弾製造者として訓練されたうえ、爆発物を隠すときに独創的な方法を思いつく悪魔のような才能に恵まれていた。計画的に「投降」しても、アシリ兄弟がビン・ナーイフ王子に報復するためのうまい口実だとサウジ側が疑うことはわかっていたので、イブラヒムはふつうの安全対策では検知されない爆弾を考案した。そしてサウード王家が用意したジッダ行きのジェット機に弟のアブドゥラが搭乗する直前に、ニペリット（PETN）を使ったプラスチック爆弾を弟の直腸に差し込んだ。

しかし、爆弾製造者としての天才的な能力をイブラヒムがどれだけ発揮しても、彼が練ったテロ計画は実行者の力不足のせいで成功しないことが多かった。彼の弟は爆弾を隠し持ったままイエメンからジッダに入り、無事にビン・ナーイフ王子の宮殿に到着した。緊張したアブドゥラ・アシリは、王子が訪問客を迎える部屋に入ると、服の下に手を差し入れて爆弾を起爆しようとしたものの、王子に十分に近づく前に爆発させてしまった。爆発によりアブドゥラの体は半分吹き飛び、タイル張りの床に煙が漂う穴が開き、部屋中に血が飛び散った。(4)

ビン・ナーイフ王子は爆発によりかすり傷を負っただけだった。テロ攻撃は失敗した。だが〝アラビア半島のアルカイダ〟は、初めてイエメン国外で作戦を実行したことになる。実行者の不手際により恥をかいたとしても、攻撃の直後に出した仰々しい声明文にはそんな気持ちは少しも表れていない。恥じるべきはサウジアラビアのほうである、なぜならアブドゥラ・アシリによる警備の突破はサウジアラビア史上初めてのことであり、われわれは王家がＡＱＡＰに浸透させるべくイエメン国内に築いたスパイ網を駆逐する段階に入った、と声明文は述べていた。(5)

そして恐怖におびえて暮らすサウジ政府や、ようやく状況に目を向けだしたアメリカ政府に対してさらなる攻撃を加えると、声明文は予告していた。

「暴君たちよ、いずれ苦しむときが来ると思い知れ。お前たちの要塞ではわれわれから身を守ることはできない。

じきにお前たちに手が届く(6)」

オバマによる継承

オバマ大統領が第四四代大統領に就任した翌日、ビン・ナーイフ王子のもとにワシントンの旧友から電話がかかってきた。電話の主はジョン・ブレナン。ＣＩＡの元高官であり、大統領選挙戦中はオバマ上院議員の顧問を務め、その後、ホワイトハウスのテロ対策担当補佐官に指名された人物である。これはブレナンが望んだ役職ではなかった。大統領選の終盤、オバマが選出されたらブレナンはＣＩＡ長官候補の筆頭に挙がるとささやかれていたのだから。ブレナンにはそれだけの資格があった。彼はアイルランド系移民の息子で、ニュージャージー州で育ち、フォーダム大学に通った。分析担当官としてＣＩＡに何十年も勤務し、アラビア語に堪能だった。しかも一九九〇年代に、収集担当官ではなく分析担当官でありながらサウジアラビアのＣＩＡリヤド支局長を務めたというめずらしい経歴もある。大理石から削り出した彫刻のような顔をした大柄な男で、どこか大恐慌時代のボクサーを思わせた。

ところが、ＣＩＡ長官になるというブレナンの夢は、オバマへの政権移行期に阻まれた。ＣＩＡが秘密収容所で使った残虐な尋問方法を容認するような発言をしていたことがここにきて再浮上し、人権活動家たちに批判されたのだ。二〇〇二年に収容所プログラムが開始されたとき、ブレナンはジョージ・テネットの上級顧問のひとりとして名を連ねていたため、九・一一同時多発テロ以降のアメリカにおける記録上の汚点だとオバマが頻繁に批判していたプログラムにがっちり束縛されてしまっていた。上院で承認をめぐる長々しく険悪な争いに巻き込まれることを恐れ、ブレナンはＣＩＡ長官候補入りを辞退した。[7]

ホワイトハウスでの役職は残念賞だったかもしれないが、ブレナンは短期間のうちにホワイトハウス西棟にある窓のない地下オフィスを、オバマが大統領として支持することになる秘密戦争の作戦本部に作り替えた。標的殺害プログラムのあらゆる側面をホワイトハウスで直接管理したいというオバマの要求を受けて、ブレナンはアメリカ政府の歴史のなかでもユニークな役割を与えられた。彼は死刑執行人であり、大統領の聴罪司祭であり、世界の果てでアメリカの敵を殺害するというオバマ・ドクトリンの正当性を訴えるために各地に遣わされる公式のスポークスマンでもあったのだ。

ビン・ナーイフ王子に電話をかけた二〇〇九年一月のその日、ブレナンはリヤド駐在時代に親交を深めた王子に対し、オバマ大統領はブッシュ大統領同様、テロリストを狩り、殺害することにコミットすると伝えた。[8] オバマが大統領に選ばれてからの移行期間中、ブレナンをはじめとする新国家安全保障チームの高官はCIA本部で二日間のブリーフィングを受け、その席で、CIA高官たちは記録にある秘密活動プログラムのリストをかいつまんで説明した。テロ対策センター長で収集担当官でもある前出の「マイク」は一行に対し、ブッシュ大統領が先の夏以降ドローン攻撃のペースを上げたことや、CIAがパキスタンに送り込むスパイを増員しようとしていることを伝えた。大統領選挙戦中、オバマは何度もパキスタンとアフガニスタン、そしてウサマ・ビンラディン狩りに注力すると約束していた——イラクで「悪い戦争」を始めたブッシュが無視してきた、いわゆる「よい戦争」を改めて強調したのである。ブリーフィングの席上、「マイク」およびオバマ大統領の意向を受けて留任していたスティーヴン・カップスCIA副長官に対してブレナンは、パキスタンでのドローンによる暗殺はオバマ政権下でも続くだろうと発言した。[9]

オバマ、ブレナン、そして新政権の高官がテロ対策の重要な手段として標的殺害に頼るようになった理由はそれだけではない。オバマは選挙戦中、ブッシュ時代の秘密収容所や尋問テクニック〔特殊強化尋問（EIT）〕がアメリカのイメージを傷つけたことを何度もやり玉にあげ、大統領に就任して一週間目に、グアンタナモ湾にある収容所を閉鎖し、九・一一同時多発テロ後にCIAが用いた過酷な尋問方法をすべて禁止する計画を発表した。これにはディック・チェイニー元副大統領がすぐに反発し、国家安全保障を犠牲にして政治ごっこをする未熟な大統領の身勝手な行動だ、と非難した。もしもオバマの在任中に大規模なテロ攻撃があったら、それは国家安全保障に必要な道具をCIAに与えなかったオバマの責任だ、と警告したのである。

チェイニーが下野してすぐにこのような痛烈な批判をしたことは、政権を去る者は少なくとも最初の数カ月は新大統領を批判しないという標準的な慣習に対する重大な違反にあたる。しかしチェイニーの批判には、警告の意味が込められていた。国家安全保障問題に対してバラク・オバマが「弱腰である」ことを少しでも示せば、新大統領はそれを理由に強硬派から攻撃されるぞ、というわけだ。

CIAの拘禁・尋問プログラムを司法省に認めさせるにあたって果たした役割のために、少なからず悪評を被ったCIAのベテラン法律顧問のジョン・リッツォは、ホワイトハウスの新チームとの会合に同席したときに、オバマの側近たちの好戦的な口ぶりに驚かされた。「尋問できないから殺害したい、とは決して言っていないが、そういう含みがあることは間違いなかった」とリッツォは言った。「尋問が使えなければ、残された手段は殺害しかない」[10]

リッツォが言ったように囚人を尋問するという選択肢が「使えない」わけではなかった。

しかし、尋問と拘禁は新政権にとっては明らかに茨の道だった。グアンタナモ湾は一年以内に閉鎖すると決断したことに加え、囚人を拘束して外国政府に引き渡せば、拷問を外注しているとリベラル派に批判されるかもしれないとオバマ・チームは案じたのだ。しかも、民主党の有力者でドローン攻撃を非難する者はおらず、共和党は新大統領がテロリストとの戦いにおいて攻撃的すぎると批判する立場にはない。秘密戦争が拡大する政治的下地は整っていた。

マクリーンで二日間にわたって行なわれたブリーフィングは、ジョージ・W・ブッシュとディック・チェイニーでさえやらなかった方法で、オバマ大統領がCIAと統合特殊作戦コマンド（JSOC）を活用しようと計画していること、すなわち暗殺作戦のおもな道具として使おうとしていることを示す最初の兆候だった。九・一一同時多発テロから七年のあいだに、イラクとアフガニスタンでの戦争はアメリカの大衆を疲弊させ、国庫を空にした。しかしそれより重大なのは、秘密戦争の道具がこの間に調整・純化されたことである。オバマのチームは、大規模な軍事行動にともなう莫大なコストをかけずに戦争を遂行する好機を目の前にしていると考えた。そのような大規模な軍事行動は通常その国の政府を転覆し、年単位の占領政策を要し、イスラム世界全体の過激化を誘発する。ブレナンがオバマ政権のアプローチについてあるスピーチで述べたように、アメリカは戦闘地域外で戦うときには「ハンマー」ではなく「メス」を使えるようになったのである。(11)

リベラルな民主党出身の大統領で秘密作戦を受け入れたのはオバマが初めてではない。ジョン・F・ケネディはピッグス湾攻撃を最終的に承認し、ベトナムでは秘密作戦を増加させた。ジミー・カーターは大統領選挙戦中ずっとCIAの危険な行為を批判していたにもかかわらず、結局ホワイトハウスでの最後の二年は一連の秘密活動を承認している。

しかしバラク・オバマは、ベトナム戦争や一九六〇年代から七〇年代にかけての激動の時代後に成人した初めての大統領でもあった。彼の前の世代は時代のうねりの影響を受け、CIAや、もっと広く言えばアメリカの権力を海外で行使することについて冷ややかな見方をしている。二〇一〇年に行なわれたあるインタビューで、オバマはボブ・ウッドワード記者に、自分は「年が若く、ベトナム戦争が人間形成の核にならなかった最初の大統領でしょう」と語っている。だから「ベトナム戦争をめぐる議論から生まれた重荷を背負わずに」成長したのだ、とも[12]。これはベトナム戦争時代の軍と市民の緊張関係について質問されたときの答えだが、オバマはCIAに対しても、ビル・クリントンなどのベビーブーマーとは明らかに世代として異なる見方をしていた。

CIAがオバマ政権時代に権勢を誇った理由は、大統領の年齢だけでも、インテリジェンスに関するブリーフィングで彼が日々学ぶ脅威の性質だけでもなかった。オバマ政権の初代CIA長官が、政権内でCIAの利益を高める能力に関してレーガン政権時代のウィリアム・ケイシー以来、最強の影響力を発揮したことも理由のひとつだった。

パネッタの手腕

レオン・E・パネッタは当初、CIA長官としては極めて似つかわしくない選択に見えた。一九六〇年代に陸軍に二年ほど所属したほかは、インテリジェンス関係や軍における専門的な経験がまったくなかったからだ。カリフォルニア州北部沿岸地域選出の民主党下院議員だった時期も、ペンタゴンまたはCIAを監督する委員会に所属したことはない。表向きは温厚で優しい人柄だが、裏では手ごわい交渉人であり、下品な言葉を前置詞並みに連発した。クリントン大統領の首席補佐官時代にインテリジェンス業界と多少の関わりはあったものの、当時といまでは時代がちがううえ、CIA自体もすっかり変わっていた。

CIA長官に就任したとき、パネッタはまさかCIAが世界各地で人間を殺しているとは考えてもみなかった。二〇〇九年初頭には、パキスタンでCIAのドローンによる標的殺害が行なわれていることは報道で広く知られていた。それでも、信じられないことに、CIA長官向けのブリーフィングを受けはじめ、自分が事実上、秘密戦争の軍事司令官になると知って彼は衝撃を受けた。[13]「マクリーンに来たとき、彼はインテリジェンスに関してはまったく白紙の状態だった」と、上院での指名承認公聴会前にパネッタ向けの一連のブリーフィングの準備を手伝ったリッツォは語った。しかしパネッタは、生死に関わる問題での実務経験が足りない部分を、ワシントンで培った才腕で補った。パネッタは、相も変わらず偏執的なCIAが長官に求めてきたふたつの資質を兼ね備えていた。ひとつは、ホワイトハウス内で影響力をもち、尊敬を得ていること。もうひとつは、ワシントンで政敵とみなされる勢力からCIAの縄張りを守ろうという意欲があることだ。

長期におよんだ法廷闘争に終止符を打ち、ブッシュ政権初期にCIAの尋問方法を許可した内部メモの機密扱いを解除するとホワイトハウス当局が決断したのち、このふたつの資質はすぐに試されることになった。パネッタはすでに指名承認公聴会で、過酷な尋問方法は明らかに「拷問」と言えるだろうとの見解を述べていた。この発言によって、CIAの秘密工作部門の一部に衝撃が走り、新しいCIA長官はスタンズフィールド・ターナーの再来かもしれないと警戒心を生んでいたのだ。ターナーは、ホワイトハウスがCIAを御せなくなったときに、手綱を引き締めるためにリベラルな大統領が外部からマクリーンに送り込んだ人物だった。

ところが、まったく逆のことが起きた。パネッタはCIAを擁護し、マクリーンでは多くの者に愛される一方、数多くの歴代CIA長官のように秘密工作部門に取り込まれたとの批判をほかから浴びた。彼は就任してひと月もたたないうちに、尋問メモの公開を遅らせ、過去の収容所プログラムの詳細をすべて開示することの是非をホワイトハウス内で議論するよう仕向けたのだ。

パネッタはその頃には、工作本部が歴代CIA長官にどれほどの影響力をもってきたかをじかに経験していた。スティーヴン・カップス副長官もテロ対策センターの担当官たちも、メモを公開すればテロ対策センター内の士気はどん底まで落ちると警告した。[14] これには、長官室からCIAのカフェテリアに行くまでの道順を覚える間もなく、秘密工作の担当者たちからの支持を永遠に失うリスクを冒すんだぞ、という脅しの意味も含まれていた。ワシントトン歴が長いパネッタには、言外の意味を汲み取ることができた。工作本部と対立し、情報機関における任期を不快で凶暴な空気のなかで過ごし、短期で交代させられたジョン・ドイッチやポーター・ゴスのようになるかもしれないリスクを負ったのだ。パネッタは陥落した。

パネッタはCIA長官になって初の海外出張中に、ホワイトハウスが尋問メモを機密解除し、公開する計画を立てていることを知った。これは、アメリカ自由人権協会が起こした情報公開請求訴訟で連邦判事が下した命令に従ってのことだ。パネッタはオバマの首席補佐官ラーム・エマニュエルにただちに電話し、公開を待つよう迫った。ふたりはクリントン政権時代からの仲で、パネッタをCIA長官にと後押ししたのはエマニュエルだった。エマニュエルはパネッタの頼みを聞き入れ、パネッタはその後数週間にわたり、メモの機密指定を保つようホワイトハウスに熱心に訴え、エマニュエルを味方に引き入れた。[15] じつに奇妙で、現実離れした光景だった。拷問によってアメリカの法を犯したとCIAを公然と批判した男が、こうした行為の詳細を大衆の目にさらすべきではないと熱心に訴えていたのだ。

最終的にはパネッタが論破され、オバマ大統領はメモを公開するよう命じた。しかし、CIA新長官にとっては、結果はどうでもよかった。少なくともこの問題について議論をしてほしいとホワイトハウスに食い下がることで、新政権内に影響力をもつことをCIA全体に証明したからである。さらに重要なことに、彼は秘密工作部門にとって極めて重大な意味をもつ問題に本気で取り組んだ。CIA内部の多くの者が見て取ったように、自分はCIAチームの一員だと示したのである。

パネッタとブレアの対立

少なくとも書類上はレオン・パネッタの上司にあたる男にとって、これはまったく別の問題だった。クリントン政権時代にペンタゴンとの連絡係(リエゾン)としてCIAに派遣された経験をもつデニス・ブレア元海軍大将は、その後、海軍の出世階段を上りつめ、アメリカ太平洋軍を指揮する海軍大将を務めたのちに退役した。太平洋軍司令官時代は、地表面の三分の一以上を監督し、何十万平方キロもの地域に散らばる軍人たちが彼の命令に従った。ところが、ブレアはいまや軍を退き、ブッシュ政権が創設してから四年たってもまだ定義が曖昧な国家情報長官の地位にあった。九・一一同時多発テロ以前のインテリジェンス活動の失敗やイラク戦争での失敗の責任を負うよう議会と九・一一委員会がブッシュ政権に圧力をかけたために設けられた役職である。複数部門に分かれた御しがたいスパイ組織集団を監督する立場になるのだから、このポストは強大な力をもつだろうと想定した者もいる。ところがドナルド・ラムズフェルドの息のかかった議員たちは新ポストの権限を弱めることに成功し、結局インテリジェンス・コミュニティの予算の大半はペンタゴンが握りつづけた。こうした官僚的なせめぎ合いの結果、二〇〇九年初頭にブレアが国家情報長官に就任したときには、ペンタゴンとCIAはともに、そのポストをただのお飾りにしていた。

さらに悪いことに、オバマ大統領誕生にいたるつらい選挙戦をともに闘い抜いた顧問たちの結束は固く、ブレアは就任早々、自分がよそ者であることに気づいた。ブレアは一九三四年に中国共産党員が行なった何千キロもの行軍になぞらえ、この集団を「長征者たち」と呼んで軽んじた。彼の不信感は、早い段階でパネッタとの関係がこじれたことから生じた。ブレアは、各国に派遣されるアメリカのスパイの責任者に対する任命権を強く要求しはじめた。これは伝統的にCIA支局長が自動的に任されてきた仕事である。このこと自体は小さな問題だが、パネッタとスティーヴン・カップス副長官はCIAの権限がおびやかされるとみなし、ブレアの計画を拒絶するようホワイトハウスにロビー活動を行なった。二〇〇九年夏のあいだにホワイトハウスが提案に対して答えを出せずにいると、ブレアはホワイトハウスの決定を待つ必要はないと判断し、任命権の変更を命じた。そして短い、険悪な電話のなかでその決定をパネッタに伝えた。パネッタは、電話の受話器をたたきつけた。

「あいつはくそいまいましい馬鹿野郎だ」パネッタはオフィスに集まった側近たちに告げた。そのすぐ翌日、パネッタからの秘密の公電が海外の全CIA支局に送られた。ブレアの指示は無視しろ、というごく簡単なメッセージだった⑯。

命令を無視されることに慣れていないブレアは国家安全保障担当補佐官のジェイムズ・ジョーンズに、パネッタは反抗的だから更迭すべきだと不満をぶつけた。ホワイトハウスはCIAに味方した。

ブレアは、CIAの秘密活動プログラムの歴史を長らくよく思っていなかった。アメリカの歴史上、とくに厄介な外交問題への対応について大統領補佐官たちが合意できなかった場合に、あまりに頻繁に、あまりに多くの大統領がCIAを松葉杖のように便利に使ってきたと考えていたのである。しかも秘密活動プログラムはふつう、国に貢献しなくなってもなお続くとも思っていた[17]。

そのため、国家情報長官に就任して一年目に、パキスタンでのドローン攻撃からイランの核開発計画の妨害工作まで、CIAで進行中の十数件の秘密活動プログラムを見直すようオバマ大統領が指示した際に、ブレアは各プログラムの状況を精査し、継続する意味があるかどうかを検討する好機だと思った。ところが、二〇〇九年夏に開かれた会合は、CIAの秘密活動を事実上すべて認める結果に終わった。スティーヴン・カップスは会合の席で、どのプログラムも成功しており、続ける必要があると強く訴えた。オバマ大統領の国家安全保障担当補佐官たちが秘密活動プログラムについて最終決断を下す「長官級委員会」の会合がその秋に予定されたときには、中止を検討する案件はひとつもなかった。

ブレアは不満に思いながら、なりゆきを見守った。ブレアは、ワシントンでのキャリアの大半をCIAで過ごしたロバート・ゲーツ国防長官に接近した。ゲーツには管轄下の秘密活動に失敗した経験〔一九八六年のイラン・コントラ事件のこと〕があるうえ、ホワイトハウス内に影響力もあることをブレアは知っていた。秘密活動プログラムに関する決定の指針となる基本原則のリストを作成すべきだというブレアの意見にゲーツも同意した。ふたりがまとめあげた六つの原則は当たりさわりのないものばかりだった。そのなかには、秘密活動プログラムを通常の活動に移行できないか定期的に評価することと、プログラムは「安定した、腐敗のない、自国民の人権に配慮する暫定政府の発展」を妨げないこと、という条項が含まれ

ていた。(18)

オバマ大統領の上級顧問たちがホワイトハウスに集まり、秘密活動プログラムについて議論した際、ブレアはそのリストを一同に配布した。ブレアもゲーツも、この会合をCIAの秘密活動について英知を集めて議論する場にしたいと望んでおり、ブレアが個別の秘密プログラムごとに議論させようとしたため、会合は何時間にもおよんだ。ブレアは「CIAはとにかく［秘密活動］プログラムを押し通したがった」と、のちに語った。ブレアが鋭い質問を浴びせるたびに、レオン・パネッタも国家安全保障担当次席補佐官のトム・ドニロンも怒りを募らせた。(19)

パネッタの目には、ブレアがスタンドプレーに走っていると映っただけではなかった。一九四七年の創設以来、CIAが用心深く守ってきたもの、すなわち秘密活動に関して大統領から許可を得るための直通ラインをCIAから奪おうとしているのではないかと考えたのである。ブレアとゲーツがまとめたリストは、オバマ大統領が秘密活動を許可するにあたり無用な制限を加えるだけだ、とパネッタは思った。

ブレアの努力は失敗に終わり、オバマ政権はブッシュ大統領から引き継いだ秘密活動プログラムをひとつ残らず承認した。またしてもCIAが勝ち、ホワイトハウス内でのブレアの立場は回復しようのないところまで落ちてしまった。

オバマ政権がCIAの秘密活動プログラムの未来について論じた際も、標的殺害任務を終わらせるという意見は出なかった。まさにその逆だった。オバマ政権になって最初の数カ月のうちに、国家安全保障担当補佐官のジェイムズ・ジョーンズは、非戦闘地域における殺害作戦用に「暗殺対象者リスト」を一元化するプロジェクトを主導した。のちにジョーンズ・メモとして知られることになるこの記録は、オバマ政権が秘密戦争の実施手順を確立しようとした初期の試みである。多くの者は、オバマ大統領の退任後も秘密戦争は続くと考えていた。[20]このリストは国家安全保障会議が管理しており、暗殺対象者リストに載せる基準を厳しく保とうとした者もいた一方で、基準はゆるむこともあった。

たとえばオバマ政権発足当初、CIAはベトゥラ・メスードを殺害する権限を与えられていなかった。アート・ケラーが部族地域内のCIA基地に配属されて初めてメスードの名を聞いたときからすでに、〝パキスタン・タリバン運動〟の揺るぎない指導者として頭角を現していた人物だ。〝パキスタン・タリバン運動〟は、自国内ではテリキ・タリバン・パキスタン（TTP）と呼ばれ、恐るべき暴力衝動に突き動かされてパキスタン軍の施設や政府の施設を攻撃していた。ムシャラフ退陣後に樹立されたパキスタンの文民政府はオバマ政権に対して、以前CIAが前任者のネク・ムハンマドを暗殺ドローンで殺害したようにメスードも殺害してほしい、と懇願しはじめた。ところが、返ってきた答えはノーだった。二〇〇九年前半、スティーヴン・カップスCIA副長官はパキスタンのフセイン・ハッカニ駐米大使と個人的に会った際に、メスード一味はアメリカを攻撃していないので、CIAは彼を殺害するための法的な許可を得られない、と説明した。[21]

パキスタンの陰謀論者のなかには、アメリカがメスード殺害を拒む理由についてもっとうがった見方をした者もいた。じつはメスードはインドの秘密エージェントで、アメリカはメスードを傷つけないとニューデリー政府に約束しているのだと。しかし、パキスタンがしつこく懇願するうちに、CIAの法律家たちも法律に関するメモを回覧しはじめた。〝パキスタン・タリバン運動〟はアルカイダ工作員をかくまったうえ、パキスタン国内だけを攻撃対象とする組織と西洋への攻撃に注力する組織は区別しにくくなってきているため、TTPの上級幹部は暗殺対象者リストに載せる正当な理由がある、という内容だ。法的な正当化以外にも、パキスタンにとってもっとも危険な敵をCIAが殺害すれば外交面で有利になるとの見方もあった。

二〇〇九年八月初旬のある暖かい夜、CIAのドローンが一機、南ワジリスタンのザンガラ村の上空に滞空した。搭載されたカメラはベトゥラ・メスードと家族数人が屋上で夜風を楽しんでいるようすを映し出している。糖尿病を患っていたメスードがインスリンの静脈注射を受けていたとき、ドローンからミサイルが発射され、屋根にいた者全員が殺害された。パキスタン当局は暗殺を歓迎し、ワシントンの一部はこのドローン攻撃を「親善殺害」と呼んだ。

レオン・パネッタは、軍事司令官としての新しい役割にも慣れていった。彼の長官時代はCIAが標的殺害を積極的に――向こう見ずに、と思うようになった者もいる――行なった時代として知られることになる。敬虔なカトリックのパネッタはCIA長官を退任するとき、「ここ二年は、これまでの人生で唱えた回数以上に『聖母マリアをたたえよ』と祈ったよ」

と冗談を言っている。[22]

ペトゥラ・メスードを殺害した二カ月後、レオン・パネッタはCIAの準軍事作戦に関する長い要望リストを持ってホワイトハウスを訪れた。暗殺ドローンがもっとほしかったうえ、CIAが「フライト・ボックス」と呼ぶ、パキスタン部族地域内のドローン飛行可能空域をより広くとれるようパキスタンに求める許可がほしかった。オバマ大統領はジョー・バイデン副大統領の勧めを受け、パキスタン国内に潜入させる収集担当官の増員はすでに承認していた。その多くはISIに知らせぬままに、パキスタン国内で活動していた。

ドローンの数を増やしたいというCIAの要望に人々は眉をひそめ、なぜ情報機関がインテリジェンスの収集と分析という主たる任務からかけ離れた方向へ進むのか、と公然と質問する当局者もいた。統合参謀本部副議長のジェイムズ・カートライト海兵隊大将は「空軍をもうひとつ作る理由を説明してくれないか」と何度も尋ねている。[23] CIAはドローン殺害に夢中になるあまり、基本的な問いを発するよう分析担当官に命じていない、と考える者もいた。それはすなわち、ドローン攻撃から生み出されるテロリストの数は、実際に殺害するテロリストの数をどの程度上回るか、という問いである。しかしシチュエーションルームでの会合が終わるときには、オバマ大統領はパネッタの要望をひとつ残らず呑んだ。「CIAが望むものを与えよう」と大統領は言ったのである。[24]

イエメンへのミサイル攻撃

しかし、新たな資源を投入しても、パキスタンの山岳地帯におけるCIAの戦争はなおもインテリジェンス・コミュニティのドローンや偵察衛星、そして収集担当官を大量に使用していた。そのため、約五〇〇〇キロ西方でオバマ大統領の補佐官たちがひそかに拡大していた戦いに割ける資源はわずかだった。二〇〇九年八月にビン・ナーイフ王子暗殺未遂事件が起きたことで、ワシントンは、西洋諸国を攻撃する意図を表明したイエメンのアルカイダ系集団からの挑戦を受けて立つ緊急の必要性に新たに迫られていたのである。

二〇〇九年後半時点で、サヌアのアメリカ大使館には少数のアメリカ兵とスパイしかいなかった。CIA支局に加えてペンタゴンは二〇〇二年以降、特殊作戦部隊をイエメンに常駐させてきたものの、もう何年ものあいだ、イラク戦争やアフガニスタン戦争のほうがイエメンでの任務よりも優先されていた。しかし、イラク戦争が収束に向かうと、統合特殊作戦コマンドはより多くのネイビーシールズを新たな任務に割く余裕ができた。

中東でアメリカ軍を指揮するデイヴィッド・ペトレイアス陸軍大将は、前年にアメリカ中央軍司令官に就任して以来、〝アラビア半島のアルカイダ（AQAP）〟の影響力が強まっていることを懸念していた[25]。二〇〇九年九月下旬、ペトレイアスはイエメンなどでアメリカ軍のスパイ活動を拡大することを認める秘密命令に署名した。これこそまさに、マイケル・ファーロングがパキスタンにおけるインテリジェンス収集活動を正当化するために利用した命令だった。これにより軍は、さらに広範な通信傍受活動や現地の住民からの有償の情報収集など、非正規の任務も多数行なえるようになった。

JSOC司令官のウィリアム・マクレイヴン海軍大将は、特殊部隊が〝メソポタミアのアルカイダ〟と交戦する際にイラクで用いたのと同じ計画を採用したいと考えた。頻繁に夜襲を重ねてアルカイダ工作員を捕獲し、彼らを尋問してインテリジェンスを得、それをもとにさらに急襲・捕獲活動を広げるというものだ。司令官たちが「インテリジェンス・サイクル」と呼ぶものに頼るこのモデルは、アフガニスタンですでに試している。マクレイヴンは、イエメンに多くの部隊を送り込めば、AQAPがアメリカを攻撃する前に勢力を削げると考えた。(26)

ところが、イエメン対策としてマクレイヴンが提案した野心的なアイデアは、非現実的だとしてワシントンに退けられた。イエメンのサレハ大統領は、アメリカの地上部隊がイエメン国内に拘禁・尋問施設を作ることはおろか、全土で捕獲・殺害作戦を行なうことなど絶対に許すはずもない。ホワイトハウスはすでにグアンタナモ湾の収容所を閉鎖する計画に政治的な猛反対を受けていたため、大統領の側近たちはイエメンから大量の新たな非拘束者を引き取る気などなかった。マクレイヴンは、別の方法を編み出してイエメンで戦争を遂行するよう迫られたのである。

結局、奇妙で中途半端な軍事行動が行なわれた。軍事作戦におけるアメリカの存在を隠そうとする時として愚かな試みのために、擬似秘密戦争はむしばまれたのである。民兵組織の指導者の居場所についてはほとんど正確なインテリジェンスがなく、イエメンの大統領は二〇〇二年以来、暗殺ドローンの飛行を許可していないという状況のなか、計画者たちはイエメン沖に停泊した海軍の艦船から発射する巡航ミサイルや、海兵隊のジェット機ハリアーⅡによる不定期の空爆に頼らざるを得なかった。結果は散々だった。その後数カ月にわたるイエメンにおけるアメリカ軍の攻撃により、ＡＱＡＰに関係する幹部より民間人のほうが多く死傷した。

アメリカ軍による最初の攻撃は、二〇〇九年一二月一七日に行なわれた。アメリカ側は、辺鄙な砂漠地帯にあり、沿岸には南部の港町アデンまで村が点在しているアビヤン県内のテロリスト・キャンプからの通信を傍受した。ＡＱＡＰはサヌアのアメリカ大使館を攻撃する自爆テロ要員たちを送り出す最終段階に入っていたのである。マクレイヴン海軍大将は前日に行なわれたビデオ会議でホワイトハウス、ペンタゴン、そして国務省の当局者に、テロリスト・キャンプ襲撃計画の詳細をブリーフィングしてあった。ＣＩＡがパキスタンにおけるドローン攻撃に際していちいちホワイトハウスにお伺いを立てなくてもいいようにほぼ包括的な許可を得ているのに対し、軍には、ジョン・ブレナンを議長とし、「テロ対策委員会」とあだ名されるワシントンの小チームによる許可が求められていた(27)。このチームが計画を判断し、オバマ大統領に推挙すると、大統領本人が個別に攻撃許可を出す仕組みである。

オバマはこの作戦を承認した。翌日、アラビア海を哨戒中のアメリカ軍の小艦隊に暗号化されたメッセージが発信されると、数時間後、トマホーク巡航ミサイル数発がアビヤン県の砂漠にあるキャンプに撃ち込まれた。その日のうちにイエメン政府が記者発表をして作戦の成功をたたえ、イエメン空軍の攻撃により「三四人前後」のアルカイダ戦闘員を殺害した、と述べた。

オバマ大統領は翌日、アリ・アブドゥラ・サレハ大統領に電話をし、協力してくれたことに感謝の意を表した。イエメン軍はアメリカの作戦の隠れ蓑にすぎなかったにもかかわらず。キャンプで現地の住民が撮影したビデオにより、ミサイルの破片にアメリカのマークがついていたことや、トマホークにクラスター爆弾が搭載されていたことが明らかになった。クラスター爆弾は、遠くまで小さな弾薬をばらまくことで広範囲に被害をもたらすよう設計された兵器である。死者の大半は市民で、女性や子供の遺体を映した凄惨な映像がＹｏｕＴｕｂｅを通じて世界中に広まった。攻撃後、アルジャジーラが放映した街頭での抗議行動では、ＡＫ‐47自動小銃を肩にかけたアルカイダ戦闘員がカメラに向かってイエメン軍に直接訴えかけた。

「兵士たちよ、お前たちと戦いたくないことは、知っておいてほしい」と男は呼びかけた。「お前たちとわれわれのあいだには問題などない。問題はアメリカとそのエージェントだ。アメリカにつくと危ないぞ！」(28)

誤爆

アメリカによる攻撃の三週間後、ペトレイアス陸軍大将がサヌアを訪れ、サレハ大統領とその顧問団に会い、戦争の次の段階について話し合った。ふたたび緊急事態が起きていた。二〇〇九年一二月のクリスマス当日、アムステルダム発デトロイト行きの飛行機に若いナイジェリア人が搭乗した。彼の下着にはイエメンの天才爆弾製造者イブラヒム・アシリの手になる最新の悪魔的な発明品が縫いつけてあった。飛行機が最終着陸態勢に入ると、ウマル・ファルーク・アブドゥルムタラブは液体酸で満たされた注射器を使い、八〇グラムのプラスチック爆弾を起爆しようとした。アシリの計画は、実行者の力不足のためにまたしても成功しなかった。アブドゥルムタラブは自分の脚に火をつけただけで、ほかの乗客たちがただちに彼を床に組み伏せた。不運なテロリストはデトロイトで拘留された。アメリカは、オバマ政権下で初めての大規模なテロ事件をかろうじて防いだのである。

ビン・ナーイフ王子暗殺未遂事件は、AQAPがイエメン以外の国も攻撃するという野望を初めて見せた兆候だった。一方、失敗に終わったクリスマスの攻撃は、パキスタンに潜伏しているウサマ・ビンラディンといまでは規模も小さくなったアルカイダ工作員たちが始めた仕事を継承することに、このグループが本気で注力していることの証ともなった。二〇一〇年一月初旬にペトレイアス陸軍大将を乗せた飛行機がイエメンの首都サヌアに着陸したとき、オバマ政権はすでにイエメンにおけるアメリカの攻撃を拡大させようと決意していた。

サレハ大統領はこれまで長いこと、イエメンをアメリカの秘密作戦の舞台にはさせまいとかみついてきた。そのため、イエメン大統領とアメリカ当局者の会合は、狡猾な駆け引きの場になり果てることも多かった。ペトレイアスは九〇分におよぶ会合を、イエメン大統領の態度を軟化させることから始めた。イエメン軍がAQAPとの戦いで成功を収めていることで彼をたたえ、イエメンの対テロ作戦費用として提供する現金を、現在の年額六七〇〇万ドルから一億五〇〇〇万ドルへ倍近く引き上げるよう要求している、と伝えた。[29]

ところが、狡猾な専制君主のサレハはさらに要求を強めた。最近のアメリカ軍による空爆の話をもちだし、「誤爆があった」ために アビヤン県の市民が殺害されたと指摘したのである。そして、トマホーク巡航ミサイルはテロリストとの戦いには不向きだ、アメリカが攻撃ヘリを一ダースくれさえすれば自分たちでテロリストのキャンプを掃討するので、市民を巻き添えにせずにすむ、そうすれば無実の人間を傷つけることなく犯罪者を殺害できる、と述べた。ワシントンがこの要求を受け入れられないなら、ペトレイアス大将がサウジアラビアとアラブ首長国連邦に圧力をかけて、それぞれから六機ずつ提供してもらう形でもかまわない、とも。ペトレイアスは逆に、アメリカ軍の特殊作戦部隊とスパイがイエメン国内の戦線付近まで近づくことを認めてほしい、と自分の要求をもちだした。そうすればアメリカがドローンと衛星から得たインテリジェンスをダウンロードし、それを使ってより早く、かつ正確にテロリストの隠れ家を攻撃できる、とペトレイアスは言った。

サレハはこの要求をあっさり退け、アメリカはCIAとJSOCがサヌア郊外に建てたばかりの作戦センター内にとどまるべきだと主張した。しかし、航空作戦を継続する許可は与えた。AQAPの指導者たちの居場所に関するインテリジェンスが手に入ったら、アメリカのジェット機や爆撃機が個別の任務のために沿岸からイエメン領空に入ることは認める。しかも自分は、アメリカはイエメン国内で戦争をしていないと嘘をつき通そう、とも述べた。

「爆弾はあなた方のものではなく、われわれのものだと言い張りましょう」とサレハは言った。

アメリカは、ワシントンが長きにわたって無視し、ほとんど理解もしていなかった国での戦争にゆっくりと深入りしていった。そこでは狂信的な集団が世界唯一の超大国に身のほどを知らない戦いを挑んでおり、オバマ政権は民兵たちがどの程度支持されているかも、彼らがどこに隠れているかも、いまだにぼんやりとしか理解していなかった。本物のインテリジェンスと、イエメンの情報源が計画的にアメリカに握らせた偽の情報を見分けるのもむずかしかった。

ペトレイアスがサレハと会ってから五カ月後、アメリカのミサイルがマリブ県副知事のジャベル・シャブワニが乗った車を吹き飛ばした。彼はイエメン政府とアルカイダの一派との橋渡し役をサレハ大統領から命じられていた。シャブワニとボディガードたちが殺されたとき、一行は和平交渉のためにAQAPの工作員に会いに行く途中だった。にもかかわらず、シャブワニの政敵がイエメンに駐留するアメリカの特殊作戦部隊に、シャブワニはアルカイダと連携しているという作り話を聞かせたのだ。アメリカ人は、部族間対立に決着をつけるためにハイテク攻撃をさせられたのである。

二〇一〇年五月のこの攻撃により、イエメン全土は怒りに包まれ、サレハ大統領は空爆の中止を命じた。マリブ県の住民たちは石油パイプラインを炎上させ、火災は数日間続いた。イエメンにおけるアメリカの戦争は、無期限の中止に追い込まれた。

ブレアの懸念

ワシントンにおいて、アメリカでもっとも偉大な大統領は大きなモニュメントで記念され、有名な引用句を白い大理石のブロックに刻まれる。月並みな大統領のためには、ダウンタウンのホテルに彼らの名を冠した会議室が作られる。二〇一〇年四月六日、デニス・ブレアはウィラード・ホテルの階段を下り、第一三代大統領ミラード・フィルモアや第一二代大統領ザカリー・テイラー、第一四代大統領フランクリン・ピアース、第一五代大統領ジェイムズ・ブキャナンなどの名を冠した狭い会議室が並ぶ地階へと向かった。彼はそこで、国家情報長官として最後となるスピーチを行なった。

国家情報長官という地位に対するブレアの不満は募る一方で、ホワイトハウス内からの支持も、ワシントンの国家安全保障コミュニティからの支持も減りつつあることを彼は知っていた。ブレアはその朝、傍若無人になったと彼には思えたCIAとその秘密活動に対する懸念を表明しようと決意していた。外交的な言い回しにくるまれてはいたが、彼が伝えたメッセージは明らかだった(30)。

アメリカは秘密活動に頼りすぎている、この世界で秘密を守るのは困難であり、アメリカ政府の存在を隠しておくこともむずかしい、とブレアは語った。

「かつては秘密活動しか実施できなかった領域における諸問題にも、いまなら国家権力のさまざまな表立った方法を使って対処できる」

このスピーチでは、CIAという言葉は一度も使われなかったものの、オバマ政権において強大な権力を蓄えてきたＣＩＡに語りかけていることに疑いの余地はなかった。ブレアはみずからの懸念を公にしたことで、国家安全保障問題に関わる争いは内輪にとどめるというオバマ政権の基本ルールのひとつに違反したのである。さらに重大なことに、彼はオバマ大統領の外交政策における中心的な柱のひとつ、すなわちＣＩＡを秘密戦争の道具として利用することに異議を申し立てたのだった。当然ながら、ブレアのスピーチを聞いたレオン・パネッタやＣＩＡ高官たちは憤った。それからわずか一カ月あまりののち、オバマ大統領はデニス・ブレアを更迭した。

ＣＩＡは望むものを与えられたのである。

第13章 アフリカ・スクランブル

「これは天与(マナ)の糧よ！」

——アミーラ

「アミーラ」を出せ

二〇〇八年九月、ウクライナの貨物船ファイナ号はケニアのモンバサに向けてソマリア沿岸を航行していた。ところがこの船は最終目的地にたどり着かなかった。海の難所を通っていたとき、十数人の武装した男たちが小型モーターボートで押し寄せ、ウクライナ人一七人、ロシア人三人、ラトヴィア人一人からなる乗組員を人質に取ったからだ。

船倉に下りた海賊たちは、自分たちの幸運が信じられない思いだった。ロシア製T‐72戦車が三三台、手榴弾が数十箱分、それに多数の対空砲といった秘密の積荷があったからだ。海賊たちには知るよしもなかったが、これらはスーダンのハルツーム政府と戦う南スーダンの武装勢力に対するケニア政府からの秘密支援の一部だった。つまり、国連の武器輸出禁止令に違反した積荷である。(1) ソマリアの海賊たちは、積荷の価値に応じて身代金を設定する術にたけていたので、ファイナ号を拿捕してすぐ、乗組員と貨物船、それに秘密の積荷の安全な引き渡しと引き換えに、三五〇〇万ドルもの身代金を要求しはじめた。

数日のうちにアメリカ海軍の軍艦がファイナ号を取り囲み、デッキ上空をヘリコプターが旋回し、乗組員の健康状態を確かめようとした。ところがウクライナの船主が海賊の要求を呑まなかったため、人質解放交渉は何週間も延々と続く。一向に交渉が進まないことにいら立った海賊たちは、新たな仲介人を要求して交渉することに決めた。そして白いシーツにメッセージを書きなぐり、ファイナ号の手すりからたらした。

シーツに書かれた単語はひとつ。「アミーラ」だ。

数日後、ミシェル・〝アミーラ〟・バラリンは、ロシア製戦車を満載した船を乗っ取った海賊集団との厳しい人質解放交渉の中心にいた。海賊たちがアミーラを要求したとき、バラリンはすでにソマリ人氏族の長老たちと話を進め、身代金の交渉を取りまとめて膠着状態から脱する道を探っていた。のちに、交渉で儲ける気はなかったと言ってはいるが。自分は純粋に人道目的で介入し、海賊たちが陸上のソマリ人長老たちと連絡をとったり、ファイナ号の乗組員が家族と話したりできるように衛星電話を提供したのだという。(2) ところがウクライナの船主は、ヴァージニア州の得体の知れない女が口を出すことに次第に怒りを募らせた。あの女はいないほうがいい、あいつは乗組員と積荷を解放するための値段を吊り上げているだけだと考えたのである。「自分でも払えないほどの高額を提示し、相手に誤った期待をもたせているだけだということを、あの人は理解すべきです」と船会社の広報担当者は述べた。(3)

ウクライナ政府すらも介入した。オバマ政権が発足してわずか数週間後の二〇〇九年二月初旬には、ウクライナのヴォロディームィル・オフルィーズコ外相がヒラリー・クリントン国務長官宛てに大げさな表現を使い、「海賊の仲介役になった」女性について問い合わせる書簡をしたためた。(4)この書簡では、バラリンの行動が「海賊たちに根拠もなく身代金の総額を吊り上げさせている」と訴え、クリントンに「海賊との交渉プロセスから［あの女性を］外すよう」依頼した。(5)

ウクライナの外相から書簡をもらうまで、ヒラリー・クリントンがミシェル・バラリンについて何も知らなかったのも無理はないが、アメリカ当局には彼女を知る者が大勢いた。オバマが大統領に就任する頃には、バラリンはソマリア国内で情報を収集する契約をペンタゴンと交わしていたからである。バラリンはプロジェクトを無数に立ち上げてはアメリカ政府の承認を得ようと画策しており、成否はさまざまだったが、そうした契約のひとつが成約したのだ。

スーフィー教徒の抵抗勢力を組織してアル・シャバーブと戦わせようとした二〇〇六年の活動はまだ実現していなかったものの、バラリンはひるまなかった。ブラックスター、アークエンジェル、それにガルフ・セキュリティ・グループといった曖昧で不吉な名前のフロント企業をいくつも使い分けてはさまざまな新事業を生み出し、アメリカの軍や情報機関にとって欠かせないパートナーになろうと試みたのである。さらにはヴァージニア州郊外の由緒正しいホテルを保全措置のとられた施設に造り替え――壁を強化し、鍵も暗号化した――CIAやペンタゴンに機密情報の保管場所として使ってもらうことを期待した。そのスペースを借りた政府機関はひとつもなかった。

バラリンはアメリカの退役軍人や元スパイを何人も雇った。CIAを退職してコンサルタントになっていたロス・ニューランドもそのひとりで、彼にはワシントンの国家安全保障業界の高官との面談を仲介してもらった。また、元陸軍上級曹長で、東南アジアで何年も従軍した経験をもつ体格のいい退役グリーンベレー隊員のペリー・デイヴィスとも仕事をし、フィリピンやインドネシアの孤島に基地の候補地を探せば、そこで秘密のテロ対策任務に使う原住民部隊を訓練できるかもしれないと考えた時期もあるが、大抵はアフリカに注力していた。

二〇〇七年八月に、彼女はアラブ首長国連邦に拠点を置くガルフ・セキュリティ・グループという会社の社長と名乗り、CIAに書簡を出した。その会社の「目的はひとつ」。「アフリカの角におけるアルカイダのテロリスト・ネットワーク、インフラ、人員」を狩り出し、殲滅することですと書簡にしたためた。

書簡には、次のようにも書かれていた。

「ガルフ・セキュリティ・グループは、末尾に署名したアメリカ市民が所有かつ経営しており、外国の利害がからんだり、外国からの影響を受けたりすることはありません。当社はソマリア、ケニア、ウガンダ、そしてアフリカの角の諸国で、現地の氏族や政治的指導者と密接な関係を築いています。これにはイスラム法廷連合のほか、民兵やジハード主義活動家の取りまとめ役も含まれています。こうしたつながりをもつことから、顧客の存在を悟られずに任務を成功させ、完全な法的否認権を提供することができます[6]」

こうしたあっと驚くような提案に対して、CIAの法律家は素っ気なく返事をした。「CIAはこのようなこちらから依頼していない提案に興味はなく、貴社がCIAのためにいかなる活動をすることも認められません。ご提案はお持ち帰りください」副法律顧問のジョン・L・マクファーソンはそう返信したのである。現地の襲撃部隊を取りまとめようというバラリンの提案は、一般市民が海外で民間部隊を結成することを禁じた中立法に違反するかもしれない、とマクファーソンは書いている[7]。

たしかにバラリンの提案は行きすぎた感があるが、タイミングが悪かっただけかもしれない。CIAはわずか一年前にはまだ、ブラックウォーターの従業員に外注した殺害プログラムで果たした役割の対価として、エリック・プリンスとエンリケ・プラドに報酬を払っていたからである。ところが二〇〇六年半ばに、同庁はブラックウォーターへのプログラムの外注は中止すべきだと判断した。理由はまさにマクファーソンの書簡の内容と同じく、一般市民を標的殺害作戦に参加させることの正当性について懸念が生じたからだ。秘密作戦に参加した経歴もない謎の女性から似たような提案をされても、CIAとしてはとても乗る気にはなれなかった。

ＣＩＡの下で暗殺業務を請け負うチャンスを失ったバラリンは、次は軍のためにスパイ活動を提案した。こちらはかなりうまくいった。二〇〇八年春、バラリンとペリー・デイヴィスはペンタゴンの向かいにある地味なオフィスビルにやってきた。そのビルに入居しているテロ対策技術支援局（ＣＴＴＳＯ）本部で打ち合わせをするためである。[8] ＣＴＴＳＯは適度な予算をもった小さな組織で、軍のテロ対策機密プログラムに初期費用を提供している。ペンタゴンの知人がバラリンのためにこの組織との会合を実現してくれた。ところがＣＴＴＳＯ職員のなかに、目の前に現れた着飾った女性のことをいくらかでも知っている者はほとんどいなかった。バラリンはブラックスターの社長と名乗り、大胆に言ってのけた。

「私がソマリアを立て直します」

バラリンとデイヴィスは、人道支援目的の食糧援助プログラムを立ち上げ、それを隠れ蓑にしてインテリジェンスを収集する計画の概要を説明した。援助食糧を載せたパレットをソマリアの港まで船で運び、そこからトラックに積み替え、バラリンのチームがソマリア国内各地に設立する予定の食糧配給所まで届ける。計画によれば、食糧配給所を訪れるソマリ人は名前などの個人情報と引き換えにＩＤカードを受け取る。食糧配給所で集めた情報をペンタゴンのデータベースに提供すれば、ソマリアの複雑な氏族社会の地図を作るためにも、ことによるとアメリカがアル・シャバーブの指導者たちを狩る際の支援にも使えるかもしれないと、バラリンは軍関係者に伝えた。

バラリンは、プログラムに必要な資金の大半は自前で調達するが、ペンタゴンの承認と追加の資金援助がほしいとも訴えた。バラリンとデイヴィスは、この活動を成功に導くための具体案はほとんど示さなかったものの、なんとか計画を売り込んだ。ほどなくペンタゴンは、初期費用としてブラックスターに約二〇万ドルを提供することと、プログラムに将来性が見えてきた場合はさらに増額することを約束した。ミシェル・バラリンは初めてアフリカでの秘密活動をアメリカ政府に承認されたのである。

秘密活動の安息地

いくつもの要因が重なり、ミシェル・バラリンがソマリアで情報収集作戦を展開するための道が整えられた。もっともわかりやすい第一の要因は、ソマリアに関する確たる情報がなかったことだ。ワシントンには、ソマリアは九・一一同時多発テロ以前のアフガニスタンのようなテロ国家になるのではないかと、漠然と恐れている者がいた。CIAは、パキスタンでのドローン戦争や、イラクとアフガニスタンでの軍事支援に忙殺されていたため、ソマリア国内のスパイ活動に充てられる資源はほとんどなかった。そのうえCIAは現地の軍閥を相手どって行なわれた二〇〇六年の悲劇的な秘密作戦の手痛い記憶を引きずっていたため、苦労してまでソマリアの泥沼に戻りたい人間は、当時のマクリーンにはほとんどいなかった。また、戻る価値があるかどうかも確信がなかった。マイケル・ヘイデンCIA長官は、ブッシュ政権の交代にともないCIA長官を退任する際の記者会見において、アル・シャバーブの運動は重要ではない、と一蹴した。

しかし同じ時期に、ペンタゴンはアフリカの角から北部のアラブ諸国、さらにはナイジェリアなどの西部に至るアフリカ大陸全体で秘密活動を拡大しはじめていた。二〇〇八年秋にアフリカで行なう作戦に専念する軍の初の地域本部、アメリカ・アフリカ軍が創設されたことも、世界第二位の面積と人口を誇る大陸に対してわりに無関心な時期が続いたのちに、関心が高まったことの表れだった。ペンタゴンはドイツのシュトゥットガルトに軍の指揮所を新設したが、作戦を支えるインテリジェンスは何もなかった。

アメリカ軍にはソマリア国内のだれを支援すべきか明確な案もなかった。オバマが大統領に就任してわずか数カ月後、新政権はソマリアで攻撃にさらされている暫定連邦政府に四〇トンもの武器や弾薬を輸送すると発表した。国連が支援しているとはいえ、ソマリ人からは腐敗した弱い組織とみなされていた政府に、である。二〇〇九年当時、暫定連邦政府の支配領域は首都モガディシュ市内の数キロ四方ほどしかなく、オバマ大統領のチームはアル・シャバーブの攻撃が始まれば暫定連邦政府はモガディシュの中心部から駆逐されるという可能性に思い至り、パニックに陥った。ソマリアに国外から武器が流入することを防ぐ目的で武器輸出禁止令が出されているため、アメリカ政府が武器を出荷するには国連の承認が必要だ。最初の武器は二〇〇九年六月に到着したものの、ソマリア政府軍はその武器を長くは持っていなかった。ワシントンがソマリア政府のために購入した武器を、モガディシュの武器市場に流したのである。武器市場は値崩れし、アル・シャバーブの戦闘員は新たに供給された安価な武器を手に入れられるようになった。夏の終わりには、アメリカ製M16自動小銃は市場でわずか九五ドルで売られ、より人気の高いＡＫ－47自動小銃でもさらに五ドル出せば買えるようになっていたのだ(9)。

アフリカの角における軍事行動は明らかにいまだに計画性がなく場当たり的で、アメリカは代理軍や現地の軍閥を使って外注戦争を指揮していた。ソマリアは脅威だと認識されてはいたが、アメリカ軍が軍事行動に出るほどの差し迫った危険はない、とされた。そういうわけで、デューイ・クラリッジがパキスタンで行なったように、インテリジェンスの空隙を埋めようと提案するバラリンなどの契約職員が入り込むための扉は開かれていたのである。

ソマリアは徐々に、さまざまな秘密活動の安息地へと変わっていった。西側政府による秘密のテロ対策任務から、海賊を追う契約職員の荒っぽい計画まで、多彩な活動が展開されることになった。そうした計画のひとつに、窮地に追い込まれたブラックウォーター・ワールドワイドの元社長、エリック・プリンスの手を借りて生み出されたものがある。プリンスはアメリカを離れ、アラブ首長国連邦で新たな活動を始めていた。そこなら、「ジャッカルども」——法廷弁護士や議会の調査官——も自分を追いつめたり、資金の流れを調査したりしにくいはずだからだ、とプリンスは言った(10)。彼は、コロンビア兵を使った傭兵部隊を創設し、連邦内の暴動の鎮圧に派遣したり、さらにはイランによる攻撃の防衛に充てたりしようと考えていたアラブ首長国連邦の秘密プロジェクトに手を貸した。さらには南アフリカの傭兵集団とも協力しはじめ、ソマリア北部における対海賊部隊の創設も手伝っていた(11)。

ペルシャ湾を往来する船をアフリカの角の沖合で狙う海賊たちにアラブ首長国連邦は不安

を覚えていたため、同政府当局はプリンスと協力し、新しい海賊対策を練った。公海上で海賊に対抗するのではなく、新たな民兵組織を使って陸上にある海賊の根城を急襲させようという作戦だ(12)。プリンスは物議を醸す行動をためらう人間ではなかったので、さっそくサラセン・インターナショナルという南アフリカの民間警備会社の役員に会った。当時、この会社を経営していたのは、アパルトヘイト時代に南アフリカの市民協力局（CCB）で働いていたラフラス・ルーティンである。CCBには黒人系南アフリカ人の暗殺や脅迫を実行した残忍な実績があり、アパルトヘイトが撤廃されたのちには、元職員の多くがアフリカ大陸各地で行なわれている無数の内戦に傭兵として雇われていった。ルーティンや南アフリカの傭兵たちにしてみれば、対海賊作戦はまだあまり目立たない世界の片隅でひそかに取り組める、最新の危険事業だった。

民間企業ばかりでなくアメリカ軍の統合特殊作戦コマンド（JSOC）も、ソマリアの民兵との見えない戦いに熱い視線を注ぎはじめた。JSOCのウィリアム・マクレイヴン海軍大将は、以前イエメン対策として提案したように、ソマリア対策としても本格的な特殊作戦タスクフォースを立ち上げる計画をワシントン当局に提案した。イラクにおけるアルカイダ分子を弱体化させたタスクフォースをモデルとし、アル・シャバーブ支配下の地域でネイビーシールズが民兵を捕獲し、拘置所で尋問することで、組織を解体させようというものである。

イエメンやパキスタンと比べると、ソマリアという環境で秘密戦争を行なうのは簡単でもあり、むずかしくもあった。ソマリアはパキスタンやイエメンとちがい、アメリカに協力する中央政府がないうえ、アル・シャバーブに浸透できる現地の情報機関もない。一方で、アメリカが標的殺害作戦の事前許可を得なければならないという頭痛のタネはない。アリ・アブドゥラ・サレハ大統領やパルヴェーズ・ムシャラフ大統領のように機嫌を取るべき相手もいなければ、他国内で戦争を行なう権利を得るための袖の下も必要ない。アフリカの角における作戦の計画立案に関わった軍の高官に言わせれば、ソマリアは「完全な無差別砲撃地帯」だったのだ。

ところがJSOCの提案はほとんど支持を得られなかった。ソマリア国内における対テロ作戦を議論しても、ブラックホーク・ダウン事件という重荷がいまだにのしかかるからだ。最終的にホワイトハウスはマクレイヴン海軍大将の野心的な提案を退け、ソマリア国内での軍事行動はその都度、大統領の承認を得るべきだと言って譲らなかった。[13] オバマ政権の法律家たちは、アメリカに対するテロ行為を一切行なっていないアル・シャバーブを標的にできるのか、ということまで議論していた。この集団はアメリカの脅威なのか、それとも一地域の民兵にすぎず、ワシントンが無視すべき存在なのかを論じたのである。

アル・シャバーブは、真面目に受けとるのが難しい行動に出ることもあった。モガディシュ全体を厳格なシャリーアで統治しようとし、泥棒の両手を切断したり、姦通者を石打ちの刑に処したりする一方で、突飛で喜劇的とも言える行動もとったからである。アル・シャバーブの指導者たちは新兵を獲得しようと躍起になるあまり、奇妙な布告を出すことがあった。

「アメリカン・アイドル」風のタレントショーをテレビで放映したり、一〇歳から一七歳の子供を対象としたクイズを企画し、「われらの指導者シェイク・ティマジリクが殺されたのはどの戦いか?」などと質問したりした。優勝賞品はAK-47自動小銃である。(14) アメリカ国務省がアル・シャバーブの指導者たちの居場所に関する情報に懸賞金をかけると、アル・シャバーブの高官のひとりは、金曜日の礼拝後に集まった数千のソマリ人の前で、アメリカ政府高官の「隠れ家」に関する情報を提供した者には独自の報酬を与えると告げた。「愚かなオバマ」のもとにアル・シャバーブを手引きした者にはラクダ一〇頭を与える。「ヒラリー・クリントンばあさん」の隠れ家に関する情報を提供すれば、雌鶏と雄鶏を一〇羽ずつだ。(15)

テロ容疑者を拘束する際の選択肢がほとんどないうえに、ソマリアで大規模な地上作戦を行ないたくないという思いもあり、拘束より殺害のほうがはるかに魅力的な選択肢になることもあった。二〇〇九年九月、JSOCにすばらしいインテリジェンスが舞い込んだ。一九九八年のアメリカ大使館襲撃事件を実行した〝東アフリカのアルカイダ〟のケニア人メンバーであり、アルカイダとアル・シャバーブをつなぐ人物と目されていたサレハ・アリ・サレハ・ナブハンの正確な居場所の情報である。インテリジェンスによると、ナブハンは何カ月も各地の都市や町を動き回ることでアメリカの空爆を回避していたが、モガディシュから海岸沿いの町バラワまでトラックに護送されて移動する予定があるという。ホワイトハウス、ペンタゴン、CIA、それにフォート・ブラッグにあるJSOC本部をつないだビデオ会議の席上で、マクレイヴン海軍大将がさまざまな攻撃案を説明した。もっともリスクが低いのは、沖合に停泊した船からトマホーク巡航ミサイルを撃ち込むか、軍用機からミサイルを撃ち込む案である。ほかには、AH-6ヘリコプターに搭乗したネイビーシールズが一行を急襲し、ナブハンを殺害し、死亡を確認するために十分な量のDNAが付着した証拠品を回収する案もある、とマクレイヴンは述べた。最後にマクレイヴンは、ふたつめの選択肢のバリエーションも提案した。シールズはナブハンを殺害せず、捕獲してヘリコプターに乗せ、どこかに収容して尋問するという案だ[16]。オバマ大統領はもっともリスクの低いと思われる案を選んだ。車列をミサイル攻撃する案である。

ところが、事は計画どおりに進まなかった。JSOCがセレシャル・バランスというコードネームをつけたこの作戦の最終準備段階に入ったときに、悪天候に見舞われたうえ、任務に使う予定の飛行機の不具合が重なり、第一案が実行できなくなった。時間切れが迫るなか、ナブハンが移動中だったため、マクレイヴンは特殊部隊に予備案の実行を命じた。それは、ソマリア沖に停泊中の海軍の船で待機しているシールズがヘリコプターに分乗し、西方のソマリア領空に入る案だ。ヘリコプターは車列を機銃掃射し、ナブハンほかアル・シャバーブの工作員三人が死亡した。

この作戦はソマリアで成功を収めたものの、計画立案に関わった関係者の一部は、このエピソード全体から不快な疑問を突きつけられたと感じた。今回は第一案が失敗したために、アメリカは世界でもっとも敵対的な国のひとつに部隊を投入するという踏み込んだ手段に訴えざるを得なくなった。しかし、現地入りしたとき、部隊はなぜナブハンを殺さずに捕まえようとしなかったのか。理由のひとつとして、捕獲任務の危険性が高すぎると考えられたことは挙げられる。だが、理由はそれだけではない。ソマリアでは、殺害するほうが望ましい行動だったからだ。計画立案に関わった人物によれば「やつを捕獲しなかったのは、収容する場所を探すのが大変そうだったから」だと言う。

交渉人バラリン

そもそもペンタゴンがミシェル・バラリンおよびペリー・デイヴィスと契約したのは、ナブハン殺害につながったようなこの種の情報がほしかったからだ。この契約は度重なる東アフリカ出張中にバラリンに強い影響力を与え、彼女はさまざまなソマリ人党派と個人的に会ってはアメリカ政府に伝手があると吹聴してまわった。出張するたびに新たなビジネスチャンスがもたらされたうえに、ソマリアが国際的な海賊活動の中心地であることが明らかになるにつれ、身代金交渉の仲介役を務めれば思いがけない収入が転がり込むことにも彼女は気づいた。バラリンと契約したペンタゴンの担当者は、海賊のネットワークと密接なつながりをもつソマリアの氏族と関係を築くよう強く勧めていた。海賊たちがファイナ号の手すりに「アミーラ」と書いたシーツをたらしたときにはすでに、身代金交渉の請負人になるという構想はできあがっていた。公には、身代金交渉に関わるのは純粋に人道目的だと言っていたものの、私的には自社の従業員に、海賊行為という災いが増えているため、身代金の一部が入る仕事はとても魅力的だ、と漏らしていた。「彼女には、身代金交渉を一手に引き受けて金持ちになるという夢がありました」と、元従業員のビル・ディニンジャーは言った。あるインタビューでバラリンは記者に、自分の目標はソマリ人海賊が現在拘束している「全一七隻の船と全四五〇〇人の人質を解放することです」と語った。[17]

バラリンに幻滅して会社を辞めた元従業員は多く、ディニンジャーもそのひとりである。彼女が数多くの約束を反故にしたと思ったのだ。さまざまな会社で雇われた退役軍人のなかには、事業に参加したときに自腹を切って出資しながら、結局初期投資を回収できず、だまされたと感じた人間もいる。[18]ペンタゴンが二〇〇八年に情報収集活動プロジェクトの初期費用を提供したにもかかわらず、バラリンは政府との契約から継続的に金を引き出すのに苦労し、何人ものパートナーと縁を切った。

それでも、ワシントン環状道路の外側に広がるヴァージニア州の起伏に富んだ丘陵地帯での贅沢なライフスタイルは維持した。そして、アメリカの軍や情報機関の高官の接待を続け、ときにはレンガ造りの賃貸の豪邸に招いた。アンティークショップでもあるその屋敷は、かつて馬牧場だった一一〇エーカーもの敷地に建てられたが、最近では拡大するワシントン郊外エリアの一部になっていた。アンティークの花瓶や狩猟の場面を描いた絵が飾られ、ロナルド・レーガンとローマ教皇ヨハネ・パウロ二世などの写真がずらりと並んだダイニングルームで、バラリンはアメリカやアフリカの当局者をもてなした。そして宝石で派手に飾り立て、ときにロザリオをまさぐりながら、大型のアンティークテーブルの議長席で会合を仕切った。ペリー・デイヴィスがときおり立ち上がっては、ケニア産の茶葉にカルダモンやクローブなどのスパイスをブレンドした甘い紅茶を来客のティーカップに注いだ。

バラリンは相変わらず東アフリカ出張を重ね、スーフィズムで結ばれたソマリ国内の党派との絆を作っていった。そしてついに、ソマリア国内における仕事にふさわしいスローガンを編み出した。何十年も解決できていない問題に「自然な（オーガニック）ソリューション」を提供する、というものである。しかもそれは、外国政府や、国連など彼女の目にはおせっかいに見える外部の集団には実行できなかったソリューションだという。アメリカの国営放送局ヴォイス・オブ・アメリカとのインタビューのなかで、彼女は暴力を控えた「ソフト系の」アプローチについて次のように論じた。

「ソマリ人は紛争も、民間軍事会社も、流血沙汰も、火薬も、弾丸も、もう十分見てきました」とバラリンは言った。「若い世代は、こうした醜いものに囲まれて育ったせいでそれしか知りません。この国の文化を憂慮する人間が、そんな状態を永続させたいと思いますか？こんな状態では前に進めません、本当に[19]」

ところが「自然なソリューション」の定義は、明らかに解釈の幅が広かった。たとえば二〇〇九年には、モガディシュでの会合に集まるアル・シャバーブの幹部工作員五人をソマリ人暗殺者集団が殺害することを支援しようとした。彼らには拳銃用のサイレンサーがあれば十分だ、とバラリンは訴えたのだ[20]。

バラリンの話によると、彼女はそのとき、貧しい小国ジブチにある唯一の五つ星ホテル、ジブチ・パレス・ケンピンスキーのスイートルーム内で座っていた。この話のくわしい内容は元アメリカ政府当局者も裏付けている。当時、そのホテルではソマリアの無気力な暫定政府——正確には氏族の寄せ集め——の次の指導者を選ぶための国際会議が開かれていた。会議室やプールサイドで交渉が続いたのち、イスラム法廷連合の元司令官で、穏健派のシャリフ・シェイク・アフマドが国家元首に選ばれた。

会議期間中のある晩、ソマリ人グループがバラリンの部屋のドアをたたき、ソマリアの新暫定政権の高官に引き合わせた。その席でソマリ人高官は、自分はアル・シャバーブの幹部工作員と接触を続けており、彼は暫定政府側に寝返ろうと考えている、と告げた。その人物はアル・シャバーブの指導者たちの次の集会予定を知っており、アメリカの承認が得られれば皆殺しにすると申し出ている、とも。

彼の要求は少なかった。部下たちに拳銃射撃の訓練をすることと、できるだけ隠密にすませるためのサイレンサーを用意することだ。ほかには、殺されたアル・シャバーブ幹部の未亡人や子供を支援するための現金をアメリカが用意してほしいとも言った。

バラリンはアメリカに帰国すると、ペリー・デイヴィスとともにペンタゴンにいる知り合いの軍人たちの小グループに連絡を取った。バラリンにしてみれば、これはむずかしい決断ではなかった。のちにバラリンはいくぶん怒りを込めて、そのとき会った軍人にどう告げたかを教えてくれた。

「これは天与の糧よ！　受け取りなさい！」軍人たちを前にそう告げたと彼女は振り返った。

ところが、アメリカ側はためらった。ふつう、ＪＳＯＣが作戦を承認するときは、アメリカが独力で遂行する。しかしバラリンは、アメリカのコマンド部隊や外国の代理軍ではなく、ソマリ人がアル・シャバーブのトップ層を一遍に葬り去れば現地のテロ組織はなおのこと大打撃を受けると考えた。

「これこそが、自然なソリューションよ」とバラリンは言った。「シールズを派遣するのではダメ。これがソマリアのスタイルなの。楽しい話ではないけれどね」

数年後にこのときの話を思い返したとき、バラリンはあり得た可能性について残念そうにこうつぶやいた。

「サイレンサーだけで十分だったのにね」

バラリンは、受け身のインテリジェンス収集業務に徹するだけでは満足しなかった。スーフィズムの偉大なる目覚めの中心に立ち、彼らがワッハーブ派に猛攻をしかけ、アフリカの北部から東部にあるさまざまなスーフィー教団が統一されるのを見届けるというビジョンを描いていたのだ。アル・シャバーブの民兵がモガディシュのラジオ局を乗っ取り、音楽放送を禁止し、録音済みの銃声やヤギやニワトリの鳴き声をBGMにしてニュースを読み上げるようラジオ局の職員に強制したとき、バラリンはソマリアのスーフィー教団のために抵抗の歌を書き上げた。

英語で書かれ、ブラジルのポップシンガーが歌ったその歌は、「スーフィーの魂は決して負けない！」というスローガンを掲げていた。

声を上げろ　立ち上がれ！
外国の権力やおせっかい焼きから
われらの名誉と土地を取り返せ
兄弟よ、姉妹よ　立ち上がれ！
声を上げろ　立ち上がれ！
土地のしがらみも　国際的な禁令もいらない
兄弟よ、ひとりずつ　ついて来い
兄弟よ、姉妹よ　立ち上がれ！

バラリンは、偉大なる目覚めはソマリアから始まるはずだと信じており、ソマリア中部の広い地域を支配するアフル・スンナ・ワルジャマー（ＡＳＷＪ）というスーフィー教団とすでに接触していた。ＡＳＷＪには一筋縄ではいかない歴史があった。一九九〇年代に始まったソマリア内戦中は、ブラックホーク・ダウン事件でアメリカ陸軍のレンジャーやデルタフォースと戦ったソマリ人狙撃手たちを率いた軍閥と手を組んでいた。アル・シャバーブが台頭する以前は、ソマリアの氏族間の紛争においてこれといった影響力を発揮したことはない。ところが、ワッハーブ派のアル・シャバーブの戦闘員は、ソマリア南部・中部の町を占領しはじめると、スーフィー派の墓やモスクを手当たり次第に壊していった。遺骨が掘り返され、太陽の下にさらされたうえ、墓守たちは逮捕されるか、絶対に仕事に戻るなと命じられた。

アル・シャバーブの戦闘員たちは、墓地は必要以上に祀り上げられており、イスラム教で禁止されている偶像崇拝にあたると言ったのだ。南部の港町キスマヨに駐屯するアル・シャバーブのシェイク・ハッサン・ヤクブ・アリ報道官はBBCに「墓を神聖視することは禁じられている」と語った[21]。

墓の神聖性を奪われたことで、おおむね平和的だったASWJの闘志に火がつき、彼らはアル・シャバーブに対抗できる武装組織になるべく動員をかけはじめた。スーフィー派の武装蜂起に可能性を見出したバラリンは、アル・シャバーブの拡大を阻止するための戦略を練るようスーフィー派の指導者たちをけしかけた。そしてペリー・デイヴィスとともにスーフィー派の首長やASWJ軍の指導者たちと何度も打ち合わせ、軍事行動について話し合うためにソマリア中部に赴き、戦場における二人一組の幕僚のように活動した。バラリンとデイヴィスは、ASWJは自分たちの私兵のようなものであり、戦場から武器を回収し、弾薬を保管する方法をスーフィー派の戦闘員に教えたのは自分たちだ、とアメリカ側に吹聴した。

膠着した状況が数カ月続いたのち、武装した寄せ集めのASWJ戦闘員が、ソマリア中部におけるアル・シャバーブの砦とも言えるエル・ブールに攻め込んだ。バラリンは深夜にASWJの司令官から次のようなテキスト・メッセージを受け取ったときのことを思い出し、目を輝かせた。

「エル・ブールを掌握した！」

「アラブの春」

二〇一一年、ノーザンヴァージニアにあるレンガ造りの邸宅でテレビの前に座り、フォックス・ニュースが流す北アフリカのアラブ革命の映像を見ていたミシェル・バラリンには、希望に満ちたアラブの「春」は見えてこなかった。バラリンの目の前には、悪夢が広がっていた。急進的なワッハーブ派イスラム教徒が北アフリカからアフリカ大陸西部にまで手を伸ばしているように見えたのだ。バラリンは内心、エジプトやリビアの独裁政権はワッハーブ派の拡大を防ぐ防波堤だったと思っており、それがいま、もろくも崩れようとしていた。今後はサウジアラビアのワッハーブ派の裕福な支持者たちがこうした地域に入り込み、金をばらまいてモスクや宗教学校を建てるであろうことや、アメリカが急進的なイスラム教徒との戦いにおける唯一のパートナーを失いつつあることを彼女は確信していた。彼女が見て取ったように、たしかにリビアの独裁者ムアンマル・カダフィは残忍な悪党で、バラリンのヒーローであるロナルド・レーガンの敵だったかもしれないが、この善と悪の歴史的決戦においてはリビアの独裁者は善の側に入るのである。[22]

北アフリカ諸国に広まる大衆革命は、まるで砂漠の砂嵐のように、何十年にもおよんだ独裁政治を埋め尽くそうとしていた。しかし、この革命はCIAにも不意打ちを食わせた。アメリカは、インテリジェンスを収集し、世界に大変革をもたらす出来事を予測するために毎年数十億ドルもの予算を投入していたにもかかわらず、その情報機関が彼の地における大衆の動きから何歩も遅れていたことに、ホワイトハウスは気づいたのである。「CIAはチュニジアを見逃した。エジプトにも気づかなかった。リビアにも間に合わなかった。個々の動きだけでなく、全体の動きも見えていなかった」とオバマ政権のある高官は語る。アラブ革命が始まってからの怒濤のような数週間、CIAをはじめとするアメリカの情報機関に在籍する何百人ものインテリジェンス分析担当官には、この騒乱が何を意味するかを予測するという新たな任務が与えられた。現状に追いつかなければならなかった。(23)

これはソーシャルメディア時代に突入して以来初めての大衆蜂起であり、革命はツイッターやフェイスブックへの投稿のなかで進行していた。マクリーンの当局者たちがかつて目撃したいかなるものとも似ておらず、共産主義体制の崩壊といった歴史の前例もCIAの幹部たちの役には立たなかった。そんななかで、次に倒されそうなアラブ諸国の独裁者はだれかをホワイトハウスや国務省に助言しようと、彼らは苦闘していた。高官が集まったある会議で、レオン・パネッタCIA長官は、デジタルメッセージの嵐がもつ意味を読み解くよう側近に迫った。「だれか、これらすべてのメッセージをひとつにまとめられないのかね」彼は明らかに若い世代のやり方に面食らっていた。

しかしCIAにとってみれば、問題はもっと根深かった。彼らはテロ対策という方向に舵を切ったことのデメリットをすぐに経験することになる。CIAは、世界的な大事件を形成するダイナミクスは事が起きる前に大統領や政策決定者たちに警告すべきだ、という考えのもとに一九四七年に設立された。しかし、ジョージ・W・ブッシュもバラク・オバマもともに、テロリストを狩り出し、暗殺することをCIAの最優先任務に定めた。CIAには実際のスパイ活動にたずさわるスパイが足りず、エジプトやチュニジアなどの現地で、街角の騒乱や権力の喪失を恐れる外国の指導者たちの動向に関するインテリジェンスを集める収集担当官も足りていなかった。

中東から北アフリカにかけて、CIAは冷酷な情報機関と手を組んできた。ホスニ・ムバラクやムアンマル・カダフィなどが率いる外国の情報機関とパートナー関係を結んだのである。こうした同盟関係は、対テロ戦争でCIAが討ち取る敵の数を増やすことには役立った。CIAの歴代長官は、カダフィの残虐な情報機関のトップであるムサ・クサとファーストネームで呼び合う仲になり、アメリカとリビアのスパイはアルカイダ関連の容疑者を協力して狩り、捕獲し、リビアにある悪名高いアブ・サリム刑務所にぶち込んだ。カダフィが倒され、反乱者たちがリビアの情報機関の本部に押し入ったところ、アメリカとリビアの情報機関の密接な関係をくわしく記した書類のコレクションが見つかった。ポーター・ゴス元CIA長官が、リビア情報機関のトップであるムサ・クサからクリスマスプレゼントとして贈られた新鮮なオレンジに対し、謝意を伝えた書簡まであった。(24)

問題の多くはここにあった。リビアやエジプトのスパイが、自国政府の脆弱性をアメリカの当局者に正直に伝えるはずがなかった。しかも彼らが反対派の指導者たちを厳しく監視しているため、カイロなどの都市部にいるCIAの収集担当官が反体制派に会い、北アフリカ諸国内に潜む不穏な動きに関するインテリジェンスを集めるのはむずかしかった。マイケル・ヘイデン元CIA長官はのちに、アラブ世界の独裁政権と連携する方針を取ったことにより、こうした国々で政治的・社会的インテリジェンスを集める同庁の能力が損なわれたと認めた。「［ムバラク政権の情報機関のトップである］オマル・スレイマンを遠ざけ、テロ対策のよきパートナーになってもらえなくなるとしたら、エジプトのムスリム同胞団の情報収集をどこまで強行するべきだろうか」と彼は述べている。

北アフリカ諸国の石のように固まっていた独裁政権が倒れたとき、世界中の政治指導者はこれを歓迎した。しかし、CIAのテロ対策センターに詰めて不眠不休で働く、ときに神経質な担当官たちにとっては、二〇一一年前半の一連の出来事に楽観視できる根拠はなかった。彼らは、親しくしていた外国の同盟相手が突然、権力を奪われるのを目の当たりにしただけではなかった。何十年も独裁者に足蹴にされてきたイスラム系組織――エジプトのムスリム同胞団からCIAとリビアの情報機関が共同でつぶそうとしてきたリビアの過激派集団まで——が、政治的権力を得たことのほうが心配だったのである。アラブ世界で吹き荒れる嵐は、アルカイダやその関係機関に再起のチャンスを与えるかもしれない、とCTCは恐れた。

パキスタンのアボタバードにある敷地の最上階にこもっているアルカイダの指導者も、こうした予感に胸を膨らませていた。ウサマ・ビンラディンは人生最後となるであろう二〇一一年初旬の数週間に支持者たちへおそろしい勢いで書簡を書き、このアラブ革命は一九九〇年代にアルカイダを設立した当初に自分が描いたビジョンを実現していると主張した。実際には、この革命でビンラディンの想定どおりに起きたことはひとつもない。エジプトやチュニジアの政府を倒したのは、アルカイダや汎ムスリムのカリフ制を求める人々ではなく、メディア技術を活用して革命を進める若者たちの草の根運動だった。

それでも、ビンラディンは混沌のなかに希望を見出していた。「この地域は武装したイスラム教徒の手に落ちるかもしれない」とヒラリー・クリントン国務長官が懸念を表明したことを取り上げ、うれしそうに側近のひとりに書簡を書いた。「今日の革命の連鎖を通じて」世界が見ているのは、「アラーの思し召し（おぼしめし）のもとに、イスラム世界の大多数を覆う」であろう「偉大で輝かしい大事件」である、と。(25)

第14章　破綻

「アメリカ人のしわざだ！
ブラックウォーターのしわざだ！
レイモンド・デイヴィスみたいなやつのしわざだ！」

――ハフィズ・ムハンマド・サイード

収監

アメリカ人スパイは、コット・ラクパット刑務所の暗い独房にもう何週間も閉じ込められていた。ラホール近郊の工業地帯にあるこの刑務所は、不審な状況で何人もの囚人が死んだことがあり、評判はよくない。男はほかの囚人から隔離され、崩れそうな刑務所内の一角に収監されていた。警備員が武器を携行していないのは、アメリカ当局が男の身の安全を確保するために刑務所側から譲歩を引き出したおかげだ。ラホールにあるアメリカ領事館は、もうひとつの安全対策も勝ち取っていた。その男、レイモンド・デイヴィスの食事に毒が混入していないかを確かめるために、数匹の犬に毒味をさせることだった[1]。

パキスタン情報機関の高官の多くは、CIAがパキスタン国内で小規模な部隊を作り、喧嘩っ早いカウボーイのようにさまざまな不法行為を働いているのではないかと以前から疑っていたので、刑務所内の男はISIが初めて入手した確たる証拠だと思われた。CIAにしてみれば、デイヴィスに与えた役割を明かせば九・一一後の業務の実態を白日の下にさらすことになる。それは、CIAが最高度の機密業務の一部を、イスラム世界の戦闘地域で働くだけの経験も適性もない外部の契約職員などに任せていた事実だった。

レイモンド・アレン・デイヴィスは、貧しいレンガ職人と料理人の夫婦のもとに第三子として生まれた。彼はヴァージニア州の炭鉱地方にある人口六〇〇〇人の町ビッグ・ストーン・ギャップのストロベリー・パッチという集落にある下見板張りの小さな家で育った。町の名前はパウエル川が流れる山々の谷間にちなんでつけられている[2]。デイヴィスは恥ずかしがりやで引っ込み思案だったが、並外れて力が強く、地元の高校ではアメリカン・フットボールとレスリングの花形選手だった。一九九三年に高校を卒業すると陸軍歩兵隊に入隊し、九四年には国連平和維持軍の一員としてマケドニアに派遣された。九八年に歩兵隊での五年の任期を終えると、今度はフォート・ブラッグに拠点を置く陸軍第三特殊部隊グループに再入隊。その後、二〇〇三年に除隊し、何百人ものネイビーシールズやグリーンベレーの退役した隊員と同じく、エリック・プリンスが率いるブラックウォーターUSAに就職し、ほどなくCIAの保安要員としてイラクで働くようになった。

ディヴィスがブラックウォーターで何をしていたかはほとんどわかっていないが、彼は二〇〇六年に退職し、ラスヴェガスで妻とともに民間警備会社を立ち上げた。そしてすぐに民間契約職員としてCIAに雇われた。こうした業者は、マクリーンにあるCIA本部に入るときに提示するIDカードの色から、同庁内では「グリーン・バッジ」と呼ばれる。契約職員の多くはディヴィスのように、CIAのグローバル・レスポンス・スタッフ――収集担当官を守るために戦闘地域に同行したり、面会予定地の安全について査定したり、収集担当官が待ち伏せ攻撃を受けないよう情報源と最初に接触したりといった仕事までするボディガード――の補充に充てられる。こうした要員はCIAの保安部門に所属し、たとえば二〇一二年にリビアのベンガジにあるCIAの基地が襲われたときに、炎が下火になった隙に屋上まで救助に向かったのはこの職員たちだった。イラクとアフガニスタンでの戦争のせいで需要が逼迫し、CIA本体の保安要員が不足すると、同庁は高額な費用を払って警備業務を民間の契約職員に委託せざるを得なくなった。二〇〇八年に初めてCIA職員とともにパキスタンに赴任したとき、ディヴィスはペシャワールにあるCIAの基地を拠点に働き、手当や諸経費を含めた年収は二〇万ドルを超えていた。(3)

二〇一一年二月半ばには、ディヴィスが収監されてすでに数週間がたっていたが、彼が近々釈放される見込みはなかった。今回の殺人事件を受けてパキスタン国内で反米感情が高まり、人々は抗議行動やどぎつい新聞の社説を通じて、ワシントンの要求を呑んでディヴィスを釈放せずに死刑を宣告しろと訴えていたのだ。当時の証拠品を見ると、デイヴィスが殺した男たちはその日に何件かコソ泥を働いた形跡があるが、もうひとつ問題があった。現場から逃走したアメリカの覆面のSUVに撥ね殺された三人目の男の存在である。

デイヴィスにとってさらに不利なことに、彼が収監されたラホールでは、ナワズ・シャリフ元首相の一族が地元政界を牛耳っていた。元首相はもう一度パキスタンの政権を執るという野望をあらわにしており、三六〇キロ離れたイスラマバードにいるアシフ・アリ・ザルダリ大統領とその一派にとってはまさに宿敵だった。イスラマバードにあるアメリカ大使館はデイヴィスの釈放に向けてザルダリ政権に頼ってきたが、外交官たちは大統領の宿敵が牛耳るラホールの警察や判事にザルダリがほとんど影響力をもたないことにすぐに気づいた。

しかしデイヴィスがいつまでも出所できない最大の理由は、パキスタン政府が以前からすでに疑い、ラホールの交差点でレイモンド・デイヴィスが見せた射撃の腕前から明らかになった事実、すなわち彼が書類仕事に追われるただのアメリカ人外交官ではなかったことを、オバマ政権がパキスタン政府にいまだに伝えていないことにあった。パキスタンでのデイヴィスの任務はもっと秘密めいており、すでに極度に緊張が高まっているCIAとISIの関係において、相手の神経を逆なでするようなものであった。

二〇〇八年一一月、現地語で「純粋な者たちの軍」を意味するラシュカレ・タイバというパキスタンの民兵組織が、インドのムンバイに暗殺団を差し向けて高級ホテルなどを襲い、そこに立てこもった。四日にわたるテロ攻撃により、死傷者の数は五〇〇人を超えた。それ以来、CIAの分析担当官たちは、この組織は南アジア以外でも派手な襲撃を実行して世界的な組織へ変貌しようとたくらんでいると警告してきた。そのため、CIAは増員した工作員の多くをラシュカレ・タイバの活動に関するインテリジェンスの収集に充てた。この決定により、CIAとISIの利害は正面から衝突した。ISIとしては、アメリカ人スパイが部族地域をうろついてアルカイダを狩ることはかまわない。しかし、パキスタンが貴重な代理軍とみなす組織に対するスパイ任務のためにCIAが都市部に入り込むのはまったく別の話だったのである。

ラシュカレ・タイバは、アフガニスタンでソ連と戦うためにISIが育て上げた複数の組織の同盟として、一九九〇年に設立された。この組織は、成立して間もなくアフガニスタンからインドへと標的を変えた。パキスタンのムハンマド・ジア・ウル・ハク大統領はラシュカレ・タイバの戦闘員をカシミール地方に送り込みはじめ、インドとパキスタン両国が領有権を主張する山がちなこの地方に独立国家を作るのではないかと大統領が危惧していたカシミール独立派に対する抑えとした。ISIはもう何年も前から対インドの有効な資産としてこの組織を育ててきた。この組織の指導者たちが白昼堂々活動しているという事実は、彼らがニューデリーにあるインドの国会議事堂を襲撃したのちの二〇〇二年に、ムシャラフ大統領が出した「活動禁止命令」がなし崩しになっていることの表れだった。ラシュカレ・タイバの不規則に拡大している本部は、ラホール郊外の有名なグランド・トランク・ロード（王の道）沿いのムリードケーにあり、そこには過激派が拠点とするマドラサ、市場、病院、それに魚市場まであった。本部の建設費はサウジアラビアをはじめとする湾岸諸国の富豪からの寄付でまかなわれたが、ラシュカレ・タイバは資金集めにも成功しており、関連組織であるジャマート゠ウッ゠ダウア（「真実の党」）をフロントとして、貧困層にかなりの社会福祉事業を提供していた(4)。

この組織のカリスマ的指導者、ハフィズ・ムハンマド・サイードは何年も自宅軟禁されていたが、二〇〇九年にラホール最高裁判所が五九歳の彼に対するすべてのテロ容疑を無効にし、軟禁を解いた。大柄で髭をぼさぼさに生やしたサイードは、金曜日にはボディガードに守られながら大勢の支持者を前に、アメリカやインド、イスラエルの帝国主義についてよく街頭説教をした。ムンバイの同時多発テロとサイードを関連づける情報にアメリカが一〇〇〇万ドルの懸賞金を出すと発表したのちも、彼は町なかを自由に移動し、パキスタンのロビン・フッドという伝説をさらに揺るぎないものにした。

二〇一〇年後半、レイモンド・デイヴィスが数人のCIA担当官や契約職員とともにラホールの隠れ家に入った頃には、ラホールにいるCIA担当官の多くはラシュカレ・タイバの拡大に関する情報の収集にあたっていた。CIA工作員の多くが活動内容を隠すべく身分を偽って入国したので、パキスタンの情報当局はアメリカ人の活動については憶測するしかなかった。

CIAはより多くのスパイをパキスタンに潜入させるために、以前からアメリカ人向けビザの発給に使われてきたルールをうまく利用した。国務省、CIA、そしてペンタゴンではそれぞれの職員のビザを申請する経路が異なるが、申請書はすべてワシントンにいる親米的な駐米パキスタン大使フセイン・ハッカニの机に積まれた(5)。ハッカニは元政治家で、ボストン大学教授でもあり、イスラマバードからは気前よくビザを発給するよう指示されていた。パキスタンに来るアメリカ人の多くは——少なくとも公式には——数百万ドルにもおよぶ外国からの援助金を管理することになるからである。二〇一一年初めにラホールでレイモンド・デイヴィスによる殺害事件が起きたときには、合法的にしろ偽装にしろ、あまりに多くのアメリカ人がパキスタン国内で活動していたため、パキスタンのアメリカ大使館でさえ彼らの身元や居場所をたどるための正確な記録をもっていなかったのである(6)。

デイヴィスをめぐる暗闘

イスラマバードにあるアメリカ大使館は、基本的に要塞のなかに要塞があるような造りになっている。かみそり有刺鉄線と監視カメラが上部に取りつけられた壁が一群の建物を取り囲み、その外側をさらに外壁が囲み、ディプロマティック・エンクレーヴ（外交的飛び地）と呼ばれる緑豊かな一角を市内から切り離している。アメリカ政府の代表部を大量のコンクリートと鉄で囲むのは、やりすぎともやや非外交的ともとれるが、少なくともアメリカ側には十分な理由があった。以前の大使館の建物は、メッカのアル・ハラム・モスク占拠事件の背後にアメリカがいたという誤報に怒って抗議する学生たちによって一九七九年に放火されたからである。実際はイスラム教過激派の一派がモスクを占拠し、メッカ巡礼(ハッジ)に訪れた数十万もの信者の一部を人質に取っていた。[7] アメリカ大使館内では、外交官とスパイの職場はほぼ二分されており、ＣＩＡ支局は大使館内の一棟にある穴倉のようなオフィスを占有し、暗号化された鍵つきのドアからしか入れないようになっていた。

しかし、レイモンド・デイヴィスがラホール警察に逮捕されたのち、大使館は物理的に二分されている以上に溝が深まった。ラホールでの発砲事件のちょうど二日前に、ＣＩＡはイスラマバードに新支局長を送り込んでいた。同庁のパキスタンにおける中心的な基地の支局長は入れ替わりが激しくなっており、その最新の人事である。新支局長の海外での前任地はロシアである。ＣＩＡはロシアへ冷戦期にはＣＩＡきっての策略家で有能な担当官を、最近ではソ連崩壊後にＫＧＢの一部を引き継いだＳＶＲ（対外情報庁）と互角に渡り合えるタフな人材を送り込んできた。新支局長は保守的で頑固な気質で、ＩＳＩと友好関係を築こうと思ってパキスタンに赴任したわけではなかった。[8] むしろ、ＩＳＩに隠れてさらに多くのパキスタン人エージェントをＣＩＡで雇いたい、ＩＳＩのオフィスに対する電子的監視網を広げたい、パキスタンの情報機関員とはあまり情報を共有したくない、と考えていた。スパイ活動におけるこうした強気なアプローチは、昔からＣＩＡ内でモスクワルールと呼ばれている。パキスタンではこの戦略をとることになり、新支局長は居心地よく感じた。

新支局長がこうした強硬な態度をとったため、イスラマバード駐在のアメリカ大使キャメロン・マンターとはすぐに対立した。カリフォルニア州出身の学究肌の外交官で、ジョンズ・ホプキンズ大学で歴史学の博士号を取得したマンターは、ヨーロッパを専門として国務省の出世階段を上ってきた。その後、イラクでいくつかのポストを歴任し、最終的に二〇一〇年後半にイスラマバード駐在のアメリカ大使を引き継いだ。この仕事は、国務省でももっとも重要で、なおかつむずかしい任務だとみなされていたうえに、マンターは積極的な外交官として有名なアン・パターソンの後任という重責も負っていた。彼女はマンターが着任する前の三年間に、ブッシュとオバマ両政権の当局者と緊密な関係を築いていた。しかも、部族地域におけるドローン攻撃を断固として支持したことで、CIAの称賛も勝ち取っていた。

ところがマンターは、パターソンとはちがう見方をした。パキスタンで対テロ作戦を行なうことに長期的な価値はないのではないか、と疑ったのである。[9] アメリカとパキスタンの関係が急速に悪化している時期にイスラマバードに着任したマンターは、ドローン攻撃のペースを上げて中位のテロリストをすばやく殺害したいがために、重要な同盟相手との関係を損なう結果になっていないかと思案した。マンターはすぐに、ドローンプログラムに関する彼の意見には結局はほとんど意味がないことに気づくようになる。オバマ政権では、パキスタンの戦争と平和に関して疑問が生じたときに、本当に重視されるのはCIAの意見だったからだ。

レイモンド・デイヴィスが刑務所に収監されるなか、マンターはすぐにISI長官のアフマド・シュジャ・パシャ中将を訪ねて交渉すべきだと主張した。アメリカはデイヴィスがCIAに雇われていたことを認める、ラホールにいる犠牲者の遺族はひそかに補償を受け取る、そしてデイヴィスを静かに国外に送り出し、二度と入国させない、という案である。ところが、CIAがそれに反対した。デイヴィスはISIと幅広いつながりをもつ民兵組織の活動をスパイしており、そのことを認めたくなかったのだ。CIA高官たちは、ISIに温情を求めていてはデイヴィスが極刑を宣告されるかもしれないと案じた。デイヴィスは外交官であり、殺人を禁じる法律を含めて現地のいかなる法律にも縛られないとオバマ政権が訴えてイスラマバードに圧力をかける前に、刑務所で殺されるかもしれない。デイヴィスが逮捕された当日、CIA支局長はマンターのオフィスを訪ね、パキスタンに対する妨害工作を行なうことが決まったと告げた。取引はするなと警告したうえで、パキスタンは敵だと言い添えたのである。

この戦略は、アメリカ政府当局は上から下まで、公私を問わず、レイモンド・デイヴィスがパキスタンで何をしていたか正確には知らないと言いつづけなければならないことを意味した。銃撃事件から二週間以上たった二月一五日、オバマ大統領は記者会見のなかで、レイモンド・デイヴィス問題について初めてコメントした。オバマは、状況はシンプルだ、と語った。デイヴィスは「パキスタン駐在のアメリカ人外交官」であり、外交特権という「極めてシンプルな原則」にしたがってただちに釈放されるべきである。「他国に赴任中の外交官は、同国の現地法に基づいて告発されることはない」と述べたのだ。[10]

デイヴィスを「外交官」と呼ぶことは、定義上は正しい。彼は外交旅券によってパキスタン入国を認められているので、通常であれば外国での訴追からは保護されたはずだ。ところがラホールでの発砲事件ののち、パキスタン側は国際法の細部に関する議論を受け入れる状態にはなかった。彼らが見て取ったように、デイヴィスはISIに未報告のアメリカ人スパイであり、CIA当局はこの期におよんでデイヴィスを監督していることを認めようとしなかったからである。オバマの記者会見が行なわれる少し前、ISI長官のパシャ中将はワシントンを訪れてレオン・パネッタに会い、この件に関する情報をさらに集めていた。デイヴィスがCIAに雇われていることはほぼ確信していたので、パシャは両機関で内密に処理しようと提案した。パネッタのオフィスで彼は率直な質問をぶつけた。

デイヴィスはCIAで働いていたのか、とパシャは尋ねた。

いや、彼はわれわれの一員ではない、とパネッタは答えた。

パネッタはさらに、この件は私の手を離れており、国務省ルートで対処している、と続けた。パシャは激怒してCIA本部を後にし、レイモンド・デイヴィスの運命はラホールの判事の手にゆだねようと心に決めた。アメリカはこの問題を早期に解決するチャンスを逸したんだよ、とパシャは周囲にこぼした。[11]

疑心暗鬼

パキスタンにおけるアメリカのスパイの巨大な秘密ネットワークをCIA長官が監督していながら、アメリカが同国で行なっている秘密戦争の規模をISI長官に隠す。このことからは、アサド・ムニールがペシャワールでCIAと協力し、パキスタン西部でウサマ・ビンラディン狩りを行なった二〇〇二年当時と比べて、両国の関係がどれほど破綻していたかがわかる。二〇〇六年に、アート・ケラーをはじめとするCIA工作員が部族地域にあるパキスタン軍基地を拠点として活動することをISIが許可したときと比べても、事態ははるかに悪化していた。両国の関係はどこでこじれたのだろうか。

アフガン戦争開戦以来、両国の情報機関は危うい関係だったが、本当の意味で関係が壊れたのは二〇〇八年七月に、イスラマバード駐在のCIA担当官がパキスタン陸軍参謀総長のアシュファク・パルヴェーズ・キアニ大将を訪問したときのことである。彼らは、ドローン戦争における新戦略を認める一連の秘密命令にブッシュ大統領が署名したことを伝えた。CIAは今後、部族地域内でプレデターやリーパーなどのドローンからミサイルを発射する際に、パキスタンに事前通告しないというのだ。その時点からパキスタンにおけるCIAの殺害作戦は一方的な戦争になる、とCIA担当官はキアニに告げた。

今回の決定は、パキスタンの部族地域で拡大する民兵組織をめぐり何カ月も議論が紛糾したのちに、ようやくワシントンで下されていた。CIAの内部評価では、いまの状況を九・一一同時多発テロの数年前、アフガニスタンがアルカイダの安息地になっていた頃になぞらえていた。二〇〇七年五月一日付のCIAの極秘文書は、北ワジリスタン、南ワジリスタン、バジャウルなどの部族地域に傘下の民兵組織が拠点を築いているため、アルカイダは二〇〇一年以来もっとも危険性が高まっていると指摘していた[12]。

この評価が、パキスタン問題をめぐる一年におよぶ議論の基礎となった。国務省のパキスタン通の一部は、パキスタンでCIAの戦争を拡大すれば、現地の反米感情をさらにかき立て、パキスタン政府を崖っぷちに追い詰めることになると警告した。しかしCIAのテロ対策センターの当局者は、ISIの許可がなくてもドローン作戦は増強すべきだと主張した。二〇〇四年にネク・ムハンマドを殺害して以来、パキスタンで行なわれたドローン攻撃は二五回に満たず、そのうちCIAの「重要な暗殺対象者」リストに登録された民兵の殺害に成功したのはわずか三回。あとは、パキスタンから攻撃許可を得るのに時間がかかったり、標的が内部情報を得たのか逃亡するなどしたため、直前に攻撃をあきらめたケースばかりである。テロ対策センター内の標的分析官は、歴史的に民兵組織とつながりがあるISIのS部のメンバーが民兵側に事前に警告した形跡を集めようとしたが、確たる証拠はつかめなかった。

数年前、CIAの収集担当官のなかには、テロ対策センターの工作員は俗物で「おもちゃをもらった子供」のようだとあざける者もいたが、二〇〇八年にはCIA内のさまざまな派閥がまとまり、ドローン攻撃を増強すべきとの立場をとっていた。CIAは二〇〇五年後半以降、アルカイダの指導者たちの正確な居場所を提供可能な部族地域の情報源を増やしてきた。さらに国防総省の契約業者であるジェネラル・アトミックスがプレデターやリーパーを増産したことで、アルカイダの施設や訓練キャンプと思われる場所を無人機でほぼ常時監視するという提案をCIAが出せるまでになった。CIAの情報分析部門である情報本部では、パキスタンで一方的な作戦を遂行しても、ブッシュ政権が以前から恐れてきたようにパキスタンの世俗政権が倒され、イスラム政権が生まれることはないと決めてかかっていた。分析担当官たちは、ムシャラフ大将が退陣要求を受け入れたあとに選挙で選ばれたアシフ・アリ・ザルダリ率いるイスラマバードの文民政府は、ドローン攻撃を増やして国民の怒りが高まっても耐えるだけの強さがあると結論づけた。

ペンタゴンのトップの交代も、ブッシュ政権がパキスタンでさらに攻撃的なアプローチをとる一因になった。ドナルド・ラムズフェルドは、戦闘地域外にも特殊作戦部隊を派兵できるよう国防長官の権限拡大に尽くしたが、パキスタン国内では「地上軍（ブーツ・オン・ザ・グラウンド）」による作戦を増やしすぎないよう、実際には慎重に行動していた。国民の反感が強まり、ムシャラフ大統領が退陣に追い込まれることを恐れたためである。しかし、ムシャラフが去ると、ラムズフェルドの後任のロバート・ゲーツは、アメリカはパキスタンでもっとリスクを取っていいのではないかと考えた。元CIA長官のゲーツは、一九八〇年代にアフガニスタンにおけるCIAの対ソ秘密作戦を支援し、パキスタンと組むことのメリットを目にしていた。しかし同時に、パキスタンが自国の安全を確保するやり方に対して冷めた見方もしており、イスラマバードは、部族地域の民兵組織と戦うことに利益を見出したときか、戦って勝てるときでない限り、強硬な手段を取らないことも知っていた。ゲーツは国防長官として初めてアフガニスタンを訪れた際、バグラム空軍基地にある保全措置のとられた部屋に通された。そこでは統合特殊作戦コマンド副司令官のロバート・ハワード少将が、アルカイダの工作員が隠れていると軍が信じていた部族地域内の施設に関して、一つひとつ機密扱いのブリーフィングを行なった。「わかった、それならなぜ自分で行って捕まえないんだ？」とゲーツは尋ねた。[13]

こうしたわけで、マイケル・ヘイデンCIA長官とスティーヴン・カップス副長官が二〇〇八年七月にホワイトハウスを訪ね、パキスタンの山岳地域で一方的な戦争を行なう計画をブッシュ大統領と戦時政権のメンバーに提案したとき、不満がたまっていた大統領にその案を売り込むのはそう難事ではなかった。「もうゲームは終わらせよう」とブッシュは言った。「あいつらはアメリカ人を殺している。もうたくさんだ」[14]こうして部族地域における長期的かつ猛烈なドローン攻撃が始まり、オバマが政権を取ったあともそれは続けられた。そして、CIAとISIの関係が悪化するにつれ、マクリーンがイスラマバードに送り込む支局長たちは、パキスタンのスパイと友好関係を築くために前任者たちほど多くの時間も労力も使わなくなっていった。CIAのビンラディン捜索ユニットの元局長でイスラマバード支局長の経験もあるリチャード・ブリーは、CIAを「馬鹿どもが牛耳っている」と嘆いた。二〇〇八年以降、CIAはベテランの収集担当官をイスラマバードに送りつづけ、みな去るときは前任者より苦い思いを抱えていた。

支局長のひとり、ジョン・ベネットは収集担当官歴が長く、ケニアのナイロビ支局からソマリアにおけるCIAの作戦を指揮したことがあるほか、最近では南アフリカのCIA支局長を務めていた。チャーチ委員会後に採用された世代ということもあり、CIAの標的殺害作戦については同僚と似たような懸念を抱いてパキスタンに赴任したが、同国で働くうちに徐々に心境に変化が訪れた。ドローンはパキスタンからアルカイダを摘出するための唯一信頼できる手段である、とくにCIAとISIで共有するインテリジェンスの大半がしぼんでからはそうだ、と考えるようになったのだ。ドローン攻撃に対するパキスタン国内の反感をかき立てるのにISIが一役買っていた問題についてベネットが調査を開始して以降、ISIとの関係は冷え切り、二〇一〇年にイスラマバードから帰国する際、ベネットはISIを蔑視していた。パキスタンでISIを相手にした時期は「人生でも絶対に戻りたくない日々だった」と、のちに同僚に語っている。ベネットの後任の支局長は、ドローン攻撃への反感をあおっているように見えたISIのプロパガンダをさらに掘り下げて調べた。するとその後、パキスタンの新聞に身元を暴露され、あわてて帰国せざるを得なくなった。二〇〇八年のムンバイ同時多発テロ事件の犠牲者がニューヨークで訴訟を起こし、パシャ中将が告発されたことへの報復として、ISIが支局長の情報を漏らしたのではないか、とCIAは疑った。

作戦を開始する時点ではCIAとISIのあいだに善意が生まれ、新しい時代の始まりを期待させたにもかかわらず、最後には非難の応酬に終わったものも多かった。ベネットがCIA支局長を務めていた二〇一〇年一月、CIA担当官と特殊作戦部隊からなるアメリカの極秘チームがカラチでの活動中にある携帯電話の発信源を追跡した。すると不規則に広がるカラチ西部のスラム、バルディア・タウンにある家にたどり着いた。CIAもパキスタンの大都市では一方的な作戦を実施していなかったので、アメリカ側はISIにそのインテリジェンスを伝えた。パキスタンの軍と警察がその家を急襲した。(15)

CIAは事前に知らなかったものの、その家にはアフガニスタンのタリバン軍司令官であり、ムラー・ムハンマド・オマルにつぐナンバーツーの地位にあると目されていたムラー・アブドゥル・ガニ・バラダルが潜伏していた。その家にいた容疑者たちが逮捕され尋問されて初めて、CIAはバラダルも拘束されたことを知った。ISIはバラダルをイスラマバードの工業地帯にある拘置所に収容し、CIAが接触することを拒んだ。「その時点で、事態は複雑さを極めました」と元CIA担当官は語る。

この事件全体が仕組まれていたのだろうか？　じつはバラダルはアメリカと取引し、アフガニスタンにおける交渉の席にタリバンも参加させようと画策していた、という噂がパキスタン国内では流れていた。ISIはこの逮捕劇を演出し、CIAにインテリジェンスを与えてバラダルを町なかで逮捕させ、和平交渉をつぶそうとしたのか？　ISIはCIAを罠にはめたのか？　マクリーンにいるCIA高官たちは、事件から数カ月たってもこれらの問いに答えられなかった。

「昔の仲間」

ISIがいまもアフガニスタンのタリバンとアメリカとの二股をかけているのではないかというCIA側の強い疑念は、つねに両者の関係に重くのしかかっていたが、それでもときには共同作戦も行なわれ、思いがけないインテリジェンスを得ることもあった。二〇一〇年六月、レイモンド・デイヴィスの名が世界中に知れ渡る八カ月前、CIAとISIは、パキスタン国内に潜伏するアルカイダの指導者たちの後方支援をしている疑いがあるアラブ人グループの携帯通話を監視する作戦を強化した。ところがこの作戦が「共同」だったのは、ある時点までのことだった。CIAが、アブ・アフマド・クウェイティの携帯電話もそのなかに含まれていることをパキスタン側に伝えなかったからである。クウェイティは、数年前に拘束したアルカイダの工作員がウサマ・ビンラディンの密使だとCIAに請け合った男の偽名である。[16] CIAがクウェイティの名前を初めて聞いたとき以来、クウェイティにつながる手がかりはどれを追っても行き止まりばかりだった。そして二〇〇七年に、CIAは外国の情報機関からクウェイティの本名がイブラヒム・サイード・アフマドだという内部情報を得た。イスラム世界ではめずらしくもない名前だが、この新情報のおかげで、国家安全保障局（NSA）は密使の携帯電話番号を徐々にしぼり込むことができ、携帯通話監視作戦で使えるよう、その番号をCIAに提供した。

二〇一〇年夏、クウェイティの盗聴されている携帯電話に一本の電話がかかってきた。電話の主はクウェイティの友人で、ペルシャ湾岸のどこかの国からかけており、アメリカのスパイたちがそれを盗聴していた。

「会いたかったよ。どこに行ってたんだ？」男は尋ねた。

クウェイティの返答は曖昧だったが、気になるものだった。

「昔の仲間といっしょだった」と言ったのである。[17]

ここに秘められたメッセージは、重要な意味をもつように思われた。クウェイティはふたたびアルカイダで働いており、ウサマ・ビンラディンと直接接触している可能性もある。位置特定技術を活用してクウェイティが携帯電話を使った場所を突き止めようと試みたところ、NSAはペシャワール近郊にたどり着いた。アルカイダの指導者層が多数潜伏していると考えられていた部族地域をクウェイティが頻繁に往復しているのであれば納得がいく。しかしその時点でCIAの分析担当官のなかに、ビンラディンは部族地域以外、もしかしたらパキスタンの安定した地域に潜んでいるかもしれない、と疑う者も少数ながらいた。それは可能性を排除するプロセスのなかで、ある程度得られた予感だった。CIAはもう何年も部族地域に特化して捜索してきたが、アルカイダの指導者が潜伏している証拠は何ひとつあがっていない。どこかの時点で、別の場所を探すほうが理にかなっている。

この予感は正しいことが証明された。携帯通話の一件の二カ月後、CIAが雇ったパキスタン人エージェントが、ペシャワールでクウェイティを目撃した。後部ハッチに予備タイヤがついたスズキの白いパトワールを運転していた。エージェントはクウェイティを追って市外に出た――しかしクウェイティは西方の部族地域や山岳地帯に向かわない。一八〇キロメートル以上東方に車を走らせ、イスラマバード北方にある町の閑静な一角に入ったのである。ここはパキスタンでも有数の軍士官学校があるほか、退役軍人にも人気があり、彼らはパキスタンの最高級ゴルフ場のひとつでゴルフボールを打って過ごしていた。このアボタバードで、スズキは高さ四メートル近いコンクリート製の塀に囲まれた広大な敷地に入っていった。塀の向こうには邸宅の上階が見える。最上階は別の階とようすが異なり、小さくて汚れた窓しかない。[18] その家には電話線もインターネット回線もない。家の住人は外界との接触を避けようと、エネルギーメーターを四つに分けることでその家の電気やガスの総使用量がわからないように装っていた。[19]

その後の数カ月、レオン・パネッタはテロ対策センターに対して、この家に潜伏している住人を特定できる新手の計画をいくつもひねり出せと圧力をかけた。なかには、プレデター部隊導入前の時期にアフガニスタンにあるビンラディンの訓練キャンプを監視しようと熱気球を使う案を提出した頃を思わせるものもあった。テロ対策センターの担当官は、入手可能な最大の望遠レンズをパネッタのオフィスに持ち込み、現場から数キロ離れた山中に置いてはどうかと提案した。広大な邸宅からそう遠くない場所にCIAがひそかに作った隠れ家からは建物を直接見ることができないので、その好立地に望遠レンズを置いても使い物にならなかったのだ。[20] 偵察衛星が何週間にもわたり、パキスタン上空を通るたびにその家を撮影したので、写真の数は数千枚にもおよんだが、上空の目からはそこにビンラディンが潜伏しているという確たる証拠は得られなかった。

CIAは、一〇年近く続く人間狩りを終わらせるための確たる証拠の断片でも入手すべく、監視し、待ちつづけた。

決着

二〇〇一年にビンラディンがアフガニスタンのトラボラにある洞窟を出て、国境を越えてパキスタンに逃げ込んで以来、もっとも見込みのある手がかりをCIAが追っている最中に、ふたりの人間を殺した罪でCIAの関係者がラホールの刑務所に収監されているのは、やや都合が悪いというどころの話ではなかった。パキスタンの複数のイスラム政党は街頭での抗議運動を組織し、レイモンド・デイヴィスを裁判にかけて絞首刑にしない場合は暴動を起こすとパキスタン政府に揺さぶりをかけた。ラホールにいるアメリカ人外交官は定期的にデイヴィスに会いに行ったが、オバマ政権は依然として、パキスタンにおけるデイヴィスの活動の性質に関して同国政府にはっきり伝えず、のらりくらりと消極的態度をとった。そうこうするうちに、新たな犠牲者が出た。

二月六日、デイヴィスに夫を殺され、悲しみのどん底にいた未亡人が致死量の殺鼠剤を飲み、ファイザラバードの病院に救急搬送された。医者は彼女に胃洗浄を施した。シュマイラ・ファヒームというその女性は、アメリカとパキスタンが裏で取引をして夫を殺した犯人を釈放するにちがいないと確信し、病院のベッドでそれを医者に伝えた。「あいつらは夫を殺した犯人を警察の保護下でVIPのように扱っているんですよ。あいつらは国際的な圧力に負けて、犯人を釈放するに決まっています」と彼女は言った。「あの男は夫を殺したんですから、正義を貫いてください。アメリカ人だろうが関係ありません。この一件から逃がしてはいけないんです」[21]シュマイラはその後間もなく死亡し、デイヴィス事件を国民的大事件に発展させたパキスタン国内の複数のグループから殉教者として祭り上げられた。

デイヴィス事件に対する怒りが急速に高まるにつれて、パキスタンにおけるCIAの活動の大半を中止せざるを得ない可能性が出てきたうえに、アボタバードでのインテリジェンス収集作戦まで計画変更を迫られるおそれが生じた。それでもCIAは踏みとどまり、イスラマバードに高官を送っては、マンター大使にいまの戦略を維持しつづけるよう説いた。パキスタン側にデイヴィスの釈放を要求し、従わなければ恐ろしい結果が待ち受けるぞと脅すのだ。苦痛のレベルを上げれば、相手は屈すると考えたのである。

しかしその頃までに、CIAの戦略は成功しなかったとマンターは判断し、アメリカの当局者数人とともに新しい計画を練った。そしてホワイトハウス、国務省、ワシントンのCIA当局者を交えて議論したのち、マンターはISI長官のパシャ中将に接触し、すべてを明かした。デイヴィスはCIAに雇われており、アメリカとしては早急に彼を出国させる必要がある、と伝えたのである。

パシャは、そう簡単にアメリカ人を許すつもりはなかった。パネッタが嘘をついたことにまだ腹を立てており、自分が主導権を握って最適な解決策を見つけるまでデイヴィスを収監しておくことで、アメリカ側を苦しめるつもりだった。一方ワシントンでは二月二一日に、ハッカニ大使がCIA本部に呼び出され、ヴァージニア州マクリーンに広がるCIAの敷地を見下ろすパネッタの広いオフィスに案内された。大きな会議用テーブルを囲みながら、パネッタはハッカニに、デイヴィスの釈放に向けて手を貸してほしいと頼んだ。ハッカニは懐疑的だった。「ジェイソン・ボーンばりの人物をパキスタンに送り込むなら、ジェイソン・ボーンばりの脱出能力ももつべきじゃないですか」と辛辣に答えている。(22)

それから一週間あまりののち、パシャがマンターに回答をよこした。それは純粋にパキスタン風の解決策であり、予測不可能な法廷の外で事態を解決できる、古くからの伝統にのっとった方法だった。パシャは、ワシントンにいるハッカニ大使を含め、多くのパキスタン当局者たちとともに計画を練り上げた。デイヴィスの行動には「ブラッド・マネー」と呼ばれ、シャリーアの下で習慣的に行なわれる遺族への補償金〝ディーヤ〟で報いてもらう。この件は穏便に進める、CIAはひそかに補償金を払う、そしてデイヴィスは釈放される、という段取りがつけられた(23)。

そこから先はISIが仕切った。パシャはラホールにいるISI工作員に、一月の事件で殺された三人の遺族に会うよう指示し、和解金の交渉にあたらせた。最初は抗議した親族もいたが、ISIの交渉人は話をふいにするつもりはなかった。数週間にわたる話し合いののち、双方は総額二億ルピー、米ドルにして二三四万ドル相当の和解金で、収監されているCIA関係者を「許す」ことに合意した(24)。

この交渉のことはオバマ政権内でもごく一部の者しか知らず、交渉が長引くにつれて、デイヴィスに外交特権を適用すべきかどうかをラホールの最高裁判所が判断するときが近づいた。CIAは、アメリカに不利な判決が下り、パキスタンでの前例になるのではないかと案じていた。

レイモンド・デイヴィス本人は、こうした動きをまったく知らされていなかった。三月一六日の出廷日に姿を現したとき、デイヴィスは裁判が始まり、判事が次の出廷日を告げるのだろうと完全に思い込んでいた。デイヴィスが体の正面で両手に手錠をかけられ、護衛につきそわれて法廷に現れ、判事席の脇にある鉄製の檻に入れられると、檻は施錠された。[25]法廷の傍聴席の後方にはISI工作員が座り、携帯電話を取り出し、ISI長官のパシャ中将に宛てて裁判の進行状況を時々刻々とテキスト・メッセージで報告しはじめた。パシャはそのメッセージをマンター大使に転送した。パシャはパキスタンにおける最有力者のひとりだが、それでもISIはラホールの気まぐれな法廷をほとんど制御できなかったので、計画どおりに事が運ぶかどうか確信がもてずにいたのである。

審理の冒頭は、だれもが予想したとおりに進んだ。判事はこの件を審理すると述べ、外交特権についての判決は数日後に下すと告げた。パキスタンの記者たちは、くだんのアメリカ人の事件にとって大きな痛手となる、デイヴィスがすぐに釈放される見込みはない、という趣旨の記事を大急ぎでまとめはじめた。ところがそのとき判事がいったん閉廷を宣言し、そこからパシャ中将の秘密の計画が始まった。

脇にある入り口から犠牲者の遺族一八人が法廷に入り、判事は民事法廷からシャリーア法廷に交代したことを告げた。遺族はひとりずつデイヴィスに近づき、ある者は目に涙をたたえながら、ある者はすすり泣きながら、デイヴィスを許すと宣言した。パシャはマンターに、事件は解決した、とさらに一通メッセージを送った。デイヴィスは自由の身になった。ラホールの法廷では、神の法律が人間の法律に勝ったのだ。

この芝居はウルドゥー語だけで演じられたため、レイモンド・デイヴィスは裁判のあいだじゅう、鉄製の檻のなかで意味がわからずにとまどいながらも静かに座っていた。ISI工作員が裏口からデイヴィスを連れ出し、待機していた車に乗せてラホール空港まで急行したときには、不快感さえ募らせていた。

一連の動きは、デイヴィスを一刻も早くパキスタンから出国させるために練られていた。ところがマンターをはじめ、空港でデイヴィスを待っていたアメリカ側の当局者は、不安を覚えはじめた。自分に危害を加えると思い込んだ男をすでにふたり射殺している。なんと言ってもデイヴィスは、どこかに連れ出されて殺されると思えば、逃げようとして車内のISI工作員を殺そうとする可能性さえある。案の定、車が空港に到着し、デイヴィスをパキスタンから出国させるために用意された飛行機のそばで停まったとき、彼は茫然としていた。待っていたアメリカ人たちには、デイヴィスがそのときになってようやく、もう安全なのだと気づいたように見えた。[26]

レイモンド・デイヴィスは飛行機に乗り、山々を越えて西方のアフガニスタンに入り、カブールにいるCIA担当官に引き渡された。一月末以来初めて、彼はパキスタンのスパイに盗聴される心配をせずに、ラホールでの殺人事件、逮捕、監禁について彼の立場から話をすることができた。

デイヴィスは、アメリカでふつうの暮らしを取り戻そうとしたものの、結局は刑務所と縁が切れなかった。あわててパキスタンを出国してからわずか七カ月後の二〇一一年一〇月一日、彼はコロラド州デンヴァー郊外のハイランンズ・ランチで、ベーグル店の前の駐車スペースが空いているのを見つけた。五〇歳のジェフ・マース牧師も、妻と二人の幼い娘を乗せて運転中、同じスペースに目をつけた[27]。マースのほうがデイヴィスより先にそこに駐車すると、デイヴィスはマースの車のすぐ後ろに駐車し、窓を開けて口汚くののしった。そして車からさっと降りるとマースに近づき、自分がそこに停めようとしていたんだ、と言った。

「まあ落ち着いて」とマースは言った。「愚かな真似はやめてください[28]」

デイヴィスはマースの顔を殴りつけ、彼は歩道に倒れた。マースの証言によると、彼が立ち上がるとデイヴィスはなおも殴りつづけたという。デイヴィスは結局、第三級暴行罪と治安紊乱罪で逮捕されたが、マースの怪我が当初の見立てより重症だとわかると、重罪の暴行に罪が引き上げられた。牧師の妻はのちにこの事件について思い返したとき、あれほど憤った人間はそれまでの人生で見たことがなかった、と証言した。

反米暴動

デイヴィス事件ののち、CIA本部はISIとの緊張関係をやわらげることを期待して、数十人の収集担当官をパキスタンから出国させるよう命じた。マンター大使は奇妙な裁判の直後に公式声明を発表し、遺族の「寛大さに感謝」すると同時に、事件全体と「それが引き起こした苦しみ」を遺憾に思うと述べた。

ところが今回の秘密取引はパキスタン国内の怒りを募らせる結果にしかならず、イスラマバード、カラチ、ラホールなどの大都市で反米抗議行動が広まった。抗議者たちはタイヤを燃やし、パキスタンの機動隊と衝突し、〝俺はレイモンド・デイヴィス、いい加減にしろ、ただのCIAの暗殺者だ〟などのスローガンを書いたプラカードを振り回した。

デイヴィスはパキスタンでは不吉な化け物となり、不安定な国民の意識下を徘徊するアメリカ人暗殺者となった。また、とんでもない陰謀論の主人公にされ、反米集会ではいつも彼の名が挙がった。CIAがパキスタンでの活動を縮小したのち、パキスタンのある新聞は、ここ数ヵ月、パキスタンでテロ行為が減ったのは、アメリカの隠密部隊が撤退したおかげでもあると書いた(29)。のちに、ウサマ・ビンラディンを殺害したアメリカの急襲につながる一連の出来事の調査を担当したアボタバード委員会は、そもそもアメリカ人スパイのパキスタン入国を許したのはISIの責任だと断じた。委員たちは大げさな表現で、ISIはジハード主義の民兵と「CIAの特殊作戦部隊や卑怯な暗殺者」の双方に対するコントロールを失った、と結論づけた(30)。

翌年のある蒸し暑い夏の夜、ハフィズ・ムハンマド・サイード——ラシュカレ・タイバの指導者で、レイモンド・デイヴィスやそのチームがそもそもラホールに派遣された原因でもある——は、イスラマバードの国会議事堂から一・六キロと離れていない場所で、トラックの荷台に立って数千もの歓呼する支持者に語りかけていた。サイードの首にはまだアメリカから一〇〇〇万ドルの懸賞金がかけられていたほか、ラシュカレ・タイバの財政を締めつけるためのさまざまな措置もとられていた。ところが本人は公共の場で民衆の怒りをあおり、「パキスタンをアメリカの奴隷状態から解放せよ」と訴えていた。サイードはアメリカの内政干渉に抗議するために、ラホールからイスラマバードまでのデモ行進を企画し、この夜の集会はそのなかでも勢いが最高潮に達した催しだった。一行が首都イスラマバードに着く前夜、デモ行進の参加者がいた場所からそう遠くないところでパキスタンの軍人六人がオートバイに乗った狙撃者に殺されており、サイードが襲撃を指示したのではないかとの疑いがもたれていた。

しかし、サイードはその晩、自分は彼らの死に関与していないと主張した。(31) そして群衆に向かい、暗殺者は外国人だった、パキスタンを動揺させて核兵器を盗むという秘密の任務を負った暗殺者集団だったと訴えた。ドラマチックに話を盛り上げたのち、六人の男たちを殺した犯人を知っている、と彼は言った。

「アメリカ人のしわざだ！」彼が叫ぶと、大勢の群衆が歓呼の声をあげた。

「ブラックウォーターのしわざだ！」歓声はさらに大きくなる。

そして、最後の決めゼリフをぶち上げた。

「レイモンド・デイヴィスみたいなやつのしわざだ！」

第15章 医者と老師（シャイフ）

「私は大使なんかにはなりたくない」

——CIAイスラマバード支局長

女性工作員スー

シャキル・アフリディ医師がCIAに協力するようになって一年以上たったとき、アメリカ人工作員が彼に新しい指示を与えた。それは二〇一一年一月のレイモンド・デイヴィスが逮捕された月のことで、パキスタン人医師のアフリディは、アメリカ人工作員と会うときにいつも強いられる長々しい儀式を終えたところだった。いつもまず、ふたりの男が指定場所——シェルのガソリンスタンドのこともあれば、混み合った屋外市場のこともある——でアフリディと落ち合い、身体検査をし、車の後部座席に寝転んで毛布をかぶるように指示する。その日、車はイスラマバード市内をあちこち走り回ったのちに停車し、アフリディを降ろした。そこでは、〝スー〟という名前しか知らないアメリカ人女性が、トヨタのランドクルーザーの車内で彼を待っていた[1]。

スーはアフリディに、一五歳から四五歳の女性を対象としたB型肝炎のワクチン接種キャンペーンを立ち上げる準備をするよう指示した。そして、カシミール地方のバグとムザファラバードというふたつの町から始め、カイバル・パクトゥンクワ州に入り、のどかな軍都アボタバードを中心に活動するようにと告げた。このキャンペーンは半年かけて三段階に分けて実施するように、とのことだった。アフリディはCIAの作戦に協力する際の費用を告げるときにいつもやるように、自分の利益をたっぷり上乗せしたうえでキャンペーン費用を計算した。そして五三〇万ルピー、米ドルにして五万五〇〇〇ドルほど必要だ、と伝えた。

その頃にはアフリディもアメリカ人とのやりとりに慣れ、CIAが金額に関して難癖をつけないこともわかっていた。アフリディは、まさにアメリカ人が望んでいた人物だった。民兵からもパキスタンの情報機関からも疑われることなく、パキスタンの町や村を自由に動き回れるエージェントなのだから。スパイとして完璧な条件を備えていた彼には、アメリカ人も気前がよかった。

スーはアフリディの現在の担当者で、CIA担当官が代々この業務を引き継いできた。胡散臭い過去をもつアフリディ医師にアメリカ人が初めて接触したのは二〇〇九年のことだ。当時四〇代後半だったアフリディは貧しい生まれから、パキスタンの部族地域のカイバル地区で一流の医者となっていた。とはいえ、医薬品業者から定期的にリベートをもらったとか、不要な手術を命じたとか、病院の薬を闇市場に流したといった申し立ては絶えなかった。[2]世界的にも最貧レベルにある現地の住民の健康状態を彼が改善しようとしていたことを疑う者はいない。しかし、アフリディは口がうまく、職場の女性に卑猥な冗談を言っては喜び、金儲けのためなら医療倫理をまげたいという欲求がやや強すぎた。とうとう彼を非難する声がマンガル・バグの耳に入った。バグはバスの元運転手であり、カイバル地区で軍閥となって麻薬取引を仕切り、ラシュカレ・イスラムと呼ばれる怪しい集団の指導者に収まった人物だ。バグの戦闘員たちは、よくアフリディの治療を受けていた。あるときバグはアフリディを自邸に呼び出し、これまでの数々の違反行為に対して一〇〇万ルピー、米ドルにして約一万ドルを払えと命じた。アフリディが断ると、バグは彼を誘拐し、一〇〇万ルピーを払うまで一週間ほど監禁した。

のちにアフリディがパキスタン人捜査官に説明した話では、アフリディは二〇〇九年一一月にペシャワールで開かれた医療ワークショップに出席した際、国際支援団体セーブ・ザ・チルドレンのパキスタン支部長と名乗る男に声をかけられた。マイク・マグラスと名乗ったその男はアフリディの仕事にすぐに興味を示し、イスラマバードで夕食をとりながらもっと話をしないか、ともちかけたという。この時点で、相手の隠された動機にアフリディが気づいていたかどうかははっきりしないが、彼は指定された日にイスラマバードに行き、しゃれた地区にあるマグラスの自宅で夕食をともにした。そこで、三〇代後半の背の高いブロンドの女性に会った。のちに彼は「イギリス人に見えた」と言っている。ケイトと名乗ったその女性が、シャキル・アフリディ医師を受け持つ最初のCIA工作員となった。

セーブ・ザ・チルドレン側は、マグラスもほかの職員もCIAに協力したことはない、とこの話を否定した。またアメリカ政府当局も、セーブ・ザ・チルドレンをスパイ活動に利用したことはないと断言している。エージェントを勧誘する目的でCIAが大規模な国際支援団体を利用すれば、あらゆる支援団体の職員に報復のリスクがおよぶからだ、とも。それでも、アフリディがCIAに協力していたことやマグラスに会ったことを記したパキスタンの捜査報告書が国内で公開されると、イスラマバード政府当局はセーブ・ザ・チルドレンの同国内における全活動を禁止した。(3)

しかし、アメリカ政府当局は、この五年ほどCIAがさまざまな職業を隠れ蓑にしてパキスタンに担当官を送り込んだために、スパイが自由に国内を移動できたのだろうという点については抗議しなかった。二〇〇五年から〇六年にかけてCIA担当官がパキスタンに「増派された」時期は、アート・ケラーが部族地域に配属された時期とも重なる。当時、パキスタン入りしたアメリカ人スパイはウサマ・ビンラディンの手がかりを探すことに必死で、国際的なスパイ活動として通常許容される範囲を逸脱した行動もとっていた。

一九七〇年代にチャーチ委員会で驚くべき事実が明かされたのち、それまで慣習的にスパイとして利用してきたアメリカ人ジャーナリスト、聖職者、平和部隊の志願者を今後は使わないという方針をCIAは打ち出した。ところが同庁の高官たちは、こうしたポスト・チャーチ・ルールは絶対ではないと語った。一九九六年に上院情報委員会で証言したジョン・ドイッチCIA長官は、「国家に対する究極の脅威」がありうる場合は、CIAはその政策を捨てる必要がありうると述べている。ある種の状況では「情報源となりうるものを活用する可能性を排除するのは合理的ではないと信じている」とも言った。(4) CIAは外国のジャーナリストや外国の支援団体職員をスパイとして採用することを制限したことはないが、アメリカ政府当局は、人道支援に関わる職員をスパイとして使うことの危険性は以前から認識していた。それでも九・一一同時多発テロ以降、CIAは国の安全を守るために必要との理由でみずからの作戦を正当化し、秘密収容所で被拘束者を溺死寸前に追い込むことから、暗殺ドローンで民兵容疑者を殺害することまで、ありとあらゆる活動を展開してきた。長期戦の真っ只中にあるCIAにとっては、スパイの採用枠を拡大することは、また別の戦術のひとつにすぎなかった。

長身でブロンドのCIA担当官に初めて会ってから二年のうちに、部族地域における民兵組織の活動に関するインテリジェンスを集めるための計画として、アフリディ医師は公衆衛生キャンペーンを何度も立ち上げることになった。ワクチン接種キャンペーンは、スパイ活動の隠れ蓑にはうってつけだと考えられていた。子供のワクチン接種に使った注射針からDNA情報を集められるうえ、それを分析すればCIAがすでにDNA情報を入手しているアルカイダ工作員の居場所をつかむ手がかりになる。その間、アフリディはカイバル地区周辺で六回ほどワクチン接種キャンペーンを行ない、CIAは八〇〇万ルピーを彼に支払った。(5)

アフリディの説明によると、CIAの工作員は数カ月おきに交代し、「ケイト」から「トニ」、「サラ」、最後に二〇一〇年一二月に「スー」が彼の担当になったという。彼はラップトップコンピュータと、CIAと交信するための保全措置のとられた送信機を与えられ、送信機から音が鳴ると、接触を試みるアメリカ人がいることがわかる仕組みになっていた。(6)

ワクチン接種キャンペーン

アボタバードでのワクチン接種キャンペーンが始まってから一ヵ月がたつと、スーはアフリディ医師にビラルタウンに注力するよう指示した。アメリカのウェストポイント陸軍士官学校に相当するパキスタン陸軍士官学校の本部から遠くない、上位中流階級(アッパーミドル)の住む町だ。通常、ワクチン接種キャンペーンを行なう際は、注意深く、区域ごとに実施するという手順が確立しているが、今回のB型肝炎予防プログラムはその手順を無視し、最初からやり方が杜撰(ずさん)だった。そもそもアフリディは、一五歳から四五歳という対象年齢の女性に確実に免疫をつけるために必要な一人あたり複数回接種を実施できるだけのワクチンを用意してきてすらいない。アフリディがキャンペーンの許可を取っていないようだと見て、協力を断った地方自治体の幹部もいる。アボタバードの公衆衛生担当職員シャヒーナ・マムレイズは、二〇一一年三月に真っ黒なスーツを着たアフリディがオフィスに飛び込んできてワクチン接種キャンペーン計画の詳細を説明したとき、その勢いに驚いたと言う。彼女は上司に促され、ようやくアフリディに協力することに同意したそうだ。(7)

言うまでもないが、アフリディを受け持ったCIA工作員たちはアボタバード周辺のだれにワクチンを接種するかについてのくわしい情報には関心がなかった。二〇一一年春までには、マクリーンのテロ対策センターやCIAイスラマバード支局の少数の担当官は、ビラルタウンだけに関心を示していた。もっとはっきり言えば、アメリカの偵察衛星が何ヵ月も監視してきたパサン・ストリートの塀で囲まれた広い邸宅だけに。アフリディを受け持った工作員が、その邸宅にだれが潜伏していると考えているのかをアフリディに教えたことはない。ウサマ・ビンラディンと側近がそこに住んでいるかどうかは依然として熱い期待にすぎず、アメリカ政府当局は建物のなかにだれかが入れば答えが出せると期待していたのだ。CIAは、ワクチン接種キャンペーンを隠れ蓑にしてアフリディがスタッフのだれかを建物内部に入らせ、アメリカの兵士やスパイが一〇年近くのあいだ必死に探しても見つけられなかったものを見つけてほしいと願った。それは、ウサマ・ビンラディンの隠れ場所についての動かぬ証拠である。

ところがアフリディもスタッフも、その証拠を提供できなかった。四月二一日、アフリディ医師および女性ヘルスワーカーからなる別の二組のグループがビラルタウンの住人にワクチンを接種した日、室内に入れていないのはパサン・ストリートの謎めいた邸宅だけとなった(8)。そこにはワジリスタン出身の世捨て人のような兄弟が家族とともに住んでいるが近所と交流しようとしない、という話をアフリディが聞き込んできた。さらにくわしく調べたところ、彼のチームの女性ヘルスワーカーがその家に住む「兄弟」のひとりの携帯電話番号を入手した。彼女がアフリディ医師の携帯電話から男に電話をかけたところ、今は外出中だから

夕方にまた電話をしてくれ、と言われた。(9)

結局、ワクチン接種チームはその邸宅に入れなかった。アフリディは、あまりに押しつけがましいとかえって怪しまれ、そこの住人が暮らしぶりを変えるか、ひょっとすると逃げるかもしれないと判断した。彼はビラルタウンでの仕事を終え、空のワクチン接種キットを持ってイスラマバードに戻り、トヨタのランドクルーザーに乗ったスーが待つ指定場所に向かった。アフリディは、邸宅内の人々について知り得た情報をすべてスーに伝えた。そしてワクチン接種キットを渡し、スーから現金五三〇万ルピーを受け取った。

突入

アフガニスタン東部の基地から、アメリカのヘリコプター四機が飛び立った。新月の暗い空を東へ機を傾け、重装備の若者数十人をアメリカの非交戦国で行なわれる戦闘へと運んでゆく。ネイビーシールズの一行は、ウサマ・ビンラディンを守る忠実な部下との激しい戦闘に備えていた。あるいは、相手はパキスタン軍かもしれない。アメリカがパキスタン国内で一〇年も秘密作戦を行なってきた結果、同盟国だったはずの両国の関係は崩壊寸前になっており、シールズの隊員はビンラディンが住む塀で囲われた敷地に着地する際に、上位中流階級が暮らすアボタバードの市内でアメリカ軍とパキスタン軍が一戦交える可能性も予想していた。

ヘリコプターが目的地に到着したときから、すでに不吉な兆候が現れていた。ヘリコプターの一機が風の影響で尾部を外壁にぶつけ、硬着陸せざるを得なくなったのだ。一九八〇年のイランにおけるアメリカ人人質救出作戦の失敗を思わせる大失敗だった。しかし、シールズがC‐4爆薬でパサン・ストリートの邸宅の入り口を破って突入し、上階へ侵入してからビンラディンの最期までは早かった。シールズの隊員は、三階へ続く階段をあがり切ったところで、まさにそのアルカイダの指導者が自室から顔を出しているのを見た。隊員のひとりが彼の右側頭部を撃った。彼は自室に倒れ込み、血の海のなかで痙攣した。シールズは、ビンラディンの亡骸の写真を撮ってから遺体袋に入れ、階段を引きずり下ろして戸外まで運んだ[10]。

ヘリコプターがアボタバードに到着してから四〇分とたたないうちに、歴史上もっとも多大な出費を要し、憎しみに包まれた人間狩りに終止符が打たれた。シールズは機密扱いの計器類がパキスタン側の手に渡らないよう墜落したヘリコプターを爆破した。計画的な爆破のあとに残ったのは、ヘリコプター本体からちぎれた尾部だけになった。一行は無傷のブラックホークと待機していた予備のチヌークに分乗した。そしてビンラディンの遺体のほか、数十ものハードドライブ、携帯電話、邸宅内に散らばっていたUSBメモリを持って、西方のアフガニスタンへと帰投した。

ビンラディン急襲のくわしい情報がパキスタン側にもたらされたのは、その日もだいぶたってからのことである。その話を知ったとき、アサド・ムニールは居間のテレビに釘づけになった。彼は、この筋書きには裏があると確信していた。元ISIペシャワール支局長の彼は、九・一一同時多発テロの直後から何カ月もCIAと協力し、そのことを誇らしく語っていた。だから、パキスタンの兵士やスパイの支援がなければ、CIAがパキスタンのど真ん中で軍事作戦を決行するはずがないことも知っている。「どうやったんだ？」彼はそのとき思った。「CIAには部隊がないのに」

ところがその晩、CIAには部隊があった。

この任務が決行されるまでの数カ月、宇宙から地上を見下ろす偵察衛星がパサン・ストリートの邸宅の写真を撮りつづけ、アフリディ医師とそのチームが邸宅への立ち入りを試みるなか、アメリカの軍と情報機関は、ホワイトハウスにいくつもの攻撃案を提示していた。もっともリスクが低そうな案は、B‐2ステルス爆撃機を使ってパキスタンのレーダーをすり抜け、邸宅を丸ごと破壊するというものだった。しかし、同案ではビンラディンが作戦によって殺害されたことを示す確たる証拠をオバマ政権が入手できないので却下された。しかもパキスタン当局がその一帯を封鎖して瓦礫の山を隈なく捜索するだろうから、アメリカに知らされるのはISIが取捨選択した情報だけになるだろう。

オバマ大統領は、よりリスクが高い案を選んだ。パキスタンの奥深くにシールズを派遣し、ビンラディンを殺害する案である。この手の作戦にともなう明らかなリスクとは別に、アメリカの地上軍をパキスタンの内奥に派兵することも、当局にとっては不安材料だった。それまでアメリカ軍がパキスタン領土内で戦闘任務を行なったのは部族地域だけである。それらの任務はアフガニスタン国境から数キロの範囲で行なわれ、異変が起きたらすぐにアフガニスタンに逃げ戻ることができた。

アメリカの指導者たちが長年取り組んできた問題もあった。それは、どのような権限があればアメリカは非交戦国に部隊を派兵できるか、という問題だ。九・一一同時多発テロ直後の日々に、CIAが世界のどこへでも戦いに赴けるのを横目に見ながら、ドナルド・ラムズフェルドが悩んだ問題でもある。それ以来何年ものあいだ、法律家や政策立案者は兵士とスパイの業務を隔てる壁をこつこつと崩しつづけてきた。過去一〇年の前半においてペンタゴンとCIAがむき出しにしてきたライバル意識は薄れ、やがて戦闘や偵察任務にあたる特殊作戦部隊に「羊の皮をかぶせる」という新手法が編み出された。これはすなわち、兵士を一時的にCIA工作員に変えるというものだ。

オバマ大統領がビンラディン殺害作戦の最終決定を下すときには、アメリカの戦争の手法が一〇年かけて進化したおかげで、それまでのアメリカ大統領以上に多くの選択肢が与えられていた。本来、この作戦はアメリカ軍の任務であり、ネイビーシールズが実行するのが筋だ。しかし、この任務にあたるチーム全体に「羊の皮をかぶせ」、CIAの活動の根拠である合衆国法典第五〇編の下で秘密作戦を遂行させたのである。オバマ大統領はレオン・パネッタCIA長官をこの作戦の責任者に据えた。

ブラックホーク・ヘリコプターがアフガニスタンのジャララバードにある基地を離陸し、シールズがパサン・ストリートの邸宅内の暗い階段を進む緊迫した時間、そして最後にヘリコプターがビンラディンの遺体を乗せて上空へ舞い上がる瞬間まで、パネッタは部隊からの最新情報をホワイトハウスのシチュエーションルームに集まり成り行きを注視するオバマ政権の当局者たちに中継しつづけた。カリフォルニア州選出のリベラルな民主党議員だったパネッタは、ＣＩＡ長官の業務の大半が世界各地に散らばるアメリカの敵への死刑宣告であることを就任直前まで知らなかった。その男がいま、暗殺部隊を統制していた。作戦の進行中、パネッタは片手をポケットに突っ込み、ロザリオの珠をまさぐりつづけた[11]。

ホワイトハウスのシチュエーションルーム内の張りつめた空気がようやくゆるんだのは、シールズの全隊員がヘリコプターに乗り込み、パキスタン空軍と対峙することなくパキスタン領空を脱したときだった。だがアボタバードではブラックホークの残骸がまだ炎を上げ、シールズが急襲したあとの邸宅の床にはいくつもの死体が残されていた。

何が起きたかを、だれかがパキスタン側に伝えなければならなかった。

その役割が回ってきたのは、統合参謀本部議長のマイク・マレン海軍大将だった。アメリカとパキスタンが次から次へと危機に見舞われ、両者の関係がぐらつくたびに、調停役を務めてきた人物だ。マレンは父親がハリウッドの広報担当者だったこともあり、個人同士の関係を築くことの価値を幼い頃から知っていた。陸軍参謀総長になった元ＩＳＩ長官のキアニ大将とは、イスラマバードの自宅に招かれて遅くまで夕食をともにするうちに親しくなっていった。ふたりはインドや中国、ロシアが覇権を握る地域におけるパキスタンの安全保障の不安定さについてたびたび深夜まで話し込んだ。キアニは食事中もタバコを手放さなかった。マレンは、イスラマバードまでのフライト中は、大英帝国からのインド独立とインド・パキスタンの分離について論じた一九七五年刊行の古典的名著『今夜、自由を』（杉辺利英訳、早川書房）を読んで過ごした。マレンの出張に随行した側近のひとりは、後ろから見るとふたりの男が外見まで似ていることに気づいた。背丈はほぼ同じ、髪の色も同じ、少ししわになったカーキ色の軍服を着ている点も同じ、ぎこちない足取りも同じ。ちがいは、パキスタンの大将のほうからタバコの煙が上がっていることだけだった。

マレンはシチュエーションルームの外でキアニに電話をかけ、起きたばかりの出来事について伝えた。

キアニは、基本的な状況はすでに知っていた。数時間前に側近のひとりから電話があり、アボタバードでヘリコプターが墜落したらしいという曖昧な報告を受けていたからである。キアニが真っ先に考えたのは、インドから攻撃を受けたのではないかということだ。そこで空軍司令官たちにF-16ジェット機を緊急発進させ、侵入者を撃墜するようただちに命じた。(12)だが、インドからの攻撃という懸念はすぐに消え、マレンがキアニに電話したときには、アメリカ人がパキスタンにいたことを知っていた。

マレンは緊迫した電話のなかで、アボタバードの邸宅にアメリカの部隊が入り、ビンラディンを殺害したことを伝えた。現場には墜落したアメリカのヘリコプターがあることも。(13)次いで、ビンラディンの死を確認して以来、オバマ政権当局者たちが論じてきた問題を提起した。オバマ大統領はその晩のうちに公式声明を出すべきか、それとも翌日まで待つべきか、である。イスラマバードではもう夜が明けていたので、キアニはマレンに、オバマ大統領はは会話を終えて電話を切った。

できるだけ早く声明を出すべきだと告げた。パキスタン中部でアメリカの軍用ヘリコプターが燃えている理由を説明するためだけにでも。それからさらに数分話し合ったのち、ふたりは会話を終えて電話を切った。

パキスタン陸軍を率いる立場になり、パキスタンでもっとも強い力をもつに至ったキアニは、長いキャリアのなかで最大の危機に直面していた。数日もすれば、アメリカによるパキスタンの主権侵害を許したとして、パキスタンの将軍たちに激しく突き上げられるだろう。しかし、マレンとの電話で、キアニは和解を求めるような口調になっていた。ビンラディンが殺害された場所が、パキスタン陸軍士官学校から一・六キロと離れていなかったからである。その夜、マレンを非難すれば、パキスタン政府がテロリストをかくまったと疑われるかもしれず、ひいてはアメリカとパキスタンの国交が永久に断絶しかねない、とキアニは考えた。軍人としてのキャリアの頂点を極めた誇り高き男は、不快な選択を迫られていた。ウサマ・ビンラディンをかくまった共犯者と見られるか、世界一のお尋ね者が自国の中心に逃げてくるのを止められなかった無能な男に見られるか。キアニは後者を選んだ。

マレンとキアニの決裂

実際のところ、アメリカとパキスタンの実りある関係という名の炎の燃えさしは、ビンラディンが殺害されたときにはほとんど消えかかっていた。レイモンド・デイヴィスの一件はレオン・パネッタとISI長官のパシャ中将との関係に禍根を残しており、ワシントンとイスラマバードの関係改善を訴えるすでに少数になっていたオバマ政権当局者の数はさらに減った。キャメロン・マンター大使は暗殺ドローン攻撃がもたらす悪影響を日々ワシントンに報告していた。マレン海軍大将も大筋ではマンターに賛成だった。CIAは孤立状態で戦っているように見える、ドローン攻撃がアメリカとパキスタン両政府の関係にもたらす悪影響に気づいていない、という点で。

CIAは、標的分析官が殺害の対象者を正確に把握していなくてもミサイル攻撃する許可を、ホワイトハウスから得ていた。いわゆる識別特性攻撃（シグネチャー・ストライク）というルールのもとでは、ドローンからミサイルを発射するかどうかは、疑わしい行動パターンをとったかどうかをもとに判断できるようになった。暗殺の基準が、またもや下がったのである。

たとえば、若い「戦闘可能な男たち」の集団が民兵組織の訓練キャンプとおぼしき場所に出入りし、なおかつ武器を携行していると思われた場合、彼らは合法的な標的とみなされうる。[14] アメリカ政府当局も、数百メートル上空から人間の年齢を判断するのがむずかしいことは認めており、パキスタンの部族地域ではわずか一五、六歳でも「戦闘可能な男」となりうる。このように「戦闘員」の定義を拡大し、合法的な標的とみなせるようにしたからこそ、パキスタンでのドローン攻撃で民間人は殺害していないとオバマ政権当局は主張できたのだ。これは詭弁（きべん）にすぎない。民兵組織が活動していることが知られている地域では、戦闘可能な男はすべて敵性戦闘員とみなされる。そのため、その地域のドローン攻撃により亡くなった人間は、無実を証明する確かな情報が死後に出てこない限り、みな戦闘員のカテゴリーに入れられるのだ。

このようなアプローチがどんな危険をもたらすかが、二〇一一年三月一七日に明らかになった。それは、レイモンド・デイヴィスが「ブラッド・マネー」によって釈放され、国外へ脱出したわずか二日後のことだった。北ワジリスタンのダッタ・ケール村で開かれていた部族集会をCIAのドローンが攻撃し、数十人の男が殺害されたのだ。マンター大使やペンタゴン内の一部は、このタイミングにおける攻撃は最悪の事態をもたらすと考えた。アメリカ政府当局者のなかには、今回の猛攻はデイヴィスの一件でたまっていた怒りをCIAがぶちまけた結果ではないかと疑う者もいた。ISI長官のパシャ中将は無理をしてレイモンド・デイヴィス事件の幕引きを図ってくれたのに、ダッタ・ケールの攻撃は恩をあだで返す行為だとみなされる、とマンターは考えた。しかしそれより重大なのは、この攻撃は失敗であり、死ぬべきではない人間が何十人も死亡したと多くのアメリカ政府当局者が信じていたことだった。

アメリカの当局者のなかには、今回の部族会議はまさに成人の民兵の集会であり合法的な標的だったと主張し、CIAを擁護した者もいた。しかし、このドローン攻撃を受けて、パキスタンで激しい抗議行動が起きた。キアニ大将がめずらしく公式声明を発表し、この作戦は「人命を完全に無視して」行なわれたと述べたほか、ラホール、カラチ、ペシャワールでは抗議行動のためにアメリカ領事館を一時閉鎖する事態にまで至った。

マンターはドローンプログラム自体に反対したわけではないが、CIAが勝手な行動をとっているせいで大使としての立場を保てなくなっていると考えた。レイモンド・デイヴィス事件の対応をめぐる対立によりすでに損なわれていたイスラマバード支局長との関係は、ミサイル攻撃をするときは事前に自分に知らせ、場合によっては中止を命じる権限を与えるようマンターがCIAに求めたことでさらに悪化した。[15] マンターは支局長と大声で言い争い、責任者はだれなのかをわからせようとしたが、逆にパキスタンで真の実権をもつのはだれかを思い知らされることになった。

「あんたは大使じゃないだろう！」マンターは声を張り上げた。

「そのとおりだ、私は大使なんかにはなりたくない」CIA支局長は言い返したのだ。

今回の縄張り争いはワシントンにまで持ち込まれ、ビンラディン殺害から一ヵ月後、オバマ大統領の上級顧問たちは国家安全保障会議の席上で、パキスタンにおける本当の責任者はだれかをめぐって公然と争った。二〇一一年六月の会合では、保全措置のとられたビデオリンクから参加したマンターが、自分は個々のドローン攻撃に対する拒否権をもってしかるべきだと訴えた。

レオン・パネッタが口をはさみ、CIAにはパキスタンで自由に活動する権限が与えられていると言った。なんであれ大使の承認を得る必要などない、と。

複数の出席者によると、「私はあなたの部下ではない」とパネッタがマンターに言ったという。

だが、ヒラリー・クリントン国務長官がマンターを擁護した。クリントンはパネッタのほうを向き、大使をないがしろにし、承認もなく攻撃できると思っているとしたらそれは間違いだ、と告げた。

「そうじゃない、ヒラリー」とパネッタは言った。「完全に間違っているのはあなたのほうだ」[16]

その場に一瞬沈黙が流れたのち、国家安全保障担当補佐官のトム・ドニロンが言い争う出席者たちをなだめ、場を収めようと試みた。この会合から数週間後、ドニロンは妥協案を仲介した。マンターは個々のドローン攻撃に反対する権利をもつが、CIAはホワイトハウスにかけあえば大使の反対を押して攻撃許可を得られる、という内容である。オバマのCIAがまたもや争いを制したのである。

その後の数カ月、マンターは自分がますます孤立していることに気づいた。イスラマバードとは多少なりとも機能的な関係を保っておくべきだとかつては政権内でもっとも強く訴えていたマレン海軍大将でさえ、ビンラディン急襲後はパキスタンを疑いの目で見るようになった。パキスタン軍かISIの高官のだれかがウサマ・ビンラディンをかくまっていたのではないかと疑っただけではない。驚くようなインテリジェンスにも気づいてしまっていた。ISIとパキスタンの民兵組織の関係を調べていたパキスタン人ジャーナリスト、サイード・サリム・シャハザードの殺害が、パキスタン情報機関の指示によるものだったことを証明するような通話をアメリカ人スパイが傍受したのである。シャハザードは撲殺され、死体はイスラマバードの約一〇〇キロ南方にある用水路に捨てられていた。アメリカの各種諜報機関の極秘評価書によると、殺害はISIの最上層にいるアフマド・シュジャ・パシャ中将みずからが指示していた。

それからほどなくして、アメリカは別のインテリジェンスを入手した。パキスタンからアフガニスタンに至るNATOの補給路を、化学肥料を積んだ二台の不審なトラックが走行していたと警告する内容である。情報は曖昧で、このトラックが爆弾として使われ、アフガニスタンに入って、アメリカ軍基地を攻撃するかもしれないと警告しているにすぎない。[17]アフガニスタンに駐留するアメリカ軍当局がパキスタンのキアニ大将に電話で警告すると、キアニはトラックがアフガニスタンとの国境に達する前に阻止すると約束した。

ところが、パキスタン側は動かなかった。問題のトラックは二カ月間北ワジリスタンに置かれ、その間にハッカニ・ネットワークの工作員が数百人規模の殺傷能力をもつ強力な自爆兵器として改造した。トラックのありかに関するアメリカ側のインテリジェンスは依然として曖昧だったが、ISIとハッカニの昔からのつながりを考えると、パキスタンのスパイなら攻撃を阻止できるだろうとマレン海軍大将は信じ切っていた。二〇一一年九月九日には、トラック群はアフガニスタンに向けて動きはじめた。アフガニスタン駐留軍のトップ、ジョン・アレン大将はイスラマバード出張中に、このトラック群を阻止するようキアニ大将に促した。キアニ大将は「電話をして」差し迫った危機を防ぐとアレンに言った。この発言からは、ハッカニとパキスタン軍のあいだにとりわけ密接な関係ができていることがうかがえ、アメリカ側は驚きに目をむいた。[18]

そして、世界貿易センタービルとペンタゴンが攻撃された日から一〇年の節目を迎える前夜、このトラック群のうちの一台がアフガニスタン東部のワルダク地方にあるアメリカ軍基地の外塀に横づけされた。運転手が車内の爆発物を起爆すると、爆風が基地の塀を吹き飛ばした。この爆発により、基地内にいたアメリカ海兵隊員七〇人以上が負傷し、八〇〇メートルほど離れた場所に立っていた八歳のアフガン人の少女が、飛び散った榴散弾(りゅうさんだん)の破片に当たって死亡した。(19)

マレンはこの攻撃に激怒し、キアニ大将にはハッカニなどの民兵組織と軍とのつながりを断とうという誠意が見られないと断じた。マレン以外のアメリカ政府高官は、何年も前からそう確信していた。ところがマレンは、キアニだけはほかのパキスタン人将軍とはちがう、ISIとタリバンやハッカニ・ネットワーク、ラシュカレ・タイバとのつながりは破滅的な同盟だとわかっているはずだ、と信じていた。しかし、ワルダクの爆破事件は、マレンにとってパキスタンが歪んだ、極めて有害なゲームを楽しんでいることを示す証拠となった。

この爆破事件の数日後、そしてハッカニ・ネットワークが今度はカブールのアメリカ大使館施設を公然と攻撃した直後、マレン海軍大将は連邦議会議事堂へと赴き、統合参謀本部議長として最後となる証言を議会で行なった。マレンが上院軍事委員会に姿を現す数時間前、表現をやわらげるよう国務省当局者たちが説得を試みたが、そのかいもなく彼は率直なメッセージを発した。

パキスタンのスパイはアフガニスタン国内の暴動を指揮している、その手はアメリカ軍人やアフガニスタン市民の血で染まっている、とマレンは委員に告げた。「ハッカニ・ネットワークは」とマレンは続けた。「パキスタン軍統合情報局の正規部隊として活動している」

アメリカとパキスタンの関係がつねに波乱含みだった一〇年を過ごしたのちでさえ、アメリカの高官が公式の場でここまではっきりと相手を非難したことはなかった。しかも、パキスタン政府当局からワシントンにかろうじて残る理解者と思われていたマイケル・マレン海軍大将の発言だっただけに、その破壊力はさらに大きかった。パキスタンの将軍たちはマレンの発言に傷ついた。だれよりも傷ついたのは、旧友のアシュファク・パルヴェーズ・キアニ大将だった。

ふたりの関係は絶たれた。マレンの証言以降、両者は口もきいていない。どちらも、相手に裏切られたと感じていた。

アフリディの運命

ウサマ・ビンラディンが殺害された数日後、シャキル・アフリディ医師はCIA工作員のスーから緊急の電話を受けた[20]。アメリカの作戦による予想外の影響はいまもパキスタン国内に影を落としており、ネイビーシールズがアボタバードの邸宅を襲撃して以来、アフリディはCIAのだれからも連絡を受けていなかった。作戦の詳細が漏れるにつれ、アフリディはようやく、なぜ自分がアボタバードに派遣されたのか、なぜCIAはビラルタウンに注力するよう指示したのか、なぜパサン・ストリートの邸宅にあれほどこだわったのかが納得できた。スーは、大至急イスラマバードに来るように、いつもの待ち合わせ場所のひとつで待っている、とアフリディに告げた。

スーは医師に会うと、パキスタンにとどまるのは安全ではないと告げた。ＩＳＩはアメリカのビンラディン捜索に手を貸したと思われる人間をすでに狩り出しており、彼がＣＩＡに協力したことが発覚するのも時間の問題だ。バスに乗って西に向かい、国境を越えてアフガニスタンに行くように、とスーは指示した。ある電話番号を渡し、カブールのバス停に着いたらこの番号に電話するように、とも告げた。今後のことはそこから指示が出されるはずだ、と。

アフリディは動こうとしなかった。自分はビンラディン狩りに関わっていたことをＣＩＡから一度も教えられていなかったのだから自国にいても安全だろう、アボタバードの襲撃以来パキスタンの保安当局がかけた捜査網に引っかかることはないだろうと、高をくくっていたのである。それはとんだ計算ちがいだった。五月末にはアフリディはＩＳＩに逮捕され、投獄された。

ＣＩＡとＩＳＩのあいだで問題が絶えなかった年月ののち、また、どちらもが相手を裏切ったのち、そしてＣＩＡの契約職員がラホールでふたりの人間を殺害し、パキスタンにおけるアメリカの秘密戦争の新局面が明らかになり、非難の声が高まったのちに起きたシャキル・アフリディ医師のケースからは、アメリカとパキスタンの関係がどれほど急激に悪化したかが読み取れる。ＩＳＩはＣＩＡの重要な情報源を逮捕した。世界一のお尋ね者だったテロリストの追跡で活躍した男を、ペシャワールの刑務所に投獄したのである。当然ながら、外国の情報機関のために働いた市民が捕まったときに親切に遇する国はない。ところが、おかしなことに、アフリディは国家反逆罪やスパイ法違反で起訴されたわけでもなければ、パキスタンの法律の下で起訴されたわけでもなかった。彼は、パキスタンの部族地域をいまも支配する、イギリス統治時代の辺境犯罪規定というわかりにくい規定に違反したとして起訴され、ペシャワールの法廷に立たされたのである。アフリディは、ラシュカレ・イスラムとつながりをもつことから「国家反逆罪を共謀した」と法廷で判断された。バスの元運転手から麻薬王に転身した指導者が二〇〇八年にアフリディを誘拐した、例の民兵組織のことである。(21)アフリディは、バグの戦闘員たちを治療したこと、そして法廷が「マンガル・バグへの愛」と表現した罪状を理由として、禁錮三三年の刑を宣告されたのである。(22)判決が下りたとき、ラシュカレ・イスラムは公式声明を発表し、「あんな恥知らずな男」とはなんの関係もない、と強く否定した。

患者に過剰な診察料を請求した過去をもつアフリディはわが組織の友ではない、とも。(23)

第16章　空から落ちる火

「何もかもが逆行している」

――W・ジョージ・ジェイムソン

CIA元長官の警告

二〇一一年の夏も終わりに近いある朝、デイヴィッド・ペトレイアス陸軍大将がブッシュ政権の三人目にして最後の中央情報庁（CIA）長官だったマイケル・ヘイデンのもとを訪ねた。ペトレイアスがCIA長官に就任する数日前のことだ。両者は同じ時代に軍の出世階段を上ったものの、それぞれまったくちがう道を選び、とくに近しい関係にはなかった。ヘイデンは軍のインテリジェンス部門を専門とし、極秘組織である国家安全保障局（NSA）のトップを務めたのちにCIA長官になった。ペトレイアスは戦闘部隊でキャリアを積み、イラクやアフガニスタンの戦争で司令官を務めたほか、アメリカ中央軍を率いた。彼はアメリカの歴史上もっともたたえられる将軍のひとりとなっていた。

ふたりはヘイデンの自宅で心尽くしの朝食を楽しみ、彼はマクリーンにおける派閥間の力学への対処法をペトレイアスに助言した。ヘイデンが学んだように、収集担当官と分析担当官はどちらも職務熱心だが扱いはむずかしく、そうやすやすと歓迎してくれないうえ、命令系統に十分な敬意を払わないこともある。朝食の途中で話は深刻な話題にもおよび、ヘイデンはペトレイアスに忠告した。

CIAは変質した、おそらく恒久的な変化だろう、CIAが秘密主義に輪をかけた小さなペンタゴンになるおそれも現実として迫っている、と言ったのである。

「CIAがこれほどOSSに似たことはなかった」と、ヘイデンはウィリアム・ドノヴァンが率いた暗殺部隊に言及した。一〇年におよぶ秘密戦争ののち、CIAは人間狩りと標的殺害作戦に呑み込まれており、この状態が続けばCIAはいつか主たる任務であるスパイ活動を行なう能力を失うかもしれない、とヘイデンは語ったのだ。

「CIAはOSSではない」とヘイデンは続けた。「アメリカのために全世界の情報を集める機関だ。だからテロ対策以外のことにかける時間も作るよう、自分を律しなければいけない(1)」

もちろん、ヘイデン自身はCIAの変容に大きく関わってきた。二〇〇一年九月一一日の頃、無能でリスクを取らない組織だとののしられていた情報機関は、それ以降四人の長官が厳しく監督したおかげで派手な暗殺を実行できるまでになった。ウサマ・ビンラディンの死後数カ月、パキスタンの長く暑い夏の日々に、ＣＩＡはアルカイダ工作員を次々と殺害していった。ビンラディンがアボタバードに潜伏していた時期に外界とのつなぎ役を務めたアティヤ・アブド・ラフマンもその一人だ。ワシントンには、オバマ大統領を映画『ゴッドファーザー』の最後のシーンに登場するマイケル・コルレオーネになぞらえる者もいた。彼は計算ずくの暴力によって敵を処刑するよう、部下たちに冷たく命じるのだ。

三五年前、外国の指導者を暗殺するためにＣＩＡが試みてきた驚くような手段の詳細が明るみに出たとき、ジェラルド・フォード大統領は暗殺禁止令を出した。将来の大統領が秘密活動に簡単に魅入られないようにすることが目的だった。ところが九・一一同時多発テロ後の一〇年間にわたり、ＣＩＡや統合特殊作戦コマンド（ＪＳＯＣ）が戦闘地域から遠く離れた場所で標的殺害作戦を行なってもフォード大統領の暗殺禁止令の違反にはあたらないという理由をアメリカ政府内の多数の法律家が並べ立て、詳細な意見書を出しつづけてきた。ブッシュ大統領の法律顧問が拷問を再定義してＣＩＡや軍による過酷な尋問を可能にしたように、オバマ大統領の法律顧問もアメリカの秘密機関に広範な暗殺作戦を実行する自由を与えてきたのである。

オバマの法律顧問のひとり、ハロルド・コーは、イェール大学ロースクールの学長を経てワシントンにやってきた。彼はブッシュ政権の対テロ戦争を左派の立場から激しく批判し、水責めを含むＣＩＡの尋問方法は非合法の拷問にあたる、と非難していた。ところが、国務省の法律顧問としてひとたび政府側の人間になると、自分が大量の秘密情報を何時間もかけて読み込み、ある人物を生かすか殺すかを判断する立場に立っていることに気づいた。そしてさまざまなスピーチのなかでオバマ政権の標的殺害作戦を力強く擁護し、戦時においては、アメリカ政府には法律上の通常かつ適正な手続きにしたがって容疑者を殺害リストに載せる義務はないと述べた。

しかし、みずからを公的に振り返る場面では、アメリカが殺害対象に入れるかどうかを議論している若者の経歴書を、時間をかけて読むのが心理的に負担だとも語った。「イェール大学ロースクールの学長時代、私は何時間もかけて二〇代の若者や学生の経歴書を読み込み、だれに入学許可を与えるべきか見極めようとしました」と、彼はあるスピーチで述べた。「いまは、同じくらい膨大な時間を費やして、同年齢のテロリストの経歴書を読んでいます。彼らがどうやってテロリストになるよう勧誘されたか、最初の任務は何か、二度目の任務は何か、を読むわけです。自分の学生と同じくらいくわしく、彼らの背景を知ることもよくあります(2)」

ドローン攻撃が急増する最中、オバマ大統領は安全保障チームの入れ替えを命じた。その結果、兵士とスパイの業務の区別が曖昧化してきた一〇年の締めくくりを一層引き立たせることになった。長官としてCIAを軍に近いものに変えたレオン・パネッタが、ペンタゴンのトップについた。一方、二〇〇九年に中東全域における軍のスパイ活動を拡大させる秘密命令に署名したペトレイアス陸軍大将が、CIA長官になったのである。

自伝作家との不倫問題で不名誉な辞任に追い込まれるまでの一四カ月間、ペトレイアスはヘイデンに警告された趨勢をさらに加速させた。ホワイトハウスから予算を引き出してCIAのドローン部隊を拡充し、議会の議員たちには、自分が監督するCIAは歴史上かつてないほど秘密工作活動を行なうことになるだろう、と告げている。また、マクリーンに来て数週間もたたないうちに、歴代のCIA長官も手を出さなかった作戦さえ命じた。アメリカ国民に対する標的殺害である。

アメリカ国民アウラキ

ペトレイアスがCIA長官に就任する頃には、フクロウを思わせる風貌で、眼鏡をかけ、黒いひげを濃く生やし、怒りに満ちたメッセージを発するそのイスラム教聖職者は、すでにアメリカの暗殺対象者リストのトップにあがっていた。ホワイトハウスのテロ対策責任者、ジョン・ブレナンの地下のオフィスで練り上げられたリストのことである。ビンラディンが死亡し、ドローンによる猛攻作戦の末にパキスタンにいたアルカイダのメンバーが次々と倒されると、ワシントンのテロ対策当局はようやくイエメンや〝アラビア半島のアルカイダ〟の脅威に目を向けはじめた。つまり、アンワル・アウラキを狩り出し、殺害することにしたのである。

アンワル・アウラキは奇妙な人生を歩み、ついにはアメリカの敵とみなされるようになった。彼は一九七一年にニューメキシコ州で生まれ、アメリカで幼少期を過ごした。父親のナセル・アウラキは優秀なイエメン人で、のちにサレハ内閣で農業大臣を務めることになる。

当時はニューメキシコ州立大学で農業経済学を研究していた。七年後、ナセルは家族をともなってイエメンに帰国する。アンワルはイエメンで暮らしたのち、大学に通うために一九九〇年代初頭にアメリカに戻った。

コロラド州立大学に入学したアンワルは、大学内のムスリム学生会の会長になったが、学生仲間の一部が実践するイスラム教の厳格で保守的な教え――セックスとアルコールの禁止――にはなじめなかった。卒業後もコロラド州にとどまり、父親の嘆きをよそにフォート・コリンズのモスクで説教をするようになる。ナセルは息子にはもっと儲かる仕事についてほしいと願っていたものの、数年のうちにアンワルはサンディエゴに移り、町はずれのモスクで導師（イマーム）になった。

アウラキは徐々に保守的な考えに染まり、清貧な暮らしをするよう信者たちに説いた。しかし、私生活ではしばしばその教えに矛盾した行動をとった。たとえばサンディエゴ警察には買春容疑で何度か逮捕されている(3)。もっと深刻な話としては、一九九九年にサンディエゴ界隈の民兵容疑者とのつながりについてFBIが捜査を開始していた。小規模なイスラム系慈善団体で仕事をしたことも、嫌疑をかけられた一因だ。さらには、のちに九・一一同時多発テロでハイジャック犯を務めるハリド・ミンザールやナワフ・ハズミとも接触していた。どちらもアウラキのモスクでの礼拝に参加し、アウラキとともに会議に出席していた(4)。

ところが、FBIがアウラキの仕事を調べても犯罪行為は見つからなかったうえ、九・一一同時多発テロが起きた頃には、アウラキはノーザンヴァージニアに転居し、ワシントン郊外の大きなモスクで説教をしていた。ポップ・カルチャーやアメリカの歴史を交えながら説教をするうちに、読者のためにイスラム教の基礎を解説してほしいとアメリカの新聞記者たちに頼まれ、メディアにもてはやされる醍醐味を初めて味わった。アウラキは穏健派の代表のようにさえ扱われ、ワシントン・ポスト紙主催のラマダンに関するオンライン・チャットに参加し、ペンタゴンで開かれた朝食祈禱会にも出席した。「私たちは、破壊するのではなく築き上げるためにここに来ました」と彼はある説教のなかで述べ、自分をはじめアメリカにいるイマームたちを「アメリカと世界各地の一〇億人のイスラム教徒をつなぐ橋」にたとえた。(5)

しかし、彼のメッセージはじきに暗い色調を帯びはじめる。二〇〇二年、ムスリムの慈善活動やその他のムスリム系団体が警察の取り締まりを受けると、アウラキは、ブッシュ政権の対テロ戦争が対ムスリム戦争にすり替わったことを公の場で激しく非難した。その後すぐにロンドンに移り、過激な説教をしたり、講演内容を録音したCDをボックスセットで売り出したりして、若いムスリムを魅了した。しかし、イギリスではいくら名前が売れても生活できるだけの収入がなかったので、二〇〇四年にイエメンに帰国し、インターネットのチャットルームや、のちにはYouTubeを活用して、自分の説話を世界に向けて発信しはじめた。(6)

アウラキは英語で説教をしたので、ムスリム世界に与える影響は限られていたものの、憎悪に満ちた反米的な理論は一部の支持者を行動に駆り立てた。その一人、若いナイジェリア人学生のウマル・ファルーク・アブドゥルムタラブは二〇〇九年のクリスマス当日に、デトロイト行きの航空機が降下しはじめたとき、下着に縫いつけた爆弾を起爆しようとした。その数カ月前、アブドゥルムタラブはジハードに参加したい理由について短い論文を書き、アウラキに送っていた。(7) アメリカの捜査官たちは、このクリスマス爆破未遂事件の計画を調べはじめたところ、アウラキが〝アラビア半島のアルカイダ（AQAP）〟内で果たしていた役割をより深く理解するようになった。かつてアメリカとムスリム世界の「橋渡し」をしようと語っていた三八歳のアメリカ人アウラキは、デジタル時代の精神的な預言者として、インターネット上に憎しみをまき散らしているだけではなかった。彼は言葉より行動を重んじ、テロリスト集団がアメリカに対するテロ攻撃を次々と計画するのを手伝いはじめていたのである。

サウジアラビアの情報機関当局と緊密な関係を保ち、イエメンにおけるアメリカの秘密戦争の多くをホワイトハウスから指揮していたジョン・ブレナンは、AQAPが戦略を変えたおもな原因はアウラキにあるのではないかと考えた。この組織は以前から全世界を視野に入れていたが、実際はサウジアラビア国内の標的に対する攻撃に注力し、活動は地域限定的だった。ところが、パキスタンでビンラディンと側近が包囲されると、AQAPはアメリカの最大の敵という存在に躍り出るチャンスが到来したことに気づいた。アウラキがこうした動きをますますおし進めているにちがいない、とブレナンは考えた。(8)

事の真偽はわからないが、国家安全保障会議内では、担当者たちが尋常ならざる問題を議論しはじめた。アメリカ市民であるアウラキを、逮捕したり裁判にかけたりせずに暗殺する許可を与えるべきか否かという問題である。ハロルド・コーら政府の法律家たちは、AQAP内でのアウラキの役割を記した生情報を研究しはじめた。そしてアブドゥルムタラブによる爆破未遂事件から数ヵ月後、司法省法律顧問室が機密メモを作成し、祖国を裏切ったアメリカ人導師(イマーム)を殺害する許可をオバマ政権に対して与えた。アウラキはAQAP内で高い地位にあり、アメリカに宣戦布告をしているのだから、法に定められた適正な手続きを踏むという合衆国憲法上保障された権利はない、とメモには書かれている。

だが、アメリカはアウラキをはじめAQAPの高官の潜伏先に関する手がかりをつかめずにいた。統合特殊作戦コマンドはイエメンでの情報収集活動を強化しはじめたばかりであり、オバマ政権にいたっては、イエメンのアリ・アブドゥラ・サレハ大統領やサウジアラビアの情報機関がイエメンに配置したスパイからの情報に完全に頼り切っていた。しかも、二〇一〇年五月にアメリカ軍がイエメンの副知事を誤爆殺害したのち、サレハが現地でのアメリカの活動をさらに厳しく制限したために、秘密戦争は中断せざるを得なくなっていた。

ドローンの弱点

しかし、イエメンの実力者も徐々に統制力を失いはじめた。サレハ大統領は何十年ものあいだ、国内の各派閥を巧みに操って権力を維持してきた。ブッシュ政権当局者が「蛇の穴の中で踊る」かのようだと表現したように、ときにはそれぞれを争わせる手法も用いた。(9) しかし二〇一一年前半には、アラブ世界に広がる都市暴動の波にイエメンも呑まれ、首都サヌア周辺しか掌握できていなかった政府は、もはや首都の支配さえままならなくなった。そして、六月に大統領宮殿が襲撃され、大統領が隠れていた部屋にもロケット弾が降り注ぎ、サレハは床に打ちつけられた。彼は脳出血を起こしたうえに、攻撃による火災で体表の四割にやけどを負った。傷ついた指導者は護衛兵によってサウジアラビアに緊急輸送され、長時間の手術を受けた。[10] 一命こそ取り留めたものの、大統領としての日々は終わった。アリ・アブドゥラ・サレハは、もはやアメリカがイエメンで何をしてよいか、してはならないかを命じられる立場にはなかった。

ジャベル・シャブワニ副知事を誤爆殺害し、イエメンでの空爆を禁止されていた一年のあいだに、CIAとJSOCはイエメン周辺で人的スパイ網や電子盗聴網の構築を進めていた。メリーランド州フォート・ミードにある国家安全保障局では、イエメンで使われる携帯電話を監視し、コンピュータ網に浸透してEメールの傍受を試みる分析担当官が増強された。[11] そしてCIAは、極秘裏にイエメンにおけるアルカイダ狩りの拠点とするためのドローン基地建設をサウジアラビア南部の砂漠で開始した。サウジアラビアは自国の役割を隠すことを条件に、CIAに基地建設を許可した。この決定に加わったアメリカ政府当局者は、「サウジアラビアは作戦に加担したことを公にしたくなかったのです」と述べた。

CIAの基地が完成するまで、イエメンにおける戦争はJSOCの管轄とされた。二〇一一年五月、ペンタゴンはエチオピアやジブチのキャンプ・レモニエからイエメンへと暗殺ドローンを飛ばしはじめた。キャンプ・レモニエはフランス外人部隊が拠点としていたやせ地の基地で、二〇〇二年以降は少数のアメリカ海兵隊と特殊作戦部隊がここを拠点に活動していた。イエメンの広大な砂漠の一角では、ドローンの騒音が日常的に聞こえるようになり、ジハード主義者と暗殺ドローンとのイタチごっこが始まった。

あるイエメン人ジャーナリストは、AQAPの指導者たちと二週間をともに過ごしたのちに、空爆を避けるために彼らが用いている安全対策をこう説明した。イエメンの戦闘機が近づいてきた場合は、その場で立ち止まる。民兵が記者に語った話によると「イエメンの飛行機はいつだって標的を撃ちそこなうからだ」。しかし、アメリカのドローンの音が上空に聞こえてきた場合は、まさに逆の行動に出る。携帯電話の電源を切り、トラックに飛び乗り、移動を開始するのだ。ドローンは「動いている標的には命中させられないからだ[12]」。民兵たちは、衛星経由で飛ばすことから生じるドローンの弱点のひとつを見つけていた。ドローンのパイロットは機体から数千キロ離れたところにいるため、アメリカにいるパイロットがスクリーン上で見る映像は、実際にドローンが映した映像からは数秒遅れる。待ち時間（レイテンシ）と呼ばれるこの問題のために、CIAやペンタゴンの標的分析官は何年も前から、どこをめがけてドローンからミサイルを発射すべきか、むずかしい判断をせざるを得なかった。これが、ドローン戦争において市民が巻き添えになったり、ミサイルが標的を外したりする一因となっていた。

二〇一一年五月にアウラキも、トラックで移動したおかげで間一髪で死を免れたことがある。パキスタンで行なわれた特殊部隊による急襲でビンラディンが殺害されてからわずか数日後の出来事だった。アメリカ側の情報提供者からの情報により、アウラキがシャブワ県を走行中のトラックに乗っていることがわかると、ＪＳＯＣのチームがその一帯にドローンと海兵隊のハリアー戦闘機を送り込んだ。ところが、アメリカ軍の一発目のミサイルはアウラキのトラックに命中しなかった。その後、上空に雲がかかってドローンの視界が悪くなった隙に、アウラキは別のトラックに乗り換え、逆方向に走り去ることができた。アメリカ軍の飛行機は一台目のトラックを追いつづけ、ミサイルを撃ち込み、乗車していた現地のアルカイダ工作員ふたりを殺害した。アウラキは洞窟に避難した。イエメンにくわしい研究者のグレゴリー・ジョンセンによると、アウラキはのちに友人に、この事件のおかげで「人は天寿をまっとうするまでは死なないという確信が強まった」と言っていたそうだ。[13]

ホワイトハウスではＪＳＯＣがいつまでたってもアウラキやＡＱＡＰの幹部を殺害できないことにオバマ大統領もジョン・ブレナンもいら立ちを募らせていた。オバマ大統領がイエメンでの秘密活動を拡大してから一年半たっても、ＡＱＡＰの高官をひとりとして殺害できなかったばかりか、誤ったインテリジェンスをもとに攻撃が行なわれたこともあった。民兵組織の指導者の死亡者数を、市民の犠牲者数が上回ったほどだ。巡航ミサイルを撃ち込むよりは、イエメン上空に暗殺ドローンを飛ばすほうがましだったが、ジブチ政府は同国政府の許可なくアメリカがキャンプ・レモニエから殺害任務のためにドローンを飛ばすことは認めようとしなかった。ＪＳＯＣの指導者たちは行動を制限されることに激怒した。

ＣＩＡはそんな制限など受けずに活動した。二〇一一年九月にはサウジアラビアの砂漠に建設していたドローン基地も完成し、使用可能な状態になった。その頃にはＣＩＡ長官になっていたデイヴィッド・ペトレイアスが、パキスタンに駐機していたプレデターとリーパーの一部をサウジアラビアに移送するよう命じた。ほかの情報機関も衛星の位置を変えたり、データネットワークを再構築したりしてドローンがアメリカにいるパイロットと交信できるようにしたほか、ドローン戦争で新たな戦線を開けるよう、その他の技術的な問題も解決した。

しかもＣＩＡには、イエメン国境付近に駐機したドローン以外にも手段があった。ＡＱＡＰ内に確保した情報源から、アウラキの動向に関する情報が定期的にもたらされはじめたのだ。ＣＩＡはＡＱＡＰの組織構造に関するインテリジェンスはすでに収集しており、ＡＱＡＰの一見華やかなインターネット広報誌インスパイアの内容についても、毎回発行前に事前警告をどうにか入手するようになっていた。ＡＱＡＰは、英語で書かれた同誌を利用して知名度を高め、アメリカやイギリスにいるジハード志願者たちに対して自宅の近くで戦えとあおっていた。二〇〇九年一一月に、アメリカ陸軍の精神分析医ニダル・ハサン少佐がテキサス州フォート・フッドの込み合った軍事施設で一三人を殺害したような攻撃を促そうという考えだ。あるいは、その七カ月後に、コネチカット州在住の金融ジュニア・アナリストのファイサル・シャハザードがタイムズ・スクエアの真ん中でバン一杯の爆発物を起爆しようとしたように。インスパイア誌のパキスタン系アメリカ人の発行者、サミル・カーンが執筆したある記事には、「ママのキッチンで爆弾を作る方法」という題がついていた。

　オバマ政権当局者は、インスパイア誌の最新号の内容を知るたびに、記事がインターネット上にアップロードされないよう妨害すべきか、あるいはAQAPに恥をかかせるメッセージを本文に混ぜ込み、サウジアラビアかアメリカのモグラが組織に浸透していると警告すべきかについて協議した。しかし、そうした行動には出ないと決めた。ひとつには、アメリカに協力していると疑われた者が処刑される可能性があるからだ。[14] しかし、理由はもうひとつあった。インスパイア誌はアメリカからインターネットを介して読めるため、どんな方法であれCIAが内容を操作すれば、アメリカ市民に対してプロパガンダ作戦を展開することを禁じた法律に違反するおそれがあったからだ。同じ懸念から、CIAはインターネットの登場以来、プロパガンダ作戦の大半を放棄せざるを得なくなっていた。ラップトップコンピュータの前に座りさえすれば、数千キロの彼方で書かれたニュースや情報をアメリカ人も読める時代になったからだ。こうして業務に空隙が生じたおかげで、ペンタゴンやマイケル・ファーロングのような人物がデジタル時代向けの新しい情報戦争を作り出し、その空白を埋めることができたのである。

　ホワイトハウス当局は、パキスタンにおけるCIAの標的殺害の成果に感銘を受け、アンワル・アウラキを狩る業務をペンタゴンからCIAに移管した。九月三〇日、アメリカのドローン部隊がサウジアラビアにある基地を飛び立ち、国境を越えてイエメンに入り、ジャウフ県を走行する車列の一団を追跡しはじめた。そこはサウジアラビアとの国境に近い広大な砂漠地帯で、かつてはアラブ種の馬の飼育で知られた地域だ。目撃者の話によると、男たちは車から降りて朝食をとっていたときにドローンに気づき、車内に駆け込んだ。しかしドローンはすでに標的に狙いを定めており、その後は滅びの交響曲が粛々と奏でられた。二機のプレデターが車にレーザーを当て、ミサイル攻撃の精度を上げる戦術がとられた。そのうえでリーパーから発射されたミサイルが直撃弾となった。一行はみな殺害された。アメリカ市民のアンワル・アウラキも、悪魔的なプロパガンダの達人であり、インスパイア誌の独創性の源でもあったサミル・カーンももろともに。

テロリストの息子

アブドゥルラフマン・アウラキ――アンワル・アウラキ師の一六歳になるデンヴァー生まれの痩せた息子――は、その二週間前にサヌアにある自宅のキッチンの窓から抜け出していた。扇情的な説教をする父親がアメリカとイギリスで有名になったのち、アブドゥルラフマンがまだ幼い頃にサヌアに移ってきてからは、この家しか知らない。父親はその後、オバマ政権のトップクラスのお尋ね者になり、サヌアを離れて比較的安全なイエメン国内の地方へ逃げたが、アブドゥルラフマンはだいたいにおいてふつうの青年らしい暮らしをしていた。スポーツと音楽が趣味の高校生で、フェイスブックの個人アカウントによく投稿していた。

二〇一一年九月半ば、彼は父親がどこに潜んでいようが探し出そうと決意した。そして家出をする前に、親族に宛てて手紙を残した。

「家出してすみません」と手紙には記されていた。「父を探しに行きます」[15]

アブドゥルラフマンは、父アンワルが隠れていると思われていたイエメン国内のシャブワ県に向かった。前年五月にアメリカのジェット機とドローンがわずかのところでアンワルを取り逃がした場所である。アブドゥルラフマンは知らなかったが、父アンワルはすでにシャブワ県を出てジャウフ県に移っていた。アブドゥルラフマンはひととおり辺りを探し、次にどうするか考えあぐねていた。そんなとき、父がミサイル攻撃を受けて亡くなったことを知り、サヌアにいる家族に電話をした。もう家に帰る、と。

アブドゥルラフマンはすぐにサヌアに帰らなかった。CIAのドローンが父親を殺害してから二週間後の一〇月一四日、アブドゥルラフマン・アウラキは友人とともに、シャブワ県のアッザンという町の戸外のレストランにいた[16]。遠くから、最初はかすかにだが、おなじみの騒音が聞こえてきた。次いでミサイルが空を切って飛び、レストランを直撃した。数秒のうちに十数人の死体が地面に散らばった。そのなかにアブドゥルラフマン・アウラキも含まれていた。彼の死が報じられて数時間後、彼のフェイスブックは追悼サイトと化した。

アメリカ政府当局がこの作戦について公式に言及したことは一度もないが、私的な場面では、アブドゥルラフマン・アウラキを誤殺したことを認めている。この青年はどの暗殺対象者リストにも載っていなかった。ドローン攻撃の標的は、AQAPのエジプト人指導者イブラヒム・バンナだった。アメリカ当局は、攻撃があった時間にバンナがそのレストランで食事をしているという情報を得たが、のちにそれが誤報であることが判明した。バンナはミサイル攻撃の現場付近にはいなかった。アブドゥルラフマンは悪い時に悪い場所にいたのである。

このときの攻撃はいまも機密扱いであるにもかかわらず、父アンワルの場合とは異なり、青年を殺害したドローンはCIAが動かしたものではなかったと、複数のアメリカ政府当局者が証言している。アブドゥルラフマン・アウラキは、並行して行なわれたペンタゴンのJSOCによるドローン攻撃の犠牲者だった。CIAがイエメンでの人間狩りに加わったのちも、ペンタゴンの活動は続いていた。CIAとペンタゴンは、イエメンという荒れ果てた最貧国の戦場に集まり、それぞれ別々にドローン戦争を行なっていたのである。CIAとJSOCは、それぞれ別の暗殺対象者リストを作成していた。どちらもイエメンでほぼ同じ任務を行なっていたことになる。ドナルド・ラムズフェルドが新しい戦争の主導権を最初にスパイからもぎとろうとしてから一〇年後、ペンタゴンとCIAは地の果てで同じ秘密任務にあたっていたのだ。

ナセル・アウラキ博士は、息子と孫が殺害されてから二カ月後、動画による追悼メッセージをYouTubeにアップロードした。アウラキ博士はわかりやすく、慎重な内容を英語で七分近く語った。敬虔なイスラム教徒は息子アンワルのメッセージを片時も忘れてはならない、そしてまだ息子の言葉を聞いたことがない人たちにそれを伝えるべきだ、とアウラキ博士は述べた。それから不吉な予感をはらませつつ、くわしいことには言及しないまま、息子の「死は無駄ではなく、今後も無駄にするつもりはない」と誓った。(17)

アメリカは「狂気に陥った国家」であり、世界の最暗部で暗殺を行なう戦略に魅入られている、あまりに頻繁に攻撃を繰り返してきたために、息子や孫を殺害した攻撃はアメリカ国内ではほとんどだれも知らない、とアウラキ博士は述べた。この発言の一部は正しい。アンワル・アウラキが殺害された日、オバマ大統領はあるスピーチのなかで彼の死に簡単に触れ、「アルカイダと系列組織を打倒する努力のなかで、またひとつ画期的な出来事があった」と述べた。ところが翌日までに、熱烈な導師(イマーム)であり、司法省の機密メモにより殺害を許可されたアメリカ市民でもある彼の死は、ネットワーク放送の夜のニュース番組でひとことも触れられなかった。二週間後、痩せたアメリカ人青年のアブドゥルラフマンが殺害されたときには、ほとんど気づかれもしなかった。

ベンガジの攻防

ドローン攻撃はいまも、少なくとも公式には秘密扱いである。CIAとJSOCのドローン攻撃や、その作戦を支持した秘密の法的見解に関連する書類の公開請求をめぐり、オバマ政権は法廷で争ってきた。二〇一二年九月下旬、三人の判事はワシントンの連邦裁判所で緑の大理石の壁を背にして座り、CIAに対して標的殺害プログラムに関する文書の公開を求めるアメリカ自由人権協会による請求訴訟において、口頭弁論を聞いた。CIA側の弁護人は、CIAとドローンの関係を一切認めようとしなかった。その発言に懐疑的な判事たちが、レオン・パネッタ元CIA長官の公式発言をもちだしても、である。あるときパネッタは、イタリアのナポリに駐留するアメリカ軍部隊のグループの前で冗談を言っていた。国防長官の自分には「CIAより膨大な武器」があるが、「プレデターもそう悪くなかった」と。

審理の途中でメリック・ガーランド判事はいら立ち、オバマ大統領もホワイトハウスのテロ対策責任者ジョン・ブレナンも公式の場でドローンについて発言していることと照らし合わせると、CIAがとっている立場は愚かしいと指摘した。「CIAが王様だとしたら」と判事はCIAの弁護人に告げた。「あなた方は、王様の上役が王様は服を着ていないと言っているのに、王様は服を着ていると言え、と私たちに頼んでいるようなものですよ」

しかしどれほど秘密にしようとしてもドローン戦争は常態化しており、CIAとペンタゴンが秘密戦争に必要な資源をめぐって互いに争い、どちらもが傷ついているのは明らかだった。ときにはイエメンでのように、ふたつの組織が並行してドローン作戦を競うこともあった。あるいは、世界を分割してそれぞれが別の地域で遠隔操作による戦争を担当することもあった。たとえばCIAがパキスタンを、ペンタゴンがリビアをというように。

二〇〇四年七月に、九・一一委員会はCIAは準軍事機能を手放すべきとの結論を下していた。CIAとペンタゴンの両方が秘密戦争業務にたずさわるのは合理的ではないと結論づけたのだ。「費用面でも人材面でも」と委員会の最終報告には書かれている。「極秘裏に軍事作戦を実行し、極秘裏に空対地ミサイルを操作し、極秘裏に外国の軍や準軍事組織を訓練する機関をふたつ別々に築き上げる余裕は、アメリカにはない」

ブッシュ政権はこの勧告を拒絶し、それ以降、アメリカは正反対の方向に突き進んできた。

いまではCIAとペンタゴンのそれぞれが、サウジアラビアのドローン基地やジブチの元フランス外人部隊基地、その他の遠方の前哨基地など、各地にある影の戦争の拠点を用心深く守っている。政治家たちが標的殺害作戦をアメリカの戦争の未来形として受け入れている現状では、その権利を手放そうとはしないのである。一方、ペンタゴンは人的スパイ活動部門の拡大を続けている。国防情報局は、アフリカや中東、アジアにおけるスパイ活動のために、数百人単位の秘密スパイ集団を新設したいと考えている。CIAで三三年間、法律業務を担当したW・ジョージ・ジェイムソンは、「何もかもが逆行している」と述べた。「情報機関が戦争を行ない、軍事組織が現地のインテリジェンスを収集しようとしているのだ[18]」

オバマ大統領は二〇一二年の厳しい大統領選挙戦中、みずからの強硬姿勢を示すものとして標的殺害を頻繁にほのめかした。大げさな話しぶりは、九・一一同時多発テロ直後のブッシュ大統領を彷彿とさせた。共和党の大統領候補がオバマの外交政策は結局のところ宥和政策も同然ではないかと非難していることについて、一度、ある記者が質問したことがある。「私が宥和政策をとったかどうかは、ウサマ・ビンラディンと三〇人いたアルカイダ指導者のうちの、排除された二二人に尋ねてみるといい」とオバマは反論した。「あるいは、残っている者のだれでもいい、彼らに訊いてくれ[19]」

二〇一二年の大統領選挙戦では、オバマ大統領とロムニー・マサチューセッツ州知事の政策はことごとく対立していたが、標的殺害に関してだけは相違がなく、ロムニーは自分が大統領になったあかつきにはオバマが拡大したドローン攻撃作戦を継続するつもりだと言明した。オバマ政権の当局者たちはそのような事態になることを恐れ、ドローン戦争の管理が自分たちの手から離れる場合に備えて、投票日の数週間前になってドローン攻撃に明確なルールを定めようとした。この時期に標的殺害の手順を成文化しようという試みからは、この秘密作戦がいまだに場当たり的に行なわれていたことがよくわかる。いつ、どこで、だれを殺害してよいかといった根本的な問いにも、まだ答えが出ていなかった。二〇一二年一一月六日に行なわれた将来を決する選挙でオバマ大統領があと四年は政権にとどまることが確定すると、これらの問いに答えよという圧力は弱まった。秘密戦争に透明性をもたらそうとする試みはくじかれた[20]。

イラクとアフガニスタンにおける戦争が長期化した結果、多大な流血と出費をともなったためにアメリカは疲弊し、オバマ大統領の一期目が終わる頃には、政府が秘密戦争を拡大していることに関心を持つ者はほとんどいないかに見えた。実際は、むしろその逆だった。スタンフォード大学のエイミー・ゼガートが行なったある世論調査によると、国民はテロ対策に関して驚くほど好戦的な態度を示すようになっていた。回答者の大多数にあたる六九パーセントが、アメリカ政府が極秘裏にテロリストを暗殺することを支持したのである[21]。

標的殺害は、CIAをオバマ政権にとって欠かせない組織にしたうえに、ほかの問題に関しても同庁のイメージを向上させた。同じ世論調査によると、回答者の六九パーセントが、アメリカの情報機関はイランや北朝鮮の国内情勢を正確につかんでいると思う、と表明した。イラクの大量破壊兵器プログラムに関する評価を誤り、酷評された二〇〇五年に行なわれた同様の調査より、二〇ポイント以上高い数字である。興味深いのは、二〇一二年の世論調査は北朝鮮の独裁者、金正日(キム・ジョンイル)が死亡してわずか数カ月後に行なわれていたことだ。金正日の死後、数日して北朝鮮のテレビで発表されるまで、CIA当局はその情報をつかんでいなかった。(22)

しかし、武力頼みのCIAがもたらすリスクと機会費用の実態が、徐々に明らかになりつつある。アラブの春が始まった直後の数週間、CIAは不意を突かれたのちに、数十人の収集担当官と分析担当官を中東と北アフリカの実態調査に割り当てた。そしてオバマ政権もふたたびCIA担当官にスパイではなく兵士の役割を割り振った。リビアで起きた革命が内乱に発展すると、CIAは準軍事担当官と民間契約職員を同国に送り込み、反政府組織に接触させ、同国に流入する何トンもの機関銃や対空砲がしかるべき反政府派の指導者に渡るよう支援させた。オバマ大統領は、カダフィを権力の座から追い落とすための戦争にはアメリカの地上部隊を派遣しないと力説し、その代わりに政権が信頼するようになっていたおなじみの戦法に頼った。すなわち、ドローンと収集担当官、そしてリビアの反政府派をアメリカの代理軍として使う権限を与えられた契約職員たちである。

ところが、CIAは反政府派に関するインテリジェンスをほとんどもっておらず、アメリカがリビアで支援した反政府派の一部がアメリカに牙をむいた。

二〇一二年九月一一日の午後一〇時をわずかに回った頃、リビアのベンガジにあるCIAの小規模な基地に、同市内の一・六キロほど先にあるアメリカ領事館から緊急電話が入った。

ムアンマル・カダフィ失脚後、アメリカ政府はリビア東部の地中海沿岸にあるこの港町に足がかりを作っていた。領事館に火が放たれ、AK－47自動小銃を手にした襲撃者たちが正門からなだれ込みはじめた、と電話口の国務省職員が言った[23]。群衆はすでに敷地内の建物のひとつにガソリンをまき、放火していた。

CIAの基地にいた工作員たちは、カダフィの武器庫にある携行式ミサイルが、リビアを掌握した反政府派から分離した民兵組織の手に渡ることを防ぐためにベンガジに来ていた。彼らは自分たちの武器をかき集め、二台の車に分乗して領事館に向かった。リビアの民兵組織のひとつに救助活動への参加を要請したものの断られ、領事館に着いたときには炎が燃え広がっていた。駐リビア・アメリカ大使のJ・クリストファー・スティーヴンスが、建物のひとつに閉じ込められていた。その建物の天井が崩れ、CIAのチームがスティーヴンスのもとにたどり着けなかったため、彼は煙に巻かれて窒息死した。別の任務から回されてきた軍のドローンが一機、上空を旋回し、銃撃戦のようすを撮影した映像をドイツにあるアメリカ・アフリカ軍本部に送りつづけた。だが、そのプレデターは武装しておらず、数ではるかに劣るアメリカ人たちの助けにはならなかった。

その場を持ちこたえることができないと判断したCIA工作員と国務省の保安要員たちは、領事館から退避して一・六キロ先のCIAの基地に車で逃げ込んだ。しかし、到着して間もなく、CIAの基地もAK－47自動小銃やロケット弾の集中砲火を浴びた。翌午前五時になってようやくトリポリからアメリカの援軍が到着し、基地の屋上にいたCIA工作員に加勢した。そのときには襲撃者たちも次の猛攻をしかける準備をしており、迫撃砲弾が屋上で炸裂しはじめていた。元ネイビーシールズのCIA工作員、タイロン・ウッズとグレン・ドハティが死亡した。夜明け頃までに、アメリカ人一行はCIAの基地を脱出し、空港まで車で移動した。その間、プレデターは空から一行を見守っていた。アメリカ人全員と攻撃で殺害された四人の遺体を乗せて、飛行機はトリポリへ向かった。CIAのリビアにおける情報収集の拠点だったベンガジでの活動は中止された。

暗殺の時代

この攻撃により、CIAはまさにリビア国内における目を失った。そして、CIAが一〇年かけて準軍事作戦に主軸を移してきたこととともに、別の理由から、CIAは多くの場所で目を失っているのではないかとの懸念が現役・引退双方のスパイのあいだに生じた。CIAという閉鎖社会は根本的に変質し、いまのCIA担当官世代は戦争に慣れ親しんでいる。CI一世代前のロス・ニューランドやその同期たちがCIAはなんとしても殺害行為を慎むべきだと教えられてきたのと同様に、二〇〇一年九月一一日以降に入庁した多くの担当官は、人間狩りと暗殺しか経験していない。この新しい世代は、インテリジェンス収集とスパイ活動といった忍耐が必要な「おだやかな」仕事よりも、戦いの前線にいるときのほうがアドレナリンが噴出するのを感じる。情報収集やスパイ活動は退屈でうんざりするとさえ感じる彼らを見て、元CIA高官はいみじくも次のように語った。「街のまぶしい明かりを見てしまった者たちを、どうしたら農場にとどめておくことができるというんだ？」

パキスタンにおけるドローン攻撃によりアルカイダ戦闘員の多くが殺害され、規模が縮小したウサマ・ビンラディンの一味は新たな潜伏先を探してイエメンや北アフリカ、ソマリア、その他の政府の支配が行き届かない場所へちりぢりになったと、得意げに語る者もCIA高官のなかにはいる。ドローンプログラムは、CIA史上もっとも効果的な秘密活動プログラムだと信じている者も多い。

しかし二〇〇一年に暗殺の時代が幕を開けて以来、CIAのドローンプログラムの創設に関わり、九・一一同時多発テロ以降に同庁が暗殺許可を得たことを喜んだ者の一部は、深く矛盾した思いを抱えるようになった。ロス・ニューランドはいまでも、アメリカが敵の支配地を絨毯(じゅうたん)爆撃したり、パキスタンの辺鄙な村に無差別に迫撃砲を撃ち込んだりせずに戦争を遂行できるようにした武器を評価している。それでも、CIAは何年も前の時点でプレデターやリーパーを手放すべきだったと考えている。遠隔操作による殺害には猫を恍惚(こうこつ)とさせる〝キャットニップ〟のような魅力があると彼は言った。本来はインテリジェンスの収集のために良好な関係を築くことこそがCIAの仕事であるパキスタンなどの国々において、ドローンのせいで同庁は悪者扱いされている、とも。プレデターは「結局のところCIAを傷つけます。これは情報収集任務などではありません」とニューランドは語った(24)。

リチャード・ブリーは、ドローン時代の夜明けにさらに重要な役割を果たした人物だ。ウサマ・ビンラディン捜索という特別な任務を与えられたテロ対策センター内のアレック支局長を務めたブリーは、九・一一同時多発テロ以前にCIAに課せられていた規制との闘いに神経をすり減らした、少数の熱心なテロ対策集団のうちのひとりである。ブリーは上司のJ・コーファー・ブラックとともに、ビンラディンとその一味を殺害する権限をCIAで獲得すべく奮闘した。二〇〇一年夏にはカリフォルニア州のモハーヴェ砂漠の中央に立ち、プレデターから発射されたミサイルが、ビンラディンのタルナク・ファーム訓練キャンプの模型を破壊するのを見守った。その数週間後の九月一一日には、自分や同僚がもっと奮闘していれば攻撃を防げたのだろうかと苦悩しながら、数千もの人間の死を見つめた。ブリーはいまも机の上に、破壊されたタルナク・ファームの模型の破片を置いている。

ブリーはすでにCIAを退職している。引退してからもずっと、CIAの標的殺害任務は賢明に行なわれているのかという疑念にとらわれつづけてきた。暗殺行動の基準が下がり、だれを殺害するのかをスパイが把握しないままにパキスタンでミサイルを発射する許可――いわゆるシグネチャー・ストライク――が同庁に下りると、ブリーはますますとまどった。当初は必要に応じて使う道具として編み出されたものが、濫用されているように思えたからである。

「最初の頃は、自分たちの良心のためにも、引き金を引く前にはだれを殺害するのかを知っておきたいと思っていました」とブリーは言う。「それがいまでは、そこらじゅうで人々を火だるまにしているんです」

ドローンという殺人マシーンのピストンは、まったく摩擦もなく動いている、とブリーは言う。そして「ドローン攻撃はどれも処刑と同じです」と続けた。「死刑宣告を下すのであれば、公的な説明責任があるし、この作戦全体について公の場での議論があってしかるべきです」

彼は一息入れてさらに続けた。「そしてそれは、アメリカ人が納得できる議論でなければなりません」

ハンターたちの故郷

ラスヴェガスから市外へ一時間ほど車を走らせると、化粧漆喰塗りの家が立ち並ぶ郊外の風景が消え、メキシコハマビシの灌木（かんぼく）や棘（とげ）だらけのジョシュアノキばかりが目に入るようになる。その辺りでハイウェイは西に折れ、谷へと下りていく。遠くにベージュ色の低い建物の一群が現れ、その上を虫のように小さな飛行機がゆるい円を描いてゆっくり飛んでいる。飛行機はやがてハイウェイの右手に連なる丘の上を飛び越え、左に向きを変え、砂漠の砂の上に作られた滑走路に着陸する。

三分も運転すると、標高九五〇メートルにあるネヴァダ州インディアン・スプリングスが見えてくる。レクリエーション用車両の駐車場や移動式住宅ばかりが目につき、そのほかにはガソリンスタンドが二カ所、モーテルがひとつ、それにアンティ・モウの雑貨店があるだけだ。郵便局の上のビルボードには、〝デニーズ、サブウェイ、モーテル6――一時間先〟と近くのチェーン店の広告が出ている。二〇〇一年二月、プレデターから初めてミサイルを発射し、歴史の一コマを刻んだカート・ホーズとチーム員たちが朝食のテーブルを囲みながら祝賀会を開いたカジノは、いまも町はずれにある。しかし、インディアン・スプリングスにあるほかの店と同様に、ほとんど客はいない。新しいバイパスができたために、ラスヴェガスからデスヴァレーに向かう観光客がこの町に立ち寄らなくなったからだ[25]。

このさびれた町は、ハイウェイのすぐ向こう側の急成長ぶりからはなんの恩恵も受けてこなかった。そこは何キロにもわたってフェンスで囲われ、検問所がいくつも設けられ、武装した兵士が野次馬の侵入を阻んでいる。インディアン・スプリングス空軍補助飛行場がクリーチ空軍基地に改称されたのは二〇〇五年のことだ。初期のプレデターのテストパイロットが新しい戦法を練り上げた、雨風にさらされたいまにも壊れそうな基地は、海外におけるアメリカの暗殺作戦の中心地として変貌をとげはじめていた。もともと二三〇〇エーカーの砂漠の土地に作られていたクリーチは、いまでは手狭になったため、近隣の企業から土地を買収して敷地を拡張したいと空軍は考えている。この流れが続けば、インディアン・スプリングスの町はさらにゴーストタウン化するだろう。

ペンタゴンもCIAも、ドローン任務はクリーチで行なっている。ドローンプログラムに関わる軍人や民間契約職員は、いまもラスヴェガス郊外から基地に通い、整然と並んだ砂色の長いトレイラーのなかで操縦桿を握る。クリーチでパイロットの訓練飛行をするために、プレデターやリーパーを基地の近くで飛ばし、ひとけのない道路を走る一般の自動車やトラックを追跡して暗殺の腕を磨くときもある。しかしほとんどの場合、パイロットは数千キロ離れたアフガニスタンやパキスタン、イエメン、あるいは北アフリカの広大な砂漠で戦争を遂行している。二〇一二年九月にリビアのアメリカ領事館が襲撃されたのちの数週間、ベンガジの上空には襲撃犯を追跡するために送り込まれたアメリカのドローンが飛び交い、騒音を鳴り響かせていた。

クリーチ空軍基地のはずれの、風雨にさらされた赤いセメントの壁には次のようなメッセージが誇らしげに記されていた。

〝クリーチ空軍基地——ハンターたちの故郷〟

エピローグ　引退者コミュニティのスパイ

「ビジネスが動いているのはここだからね」

――〝デューイ〟・クラリッジ

ウェストファリア時代の終わり

デューイ・クラリッジが倒れた。ペンタゴンが彼の民間スパイ活動を中止させてから一年後、クラリッジはサンディエゴ近郊の自宅で転倒し、数カ所を骨折した。この事故で入院した先ではいつも以上に短気になり、その後は東海岸にいる家族の近くに住まわせられた。七九歳の元CIA担当官で、同庁のテロ対策センターの創設者にして、イラン・コントラ事件における名の通った中心的な悪役のひとりであり、ジンを飲みながらニカラグアの港に地雷をしかける計画を思いついたと豪語した男は、引退者コミュニティのレジャーワールドで暮らすことになったのだ。

借りた。クラリッジは、レジャーワールドの緑豊かな敷地の大部分を占める高層タワー群の一室を借りた。ここはワシントンDCから四〇キロほどのところにある引退者コミュニティで、「いつまでも若々しい世代向け」との触れ込みでマーケティングをし、ベビーブーマー世代を引きつけようと狙っている。大恐慌時代に生まれた東部出身の共和党員である彼は、ベビーブーマーでもなく、その世代が体現するようになったものの大半は毛嫌いしてきた。

二〇一二年六月、私は車を飛ばしてクラリッジに会いに行った。どんな対応をされるかはわからなかった。クラリッジについてはいろいろ記事にしており、その多くが彼の気に入らなかったことも知っていた。ところが、引退者コミュニティの敷地内にあるイタリア料理店に行ってみると、クラリッジは温かく迎えてくれた。客はクラリッジだけのようで、彼はテーブル席で遅い午後の陽ざしを楽しんでいた。こうして見ると、彼もほかの引退者と変わらない。サーモンピンクのシャツの第一ボタンをはずし、金の鎖を首元からのぞかせている。スニーカーと白いソックスをはき、サンディエゴで暮らしていた頃よりいくぶん日に焼けている。新しい環境には慣れたが、飼い猫たちは喜んでいないと不満を漏らした。「ここの住人はみんな犬を飼ってるんだ。小型犬ってやつだ」

クラリッジが、ほとんど軽蔑のまなざしを向けてきたCIAからほんの数キロのところで暮らしているのはやや皮肉ではあるが、カリフォルニアを恋しがったり、東海岸に戻ったことを嘆いたりしているようすはなかった。

「ビジネスが動いているのはここだからね」と彼は言った。

ここで言う「ビジネス」とは、民間の情報ビジネスである。そして、彼は正しい。ワシントンから準郊外の引退者コミュニティに来る途中、私はノーザンヴァージニアにあるガラス張りのまぶしい高層ビルや、拡張するオフィスパークを通り抜けてきた。どれもこの一〇年のうちに、ほぼ何もないところから現れた建物ばかりだ。かつてはカリフォルニア州南部や中西部など国内の各地に点在していたアメリカの防衛産業や情報産業は徐々に整理統合され、いまではワシントン周辺に移ってきていた。企業は彼らの言う「顧客」の近く、すなわちペンタゴン、CIA、国家安全保障局、その他の情報機関の近くにオフィスを移す選択をしたのだ。いまでは大小の政府契約業者が、まるで中世の町を包囲する軍隊のように首都を取り囲んでいる。

民間の軍事・情報ビジネスは花盛りとなっていた。二〇一二年現在、地球規模の戦場はアメリカの隠密部隊の手には負えないほどに拡大していた。CIAやその他の情報機関は、もっとも根幹をなす任務の一部を民間契約職員に外注し、スパイ任務や情報分析を任せている。彼らはCIAのドローン作戦の支援にも雇われた。ネヴァダ州の地上管制ステーションでの仕事から、アフガニスタンやパキスタンの秘密基地でドローンにミサイルや爆弾を搭載する仕事までこなしていたのである。

CIAの元監察総監ジェフリー・スミスは、いまではワシントンの有力な法律事務所のパートナーであり、軍事・情報関連業務の秘密契約を勝ち取った企業の代理人も務めている。アメリカ政府はスパイ活動の根本的な機能を、連邦職員よりいい仕事ができると豪語する民間契約職員（その多くは元CIA担当官や特殊部隊員が率いている）に外注しており、その規模は驚くべきものだとスミスは教えてくれた。エリック・プリンスはブラックウォーターを売却し、アラブ首長国連邦に拠点を移したが、そうしてできた間隙にはすでにほかの企業が入り込んでいる。しかもブラックウォーターほど新聞の紙面をにぎわさず、はるかにうまくやっている。アメリカの戦法が戦車隊同士の衝突ではなくなり、戦闘地域を離れて世界の影の地帯に移ったため、零細企業でも新しい軍事・情報複合体の欠かせない一部になり得たのである。

民間契約職員がひどく否定的なイメージで見られると、スミスは気色ばむこともあるが、任務のニーズが企業の収益という責務と相反したときに問題が起きる可能性があることにも気づいている。「契約職員が何に忠誠を誓っているかをめぐっては、対立は避けられない」と彼は言った。「国家に忠誠を誓っているのだろうか？　それとも収益に誓っているのだろうか？」

二〇一二年半ばの時点で、ミシェル・バラリンはアフリカで仕事をするためにアメリカ政府と長期契約を結ぼうといまなお奮闘し、アフリカ大陸北部で混乱が広がるなかにビジネスチャンスを見出していた。イスラム過激派がマリ北部の広大な砂漠地帯を制圧したのち、長らく放置してきた国における情報収集にワシントンがまたしても苦労していることが明らかになると、マリ東部のトゥアレグ族反乱派と接触し、イスラム教徒を同国から追放する計画を練っているのだ、とバラリンは私に語った。それ以上くわしい話はしなかった。

バラリンは、アフリカに限って計画を立てているわけでもなかった。グラマンＧ－21グースのオリジナルをモデルにした飛行艇部隊を作る新プロジェクトの出資者も探していた。アメリカ軍に納入すれば、使える滑走路がない遠隔地でも部隊が着陸できると考えたのだ。また、キューバでのビジネスチャンスさえ探っており、フィデル・カストロが亡くなり、キューバの共産党体制が崩壊したあかつきには金持ちになれるかもしれない。

二〇一二年夏のその日、政府から情報関連の契約業者に流れる資金にデューイ・クラリッジがもう一度手を伸ばすとは思えなかった。マイケル・ファーロングとの活動は不名誉な形で終わり、ファーロングはひそかに引退へと追い込まれていた。クラリッジは、この活動の終わり方にいまも腹を立てていた。彼に言わせれば、ワシントンの官僚がまたもや戦地の兵士を犠牲にして縄張りを守ったのである。兵士たちは、ＣＩＡに頼り切る状況を避けるためだけにでも、彼が提供できたインテリジェンスを喉から手が出るほどほしがっていたのに。けれども、自分はこのゲームに参加しつづけるつもりだ、とクラリッジは言った。彼はいまもアフガニスタンとパキスタンに築いた情報源のネットワークを手放しておらず、その一部はごくわずかな資金で維持できるらしい。ワシントンがあまりに愚かで自分の部下を使いこなせなければ、ほかの友好的な政府のほうがより賢明な場合もあるかもしれない、と彼は言った。

クラリッジは葉巻に火をつけ、達観した表情になった。

「ウェストファリア条約の時代が終わったんだと思う」と彼は言った。これは一七世紀のヨーロッパにおいて、三十年戦争を終わらせるにあたって結ばれた平和条約だ。この戦争では三〇年にわたって王や皇帝が激しく戦い、ときには大きな戦いで傭兵を使い捨てていた。ウェストファリア条約は近代国家、常備軍、そして国民のアイデンティティの誕生につながったという考え方に、歴史家の大多数が同意している。

「国民国家はもはや軍事力を独占してはいない」とクラリッジは言った。アメリカの未来の戦争の担い手は、企業や民間の利害関係者になるだろう。「わが国の体制を見てみるといい。外注していないのは銃を撃つ人間だけだろう?」

これは、デューイ・クラリッジが意外にも現状を過小評価しためずらしい瞬間だった。二〇〇一年九月一一日の同時多発テロ以降、アメリカは銃の引き金を引く作業までも外注してきた。テロリスト狩りのためにCIAに雇われたエリック・プリンス、エンリケ・プラド、あるいはブラックウォーターの社員。グローブボックスにグロックのセミオートマチックを忍ばせてラホール市内を運転していたレイモンド・デイヴィスのような契約武装要員。ベンガジにあるCIAの基地の屋上で夜を徹して銃撃戦が行なわれた際に迫撃砲弾をよけつづけた民間兵士。影の戦争が始まってからの混乱した数年のあいだに、アメリカは政府のもっとも基本的な機能をも喜んで外注していた。それは、国家の防衛という機能である。

時間も遅くなったので、私は辞去することにした。クラリッジは葉巻を吸い終えるまで残るという。握手をし、私は自分の車に向かった。車を運転しながらクラリッジのほうを振り返ると、彼はまだ引退者コミュニティのだれもいないレストランにひとりで座っていた。暮れなずむ夕暮れの光のなか、葉巻の細い煙が曲線を描いて空へ上がっていった。

謝辞

本を執筆するときは何百もの決断を迫られる。しかも処女作となると、どれだけよい決断ができたかは、はなはだ心もとない。その最初の決断のひとつが最上の決断でもあったことは、このうえなく幸運だった。すなわち、アダム・アフマドをリサーチ・アシスタントとして雇うと決めたことである。アダムが修士課程を終えようとしていたシカゴで、コーヒーを飲みながら初めて会ったときから、彼が聡明で、好奇心旺盛で、熱心な人物であることが見てとれた。実際にはそれ以上の存在だったことは、本人が証明してくれている。本書の執筆のあらゆる段階において、彼は絶対的に欠かせない存在だった。書類を調べ、背景報告書を執筆し、巻末の注を整理し、ときには私たちふたりが理解できないウルドゥー語の書類や記録を訳してくれるウルドゥー語の話者まで手配してくれた。ウッドロウ・ウィルソン国際学術センターに来てからは、ジェシカ・シュルバーグがプロジェクトに加わり、アダムと同じくらい貴重な存在として調査を手伝ってくれた。ジェシカはとくにアフリカに関心があり、ソマリアと北アフリカに関する情報を掘り出す能力には目を見張るばかりだった。頭脳明晰で、若くして年齢以上に聡明だった。本書の執筆期間中は、アダムとジェシカの導きだけではなく、彼らの友情もありがたく思うようになった。今後どのような道を選ぶにしても、ふたりとも長く、輝かしいキャリアを歩むことだろう。

ワシントン随一の研究施設であるウィルソン・センターに一五カ月滞在できたことは、私にとってはすばらしい幸運だった。ウィルソン・センターは専門家にとっての拠点、魅力的で協力的な同僚、そして気の利いたチームが運営する広大な図書館へのアクセスを提供してくれた。ジェーン・ハーマンとマイケル・ヴァン・ドゥーセンには、私を公共政策の研究者として受け入れてくれたこと、そしてこのようにすばらしい活動をしてくれていることに感謝する。初稿執筆という苦しい道のりを歩んでいるときに、いつも洞察やユーモアを与えてくれたロバート・リトワクにはとくに感謝の気持ちを伝えたい。

ニューヨーク・タイムズ紙の記者になれたことは、じつに光栄である。本書のプロジェクトのために休職することを認めてくれたジル・エイブラムソン、ディーン・バケット、ディヴィッド・レオンハートに感謝する。ディーンはワシントンで私の上司だった当時、秘密戦争の隠された側面を取材し、だれも書いていない話を書くよう勧めてくれた。その頃に記事にした問題のいくつかは、本書でさらに深く掘り下げている。友人であり同僚のヘレン・クーパー、スコット・シェイン、エリック・シュミットは、執筆作業のあいだじゅう私を励まし、導いてくれた。スコットとエリックは、私の休職中に大量の仕事を余分に負担してくれた。この方々にはどれだけ感謝してもしたりない。この三人に加え、ワシントン支局の国家安全保障チームは、ジャーナリズム界における最高の記者、そして最高のエンターテイナーの集まりだ。ピーター・ベイカー、エリザベス・バミラー、マイケル・ゴードン、ビル・ハミルトン、マーク・ランドラー、エリック・リヒトブロー、エリック・リプトン、スティーヴ・マイヤーズ、ジム・ライズン、デイヴィッド・サンガー、チャーリー・サヴェージ、トム・シャンカーにはとくに感謝する。彼らを含め、ワシントン支局の方々とともに働ける自分は、とても幸運だと思っている。ニューヨーク・タイムズ紙の元上司、フィル・トーブマンとダグラス・ジェールは、インテリジェンス報道に関して幅広い経験があり、新しい領域に取り組みはじめた私を大いに助けてくれた。ここに感謝したい。

ニューヨーク・タイムズ紙に寄稿しているテーマをもっと掘り下げるべきだと勧めてくれた、元著作権エージェントのスコット・モイヤーズがいなければ、本書は絶対に生まれなかっただろう。そして、スコットはペンギン・プレスの発行人になると、ありがたいことに私の本の編集を担当してくれることになった。彼は全体像を描き、アメリカの戦争が変質しつつあることとその影響についてできるだけ幅広く扱うよう、私を励ましてくれた。また、本書の正確さを期するために時間を割いてくれ、編集過程ではつねに手を貸してくれたことに感謝する。彼は、とにかく厳しい日程による多大なプレッシャーのなかでも優れた編集作業は可能であると証明してくれた。ペンギン・プレスの社長兼編集長のアン・ゴドフにも感謝する。このプロジェクトを快諾し、これらの問題をもっと世間に知らしめる必要があるときに、タイムリーに出版できるようはからってくれた。同社のマリー・アンダーソンは、本書の各部がそれぞれの締め切りに間に合うように配慮してくれた。私がとんと疎いプロセスで辛抱強く私を導いてくれたことに、心から感謝する。電話の向こうから彼女の落ち着いた声が聞こえてくるのはありがたいことだった。超有能な広報担当のリズ・カラマリには、本書が幅広い読者のもとに届くよう精力的に活動してくれたことに感謝する。

友人であり、ニューヨーク・タイムズ紙の編集者でもあるレベッカ・コルベットは、その導き、忍耐力、そして判断力のおかげで、本書がどれほど改善されたかきっと想像もつかないだろう。彼女は原稿段階で本書を何度も読んでくれ、内容を掘り下げ、もっと文章で自分を表現するよう励ましてくれた。細部にも丁寧に目を配り、登場人物を生き生きとさせてくれた。ザ・ボトム・ラインで何度かともにしたランチのおかげで、内容の整理ができたばかりでなく、本書の文体を決めるにあたっても大いにヒントを得ることができた。食事もさることながら、議論はさらにすばらしかった。

担当エージェントのアンドルー・ワイリーは、本書の企画の初期段階から私を信頼してくれていた。私をクライアントとして受け入れてくれたことに感謝する。彼は真のプロフェッショナルであり、ニューヨークで出版社を決めなければいけない神経をすり減らす一日にはとくに賢明な相談相手になり、直観に従えばいいと助言してくれた。「心配するのはやめなさい」と彼は言った。「人生はあまりに短いんだから」至言である。

イスラマバード在住のニューヨーク・タイムズ紙の同僚であるデクラン・ウォルシュは、

親切にもパキスタン滞在中に家に泊めてくれた。彼は有能な記者であり、世界でもっとも複雑な国であろうパキスタンについて莫大な知恵を授けてくれたばかりでなく、パキスタン一のゲストハウスを経営している。イスラマバード支局の方々には、パキスタン取材旅行をじつに実り多いものにしてくれたことに感謝する。

他紙で国家安全保障問題を担当している友人たちにも、大変お世話になった。世界の暗い片隅に光を当てる彼らの仕事は、本書を執筆するにあたって大いに参考になった。とくに、ワシントン・ポスト紙のグレッグ・ミラー、ジョビー・ウォリック、ピーター・フィン、ジュリー・テイト、ダナ・プリースト、それにAP通信のアダム・ゴールドマン、マット・アプッツォ、キンバリー・ドージアー、ウォール・ストリート・ジャーナル紙のシボーン・ゴーマン、ジュリアン・バーンズ、アダム・エントースには感謝する。私たちは互いに激しくしのぎを削っており、夜の一〇時にライバルの記事に対抗できる記事を書くようプレッシャーをかけられるときは相手を呪いたくもなるが、結局のところ、私たちは同じ志をもつ仲間なのだ。

家族には多大な迷惑をかけ、おそらく埋め合わせることなどできないだろう。両親のジョゼフ・マゼッティとジーン・マゼッティは、好奇心をもつことと、謙虚に生きることを教えてくれた。しかし何より大切な教えは、正直であることだった。私が両親を誇りに思うように、私のことを誇りに思ってくれたらと願っている。姉妹のエリーズとケイトは最高の親友であり、それぞれの夫スティープとクリスとともに生活を築き上げ、家族を育てるやり方は私のお手本である。

本書の執筆にだれよりも協力してくれた人物をひとりあげるとすれば、それはすばらしい妻リンジーである。ニューヨークのリヴァーサイドパークを散歩しながら私が本を書く可能性について話し合った最初の瞬間から、リンジーは迷うことなく私を支えつづけてくれた。本書の原稿を何度も読み、編集してくれ、提案をしてくれたほか、不眠になった私にもつきあい、手に負えない仕事を抱え込んでいると私が思ったときは励ましてくれた。妻がいなければ、本書を書き上げることはできなかっただろう。妻に心からの愛を捧げる。

そして、息子のマックスだ。マックスは本書の企画がごく初期段階にあるときに生まれた。マックスのおかげで私の人生は変わり、いまその意味がわかりはじめたところだ。彼が成長して、この本を読んでくれる日が待ち遠しい。生まれてからの数ヵ月、いっしょに過ごした朝や、本の執筆でとりわけ疲れた一日の終わりに帰宅したときに見せてくれた笑顔は、とても大切な思い出だ。彼の笑顔のおかげで、物事にとらわれすぎずにいられる。この世には恐ろしいほどの痛みや苦しみがあるが、マックスがいるおかげで、世界ははるかによい場所になっている。

情報源について

現在進行中の、しかも少なくとも公式にはいまも秘密扱いの戦争について執筆するのは、大いなる挑戦である。本書は、ニューヨーク・タイムズ紙の国家安全保障担当記者としての活動期間、および本書を執筆するための休職中に、アメリカや海外で数百人の人々がインタビューに応じてくれた結果として誕生した。インタビューする人には、できるだけ記録に残すものとして語ってもらえるよう説得した。合意してくれた人たちについては、本文にも原注にも本名を載せている。「裏を取る」ためにも大量のインタビューを行ない、匿名でもかまわないという条件で、いまも大部分が秘密扱いであるアメリカの軍事・情報活動について話を聞かせてもらった。理想的とは言えないが、信用できる情報源が率直に語れるようにする措置は、必要悪だと信じている。

匿名の情報源を使うことにはつねにリスクがともなう。本書では、国家安全保障担当記者として、情報源の信用度に差があることは経験上理解している。本書では、長年のあいだに信頼できると確信できた人たちからの情報に重きを置いた。名前は出していなくても、情報提供者についてのできる限りくわしい情報を原注に載せた。とくに注意を要する話題については、原注をつけずに情報を出した部分もある。そういう場合は、複数の情報源から裏を取るようにした。ふたり以上の会話を記すときは、情報源が会話を正確に再現していると確信できたときだけ、かぎ括弧でくくった。

執筆にあたってはできる限り、情報公開された資料や政府の機密解除された書類に頼った。この点では、いくつかの組織の仕事に助けられた。ジョージ・ワシントン大学の国家安全保障アーカイヴは、情報公開法のもとで機密解除された政府の書類を入手すべく不断の努力を続けており、彼らの努力には大いに感謝している。監視団体のSITEインテリジェンス・グループは、パキスタン、ソマリア、イエメンその他の国々の民兵組織に関する著作物や公式文書を監視する最高の情報源である。SITEの仕事は大いに活用させてもらった。本書で引用したアメリカ政府の文書のかなりの部分は、ウィキリークスが最初に公開したものである。ウィキリークスのデータベースは、アメリカ政府内部の動きを理解しようとするジャーナリストや歴史家にとって、重要な情報源になっている。

貴重な時間を割いてインタビューに応じてくれた各国の多くの人々に、心から感謝している。彼らは私を信用し、その物語を伝えることを許してくれた。本書は私のものであると同時に、こうした人々のものでもある。

マーク・マゼッティ
ワシントンDC
二〇一二年一二月

監訳者解説

ＣＩＡの劇的変貌に迫る調査報道

日本大学危機管理学部教授
小谷　賢

二〇〇一年九月の同時多発テロは世界を変えた。少なくとも同テロ以降、アメリカはテロとの戦いに突入し、それは現在も続いている。そしてこのテロとの戦いの最前線に立つのが、国防総省（ペンタゴン）を中心とする米軍と中央情報庁（ＣＩＡ）なのである。本書は主にＣＩＡに焦点を当て、二〇〇一年以降、ＣＩＡがテロとの戦いと銘打って世界各国で何を行ってきたのかを、膨大なインタビューに基づいて詳細に描いている。原著（*The Way of the Knife*）は二〇一三年にアメリカで出版されると同時に大きな反響を呼び、各新聞、雑誌で絶賛された。アメリカ版アマゾンのレビューを見てもかなりの高評価であり、一般にも広く読まれていることがよくわかる。

ただ原書はアメリカ人読者を対象としており、ＣＩＡに関する知識がないとやや読みにくいため、ここで補足説明しておきたい。そもそもＣＩＡは対外情報機関として一九四七年に設置されているが、その任務はアメリカの国家安全保障のため、国外でインテリジェンス

（諜報）活動を行うことである。東西冷戦中は数々の失敗を犯しながらも情報収集や分析の任務を遂行し、一九八九年の冷戦終結を導いた陰の立役者となった。しかし皮肉なことに、冷戦の終結によってソ連という敵がいなくなると、CIAは予算や人員の大幅な削減に直面することになる。官僚組織にとって予算の削減はもっとも有難くないことであるが、CIAは一九九〇年代に大幅な予算と人員の削減を強いられたのであった。この人員削減のため、多くの腕利きのオフィサー達はCIAを離れ、民間に流れていったのである。

冷戦後のCIAは、犯罪捜査や外国の民間企業を調査するような任務を請け負いながらも何とか生き延びた。そして二〇〇一年にあの九・一一同時多発テロが勃発することで、CIAは再び政権から熱い眼差しを浴びるようになる。テロを受けて当時のブッシュ政権は即座にテロとの戦いが始まったことを宣言し、そのためにCIAを含むすべての情報機関に潤沢な予算と、過大ともいえる程の調査権限を与えたのである。テロからわずか四五日後の一〇月二六日には、有名な二〇〇一年米国愛国者法が成立している。この法律はテロという「戦時」に対応するために作られており、情報機関に大幅な調査権限の拡大を認めている。さらにCIAは一九七六年のフォード大統領による大統領行政命令によって暗殺行為を長らく禁じられていたが、そのような制限もテロとの戦いという大義名分の下でなし崩しにされていくことになる。つまり本書内でも繰り返し述べられているように、九・一一テロによってCIAは組織の絶頂を迎えることになったのである。

こうして予算と権限を与えられたCIAは、政権が命じるままに世界中でテロリストやその関係者を捕まえ、情報を集め出す。その手法は怪しい人物がいたらとりあえず拘束して収監するというほとんど誘拐に近いものであるが、これには「囚人特例引渡し」というもっともらしい名前が付けられた。そして拘束された容疑者たちは、悪名高いキューバのグアンタナモ湾収容キャンプを始めとする世界中の収監施設で尋問・拷問を受けることになる。ただし「拷問」という表現は忌避され、「特殊強化尋問（ＥＩＴ）」という曖昧な言葉が生み出される。こうして「ＥＩＴ」によって得られた情報は、ＣＩＡの工作部門に伝えられ、最終的にドローンによるテロリスト暗殺が実行されるのである。ここでも「暗殺」という言葉は使用されず、「標的殺害」という戦争中の軍事作戦を想起させるような言葉に置き換えられる。しかしその「軍事作戦」を行うのは、本来、文民のインテリジェンス組織であるＣＩＡなのだ。

他方、このようなＣＩＡの活動はペンタゴンを中心とする米軍との軋轢を呼び込むことになる。ドローンによる標的殺害はまさに軍事作戦であり、それを情報機関であるＣＩＡが行うとなれば当然、米軍、特に特殊作戦軍（ＳＯＣＯＭ）との縄張り争いに発展する。ワシントンにおいてＣＩＡとペンタゴンの対立は先鋭化していき、両者間の争いは絶えなくなっていく。これに対抗して米軍の方は自らスパイ組織を立ち上げ、逆にＣＩＡの領域を侵そうとするのである。この経緯については本書内でも詳しく書かれているが、まさに「情報機関が戦争を行ない、軍事組織が現地のインテリジェンスを収集しようとしているのだ」という表現がぴったりである。

そしてアメリカ政府がテロとの戦いに莫大な資金を投じたことで、戦争は一大産業へと発展していく。これはまさに冷戦によって軍産複合体が発展した様相を彷彿とさせる。アメリカの民間企業のみならず、外国の企業までがこの恩恵に浴するために、戦争の片棒を担ぐようになる。その中にはかつてＣＩＡを去ってコンサルタント会社を立ち上げたデュエイン・〝デューイ〟・クラリッジや、女帝ミシェル・〝アミーラ〟・バラリンなど、海千山千の人物が含まれている。もはや戦争の最前線では米軍、ＣＩＡに加え、民間企業の社員が代理戦争を行う時代となったのである。本書の冒頭で登場するレイモンド・デイヴィスはパキスタン国内で非合法活動を行い、それが基となって収監されているが、彼はただのＣＩＡの契約社員に過ぎないのである。また軍の方もＣＩＡに負けじとＵターンのようなＩＴ企業に依頼してネット上での心理作戦を実施しているが、これは逆にＣＩＡの逆鱗に触れることになる。

　このような世界各地におけるＣＩＡや米軍の活動は、その後、二〇一一年五月のウサマ・ビンラディンの殺害へと結実していく。このくだりについては二〇一二年の米映画『ゼロ・ダーク・サーティ』でも描かれているが、本書ではＣＩＡがどのようにビンラディンの居所を特定し、殺害作戦を実行したのかが詳細に描かれている。特に映画ではほとんど触れられなかった、パキスタン人医師、シャキル・アフリディについてはあまり知られることがなかったが、彼はビンラディンの居場所を特定するための情報をＣＩＡにもたらしている。この情報に基づき、米海軍の特殊部隊シールズが「海神の槍（Operation Neptune Spear)」と命名されたビンラディン殺害作戦を実行しているが、この作戦はパキスタン政府に無通告で行われたため、ＣＩＡとパキスタン情報機関との関係は決裂し、アフリディ医師の方も逮捕される結末となった。

このようにＣＩＡが行ってきた様々な活動は、最終的にビンラディンの殺害として結実し、アメリカ本土も九・一一以降は大規模なテロ攻撃を免れているため、ＣＩＡの活動もあながち無駄ではなかったともいえる。レオン・パネッタ元ＣＩＡ長官は、二〇一五年の『ニューヨーク・タイムズ』紙のインタビューにおいて、この一四年間はＣＩＡの勝利であったと誇らしげに語っているのである。ただし現在もドローンによるテロリストの殺害は行われており、それに巻き込まれた民間人の犠牲も決して少なくはない。一説にはパキスタンだけでもこれまで四〇〇回を超えるドローン攻撃が実施されて数千名が死亡し、一般市民の巻き添えは一〇〇〇名を下らないとも言われている。二〇一五年一〇月三日にはアフガニスタンで国境なき医師団の病院が誤爆されるに至った。

その後、ドナルド・トランプ氏が第四五代米国大統領として就任したが、氏は選挙活動中からＣＩＡをナチス呼ばわりしており、政権とＣＩＡの関係はぎくしゃくしている。そしてトランプ政権のキーパーソンがロシア政府と裏で連絡を取り合っていたとする、いわゆる「ロシア・ゲート」問題が顕在化すると、連邦捜査局（ＦＢＩ）だけでなく、ＣＩＡも政権との対決姿勢を強めた。前ＣＩＡ長官ジョン・ブレナン氏は、議会下院情報委員会において、「ロシア・ゲート」は捜査するに値する根拠があると証言している。これに対してトランプ大統領は、新たな長官にマイク・ポンペオ氏を任命し、ＣＩＡをコントロール下に置こうとしているが、氏の前職は共和党下院議員であり、インテリジェンスの経験は皆無だ。このような人選に対するCIAの反発は根強く、今のところ、トランプ政権とCIA間のしこりは残ったままである。

しかしながら政権と情報機関の間にこのような対立が存在することは、アメリカ、そして世界にとってもあまり良い結果をもたらさないだろう。

現在も世界中でテロとの戦いは続いており、その主戦場は中央アジアからイスラム国（ISIL）が跋扈するイラク、シリアにまで拡大しつつある。これに対してISIL側は、ロンドン、パリ、イスタンブール、ジャカルタなど世界各地で無差別テロを引き起こし続けている。二〇一六年七月にはバングラディシュの首都ダッカでもISILによるテロが引き起こされ、日本人七名を含む二三名が犠牲となったことは我々にも衝撃を与えた。世界で最もテロ対策が進んでいる英国ですら国内で頻発するテロを抑止できない状況であり、まだしばらく世界はテロの脅威におびえることになるのであろう。

本書の著者、マーク・マゼッティ氏はアメリカ出身のジャーナリストで、『エコノミスト』誌や『ロサンゼルス・タイムズ』紙で政治記者として安全保障問題を中心に取材を行ってきた経歴を持つ。その間イラクやパキスタンでも取材活動を行い、そこでCIAの秘密活動に触れたようである。二〇〇八年には「囚人特例引渡し」の実態を世に知らしめ、ピュリッツァー賞の最終候補にまで残り、翌年にはパキスタンとアフガニスタンからの現地取材報告によって、仲間のジャーナリストと栄えあるピュリッツァー賞を共同受賞している。さらに二〇一六年四月一〇日に本書内にたびたび名前の挙がっていたクラリッジ氏が死去すると、マゼッティ氏は早速『ニューヨーク・タイムズ』紙に追悼の記事を寄稿し、さらに二〇一七年七月には、かつてパキスタンで逮捕されたレイモンド・デイヴィスとの単独インタビューを行うなど、現在もＣＩＡに対する取材の最前線で活躍している様子が窺える。

本書を一読すれば判るように、氏はＣＩＡやペンタゴンに対しては辛辣な姿勢を崩さない。現在でもアメリカ世論の過半数がテロとの戦いを手放しで支持している現状に鑑みれば、マゼッティ氏のようにあえて政権を批判する人物もまた必要になってくる。既述したようにアメリカはテロとの戦いに莫大な税金を投入しており、その使い途が果たして費用対効果に見合うものかどうかについてはほとんど議論されていない。ＣＩＡをはじめとするアメリカの情報機関は、通常、行政府の監督下に置かれた上、立法府からは厳格な監視を受けている。しかし場合によっては両者が上手く機能しないこともある。その時、最後の砦となるのが良識あるジャーナリズムであることは言を俟たないであろう。

もちろんマゼッティ氏だけが孤軍奮闘しているというわけではなく、本書執筆の動機や資料的な裏付けなどについては、「ウィキリークス」などの告発サイトによるところも大きい。同サイトはアメリカ政府の極秘資料をネット上で暴露しており、二〇一五年七月にはアメリカの情報機関が日本の官公庁や民間企業の通信を秘密裏に傍受していたことも明らかにしている。さらには二〇一三年のスノーデン事件以降、イギリスの『ガーディアン』紙やドイツの『デア・シュピーゲル』誌などは、九・一一テロ以降のアメリカのインテリジェンス活動が行き過ぎではないかと度々指摘してきた。こうしてマゼッティ氏を始めとする世界中のジャーナリストによる調査は、アメリカ連邦議会にも影響を与え、その結果二〇一四年末にはCIAが行ってきた「囚人特例引渡し」や「特殊強化尋問」に関する議会報告書が作成されて話題となった。そして翌年には、情報機関の活動に一定の制限をかけるような法律が米議会で可決されるに至ったのである。

現在、氏は『ニューヨーク・タイムズ』紙のワシントン調査チームの一員として、トランプ政権への取材に注力している。トランプ大統領から「偽ニュース」と繰り返し批判された同紙は政権との対決姿勢を鮮明にしており、その先鋒となっているのが同チームなのである。特に「ロシア・ゲート」問題に対する追及は鋭く、同紙の報道がきっかけで、国家安全保障問題担当大統領補佐官、マイケル・フリン氏が辞任するに至った。同チームはさらに大統領が前FBI長官、ジェームズ・コミー氏に政権への捜査を控えるよう圧力をかけた問題も連日取りあげており、この取材においては安全保障とインテリジェンス問題が専門である、マゼッティ氏の手腕が遺憾なく発揮されている。つまり氏は現在、トランプ政権追及の最前線に立っており、今後の政権との対決が注目される。

二〇一七年七月

原　注

プロローグ　彼方の戦争

1 ラホール警察によるレイモンド・デイヴィスの尋問のようすは、携帯電話で撮影された動画から取得。動画は次のサイトから閲覧可能。www.youtube.com/watch?v=o10sPS6QPXk.〔現在はリンク無効〕

2 Mark Mazzetti et al., "American Held in Pakistan Worked With CIA," *The New York Times* (February 21, 2011).

3 バラク・オバマ大統領による2011年2月15日付の記者会見。

4 著者によるアメリカの当局者２人へのインタビュー。

5 ＯＳＳについてのこの人物の考えは、次の著書から引用。Douglas Waller, *Wild Bill Donovan: The Spymaster Who Created the OSS and Modern American Espionage* (New York: Free Press, 2011): 188–189.

6 サー・リチャード・ディアラヴのＣＩＡ本部出張時の詳細は、プレデター攻撃時にディアラヴの隣に立っていた元ＣＩＡ高官、ロス・ニューランドから取得。

第１章　殺害許可

1 駐パキスタン米国大使ウェンディ・チェンバリンから国務省宛ての2001年9月14日付秘密公電。この公電は機密解除され、のちに国家安全保障アーカイヴによって公開された。

2 ホワイトハウスのシチュエーションルームで行なわれたＣＩＡのプレゼンテーションは、このときの会議の出席者と、ここでの出来事を直接知っているもうひとりのアメリカの元当局者から取得。

3 Jose A. Rodriguez Jr., *Hard Measures: How Aggressive CIA Actions After 9/11 Saved Lives* (New York: Threshold Editions, 2012): 75.

4 George J. Tenet, *At the Center of the Storm* (New York: HarperCollins, 2007): 165.

5 コーファー・ブラックへのインタビュー。*60 Minutes*, May 13, 2012.

6 Bob Woodward, *Bush at War*（『ブッシュの戦争』）(New York : Simon & Schuster, 2002): 52

7 このアイデアは次の論文で深く掘り下げられている。Philip Zelikow, "Codes of Conduct for a Twilight War," *Houston Law Review* (April16, 2012)

8 "Intelligence Policy," National Commission on Terrorism Attacks Upon the United States, 9/11 Commission Staff Statement No. 7 (2004).

9 ブラックとパヴィットはほとんど話をしなかった。複数の元ＣＩＡ当局者によ

ると、2002年初めにはブラックはホワイトハウスでもてはやされており、マクリーンの上司を無視して「俺は大統領の下で働いている」とたびたび発言していた。ブラックは国務省に勤務したのち、ブラックウォーターＵＳＡの上級管理職についた。

10 Rodriguez Jr., 20.

11 David Wise, "A Not So Secret Mission," *Los Angeles Times* (August 26, 2007).

12 David Johnston, and Mark Mazzetti, "A Window into CIA's Embrace of Secret Jails," *The New York Times* (August 12, 2009).

13 ザワル・キリ掃討作戦の詳細は2002年７月、ネイビーシールズの任務の資料から取得。タイトルは次のとおり。"The Zhawar Kili Cave Complex: Task Force K-Bar and the Exploitation of AQ008, Paktika Province, Afghanistan."

14 ハザル・カダム作戦の詳細は、アメリカ特殊作戦軍の急襲に関する内部資料と、カンダハル駐在の特殊作戦タスクフォースのメンバーへのインタビューから取得。

15 ジョージ・テネット宛てのドナルド・Ｈ・ラムズフェルドのメモ。"JIFT-CT." September 26, 2001.

16 Donald H. Rumsfeld, "Memorandum for the President," September 30, 2001.

17 ムラー・ハイルワの追跡と捕獲の詳細は、アメリカ特殊作戦コマンドの機密資料と、カンダハル駐在の特殊作戦タスクフォースのメンバーへのインタビューから取得。

18 アメリカ南方軍司令官宛ての2008年３月６日付のメモ。"Recommendation for Continued Detention Under DoD Control for Guantánamo Detainee, ISNUS9AF-000579DP(S)." 次のサイトから閲覧可能。http://projects.nytimes.com/guantanamo/detainees/579-khirullah-said-wali-khairkhwa.

第２章　スパイ同士の結婚

1 マフムード・アフマドからリチャード・アーミテージ宛て。"Deputy Secretary Armitage's Meeting with Pakistan Intel Chief Mahmud: You're Either with Us or You're Not," 国務省公電、September 12, 2001. この文書と本章で引用した複数の文書は機密解除され、国家安全保障アーカイヴによって2011年９月11日に公開された。

2 ドナルド・ラムズフェルドからジョージ・Ｗ・ブッシュ宛て。"Memorandum for the President: My Visits to Saudi Arabia, Oman, Egypt, Uzbekistan, and Turkey," (October 6, 2001).

3 イスラマバードの米国大使館から米国務長官宛て公電。"Usama bin Ladin: Pakistan seems to be leaning against being helpful," 国務省公電、December 18, 1998.

4 John R. Schmidt, *The Unraveling: Pakistan in the Age of Jihad* (New York: Farrar, Straus and Giroux, 2011): 109.

5 著者によるシャウカット・カディールへのインタビュー。

6 著者によるポーター・ゴスへのインタビュー。

7 リチャード・アーミテージとマフムード・アフマドとの会談の詳細を伝える国務省の秘密公電。"Deputy Secretary Armitage's Meeting with Pakistan Intel Chief Mahmud," September 12, 2001.

8 米国務省からイスラマバードの米国大使館宛ての公電。"Deputy Secretary Armitage's Meeting with General Mahmud: Actions and Support Expected of Pakistan in Fight Against Terrorism," September 13, 2001.

9 Pervez Musharraf, *In the Line of Fire* (New York: Simon & Schuster, 2006): 206.

10 Ibid., 202.

11 パルヴェーズ・ムシャラフによる 2001 年 9 月 19 日のスピーチの英訳文。

12 イスラマバードの米国大使館から米国務省宛ての公電。"Mahmud Plans 2nd Mission to Afghanistan," 国務省公電、September 24, 2001.

13 John F. Burns, "Adding Demands, Afghan Leaders Show Little Willingness to Give Up Bin Laden," *The New York Times* (September 19, 2001).

14 George J. Tenet, *At the Center of the Storm* (New York: HarperCollins, 2007): 140–141.

15 Henry A. Crumpton, *The Art of Intelligence: Lessons from a Life in the CIA's Clandestine Service* (New York: Penguin Press, 2012): 194.

16 米国務省からイスラマバードの米国大使館宛ての公電。"Message to Taliban," 国務省公電、October 5, 2001.

17 コリン・L・パウエルからジョージ・W・ブッシュ大統領宛て。"Memorandum to the President: Your Meeting with Pakistan President Musharraf," November 5, 2001.

18 著者によるエサン・ウル・ハクへのインタビュー。

19 ＩＳＩ公電の詳細については、ＩＳＩの分析を読んだ元パキスタン政府高官から取得。

20 著者によるアサド・デュラニへのインタビュー。

21 会話の内容については、著者によるエサン・ウル・ハクへのインタビューより。

22 Ibid.

23 チャーチルの派遣についてはのちに処女作にまとめられた。Winston Churchill, *The Story of the Malakand Field Force: An Episode of Frontier War* (New York: W. W. Norton, 1989).

24 Mark Mazzetti and David Rohde, "Amid U.S. Policy Disputes, Qaeda Grows in Pakistan," *The New York Times* (June 30, 2008).

25 Christina Lamb, "Bin Laden Hunt in Pakistan Is 'Pointless'," *London Sunday Times* (January 23, 2005).

26 著者によるアサド・ムニールへのインタビュー。

27 Ibid.

28 ジャザイリーがイギリスの情報提供者だったという情報は、グアンタナモ湾での尋問によって得られた背景情報をまとめた調査書をもとにしている。この調査書はウィキリークスが公開した文書に含まれており、次のサイトで閲覧可能。www.guardian.co.uk/world/guantanamo-files/PK9AG-001452DP〔現在はリンク無効〕

第３章　暗殺部隊

1 "National Security Act of 1947," United States Congress, July 26, 1947. 1947年国家安全保障法は、50 U.S.C, Chapter 15, Subchapter I § 403-4aとして成文化された。ＣＩＡに関するトルーマン大統領の見解は次の著書で言及されている。Tim Weiner, *Legacy of Ashes: The History of the CIA*（『ＣＩＡ秘録』）(Maine: Anchor, 2008): 3.

2 Richard H. Schultz Jr., *The Secret War Against Hanoi* (New York: HarperCollins, 1999): 337.

3 Douglas Waller, *Wild Bill Donovan: The Spymaster Who Created the OSS and Modern American Espionage* (New York: Free Press, 2011): 316.

4 L. Britt Snider, *The Agency and the Hill: CIA's Relationship with Congress 1946–2004* (CreateSpace, 2008): 275.

5 United States Senate, "Final Report of the Select Committee to Study Governmental Operations with Respect to Intelligence Activities," April 26, 1976.

6 Ibid.

7 著者によるロス・ニューランドへのインタビュー。

8 T. Rees Shapiro, "Nestor D. Sanchez, 83; CIA Official Led Latin American Division," *Washington Post* (January 26, 2011).

9 Duane R. Clarridge with Digby Diehl, *A Spy for All Seasons* (New York: Scribner, 1997): 23–39.

10 Ibid., 26.

11 ＣＮＮによるデュエイン・クラリッジへの1999年のインタビューが国家安全保障アーカイヴに保存されている。

12 Richard N. Gardner, *Mission Italy: On the Front Lines of the Cold War* (Maryland: Rowman & Littlefield, 2005): 291.

13 Clarridge with Diehl, 197.

14 Ibid., 234.

15 Richard A. Best Jr., "Covert Action: Legislative Background and Possible Policy Questions," *Congressional Research Service* (December 27, 2011). "Casey Accords" として知られる制約は1986年に署名された。しかし、イランへの極秘のミサイル輸送を許可した秘密の事実認定にレーガン大統領が署名した数カ月後のことだったため、すでに手遅れだった。

16 Robert Chesney, "Military-Intelligence Convergence and the Law of the Title 10/Title 50 Debate," *Journal of National Security Law and Policy* (2012). ＣＩＡとペンタゴンの業務の根底にある法律と、9.11同時多発テロ以降、兵士とスパイの業務区分が次第に曖昧になった経緯について論じた優れた研究である。

17 Joseph Persico, *Casey: From the OSS to the CIA* (New York: Penguin, 1995): 429.

18 Timothy Naftali, *Blind Spot: The Secret History of American Counterterrorism* (New York: Basic Books, 2005): 152.

19 Ibid., 150.

20「ケイシーは、世界中で起きるテロの背後には邪悪なソ連がいると信じてＣＩＡにやってきた」と工作担当官のヴィンセント・カニストラーロは言った。この論理をもとにすると、モスクワはいつでも好きなときに電話一本でテロ攻撃の回数を増やせることになる、とカニストラーロはあるインタビューで答えている。

21 Naftali, 180. テロリズムの暴力に関するケイシーの観点について、のちにテロ対策センター副長になるフレッド・ターコが述べていることを、ナフタリは引用している。

22 ケイシーはテロ対策として「何かしろ」とホワイトハウスから圧力をかけられていた。そこでクラリッジにＣＩＡの秘密戦略を新たに考案するよう指示した。クラリッジはいつもながらできるだけ裁量を増やしたかった。そこで新しい法的権限を要求し、世界的なテロリスト狩りと、テロリストによる猛攻を防ぐという目的にかなう場合はテロリストの殺害も認められたチームをふたつ作れるようにはからった。ひとつは中東の都市部で市場や人込みに簡単に溶け込める外国人、もうひとつはアメリカ人で構成する。チーム員は外国語の習熟度、武器を扱う能力、その他の特殊能力をもとに選ばれた。アフリカの内乱で戦った経験をもつ傭兵もいれば、元ネイビーシールズもいた。次の著書を参照。Steve Coll, *Ghost Wars: The Secret History of the CIA, Afghanistan and Bin Laden, from the Soviet Invasion to September 10, 2001*（『アフガン諜報戦争――ＣＩＡの見えざる闘い　ソ連侵攻から9.11前夜まで』）(New York: Penguin Press, 2005): 139–140; Clarridge with Diehl, *A Spy for All Seasons* (New York: Scribner, 1997): 325 and 327.

23 Naftali, 183.

24 Ibid., 199–200.

25 著者によるアメリカの情報当局高官へのインタビュー。

26 2012年9月13日、ジョージ・メイソン大学でのR・ジェイムズ・ウルジーの公式な発言。

27 Intelligence Oversight Board, "Report on the Guatemala Review," June 28, 1996.

28 著者によるデニス・ブレアへのインタビュー。

29 Ibid.

第4章　ラムズフェルドのスパイ

1 Frank C. Carlucci, "Memorandum to the Deputy Under Secretary for Policy Richard Stillwell," Washington, D.C., May 26, 1982, 情報公開法の下、国家安全保障アーカイヴからの公開請求に基づいて2001年に機密解除された。本章で参照したほかの機密文書は、国家安全保障アーカイヴのジェフリー・T・リチェルソンとバーバラ・エライアスが編纂した。本章には次の文書も欠かせなかった。Robert Chesney, "Military- Intelligence Convergence and the Law of the Title 10/ Title 50 Debate," *Journal of National Security Law and Policy* (2012).

2 Donald H. Rumsfeld, "SECRET Memo to Joint Chiefs Chairman General Richard Meyers," October 17, 2001.

3 著者によるロバート・アンドルーズへのインタビュー。 次の著書も参照。Rowan Scarborough, *Rumsfeld's War: The Untold Story of America's Anti-Terrorist Commander* (District of Columbia: Regnery, 2004): 8–10.

4 著者によるトーマス・オコンネルへのインタビュー。

5 Richard H. Shultz Jr., *The Secret War Against Hanoi: Kennedy's and Johnson's Use of Spies, Saboteurs, and Covert Warriors in North Vietnam* (New York: HarperCollins, 1999): ix.

6 著者によるロバート・アンドルーズへのインタビュー。

7 Donald H. Rumsfeld, *Known and Unknown: A Memoir*（『真珠湾からバグダッドへ』）(New York: Sentinel, 2011): 392.

8 Mark Bowden, *Guests of the Ayatollah: The Iran Hostage Crisis: The First Battle in America's War with Militant Islam*（『ホメイニ師の賓客：イラン米大使館占拠事件と果てなき相克』）(New York: Grove Press, 2006): 122. 作戦開始前、ＣＩＡは幸運に見舞われ、ひとつ成果をあげた。テヘラン発の飛行機に搭乗したＣＩＡ担当官の隣に、最近までアメリカ大使館内で働いていたパキスタン人料理人がたまたま座ったのだ。料理人は、人質はみな、大使館内の同じ場所に囚われているという貴重な情報を提供してくれた。

9 Lt. Gen. Philip C. Gast, "Memorandum for Director, Defense Intelligence Agency," Washington, D.C., December 10, 1980.

10 Steven Emerson, *Secret Warriors: Inside the Covert Military Operations of the Reagan Era*（『秘密工作者たち』）(New York: Putnam, 1988): 39.

11 これらの作戦のなかでもっとも重要な役割を果たしたのはタスクフォース157と呼ばれる海軍の秘密部隊である。タスクフォース157のスパイは、豪華ヨットに仕立てた電子傍受用船舶からなる艦隊を使い、パナマ海峡の開口部やジブラルタル海峡内、その他の海の「要衝」に陣取り、ソ連の船を追跡した。この部隊の業務をペンタゴンが公の場で論じたことは一度もない。1973年、議会で証言した海軍作戦副部長は、「海軍の人的情報収集プログラムが重要な地域での作戦を拡大している」ことについて、曖昧に触れただけだ。デューイ・クラリッジはＣＩＡイスタンブール支局長時代に、ボスポラス海峡の船の通行を監視していたタスクフォース157と仕事をしたことがある。タスクフォース157の解説については以下を参照。Jeffrey T. Richelson, "Truth Conquers All Chains: The U.S. Army Intelligence Support Activity, 1981–1989," *International Journal of Intelligence and Counterintelligence* 12, no. 2 (1999).

12 Ibid., 171.

13 Ibid., 172.

14 Emerson, 78.

15 Ibid., 79.

16 Seymour H. Hersh, "Who's In Charge Here?" *The New York Times* (November 22, 1987).

17 Emerson, 81.

18 Frank C. Carlucci, "Memorandum to the Deputy Under Secretary for Policy Richard Stillwell."

19 次の書籍より引用。 Tim Weiner, *Legacy of Ashes: The History of the CIA*（『ＣＩＡ秘録』）(New York: Doubleday, 2007): 454.

20 Duane R. Clarridge with Digby Diehl, *A Spy for All Seasons: My Life in the CIA* (New York: Scribner, 2002): 229.

21 著者によるロバート・アンドルーズへのインタビュー。

22 厳密に言えばどの政府機関が秘密活動をしてもよいのだが、一般にＣＩＡの特権として認められてきた。米国政府が公式には否定している任務を実行する能力はＣＩＡのほうが高いと思われていたからだ。

23 Jennifer D. Kibbe, "The Rise of the Shadow Warriors," *Foreign Affairs* (March/April 2004).

24 Bradley Graham, *By His Own Rules: The Ambitions, Successes, and Ultimate Failures of Donald Rumsfeld* (New York: Public Affairs, 2009): 584.

25 著者によるトーマス・オコンネルへのインタビュー。

26 Graham, 585.

27 Ibid.

28 Thomas W. O'Connell, "9/11 Commission Recommendation for Consolidated

Paramilitary Activities," August 30, 2004.
29 Stephen A. Cambone, "Memorandum for Secretary of Defense," September 30, 2004.
30 著者によるエドワード・ネームへのインタビュー。

第5章　怒れる鳥

1 アメリカの部隊のイエメン配備はドナルド・ラムズフェルドと統合参謀本部議長のリチャード・マイヤーズ大将が署名した「実施命令」によって許可された。この実施命令は、著者が入手した機密扱いの次の文書で論じられている。CENTCOM chronology of operations September 11, 2001–July 10, 2002.
2 サレハとの会合のようすは、アメリカの元高官から取得。
3 James Bamford, "He's in the Backseat!" *The Atlantic* (April 2006).
4 Rowan Scarborough, *Rumsfeld's War: The Untold Story of America's Anti-Terrorist Commander* (Washington, D.C.: Regnery, 2004): 25 と、Michael Smith, *Killer Elite*（『キラー・エリート　極秘諜報部隊ＩＳＡ』）(Great Britain: Weidenfeld and Nicolson, 2006): 237.
5 Bamford, "He's in the Backseat!"
6 "U.S. Missile Strike Kills al Qaeda Chief," *CNN World* (November 5, 2002).
7 "Intelligence Policy," National Commission on Terrorism Attacks Upon the United States, 9/11 Commission Staff Statement No. 7 (2004).
8 Ibid. 委員会の発表は「元テロ対策センター長」がビンラディン殺害命令を拒んだだろうと発言した、とだけ述べている。委員会のメンバーのひとりが、このセンター長はジェフ・オコンネルだと特定した。
9 "The 9-11 Commission Report: National Commission on Terrorist Attacks Upon the United States," (2004).
10 著者によるリチャード・クラークへのインタビュー。
11 Ibid. 著者による元ＣＩＡ高官へのインタビュー。
12 2012 年 9 月 13 日、ジョージ・メイソン大学でのＲ・ジェイムズ・ウルジーの公式な発言。
13 Ibid.
14 著者によるカート・ホーズへのインタビュー。
15 1999 年のブリーのアフガニスタン出張の詳細については次の著書を参照。ブリーはどちらの著書にも「リッチ」としてしか登場しない。Henry Crumpton, *The Art of Intelligence*、Steve Coll, *Ghost Wars: The Secret History of the CIA, Afghanistan, and Bin Laden, from the Soviet Invasion to September 10, 2001*（『アフガン諜報戦争――ＣＩＡの見えざる闘い　ソ連侵攻から 9.11 前夜まで』）。

16 James Risen, "David H. Blee, 83, CIA Spy Who Revised Defector Policy," *The New York Times* (August 17, 2000).
17 著者によるリチャード・クラークへのインタビュー。
18 著者によるクリントン政権時代のホワイトハウス当局者へのインタビュー。
19 Crumpton, *The Art of Intelligence*, 154.
20 著者によるカート・ホーズへのインタビュー。
21 Richard Whittle, "Predator's Big Safari," Mitchell Institute for Airpower Studies, Paper 7 (August 2011).
22 著者によるカート・ホーズへのインタビュー。
23 Air Force Press Release, February 27, 2001. 次のサイトで閲覧可能。www.fas.org/irp/program/collect/docs/man-ipc-predator-010228.htm.〔現在はリンク無効〕
24 Jane Mayer, "The Predator War," *The New Yorker*, October 26, 2009.
25 National Commission on Terrorist Attacks Upon the United States, "9-11 Commission Report," (2004).
26 著者によるロス・ニューランドへのインタビュー。
27 著者によるアメリカの元高官へのインタビュー。

第6章　真のパシュトゥーン人

1 Zahid Hussain, *The Scorpion's Tail* (New York: Free Press, 2010): 73.
2 Shaukat Qadir, "Understanding the Insurgency in FATA." 次のサイトで閲覧可能。http://shaukatqadir.info/pdfs/FATA.pdf.
3 Muhammad I. Khan, "Nek Muhammad Wazir," *The Herald* (September 16, 2005).
4 Syed Saleem Shahzad, "The Legacy of Nek Mohammed," *Asia Times Online* (July 20, 2004).
5 Christine C. Fair and Seth Jones, "Pakistan's War Within," *Survival* 51, no. 6 (December 2009–January 2010): 168.
6 Ibid., 169.
7 Hussain, *The Scorpion's Tail*, 71.
8 "Making Deals with the Militants," *Return of the Taliban* の第４部 , PBS *Frontline*, October 3, 2006.
9 Ibid.
10 Iqbal Khattak, "I Did Not Surrender to the Military," *Friday Times* (April 30–May 6, 2004).
11 著者によるアサド・ムニールへのインタビュー。
12 Dilawar K. Wazir, "Top Militant Vows to Continue Jihad," *Dawn* (April 26, 2004).
13 著者による元ＣＩＡイスラマバード支局長へのインタビュー。
14 著者によるアメリカの元情報当局高官へのインタビュー。

15 Hussain, *The Scorpion's Tail*, 73.

16 Syed Shoaib Hasan, "Rise of Pakistan's Quiet Man," *BBC News* (June 17, 2009).

17 著者による元ＣＩＡ当局者へのインタビュー。

18 Major Ashfaq Parvez Kayani, "Strengths and Weaknesses of the Afghan Resistance Movement." フォート・レブンワースにあるアメリカ陸軍指揮幕僚大学の軍事技術・科学修士課程におけるキアニの修士論文、1988年。

19 キアニの論文の最終節、「政治的解決」と題する節は、「ソ連」を「アメリカ」に、「モスクワ」を「ワシントン」に置き換えるととくに問題が浮き彫りになる。「ソ連がアフガニスタンそのものについて喜んで交渉することはないだろう。しかし、そこにプレゼンスがあることが取引材料、あるいはパッケージ取引の一部となり、ほかの地域での譲歩を引き出す力になると思われる。そうなるとモスクワにとっての主たる問題は、ソ連軍なしではアフガン体制が存続できないことだろう。論理的に考えれば、アフガン政府に対して影響力をもちつづけることが保証されれば、ソ連は譲歩に応じるだろう。彼らが納得できると思われる範囲は、ＡＲＭがカブールの中央政府と協力するにしても、あくまで弱小パートナーとして参加する場合である」

第７章 曖昧（あいまい）化する任務

1 アルカイダの会合にまつわる出来事やパキスタンでの軍事作戦の計画については４人の元ＣＩＡ担当官から取得。

2 Peter L. Bergen, *Manhunt: The Ten-Year Search for Bin Laden—from 9/11 to Abbottabad* (New York: Crown, 2012): 160.

3 著者によるＣＩＡ元イスラマバード支局長へのインタビュー。

4 ジョン・リッツォ宛てのスティーヴン・ブラッドベリのメモ。May 30, 2005.

5 CIA Inspector General, "Special Review: Counterterrorism Detention and Interrogation Activities (September 2001–October 2003)," May 7, 2004, 102.

6 David Johnston and Mark Mazzetti, "A Window into CIA's Embrace of Secret Jails," *The New York Times* (August 12, 2009).

7 Ibid.

8 著者によるブッシュ政権高官へのインタビュー。

9 CIA Inspector General, "Special Review: Counterterrorism Detention and Interrogation Activities (September 2001–October 2003)," 101.

10 著者による退官したＣＩＡ担当官２人へのインタビュー。

11 Henry A. Crumpton, *The Art of Intelligence: Lessons from a Life in the CIA's Clandestine Service* (New York: Penguin, 2012): 173.

12 暗殺プログラムでブラックウォーターが果たした役割の詳細については、３人の元ＣＩＡ当局者から取得。次も参照。Adam Ciralsky, "Tycoon, Contractor,

Soldier, Spy," *Vanity Fair* (January 2010).

13 著者による元ＣＩＡ高官２人へのインタビュー。

14 Ciralsky.

15 著者による元ＣＩＡ当局者２人へのインタビュー。

16 上院軍事委員会の調査で公開されたエンリケ・プラドの 2007 年 10 月付のＥメール。

17 Ciralsky.

18 Ibid.

19 Jose A. Rodriguez Jr., *Hard Measures: How Aggressive CIA Actions After 9/11 Saved Lives* (New York: Threshold Editions, 2012): 194.

20 ハドリーとゴスのやりとりの詳細は、元ＣＩＡ当局者２人とブッシュ政権時代のホワイトハウス当局者１人から取得。

21 アンドルー・カードとの会合に出席したＣＩＡ担当官３人が、会議室でのようすを説明してくれた。

22 Dana Priest and Ann Scott Tyson, "Bin Laden Trail 'Stone Cold,'" *The Washington Post* (September 10, 2006). 次も参照。Wayne Downing, "Special Operations Forces Assessment," (Memorandum for Secretary of Defense, Chairman Joint Chiefs of Staff, November 9, 2005).

23 Stanley A. McChrystal, "It Takes a Network," *Foreign Policy* (March/April 2011).

24 Dana Priest and William M. Arkin, "'Top Secret America': A Look at the Military's Joint Special Operations Command," *The Washington Post* (September 2, 2011).

25 Downing.

26 Ibid.

27 著者による元ペンタゴン高官２人と退官したＣＩＡ担当官１人へのインタビュー。

28 ＣＩＡとペンタゴンの交渉の詳細は、著者による元ＣＩＡ担当官２人とロバート・アンドルーズへのインタビューより。

29 フィリピンでのミサイル攻撃の情報は現役・引退を含むＣＩＡ担当官４人から取得。

30 著者による、監視任務に参加した軍高官へのインタビュー。

31 2006 年のダマドラ作戦に関する情報は、元ＣＩＡ担当官２人から取得。

第８章　代理戦争

1 著者によるＣＩＡ、国務省、議会の当局者へのインタビュー。次も参照。Mark Mazzetti, "Efforts by CIA Fail in Somalia, Officials Charge," *The New York Times* (June 8, 2006).

2 Director of National Intelligence, "Trends in Global Terrorism: Implications for the

United States," (declassified key judgments of the National Intelligence Estimate, April 2006).

3 Robert Worth, "Is Yemen the Next Afghanistan?" *The New York Times* (July 6, 2010).

4 インターポールの公示は次から引用した。Bill Roggio, "Al Qaeda Jailbreak in Yemen," *Long War Journal* (February 8, 2006).

5 David H. Shinn, "Al Qaeda in East Africa and the Horn," *The Journal of Conflict Studies* 27, no. 1 (2007).

6 Bronwyn Bruton, "Somalia: A New Approach," *Council on Foreign Relations*, Council Special Report no. 52 (March 2010): 7.

7 著者による元ＣＩＡ高官３人へのインタビュー。

8 Clint Watts, Jacob Shapiro, and Vahid Brown, "Al-Qa'ida' s (Mis)Adventures in the Horn of Africa," Harmony Project Combating Terrorism Center at West Point, July 2, 2007, 19-21.

9 著者による国務省と議会の当局者へのインタビューで、ナイロビの公電について取得。

10 タンザニアの米国大使館から国務省宛ての公電。"CT in Horn of Africa: Results and Recommendations from May 23-24 RSI," July 3, 2006.

11 "Miscellaneous Monongalia County, West Virginia Obituaries: Edward Robert Golden," Genealogybuff.com. 次も参照。Edgar Simpson, "Candidates Promise to Liven Last Days Before Election," *The Charleston Gazette* (October 26, 1986).

12 United Press International, "Braille Playboy Criticized," September 27, 1986. 次も参照。"Debate with Stand-In Short in Fayetteville," *The Charleston Gazette* (August 19, 1986).

13 Ellen Gamerman, "To know if you' re anybody, check the list: In Washington, the snobby old Green Book is relished as a throwback to less-tacky times," *The Baltimore Sun* (October 22, 1997).

14 著者によるミシェル・バラリンへのインタビュー。

15 これらのＥメールは、最初にパトリック・スミスの評判の高いニュースレター *Africa Confidential* の2006年９月８日号で報じられた。2006年９月10日付のイギリスの *The Observer* にはさらなるＥメールの抜粋が含まれている。

16 Ibid.

17 Ibid.

18 著者によるブロンウィン・ブルトンへのインタビュー。

19 アビザイドのアジスアベバ出張の詳細は、当時米国大使館に駐在していたアメリカの当局者から取得。

20 United Nations Office for the Coordination of Humanitarian Affairs, "OCHA

Situation Report No. 1: Dire Dawa Floods-Ethiopia occurred on August 06, 2006," August 7, 2006.

21 ディレダワへの密輸の詳細は、作戦に参加した元軍当局者２人から取得。同じ人物がタスクフォース 88 の構成を説明してくれた。

22 Michael R. Gordon and Mark Mazzetti, "U.S. Used Base in Ethiopia to Hunt Al Qaeda," *The New York Times* (February 23, 2007).

23 Human Rights Watch, "So Much to Fear: War Crimes and the Devastation of Somalia," December 8, 2008. 次も参照。Bronwyn Bruton, "Somalia: A New Approach," 9.

第９章　基　地

1 本章中の南北ワジリスタンにおけるアート・ケラーの経験については、著者によるケラーへのインタビューから取得。

2 著者によるアート・ケラーへのインタビュー。

3 Amir Latif, "Pakistan' s Most Wanted," *Islam Online* (January 29, 2008).

4 Lisa Myers, "U.S. Posts Wrong Photo of 'al-Qaida Operative,'" *MSNBC* (January 26, 2006).

5 アフガニスタン駐在のＣＩＡ担当官とパキスタン駐在のＣＩＡ担当官のあいだでも対立が生まれていた。この争いは、抜け道の多い国境を挟んだ両国の敵意を反映していた。2005 年の大半を通じて、カブール支局長のグレッグはアフガニスタンで散発する暴力行為を報告し、部族地域から国境を越えてアフガニスタンに流入する民兵をパキスタンが制御できていないことを責めた。カブールのＣＩＡ担当官は、アフガニスタンの情報機関のアムルラ・サレハ長官から、これらの攻撃はパキスタンが共謀しているという警告も受け取っていた。サレハは北部同盟の元戦闘員で、パキスタンという国と、パキスタンがタリバンと歴史的につながりをもってきたことを軽蔑していた。グレッグはハミド・カルザイ大統領と特別に親しく、カルザイはグレッグを命の恩人と思っていた。2001 年、アメリカの侵攻が始まったばかりの頃、グレッグはアフガニスタンに派遣された特殊部隊に所属し、タリバンがしかけた爆弾に吹き飛ばされそうだったカルザイを助けたからだ。イスラマバード支局長のショーンは、グレッグとカルザイが親密なせいでアフガニスタンにおけるＣＩＡの分析にゆがみが生じたと考えた。そしてグレッグは「現地に溶け込みすぎ」、アフガニスタン側のインテリジェンスをもとにした、パキスタンがアフガニスタンに手を出しているという共謀説を鵜呑みにしていると責めた。ショーンはまた、ＣＩＡが訓練し、「対テロ追跡チーム」と名づけたアフガニスタン民兵組織とＪＳＯＣの双方がパキスタンの部族地域で秘密任務にあたるのは無用なリスクを冒すだけであり、ＣＩＡがパキスタンから追放される恐れがあると考えていた。あまりに

対抗意識が強まったため、ポーター・ゴスがあいだに入り、７月にカタールのアメリカ中央軍司令部にショーンとグレッグを呼び出して会議を開いた。ふたりを対面させ、敵対するＣＩＡ支局同士の緊張をやわらげようとしたのである。

6 Greg Miller, "At CIA, a Convert to Islam Leads the Terrorist Hunt," *The Washington Post* (March 24, 2012).

7 Earthquake Engineering Research Institute, "EERI Special Earthquake Report," February 2006.

8 統合参謀本部議長ピーター・ペース 2006 年３月 30 日付出張報告。

9 著者によるマイケル・ヘイデンへのインタビュー。

10 Jose A. Rodriguez Jr., *Hard Measures: How Aggressive CIA Actions After 9/11 Saved American Lives* (New York: Threshold Editions, 2012): 8.

11 密使のネットワークを追うときにヘイデンが「回り道」と述べた表現は次の著書から引用。Peter L. Bergen, *Manhunt: The Ten-Year Search for Bin Laden—from 9/11 to Abbottabad* (New York: Crown, 2012): 104.

12 Bergen, 100.

13 著者による現役・引退双方のアメリカ情報機関当局者５人とパキスタンの当局者１人へのインタビュー。

14 2008 年、ハッカニ・ネットワークが起こしたカブールのインド大使館爆破事件にＩＳＩ工作員が関与していたことを示す通信を、国家安全保障局が傍受した。その直後、パキスタンのアシフ・アリ・ザルダリ大統領はＩＳＩを「制御する」と約束した。前任者とちがい、ＩＳＩを使ってテロ組織との関係を強化するつもりはないと、アメリカ政府当局に請け合ったのである。そして「ムシャラフのようにあっちについたり、こっちについたりはしない」と述べた。

15 David E. Sanger, *The Inheritance: The World Obama Confronts and the Challenges to American Power* (New York: Crown, 2009): 248.

16 Mark Mazzetti and David Rohde, "Amidst U.S. Policy Disputes, Qaeda Grows in Pakistan," *The New York Times* (June 30, 2008).

17 Ibid.

18 Ibid.

19 Pir Zubair Shah, "US Strike Is Said to Kill Qaeda Figure in Pakistan," *The New York Times* (October 17, 2008).

第10章　前線なきゲーム

1 フランク・ワイズナー。次の著書から引用。Richard H. Schulz, *The Secret War Against Hanoi: Kennedy's and Johnson's Use of Spies, Saboteurs, and Covert Warriors in North Vietnam* (New York: HarperCollins, 1999): 129.「ワーリッツァー」を最初に引用したのは次の著書である。John Ranelagh, *The Agency: The Rise and*

Decline of the CIA (New York: Touchstone, 1986): 218.

2 本章の資料の大半はUターン・メディア／ＩＭＶの十数人の幹部へのインタビューと、数百ページもの企業文書、そして現役・引退を含む軍や情報機関の当局者との議論をもとにしている。Uターン／ＩＭＶの従業員の大半は、いまは存在しない企業とはいえ守秘義務契約があるので、名前を出すことに合意してくれなかった。マイケル・ファーロングにも、ペンタゴンのための情報作戦プロジェクトについてインタビューした。

3 著者によるロバート・アンドルーズへのインタビュー。「愛国者連盟の聖なる剣」については次の著書がくわしい。Richard Schultz, *The Secret War Against Hanoi*, 139-148.

4 著者によるロバート・アンドルーズへのインタビュー。

5 初期の試みは中止された。2004 年、国防長官に助言するペンタゴンの国防科学委員会は、アメリカによる海外へのメッセージ伝達は「危機的状況にある」と結論づけた。報告書によると、対テロ戦争は現地の泥を塗った小屋に爆弾を投下したり、テロ容疑者を収監したり、遠隔操作でヘルファイア・ミサイルを発射して人々を殺害したりすればいいというものではない。アメリカが嫌悪されている地域では、戦争のソフト面、すなわち「暴力的な過激派に対抗する」努力を見せることが必要である。この問題の解決を試みるために議会はペンタゴンに予算をつけた。

6 U-Turn Media (PowerPoint presentation to SOCOM).

7 U-Turn Media (Proposal to SOCOM, May 8, 2006).

8 SOCOM contract H92222-06-6-0026.

9 JD Media (Presentation to SOCOM, May 29, 2007).

10 Michael D. Furlong, SOCOM 当局への 2007 年 6 月 22 日付Ｅメール。

11 Joseph Heimann and Daniel Silverberg, "An Ever Expanding War: Legal Aspects of Online Strategic Communication," *Parameters* (summer 2009).

12 ＣＩＡプラハ支局からの公電についての情報は、アメリカの情報当局者２人から取得。

第11章　「親父さん（オールド・マン）」の復活

1 マキャナンがアフパックスとの契約を望んだ件の詳細は、現役・引退を含め、当時アフガニスタンに駐留していた軍人５人と、民間契約業者３人から取得。この章の出来事の時系列のほとんどは、マイケル・ファーロングの民間スパイ作戦に関するペンタゴンの調査から取得した。Ｍ・Ｈ・デッカーがまとめた調査の最終報告書、"Inquiry into Possible Questionable Intelligence Activities by DoD Personnel and Contractors" は完成後、2010 年 6 月 25 日にロバート・ゲーツ国防長官に提出された。以後「デッカー・レポート」と本書では呼ぶこの報

告はいまも機密扱いだが、著者はコピーを入手した。

2 Mark Mazzetti, "Coalition Deaths in Afghanistan Hit a Record High," *The New York Times* (July 2, 2008).

3 Decker Report, A-2.

4 著者によるマイケル・ファーロングへのインタビュー。

5 Decker Report, A-3.

6 Ibid.

7 Decker Report, A-7.

8 マイケル・ファーロングのＥメール。

9 マイケル・ファーロングのＥメール。

10 *The War on Democracy*, directed by Christopher Martin and John Pilger, 2007.

11 Douglas Waller, *Wild Bill Donovan: The Spymaster Who Created the OSS and Modern American Espionage* (New York: Free Press, 2011): 353.

12 クラリッジ・ネットワークが抱える情報提供者の一部はいまもパキスタンとアフガニスタンで、ときにアメリカ政府のために覆面で働いている。著者はエージェントの個人情報や職業は明かさないことに合意した。

13 傍受した会話は、ウィキリークスが公表したアフガニスタンの軍事状況報告のなかに含まれている。

14 マイケル・ファーロングのＥメール。

15 Ibid.

16 Decker Report, A-5.

17 Decker Report, A-6.

18 Ibid., A-9.

19 "Afghan President's Brother, Ahmed Wali Karzai Killed," *BBC News* (July 12, 2011).

20 U.S. Central Command, "Joint Unconventional Warfare Task Force Execute Order," September 30, 2009. この命令はいまも機密扱いだが、著者はコピーを入手した。

21 Ibid.

22 Decker Report, A-6.

23 メモの内容を直接知っている元軍人３人と契約業者２人が内容を説明してくれた。

24 著者によるマイケル・ファーロングへのインタビュー。

25 Decker Report, A-9.

第12章　メスの刃

1 サヌアの米国大使館から国務省宛ての公電。"General Petraeus Meeting with

President Saleh on Security Assistance, AQAP Strikes," January 4, 2010.

2 Michael Slackman, "Would-Be Killer Linked to al Qaeda, Saudis Say," *The New York Times* (August 28, 2009).

3 リヤドの米国大使館から国務省宛ての公電。"Special Advisor Holbrooke's Meeting With Saudi Assistant Interior Minister Prince Mohammed Bin Nayef," May 17, 2009.

4 "Profile: Al Qaeda 'Bomb Maker' Ibrahim al-Asiri," *BBC* (May 9, 2012).

5 "Al Qaeda Claims Attempted Assassination of Saudi Prince Nayef," *NEFA Foundation* (August 28, 2009).

6 Ibid.

7 ブレナンはオバマ陣営に加わったあと、ＣＩＡの収容所プログラムを非難した。しかし、2002年にブレナンとともに働いた複数のＣＩＡ職員は、当時、彼がプログラムに反対の声を上げたとは記憶していない。

8 リヤドの米国大使館から国務省宛ての公電。"Special Advisor Holbrooke's Meeting with Saudi Assistant Interior Minister Prince Mohammed Bin Nayef," May 17, 2009.

9 ＣＩＡでの会合に出席したオバマ政権当局者２人へのインタビュー。

10 著者によるジョン・リッツォへのインタビュー。

11 ワシントンの戦略国際問題研究所で2010年５月26日にジョン・ブレナンが行なったスピーチ。

12 Bob Woodward, *Obama's Wars*（『オバマの戦争』）(New York: Simon & Schuster, 2010): 377.

13 ＣＩＡのドローン攻撃について知ったときのパネッタの反応については、アメリカ政府高官２人から取得。

14 尋問メモの公開をめぐるパネッタとＣＩＡ高官との議論については、その会話に参加したアメリカ政府の当局者２人へのインタビューから取得。

15 ホワイトハウスでの議論と、パネッタに味方するというエマニュエルの決断については、その議論に参加した２人から取得。メモの公開をめぐる議論は次の著書にくわしい。Daniel Klaidman, *Kill or Capture: The War on Terror and the Soul of the Obama Presidency* (New York: Houghton Mifflin Harcourt, 2012).

16 ブレアとパネッタの会話についての説明は、ＣＩＡのパネッタのオフィスにいた当局者２人から取得。

17 著者によるデニス・ブレアへのインタビュー。

18 ブレア／ゲーツが作成した基本原則の全リストは著者が入手した。初めて出版されたのはボブ・ウッドワード著『オバマの戦争』の巻末の注である。

19 著者によるデニス・ブレアへのインタビュー。

20 ジョーンズ・メモの詳細は、オバマ政権の元高官２人から取得。

21 著者による元パキスタン政府当局者へのインタビュー。

22 *The New York Times* によるレオン・パネッタへの未発表のインタビュー。

23 著者によるオバマ政権の元高官へのインタビュー。

24 Daniel Klaidman, *Kill or Capture*, 121.

25 ペトレイアスは元駐イエメン・アメリカ大使のエドマンド・ハルに助言を求めた。ハルはイエメンにおける民兵組織の拡大を何年も追っており、9.11 同時多発テロ直後の数年はテロ対策が成功していたにもかかわらず、その後、イエメンが混乱に陥ったことに対して憤っていた。ハルはペトレイアスに、イエメンをこのまま無視しつづけるとアフガニスタンの二の舞になり、他国を攻撃する民兵の安息地になると助言した。数カ月後にビン・ナーイフ王子の暗殺未遂事件が起き、この予測は不気味なほど当たっているように思えたのである。

26 イエメンにおける軍事作戦をめぐる議論に参加した元アメリカ特殊部隊司令官への著者によるインタビュー。

27 Ibid.

28 Scott Shane with Mark Mazzetti and Robert Worth, "Secret Assault on Terrorism Widens on Two Continents," *The New York Times* (August 14, 2010).

29 サヌアの米国大使館から国務省宛ての公電。"General Petraeus Meeting with President Saleh on Security Assistance, AQAP Strikes," January 4, 2010. 会合のようすはすべてこの公電から取得。

30 ウィラードホテルにおけるブレアの発言の原稿は、次のサイトで閲覧可能。http://www.dni.gov/files/documents/Newsroom/Speeches%20and%20Interviews/20100406_5_speech.pdf.

第13章 アフリカ・スクランブル

1 米国大使館から国務省宛ての公電。"Whither the M/V Faina's Tanks?" October 2, 2008. この公電に南スーダンまでの武器の輸送経路も書かれている。武器はモンバサ到着後、鉄道を使ってウガンダに運ばれ、そこから南スーダンに届けられた。

2 ヴォイス・オブ・アメリカ向け、ハルーン・マルーフのミシェル・バラリンへのインタビュー (August 2, 2010).

3 "Ukraine Ship Owners Object to U.S. Woman's Role in Pirate Talks," *Russian News Room*, December 19, 2008.

4 ウクライナの米国大使館から国務省宛ての公電。"Faina: Letter from Foreign Minister Ohryzko," February 5, 2009.

5 Ibid.

6 ガルフ・セキュリティ・グループが中央情報庁に宛てた 2007 年 8 月 17 日付の書簡。書簡のコピーを著者が入手した。

7 ジョン・L・マクファーソンがミシェル・バラリンに宛てた2007年8月27日付の書簡。書簡のコピーを著者が入手した。

8 ＣＴＴＳＯで行なわれたバラリンとの会議のようすは、その会議に出席したテロ対策プログラムに関わる軍当局者から取得。

9 Peter J Pham, "Somali Instability Still Poses Threat Even After Successful Strike on Nabhan," *World Defense Review* (September 17, 2009).

10 Robert Young Pelton, "An American Commando in Exile," *Men's Journal* (December 2010).

11 プントランドで海賊対策を行なう民兵組織にプリンスが関与したことは、国連ソマリア・エリトリア監視団による２つの報告に記載されている。

12 プントランドの民兵組織に関する情報は、この作戦に直接関わった３人から取得。それとは別に、国連監視団がサラセンとスターリング両社をくわしく調べ、両社がエリック・プリンスとアラブ首長国連邦につながりをもつことを確認した。

13 アル・シャバーブのキャンプを攻撃するというＪＳＯＣの提案は、退役した軍高官とオバマ政権の元文官トップに確認した。キャンプ攻撃のコストとメリットに関するオバマ政権内での議論の詳細は、次の著作にくわしい。Eric Schmitt and Thom Shanker, *Counterstrike: The Untold Story of America's Secret Campaign Against Al Qaeda* (New York: Times Books, 2011). この著作によると、キャンプを攻撃しても、少数のアル・シャバーブ高官を殺害することで得られるであろうメリットにそれほどの価値はないだろうと、当局者の大半が考えていたという。

14 "Kids Awarded Guns in Somali Recruitment Game," *Der Spiegel* (September 26, 2011).

15 SITE Intelligence Group, "Shabaab Official Offers Rewards for Information on Obama, Clinton," June 9, 2011.

16 Daniel Klaidman, *Kill or Capture: The War on Terror and the Soul of the Obama Presidency* (New York: Houghton Mifflin Harcourt, 2012): 123-124. この著作には、ウィリアム・マクレイヴン海軍大将が提案した複数の選択肢についての最初の議論がくわしく書かれている。ビデオ会議とマクレイヴンが論じた選択肢については、それとは別にアメリカ政府当局者に確認した。

17 ファイナ号の乗組員は、ウクライナの大臣がヒラリー・クリントン国務長官に書簡を送った数日後に解放された。しかし、バラリンが交渉に加わったことが人質解放につながったことを示す証拠はない。最終的に海賊は船会社から300万ドル以上の身代金を入手した。バラリンがすべての人質事件を「解決」したいと発言したインタビューは、次の記事に掲載されている。Military.com on November 25, 2008. 交渉に関与したことでバラリンがいくら稼いだかはわから

ない。

18 著者による、バラリンの会社の元従業員８人に対する個別インタビュー。

19 *Voice of America* によるミシェル・バラリンへのインタビュー。

20 以下の話は、著者によるミシェル・バラリンへのインタビューから取得。バラリンの話は、ソマリ人暗殺者を使ってアル・シャバーブ工作員を殺害する計画を彼女がペンタゴンに売り込んだ経緯を知るアメリカの元当局者にも確認した。

21 BBC World Service, "Somali Rage at Grave Destruction," June 8, 2009.

22 著者によるミシェル・バラリンへのインタビュー。

23「何百人ものインテリジェンス分析担当官」という言葉は、アラブの春以降のインテリジェンス・コミュニティにおける分析担当官の動きを直接知っている元アメリカ情報当局高官から取得。

24 Ben Wedeman, "Documents Shed Light on CIA, Gadhafi Spy Ties," CNN.com, September 3, 2011.

25 ウサマ・ビンラディンからアティヤ・アブド・ラフマンに宛てた 2011 年４月 26 日付の書簡。書簡の文面はウェストポイントのテロ対策センターが公開。

第14章 破 綻

1 状況の詳細は、刑務所におけるデイヴィスの状況を知っているアメリカの当局者から取得。

2 Matthew Teague, "Black Ops and Blood Money," *Men's Journal* (June 1, 2011) と Mark Mazzetti, et al., "American Held in Pakistan Worked with CIA," *The New York Times* (February 21, 2011).

3 デイヴィスのＣＩＡでの給与に関する情報は、デイヴィスが逮捕されたのちにパキスタン外務省が公開した文書から取得。

4 ラシュカレ・タイバの活動背景については、この組織の専門家であるジョージタウン大学のＣ・クリスティーヌ・フェアへのインタビューから取得。

5 アメリカ人のパキスタン入国ビザ取得のシステムは、このプロセスを直接知っているイスラマバード駐在のアメリカの当局者が説明してくれた。アボタバード委員会の報告書の 215 ページには、2010 年前半には月平均 276 件だったビザの発給数が、同年後半には月平均 414 件に急増していると書かれている。

6 Ibid.

7 1979 年の大使館放火については次の著書の説明がもっともよい。Steve Coll, *Ghost Wars: The Secret History of the CIA, Afghanistan, and Bin Laden, from the Soviet Invasion to September 10, 2001.*（『アフガン諜報戦争――ＣＩＡの見えざる闘い ソ連侵攻から 9.11 前夜まで』）。

8 ＣＩＡイスラマバード支局長についてはいまも秘密扱いである。

9 ＣＩＡイスラマバード支局長とキャメロン・マンター大使との力関係について

は、アメリカの当局者５人が話してくれた。ふたりの争いについての描写や、レイモンド・デイヴィス事件をめぐる協議の説明も、彼らから取得した。

10 2011年２月15日に行なわれたバラク・オバマ大統領の記者会見。

11 パネッタとパシャの会合の詳細は、パキスタンの当局者２人と、ウィキリークスが公開した民間インテリジェンス会社ストラトフォーの内部メモから取得。メモは次のサイトで閲覧可能。http://wikileaks.org/gifiles/docs/1664671_re-alpha-insight-afghanistan-pakistan-isi-chief-not-for.html.〔現在はリンク無効〕

12 アメリカ情報当局高官２人が語ってくれたＣＩＡの機密文書。

13 著者による、ブリーフィングに出席した軍高官へのインタビュー。

14 ＣＩＡのブリーフィングに対するブッシュの反応は次の著書を参照。Bob Woodward, *Obama's Wars*（『オバマの戦争』）(New York: Simon & Schuster, 2010): 4-5. 2008年７月に行なわれたＣＩＡのブリーフィングについてもっともくわしく解説しているのは次の著書である。Eric Schmitt and Thom Shanker, *Counterstrike: The Untold Story of America's Secret Campaign Against Al Qaeda* (New York: Times Books, 2011).

15 ムラー・バラダルの拘束に関する説明は、アメリカとパキスタンの情報当局者５人から取得。

16 著者によるアメリカ情報当局者２人へのインタビュー。Peter Bergen, *Manhunt: The Ten-Year Search for Bin Laden—from 9/11 to Abbottabad* (New York: Crown,2012): 122-124.

17 Peter Bergen, *Manhunt*, 123.

18 Peter Bergen, *Manhunt*, 4.

19 Report of the Abbottabad Commission, charged with investigating the May 2, 2011, American operation that killed Osama bin Laden（以降 Abbottabad Commission report と記す）, pp. 59-60.

20 著者によるアメリカ情報当局高官２人へのインタビュー。

21 Ahtishamul Haq, "Raymond Davis Case: Wife of Man Killed Commits Suicide," *The Express Tribune* (February 7, 2011).

22 著者によるフセイン・ハッカニへのインタビュー。

23 マンターとパシャの議論の詳細と、デイヴィスの釈放に至る一連の出来事については、アメリカとパキスタンの当局者へのインタビューから取得。

24 交渉が長引くと、アメリカの当局はこの件をスイスの国際仲裁委員会に提出するという予備案を作成した。ジュネーヴのアメリカ当局がスイスの法律家に相談しはじめたが、スイスの委員会がレイモンド・デイヴィスを釈放させてくれる見込みはあまりなかった。

25 Carlotta Gall and Mark Mazzetti, "Hushed Deal Frees CIA Contractor in Pakistan," *The New York Times* (March 16, 2011).

26 著者によるアメリカの当局者２人へのインタビュー。
27 Sara Burnett, "Charges Upgraded Against Ex-CIA Contractor in Parking-Spot Dispute," *The Denver Post* (October 4, 2011).
28 "CIA Contractor in Court Over Felony Assault Charges," *CBS Denver* (October 4, 2011). 本書の刊行時点で、この件の訴訟手続きは終わっていない。
29 "Getting Rid of US Saboteurs," *The Nation* (August 11, 2011).
30 Abbottabad Commission report, p. 176.
31 2012年７月にイスラマバードで行なわれた集会に著者が参加した。

第15章　医者と老師（シャイフ）

1 シャキル・アフリディ医師とＣＩＡの収集担当官との面談の詳細のほとんどは、ビンラディン作戦における彼の役割を調べたパキスタンの調査団にアフリディが述べた内容である。ほかには、2009年から2011年にかけてアフリディがＣＩＡに協力した仕事を知っているアメリカ政府当局者にも詳細を埋めてもらった。
2 Aryn Baker, "The Murky Past of the Pakistani Doctor Who Helped the CIA," *Time* (June 13, 2012).
3 Declan Walsh, "Pakistan May Be Expelling Aid Group's Foreign Staff," *The New York Times* (September 6, 2012). アボタバード委員会は、セーブ・ザ・チルドレンの活動についてはとくに審判を下していない。しかし、「現行のＮＧＯ団体の登録システムには例外、抜け穴、欠点があるため、早急に見直す必要がある」とは述べている。委員会がセーブ・ザ・チルドレンのパキスタン支部長、デイヴィッド・トマス・ライトにインタビューをしたところ、彼はＣＩＡがセーブ・ザ・チルドレンに浸透しているとは「考えにくい」と言ったが、絶対にないとは言えないと述べた。
4 ジョン・ドイッチの発言は次のサイトで閲覧可能。http://intellit.muskingum.edu/cia_folder/ciarelations_folder/ciareldcistmt.html.
5 パキスタンの調査団に対するアフリディの証言。
6 Ibid.
7 Sami Yousafzai, "The Doctor's Grim Reward," *Newsweek* (June 11, 2012).
8 Abbottabad Commission report, pp. 119-121.
9 パキスタンの調査団に対するアフリディの証言。
10 Mark Bisonette (aka Mark Owen), *No Easy Day: The Firsthand Account of the Mission That Killed Osama Bin Laden* (New York: Dutton): 254.（『アメリカ最強の特殊戦闘部隊が「国家の敵」を倒すまで　NO EASY DAY』）
11 *The New York Times* のレオン・パネッタへの未発表のインタビュー。
12 Peter Bergen, *Manhunt*, 235.

13 マレンとキアニの会話の詳細は、電話のやりとりの内容を直接知っているアメリカ政府高官２人から取得した。その夜、キアニが文民政府を置き去りにして、独断で政府としての決断を下したことはほぼ疑いようがない。パキスタン国防相はアボタバード委員会に対し、アメリカの急襲については、翌朝メディアでニュースを見たり、ニューヨークにいる娘から電話をもらったりするまで知らなかったと述べている。国防相の証言により「部下に疎外されてもやむなしと思っていたことが明らかになった」、文官である彼には国防や安全保障問題に首を突っ込む「権利がなかった」と委員会は述べている。

14 ＣＩＡの「シグネチャー・ストライク」のルールは、アメリカ政府当局者４人に説明してもらった。

15 著者によるアメリカ政府当局者２人へのインタビュー。

16 国家安全保障会議における論争の詳細は、会議の参加者２人から取得。

17 著者によるアメリカ軍当局者２人へのインタビュー。

18 Declan Walsh, "US Bomb Warning to Pakistan Ignored," *The Guardian* (September 22, 2011).

19 Ray Rivera and Sangar Rahimi, "Deadly Truck Bomb Hits NATO Outpost in Afghanistan," *The New York Times*(September 11, 2011).

20 パキスタンの調査団に対するアフリディの証言。アフリディの説明についてはこれとは別に、アボタバード急襲後のアフリディとＣＩＡのやりとりの内容を直接知っているアメリカの当局者に確認した。

21 カイバル管区の巡査からペシャワール警察特別支局ＪＩＴの警視宛てのメモに含まれていた法廷書類。著者が書類を入手した。

22 Ibid.

23 Agence France Press, "Lashkar-I-Islami Denies Links with Shakil Afridi," May 31, 2012.

第16章　空から落ちる火

1 著者によるアメリカの元高官へのインタビュー。

2 2011年12月にハロルド・コーが行なったアメリカ法曹協会の「法と国家安全保障に関する常設委員会」でのスピーチ。

3 Scott Shane and Souad Mekhennet, "From Condemning Terror to Preaching Jihad," *The New York Times* (May 8, 2010).

4 Ibid.

5 Ibid.

6 Ibid.

7 Gregory Johnsen, *The Last Refuge: Yemen, al-Qaeda, and America's War in Arabia* (New York: W. W. Norton, 2012): 257.

8 Johnsen, 262.
9 "U.S. Intelligence on Arab Unrest Draws Criticism," Associated Press (February 6, 2011).
10 BBC News, "Yemen: Saleh 'Gravely Wounded' in Rocket Attack," June 7, 2011.
11 著者によるペンタゴン高官と退官したアメリカのテロ対策当局者へのインタビュー。
12 SITE Intelligence Group, "Yemeni Journalist Documents Experiences with AQAP in Abyan," October 21, 2011.
13 Johnsen, 276.
14 ＣＩＡがインスパイア誌の事前警告をどう扱ったかを知っているアメリカの現役の当局者１人と元当局者２人への、著者によるインタビュー。
15 著者による、アウラキ一家の弁護士、ジャミール・ジャファーとヒナ・シャムシへのインタビュー。
16 Filing in the United States District Court for the District of Columbia in the case of *Nasser Al-Aulaqi et al. v. Leon C. Panetta et al.*, 13.
17 ナセル・アウラキのビデオメッセージは次のサイトで閲覧可能。www.youtube.com/watch?v=9GHP5Rf7dbE.〔現在はリンク無効〕
18 アメリカ法曹協会の会議のオープン・セッションにおけるジェイムソンの発言。
19 バラク・オバマ大統領の 2011 年 12 月 8 日付記者会見。
20 Scott Shane, "Election Spurred a Move to Codify U.S. Drone Policy," *The New York Times* (November 24, 2012).
21 エイミー・ゼガートの世論調査は YouGov が実施した。調査データを提供してくれたゼガート博士に感謝する。
22 Mark Landler and Choe Sang-Hun, "In Kim Jong-Il Death, an Extensive Intelligence Failure," *The New York Times* (December 19, 2011).
23 ベンガジ攻撃の詳細は、おもに国務省のアカウンタビリティ検討員会による調査報告書に掲載されたタイムラインから取得した。複数のアメリカの当局者へのインタビューにより、さらに詳細を加えている。
24 著者によるロス・ニューランドへのインタビュー。
25 ティモシー・プラットには、ネヴァダ州インディアン・スプリングスから報告してくれたことに感謝する。

主要参考文献

書　籍

Bergen, Peter L. *The Longest War: The Enduring Conflict Between America and Al-Qaeda*. New York: Free Press 2011.

——. *Manhunt: The Ten-Year Search for Bin Laden—from 9/11 to Abbottabad*. New York: Crown, 2012.

Bissonnette, Matt (aka Mark Owen). *No Easy Day: The Firsthand Account of the Mission That Killed Osama Bin Laden*. New York: Dutton, 2012.（『アメリカ最強の特殊戦闘部隊が「国家の敵」を倒すまで——NO EASY DAY』マーク・オーウェン&ケヴィン・マウラー著、熊谷千寿訳、講談社、2014 年）

Boucek, Christopher, and Marina Ottaway. *Yemen on the Brink*. Washington, D.C.: Carnegie Endowment for International Peace, 2010.

Bowden, Mark. *Guests of the Ayatollah: The Iran Hostage Crisis: The First Battle in America's War with Militant Islam*. New York: Grove Press, 2006.（『ホメイニ師の賓客：イラン米大使館占拠事件と果てなき相克』マーク・ボウデン著、伏見威蕃訳、早川書房、2007 年）

Clarke, Richard. *Against All Enemies: Inside America's War on Terror*. New York: Simon & Schuster, 2004.（『爆弾証言：9・11 からイラク戦争へ：すべての敵に向かって』リチャード・クラーク著、楡井浩一訳、徳間書店、2004 年）

Clarridge, Duane R., with Digby Diehl. *A Spy for All Seasons: My Life in the CIA*. New York: Scribner, 1997.

Coll, Steve. *Ghost Wars: The Secret History of the CIA, Afghanistan, and Bin Laden, from the Soviet Invasion to September 10, 2001*. New York: Penguin Books, 2004.（『アフガン諜報戦争：CIA の見えざる闘い　ソ連侵攻から 9.11 前夜まで』スティーブ・コール著、木村一浩、伊藤力司、坂井定雄訳、白水社、2011 年）

Crumpton, Henry A. *The Art of Intelligence: Lessons from a Life in the CIA's Clandestine Service*. New York: Penguin Press, 2012.

Emerson, Steven. *Secret Warriors: Inside the Covert Military Operations of the Reagan Era*. New York: Putnam, 1988.（『秘密工作者たち』スティーブン・エマーソン著、落合信彦訳、集英社、1988 年）

Gardner, Richard N. *Mission Italy: On the Front Lines of the Cold War*. New York: Rowman & Littlefield Publishers, 2005.

Graham, Bradley. *By His Own Rules: The Ambitions, Successes, and Ultimate Failures*

of Donald Rumsfeld. New York: Public Affairs, 2009.

Gunaratna, Rohan, and Khuram Iqbal. *Pakistan: Terrorism Ground Zero*. London: Reaktion Books, 2011.

Hull, Edmund J. *High Value Target: Countering al Qaeda in Yemen*. Washington, D.C.: Potomac Books, 2011.

Hussain, Zahid. *Frontline Pakistan: The Struggle with Militant Islam*. New York: Columbia University Press, 2008.

——. *The Scorpion's Tail: The Relentless Rise of Islamic Militants in Pakistan—and How It Threatens America*. New York: Free Press, 2010.

Johnsen, Gregory D. *The Last Refuge: Yemen, al-Qaeda, and America's War in Arabia*. New York: W. W. Norton & Company, 2012.

Jones, Seth. *Hunting in the Shadows: The Pursuit of al Qa'ida Since 9/11*. New York: W. W. Norton & Company, 2012.

Kean et al. *The 9/11 Commission Report*. Washington, D.C.: U.S. Government Printing Office, 2004.

Klaidman, Daniel. *Kill or Capture: The War on Terror and the Soul of the Obama Presidency*. New York: Houghton Mifflin Harcourt, 2012.

Martin, Matt J., and Charles W. Sasser. *Predator: The Remote-Control Air War over Iraq and Afghanistan: A Pilot's Story*. Minneapolis: Zenith Press, 2010.

Mayer, Jane. *The Dark Side: The Inside Story of How the War on Terror Turned into a War on American Ideals*. New York: Doubleday, 2008.

Musharraf, Pervez. *In the Line of Fire: A Memoir*. New York: Simon & Schuster, 2006.

Naftali, Timothy. *Blind Spot: The Secret History of American Counterterrorism*. New York: Basic Books, 2005.

Nawaz, Shuja. *Crossed Swords: Pakistan, Its Army, and the Wars Within*. Oxford: Oxford University Press, 2008.

Norris, Pat. *Watching Earth from Space: How Surveillance Helps Us—and Harms Us*. New York: Praxis, 2010.

Persico, Joseph. *Casey: The Lives and Secrets of William J. Casey: From the OSS to the CIA*. New York: Penguin, 1995.

Pillar, Paul R. *Intelligence and U.S. Foreign Policy: Iraq, 9/11, and Misguided Reform*. New York: Columbia University Press, 2011.

Priest, Dana, and William M. Arkin. *Top Secret America: The Rise of the New American Security State*. New York: Little, Brown and Company, 2011.（『トップシークレット・アメリカ：最高機密に覆われる国家』デイナ・プリースト&ウィリアム・アーキン著、玉置悟訳、草思社、2013 年）

Ranelagh, John. *The Agency: The Rise and Decline of the CIA*. New York: Simon &

Schuster, 1986.

Rashid, Ahmed. *Taliban: Militant Islam, Oil and Fundamentalism in Central Asia*. London: Yale University Press, 2001.

——. *Descent into Chaos: The U.S. and the Disaster in Pakistan, Afghanistan, and Central Asia*. New York: Viking, 2008.

Riedel, Bruce. *Deadly Embrace: Pakistan, America, and the Future of the Global Jihad*. Washington, D.C.: Brookings, 2011.

Rodriguez Jr., Jose A., and Bill Harlow. *Hard Measures: How Aggressive CIA Actions After 9/11 Saved American Lives*. New York: Threshold Editions, 2012.

Rohde, David, and Kristen Mulvihill. *A Rope and a Prayer: A Kidnapping from Two Sides*. New York: Viking, 2010.

Rumsfeld, Donald. *Known and Unknown: A Memoir*. New York: Sentinel, 2011.（『真珠湾からバグダッドへ：ラムズフェルド回想録』ドナルド・ラムズフェルド著、江口泰子、月沢李歌子、島田楓子訳、幻冬舎、2012 年）

Sanger, David E. *The Inheritance: The World Obama Confronts and the Challenges to American Power*. New York: Crown, 2009.

——. *Confront and Conceal: Obama's Secret Wars and Surprising Use of American Power*. New York: Crown, 2012.

Scarborough, Rowan. *Rumsfeld's War: The Untold Story of America's Anti-Terrorist Commander*. New York: Regnery, 2004.

Schmidt, John. *The Unraveling: Pakistan in the Age of Jihad*. New York: Farrar, Straus and Giroux, 2011.

Schmitt, Eric, and Thom Shanker. *Counterstrike: The Untold Story of America's Secret Campaign Against Al Qaeda*. New York: Times Books, 2011.

Shultz, Richard. *The Secret War Against Hanoi: The Untold Story of Spies, Saboteurs, and Covert Warriors in North Vietnam*. New York: HarperCollins, 1999.

Singer, Peter W. *Wired for War: The Robotics Revolution and Conflict in the 21st Century*. New York: Penguin Books, 2009.（『ロボット兵士の戦争』P．W．シンガー著、小林由香利訳、日本放送出版協会、2010 年）

Smith, Michael. *Killer Elite: The Inside Story of America's Most Secret Special Operations Team*. New York: St. Martin's Press, 2007.（『キラー・エリート：極秘諜報部隊 ISA』マイクル・スミス著、伏見威蕃訳、集英社、2009 年）

Snider, L. Britt. *The Agency and the Hill: CIA's Relationship with Congress 1946-2004*. Washington, D.C.: Center for the Study of Intelligence, 2008.

Tenet, George. *At the Center of the Storm: My Years at the CIA*. New York: HarperCollins, 2007.

Waller, Douglas. *Wild Bill Donovan: The Spymaster Who Created the OSS and Modern*

American Espionage. New York: Free Press, 2011.

Warrick, Joby. *The Triple Agent: The al-Qaeda Mole Who Infiltrated the CIA*. New York: Vintage Books, 2011.（『三重スパイ：CIA を震撼させたアルカイダの「モグラ」』ジョビー・ウォリック著、黒原敏行訳、太田出版、2012 年）

Weiner, Tim. *Legacy of Ashes: The History of the CIA*. New York: Anchor Books, 2007.（『CIA 秘録：その誕生から今日まで』ティム・ワイナー著、藤田博司、山田侑平、佐藤信行訳、文藝春秋、2008 年）

Woodward, Bob. *Veil: The Secret Wars of the CIA, 1981-1987*. New York: Simon & Schuster, 1987.（『ヴェール：CIA の極秘戦略 1981-1987』ボブ・ウッドワード著、池央耿訳、文藝春秋、1988 年）

——. *Bush at War*. New York: Simon & Schuster, 2002.（『ブッシュの戦争』ボブ・ウッドワード著、伏見威蕃訳、日本経済新聞社、2003 年）

——. *Obama's Wars*. New York: Simon & Schuster, 2011.（『オバマの戦争』ボブ・ウッドワード著、伏見威蕃訳、日本経済新聞出版社、2011 年）

Wright, Lawrence. *The Looming Tower: Al-Qaeda and the Road to 9/11*. New York: Random House, 2006.（『倒壊する巨塔：アルカイダと「9.11」への道』ローレンス・ライト著、平賀秀明訳、白水社、2009 年）

主要な新聞・雑誌記事

Baker, Aryn. "The Murky Past of the Pakistani Doctor Who Helped the CIA." *Time* (June 13, 2012).

Bamford, James. "He's in the Backseat!" *The Atlantic* (April 2006).

Chesney, Robert. "Military-Intelligence Convergence and the Law of the Title 10/Title 50 Debate." *Journal of National Security Law and Policy* (2012).

Ciralsky, Adam. "Tycoon, Contractor, Soldier, Spy." *Vanity Fair* (January 2010).

Fair, Christine C., and Seth Jones. "Pakistan's War Within." *Survival* 51, no. 6 (December 2009-January 2010).

Kibbe, Jennifer D. "The Rise of the Shadow Warriors." *Foreign Affairs* (March/April 2004).

Mayer, Jane. "The Predator War." *The New Yorker* (October 26, 2009).

McChrystal, Stanley A. "It Takes a Network." *Foreign Policy* (March/April 2011).

Pelton, Robert Young. "Erik Prince, an American Commando in Exile." *Men's Journal* (November 2010).

Pham, J. Peter. "Somali Instability Still Poses Threat Even After Successful Strike on Nabhan." *World Defense Review* (September 17, 2009).

Richelson, Jeffrey T. "Truth Conquers All Chains: The U.S. Army Intelligence Support Activity, 1981-1989." *International Journal of Intelligence and*

Counterintelligence 12, no. 2 (1999).

——. "Task Force 157: The US Navy's Secret Intelligence Service 1966-77." *Intelligence and National Security* 11, no. 1 (January 1996).

Teague, Matthew. "Black Ops and Blood Money." *Men's Journal* (June 1, 2011).

Whittle, Richard. "Predator's Big Safari." Mitchell Institute for Airpower Studies, Paper 7 (August 2011).

Yousafzai, Sami. "The Doctor's Grim Reward." *Newsweek* (June 11, 2012).

Zelikow, Philip. "Codes of Conduct for a Twilight War." *Houston Law Review* (April 2012).

写真クレジット

Page 3: Top: AP/ アフロ . Bottom: AP/ アフロ .
Page 4: Top: The New York Times/ アフロ . Bottom: AP/ アフロ .
Page 5: Top: U.S.Air Force/The New York Times/ アフロ . Bottom: AP/ アフロ .
Page 6: Top: Public Domain. Bottom: Courtesy of W. Ross Newland.
Page 7: AP/ アフロ .
Page 8: AFP ＝時事 .
Page 9: AP/ アフロ .
Page 10: Top: The New York Times/ アフロ . Bottom: Courtesy of Arthur Keller.
Page 11: AP/ アフロ .
Page 12: Top: AP/ アフロ . Bottom: Mohamed Abbasheikh, 2012, all rights reserved.
Page 13: AP/ アフロ .
Page 14: Top: The New York Times/ アフロ . Bottom: Saudi Interior Ministry/ ロイター / アフロ .
Page 15: AP/ アフロ .
Page 16: AP/ アフロ .
Page 17: 写真：AP/ アフロ .
Page 18: Top left: AP/ アフロ . Top right: The New York Times/ アフロ . Bottom: Rex Features/ アフロ .

◎監訳者略歴
小谷 賢（こたに・けん）
日本大学危機管理学部教授。専門はインテリジェンス研究、イギリス政治外交史。1973年京都生まれ。立命館大学国際関係学部卒業、ロンドン大学キングス・カレッジ大学院修了、京都大学大学院人間・環境学研究科博士課程修了。防衛省防衛研究所戦史部教官、英国王立防衛安保問題研究所（RUSI）客員研究員、防衛研究所戦史研究センター主任研究官を経て現職。主な著書に、『イギリスの情報外交』、『日本軍のインテリジェンス』、『インテリジェンス』、『インテリジェンスの世界史』など。

◎訳者略歴
池田美紀（いけだ・みき）
翻訳家。東京大学文学部卒業。主な訳書に、マッド『ＣＩＡ極秘分析マニュアル「ＨＥＡＤ」』（早川書房刊）、ライヒャルト『療法士のための体表解剖学』、メンツェル＆ダルージオ『地球のごはん』（共訳）など。

本書は、二〇一六年二月に早川書房より単行本『ＣＩＡの秘密戦争――「テロとの戦い」の知られざる内幕』として刊行された作品を改題・文庫化したものです。

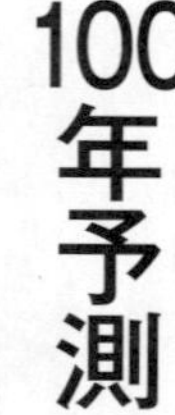

The Next 100 Years

ジョージ・フリードマン

櫻井祐子訳

ハヤカワ文庫ＮＦ

各国政府や一流企業に助言する
政治アナリストによる衝撃の未来予想

「影のＣＩＡ」の異名をもつ情報機関が21世紀を大胆予測。ローソン社長・玉塚元一氏、ＪＳＲ社長・小柴満信氏推薦！　21世紀半ば、日本は米国に対抗する国家となりやがて世界戦争へ？　地政学的視点から世界勢力の変貌を徹底予測する。解説／奥山真司

オリバー・ストーンが語る もうひとつのアメリカ史

①二つの世界大戦と原爆投下
②ケネディと世界存亡の危機
③帝国の緩やかな黄昏

The Untold History of the United States

オリバー・ストーン＆ピーター・カズニック

大田直子・熊谷玲美・金子 浩ほか訳

ハヤカワ文庫ＮＦ

一見「自由世界の擁護者」というイメージの強いアメリカは、かつてのローマ帝国や大英帝国と同じ、人民を抑圧・搾取した実績に事欠かない、ドス黒い側面をもつ帝国にほかならない。最新資料の裏付けで明かすさまざまな事実によって、全米を論争の渦に巻き込んだアカデミー賞監督による歴史大作（全３巻）。

ブレイクアウト・ネーションズ

——「これから来る国」はどこか？

Breakout Nations

ルチル・シャルマ

鈴木立哉訳

ハヤカワ文庫NF

「世界の頭脳100人」に選ばれた投資のプロが、世界経済の潮流を読む

新興国の急成長の時代が終わった今、突出した成長を遂げられる国はどこか？　モルガン・スタンレーで250億ドルを運用する投資のプロが、20カ国を超える新興諸国をつぶさに歩き、今後ますます繁栄する国、そして没落する国を徹底予想する。解説／吉崎達彦

HM=Hayakawa Mystery
SF=Science Fiction
JA=Japanese Author
NV=Novel
NF=Nonfiction
FT=Fantasy

CIAの秘密戦争
変貌する巨大情報機関

〈NF504〉

二〇一七年八月十日　印刷
二〇一七年八月十五日　発行

（定価はカバーに表示してあります）

著者　マーク・マゼッティ
監訳者　小谷賢
訳者　池田美紀
発行者　早川浩
発行所　株式会社早川書房
郵便番号　一〇一 - 〇〇四六
東京都千代田区神田多町二ノ二
電話　〇三 - 三二五二 - 三一一一（大代表）
振替　〇〇一六〇 - 三 - 四七七九九
http://www.hayakawa-online.co.jp

乱丁・落丁本は小社制作部宛お送り下さい。
送料小社負担にてお取りかえいたします。

印刷・精文堂印刷株式会社　製本・株式会社フォーネット社
Printed and bound in Japan
ISBN978-4-15-050504-2 C0131

本書は活字が大きく読みやすい〈トールサイズ〉です。